Alpine Guide

ヤマケイ アルペンガイド

東北の山

岩木山・八甲田山・岩手山・早池峰山・栗駒山
鳥海山・朝日・蔵王・飯豊・吾妻・磐梯山

Alpine Guide
ヤマケイ アルペンガイド

東北の山

Contents

東北南部の山

コラム

インフォメーション

本書の利用法

本書は、東北の山の一般的な登山コースを対象とした登山ガイドブックです。収録したコースの解説はすべてエリアに精通した著者による綿密な実踏取材にもとづいています。本書のコースガイドページは、左記のように構成しています。

コースガイド

❸コースガイド本文

コースの特徴をはじめ、出発地から到着地まで、コースの経路を説明しています。主な経由地は、強調文字で表しています。本文中の山名・地名とその読みは、国土地理院発行の地形図に準拠しています。ただし一部の山名・地名は、登山での名称・呼称を用いています。

❹コース断面図・日程グラフ

縦軸を標高、横軸を地図上の水平距離としたコース断面図です。断面図の傾斜角度は、実際の登山道の勾配とは異なります。日程グラフは、ガイド本文で紹介している標準日程と、コースによって下段に宿泊地の異なる応用日程を示し、日程ごとの休憩を含まないコースタイムの合計を併記しています。

❺コースタイム

30〜50歳の登山者が日帰りもしくは山小屋利用1泊2日程度の装備を携行して歩く場合を想定した標準的な所要時間です。休憩や食事に要する時間は含みません。なおコースタイムは、もとより個人差があり、登山道の状況や天候などに左右されます。本書に記載のコースタイムはあくまで目安とし、各自の経験や体力に応じた余裕のある計画と行動を心がけてください。

❶山名・行程

コースは目的地となる山名・自然地名を標題とし、行程と1日ごとの合計コースタイムを併記しています。日程（泊数）はコース中の山小屋を宿泊地とした標準的なプランです。

❷コース概念図

行程と主な経由地、目的地を表したコース概念図です。丸囲みの数字とアルファベットは、別冊登山地図帳の地図面とグリッド（升目）を示しています。

サブコース

❻コースグレード

東北の各山岳の無雪期におけるコースの難易度を初級・中級・上級に区分し、さらに技術度、体力度をそれぞれ5段階で表示しています。

初級 紹介するエリアにはじめて登る人に適したコースです。難所のない日帰り登山・ハイキングを主に楽しんでいる初心者を対象としています。

中級 歩行距離や標高差が大きく、急登の続くコースや宿泊を伴うなど、登山の経験がある人に向きます。

上級 急峻な岩場や雪渓、迷いやすい地形に対処でき、的確な判断が求められるコースです。本書ではハシゴやクサリが連続する摩耶山や、山中に複数日宿泊して長大な尾根を縦走する朝日・飯豊連峰の一部のコースなどが該当します。

技術度

1＝よく整備された散策路・遊歩道
2＝とくに難所がなく道標が整っている
3＝ガレ場や雪渓、小規模な岩場がある
4＝注意を要する岩場や雪渓、
　迷いやすい箇所がある
5＝きわめて注意を要する険路

これらを基準に、天候急変時などに退避路となるエスケープルートや、コース中の山小屋・避難小屋の有無などを加味して判定しています。

体力度

1＝休憩を含まない1日の
　コースタイムが3時間未満
2＝同5時間程度　3＝同7時間程度
4＝同10時間未満　5＝同10時間以上

これらを基準に、コースの起伏や標高差、日程などを加味して判定しています。なおコースグレードは、登山時期と天候、および荒天後の登山道の状況によって大きく変わる場合があり、あくまで目安となるものです。

別冊登山地図帳

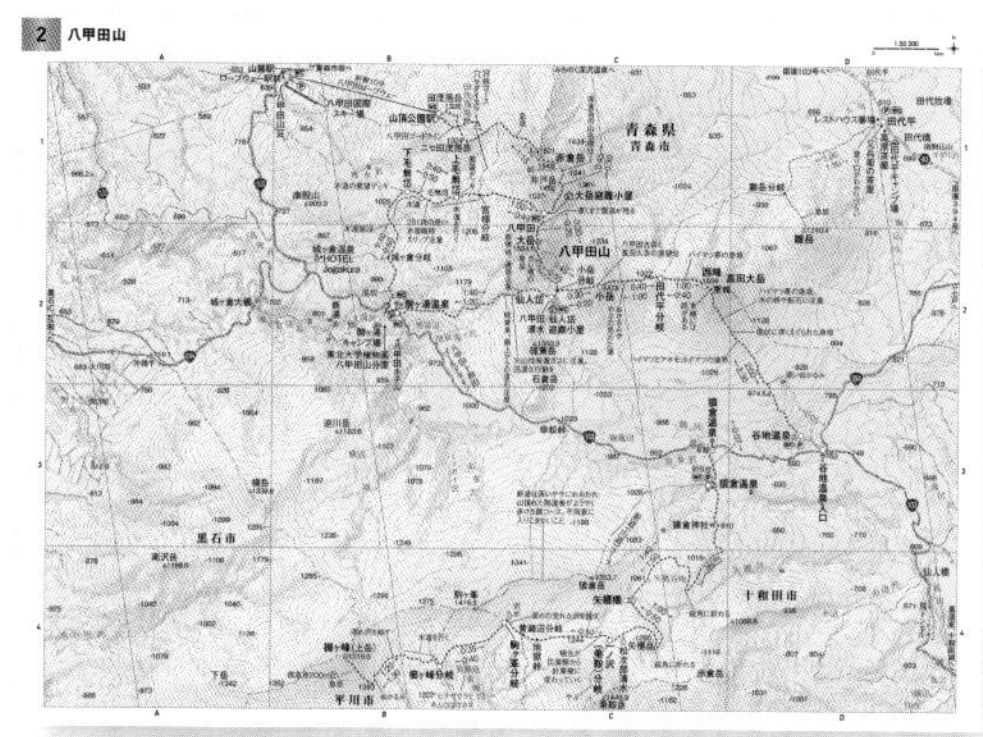

❼コースマップ

別冊登山地図帳に収録しています。コースマップの仕様や記号については、登山地図帳に記載しています。

東北の山に登る

■地形

　東北6県の北から南までの距離は約600kmあり、東北の山は広範囲にわたる。真ん中に奥羽脊梁山脈、その東側の太平洋側に北上山地、阿武隈山地。西側の日本海側に出羽山地、越後山地（朝日山地、飯豊山地）が南北に連なり、3つの山脈が縦に並ぶ。その主脈である奥羽山脈と出羽山地は火山であるのに対し、北上、阿武隈、越後の山地は古い花崗岩からなる。これらの地質構造の違いは、東北の山を明確に分離させている。

　地形の特徴としては、奥羽山脈や出羽山地の山々はおしなべて優しく、その多くが火山であるため、コニーデやアスピーテのゆるやかな丘陵状である。山頂は高原状で、草原や池塘が点在し、山に入っても、「東北の山は優しい」という印象を受けることだろう。典型的な火山の形を見せるコニーデの山は、山麓ではその姿形から富士の名を冠してよぶ。津軽富士＝岩木山、南部富士＝岩手山、出羽富士＝鳥海山、吾妻小富士などが代表的なものだ。

蛇紋岩特有の花を有する早池峰山

ブナは東北の山を代表する木だ（北泉ヶ岳）

　いっぽう、狭い稜線と深い谷を形成するのは、飯豊、朝日、神室の3つの連峰が代表である。俗に「東北アルプス」とよぶこともあるが、山の価値観をアルプスに依拠することに私は好まない。東北の山は東北の山で、アルプスではない。これらの連峰は、むしろ東北らしさを備えた山々だ。稜線に咲き誇る高山植物、深く厳しい谷、山麓の広大なブナ林、今も残る素朴な温泉。どれをとっても東北の山ならではの特徴をもつ。

■自然と四季・その魅力

　東北を太平洋と日本海に分ける奥羽脊梁山脈。この山脈によって、日本海型と太平洋型の気候に分けられる。多雪の日本海側と寡雪の太平洋側。気候風土ばかりでなく、山岳地形、植生など、東北の自然を大きく劇的に変化・分化させている存在である。奥羽山脈の山々は、植生を見ると、その中

写真・文／奥田 博

八幡平の避難小屋・陵雲荘。八幡平のような日帰りの山でも天候急変時に心強い

鳥海山で出会ったオコジョ（写真／斎藤政広）

八甲田山は奥羽脊梁山脈北端部にあたる

ヒメサユリが咲く飯豊連峰。ヒメサユリは飯豊・朝日連峰を代表する花のひとつ

間的な植生であることがよくわかる。尾根を一本隔てて、日本海側の植生と太平洋側の植生が住み分けている場所もある。

東北の山の森林は、山麓から中腹にかけてはブナを中心とした森が広がる。その上部になるとオオシラビソやコメツガといった針葉樹とダケカンバなどの木が混生している。ただ、飯豊・朝日連峰や鳥海山、月山といった日本海気候の影響の大きい山では針葉樹は見られない。

中腹のブナ林が東北の山の性格のようなものを決定づけているように思える。クマやカモシカ、あるいは猛禽類から小動物にいたる動物の棲みかを与え、山菜やキノコといった恵みを人間に与えているのがブナの森である。

春、雪どけのはじまる4月、里山では多くの花が咲きはじめる。東北の低い山ではミズバショウ、カタクリ、キクザキイチゲなどの花でにぎわう。1000m以下の山々は4月には登山シーズンを迎える。

1500m以上の山岳では、残雪期の登山はゴールデンウィークからはじまる。雪におおわれていた山岳道路がこのころに開通するからだ。しかし、これらの山々は時おり冬の装いに戻ることは珍しくない。

ゴールデンウィークが終わると、東北の低い山ではヤマツツジやドウダンツツジ、シロヤシオなど木の花が見ごろを迎える。

6月に入り、梅雨の時期を迎えるととも

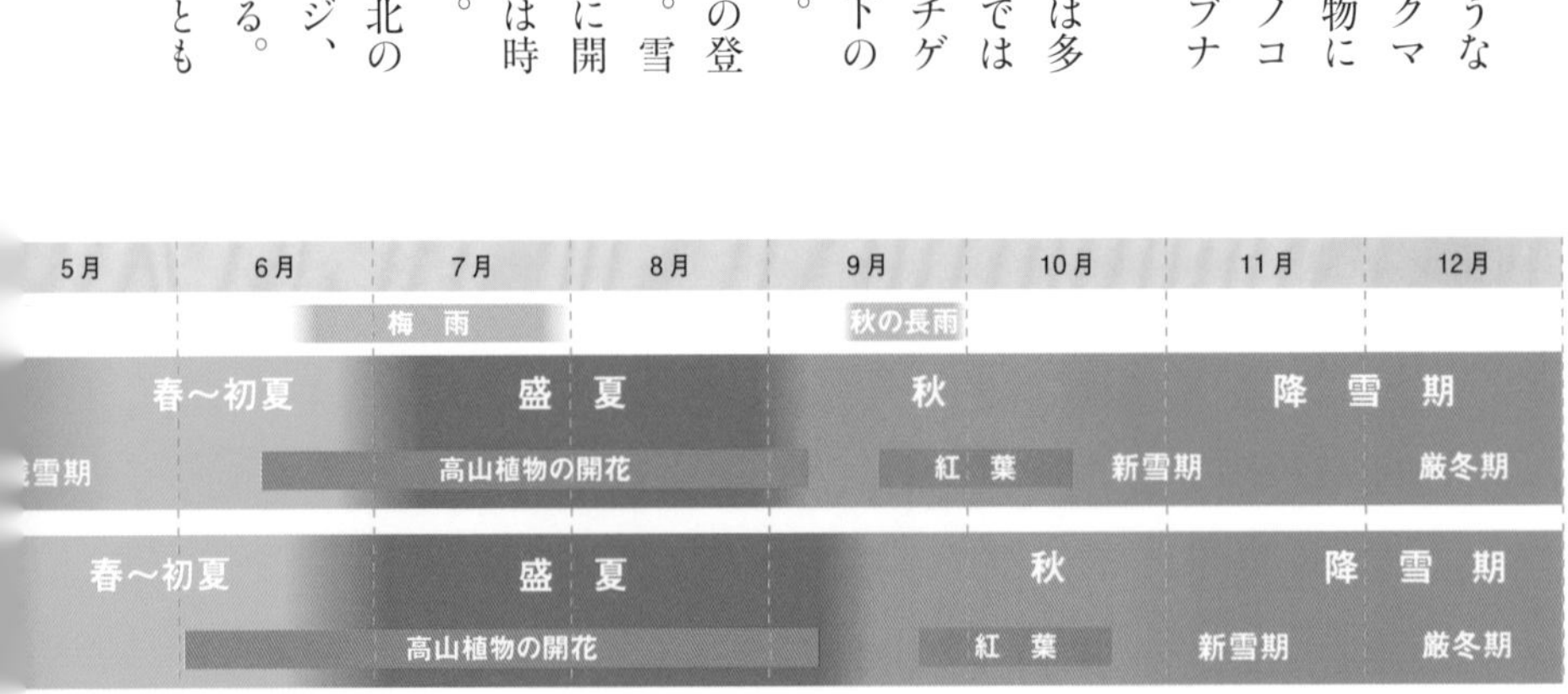

5月	6月	7月	8月	9月	10月	11月	12月
		梅雨		秋の長雨			
春〜初夏		盛夏		秋		降雪期	
雪期	高山植物の開花			紅葉	新雪期		厳冬期
春〜初夏		盛夏			秋		降雪期
	高山植物の開花			紅葉		新雪期	厳冬期

に、東北にも短い夏がやってくる。東北の山では標高1500mを超えると森林限界を超えてお花畑が広がる。鳥海山や月山、飯豊・朝日連峰などは夏でも豊富な残雪があり、短い期間に高山植物が咲き競う。そして、8月中旬を過ぎると東北の山では早くも秋の気配が漂いはじめる。

10月に入ると、本格的な秋の訪れとなる。北から順次南下するが、1500m前後の山々の紅葉は特筆に値する。岩木山、秋田駒ヶ岳、森吉山、八幡平から岩手山、焼石連峰や栗駒山、神室連峰、鳥海山、蔵王連峰、飯豊・朝日連峰、安達太良連峰など枚挙にいとまがない。

10月中旬にはこれらの山々も初冠雪におおわれるが、本格的な雪の季節の到来ではない。11月上旬には主な山岳道路は雪で閉鎖され、山も一般登山の季節は終わりを告げる。この11月の低山里山の晩秋の佇まいも、また味わい深いものがある。

もちろん無積雪期だけが東北の山の魅力ではない。東北の山の多くはゆるやかで森におおわれ、しかも適度な積雪があり、山スキーに適した山容と条件がそろう。私は鳥海山、岩木山、月山などの無木立の大斜面ではなくブナ林の新雪を滑ることこそ、東北の山スキーの醍醐味だと思っている。先述の多くのブナの名山は、また東北を代表する山スキーのフィールドでもある。

■山小屋

東北の山には100を超える無人の山小屋がある。大半は避難小屋という位置づけだが、多くの登山者がこれを利用している。寝具や食料は持ち上げることが条件だ。水場は必ずしも備わってはいないので、事前確認が必要。無人小屋はいわずもがなであるが、利用の際は清潔に、次の人が気持ちよく利用できる心遣いが求められる。

飯豊・朝日連峰、岩手山、鳥海山、月山など一部の山小屋では夏季の期間、管理人が在駐するところもある。食事を提供する山小屋は極めて少ない。

紅葉に染まる安達太良連峰

東北の山の登山シーズン

北部（岩手山）
標高 600〜2000m
樹林帯・亜高山帯

南部（蔵王連峰）
標高 800〜1840m
樹林帯・亜高山帯

東北北部の山

青森・岩手・秋田の
3県の山々。
世界遺産の山や
ふるさとの山まで
幅広い顔ぶれがそろう

レンゲツツジが咲く初夏の睡蓮沼と北八甲田の山々（写真／仁井田研一）

青森県の最高峰・岩木山（1625m）は「津軽富士」ともよばれ、広大なリンゴ畑が広がる津軽平野に悠然と裾を広げる独立峰だ。津軽平野のどこからでもその秀麗な姿を目にすることができ、山頂からは全方位に津軽の人々の営みを感じられ、人の数だけそれぞれの岩木山があり、皆が敬意と親しみをこめ、「お岩木山」「お山」とよび、心の拠りどころとなっている。

旧暦8月1日、山そのものを御神体と崇めた、重要無形民俗文化財指定の「お山参詣」ともよばれる岩木山神社例大祭がそれで、津軽一円から登山囃子の笛・太鼓に合わせ高さ5mもある大御幣を立ち上げて行列を組み、馳せ参じた善男善女で「奥日光」と称される弘前市百沢の岩木山神社の境内は祭り一色に塗りつぶされる。

山頂へは多方面から登山道が刻まれている。登路の百沢コースは古来に開かれた代表的な登拝道で、大沢周辺では岩木山固有種のミチノクコザクラをめでることができる。

下山は嶽コースで名湯・嶽温泉へ。

●岩木山神社正面の駐車場は神社参拝客用につき、登山者はすぐ先左側の百沢駐車場か登山口手前の百沢スキー場の駐車場を利用すること。

岩木山神社参道から山頂を拝む

百沢スキー場管理棟下からゲレンデ左側を進む

写真・文／渡邊禎仁

前夜泊日帰り

岩木山
百沢コース
嶽コース

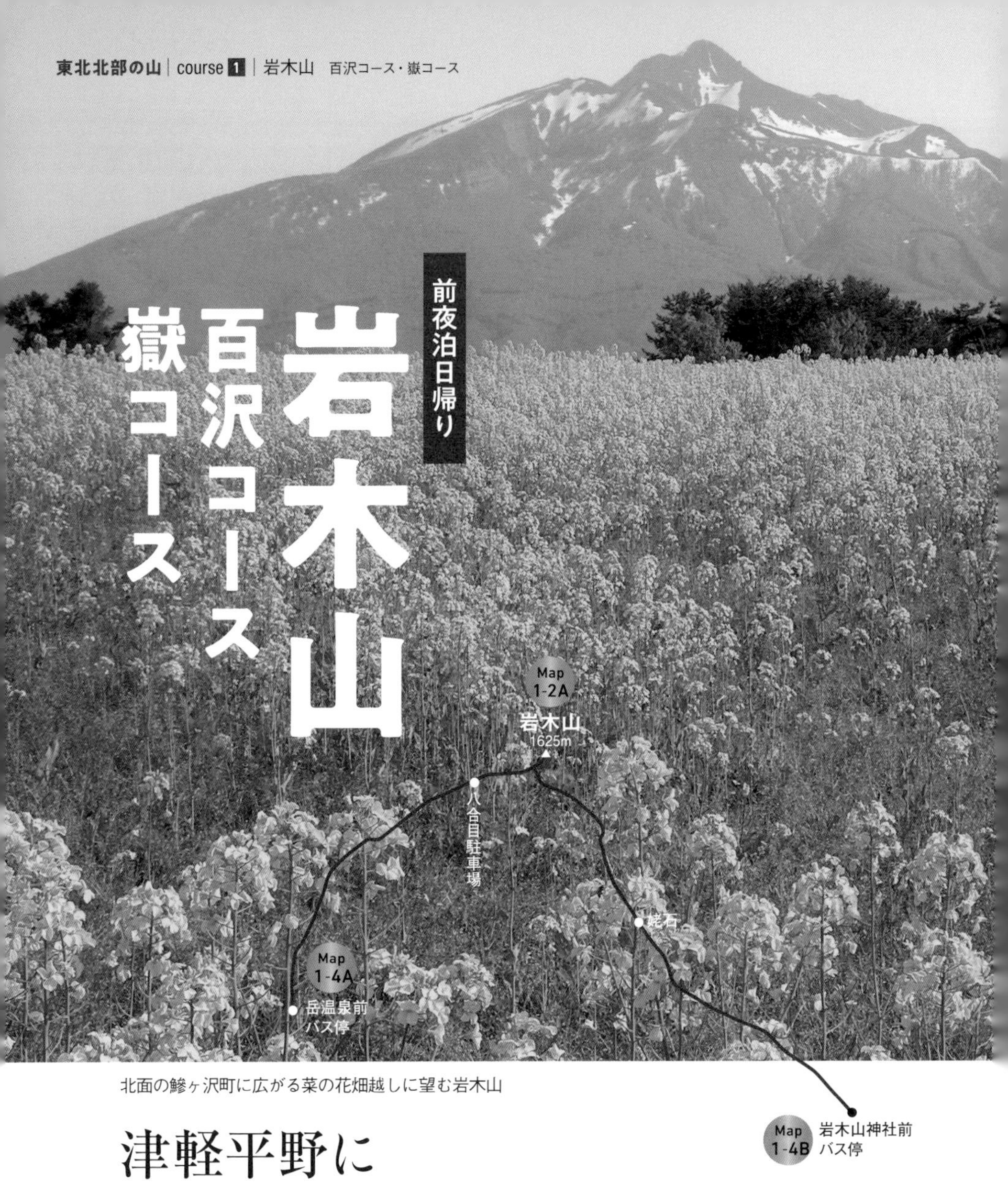
Map 1-2A
岩木山
1625m
八合目駐車場
姥石
Map 1-4A
岳温泉前
バス停
Map 1-4B
岩木山神社前
バス停

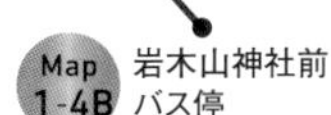

北面の鰺ヶ沢町に広がる菜の花畑越しに望む岩木山

津軽平野に
美しい裾野をのばす
「津軽富士」

日帰り　岩木山神社前→ 姥石→ 焼止りヒュッテ→ 岩木山→ 八合目駐車場→ 嶽温泉　計7時間45分

コースグレード	上級
技術度	★★★★☆ 4
体力度	★★★★☆ 4

日帰り

岩木山神社から山頂に立ち嶽温泉へ下る

百沢コースは、荘厳なつくりで知られる岩木山神社楼（ろう）門の左が登山口。**岩木山神社前**で弘前駅からのバスを降りて車道をわずかに先へ進み、右の境内から鳥居をくぐり参道へと入る。社殿の上には岩木山山頂部が少し顔をのぞかせ、「山」という漢字は岩木山が元だったかも知れないと思わせる。この登山は伝統的な登拝山行なので、登山前にまずは禊所の清水で身を清め石畳を踏み、楼門、中門と進み拝殿で参拝。中門まで戻り、拝殿左の石段を下るとスギがうっそうと茂る鎮守の森の登拝道へ取りつく。豪奢な社殿を右に見送って鎮守の森を抜けると車道に出て、日露戦争の戦勝記念で植えられたサクラの名所・桜林（さくらばやし）公園に入る。

まっすぐ上方へ通り抜け、再び車道に出る。突き当たりは百沢スキー場で、周辺には駐車場があり、車ならここまで入れる。車道を横切り、スキー場のレストハウスをくぐる。ゲレンデ内の作業道づたいに左へ寄りながら進むと、林の中に**登山口**が現れる。登山道に入り、すぐに小沢を渡る。コナラなどの落葉樹林となり、急登はところどころで現れるものの、おおむねおだやかな樹林内の単調な道が続く。

カラスの休（やす）み場（ば）を過ぎて鼻（はな）コクリの標柱を見ると、やや傾斜が増してくる。樹林は途切れず続き、足が少々重くなるころ天井が開け、しめ縄が張られた**姥（うば）石**が現れる。ここでいったん左に折れるが、また真上に向かう単調な登りになる。傾斜がしだいに増し、山腹を横切るような水平道に変わると、**焼止（やけどま）りヒュッテ**（無人）に出る。

小屋の前からさらに足をのばすと、百沢コース核心部の大沢に突き当たる。両側の狭まった沢底を遡っていくと、ミチノクコザクラなどの花々が沢べりを飾っている。沢には坊主（ぼうず）ころばしをはじめ数箇所の落差の出る岩場があるが、しっかりマーキング

岩木山固有種のミチノクコザクラ。雪どけの側から咲きはじめる

ブロックづくりの避難小屋・焼止りヒュッテ

大沢の沢底は険しい岩場の連続。残雪が多いと難易度が上がる

されているので、それにしたがって進む。

しだいに天上が開け、百沢コース唯一の水場・錫杖清水に着く。充分にのどを潤し、水の補給も忘れないこと。閉塞感はしだいにゆるくなってくるが、まだ岩がゴロゴロ露出する沢底地形の登りが続く。前に鋭く尖る黒々した御倉石が間近になると右の草付き（沢の源頭などにある丈の短い草地）斜面に移り、種蒔苗代に出る。小さな池畔にはミチノクコザクラが咲きそろい、運がよければ白花に出会える。

種蒔苗代の西縁をなぞり、一のおみ坂をひと登りで無人の**鳳鳴ヒュッテ**で、下山路となる八合目からのコースと合流する。山頂をめざし進むと二のおみ坂の急な岩稜帯に取りつくが、落石による死亡事故も起きており、落石と転倒には要注意。また道脇のロープはコースを示すためだけの物で強度はなく、絶対に手がかりにはしないこと。

上部の平坦地テラスに出るとひと息つける。三のおみ坂は二のおみ坂ほど急ではないが、やはり落石や転倒に気をつけたい。

左から長平コースが合流し、少し北側に回りこむと、大きな石がゴロゴロした**岩木山**山頂に飛び出る。一等三角点が置かれ、鐘の下がるモニュメントや山頂避難小屋、バイオトイレがあり、南東を向いた岩木山神社奥宮の先には岩木山神社の社殿や参道が確認できる。展望は360度見渡せ、その高度感が心地よく、まるで鳥になった気分だ。天気がよければ八甲田連峰はもちろん、北海道や下北半島、岩手山、八幡平、森吉山、鳥海山まで目に飛びこんでくる。

帰路はより慎重に**鳳鳴ヒュッテ**まで下り、

山頂直下の二のおみ坂はコース最大の急登

嶽コースの九合目から見上げる山頂

往路を左に見送って御倉石の北側へ回りこむ。岩木山で最も新しい鳥ノ海噴火口の鞍部に下りると分岐がある。直登は九合目の登山リフト鳥の海噴火口駅（リフトの運行日は要確認）へ、右の道は30分ほどでバス停やレストハウスなどがある津軽岩木スカイライン**八合目駐車場**へ下り立つので、時間や体力に合わせて選ぼう。

嶽温泉への嶽コースは、リフト乗り場のすぐ脇に下り口がある。最初はチシマザサの急な斜面を下っていくが、やがて斜度がゆるくなると心地のよいブナの純林となる。世界自然遺産・白神山地のブナ林に勝るとも引けをとらない、みごとなブナ林である。

突然現れる杉林を越し、**巨木の森入口**の標柱を右に見送る。左の湯ノ沢からは硫黄の臭いがしてくる。視界のない単調な樹林内を、たんたんと下降していく。カラマツ林が現れると足もとは粘土質の路面となり、ひじょうに滑りやすいので要注意。

下るほどに傾斜がゆるやかになり、羽黒温泉入口分岐を左に進む。稲荷大明神の横を通りすぎると登山口が目の前となり、嶽の温泉街へ出る。お土産店が立ち並ぶ通りのトイレ舎横に**岳温泉前バス停**がある。

山頂の岩木山神社奥宮の眼下に広がる弘前の街並み

プランニング&アドバイス

登山適期は7月中旬～10月下旬。ただし青森の山々は緯度が高いぶん降雪が早い。9月下旬には降雪をみることがある。大沢は固有種のミチノクコザクラが5月下旬から8月上旬まで見られる。その大沢は水がほとんど流れておらず靴を濡らすことはないが、盛夏でも雪が残り、滑落や踏み抜く危険性があるので、装備の準備とコース情報の入手を怠らないこと。下山路途中の八合目駐車場からは嶽温泉へのバスが運行しており、天候や体力に応じて利用できる。また八合目駐車場（あるいは登山リフト鳥の海噴火口駅）を起点に山頂を往復すれば歩行時間が大幅に短縮でき、技術度も★★★に下がる。

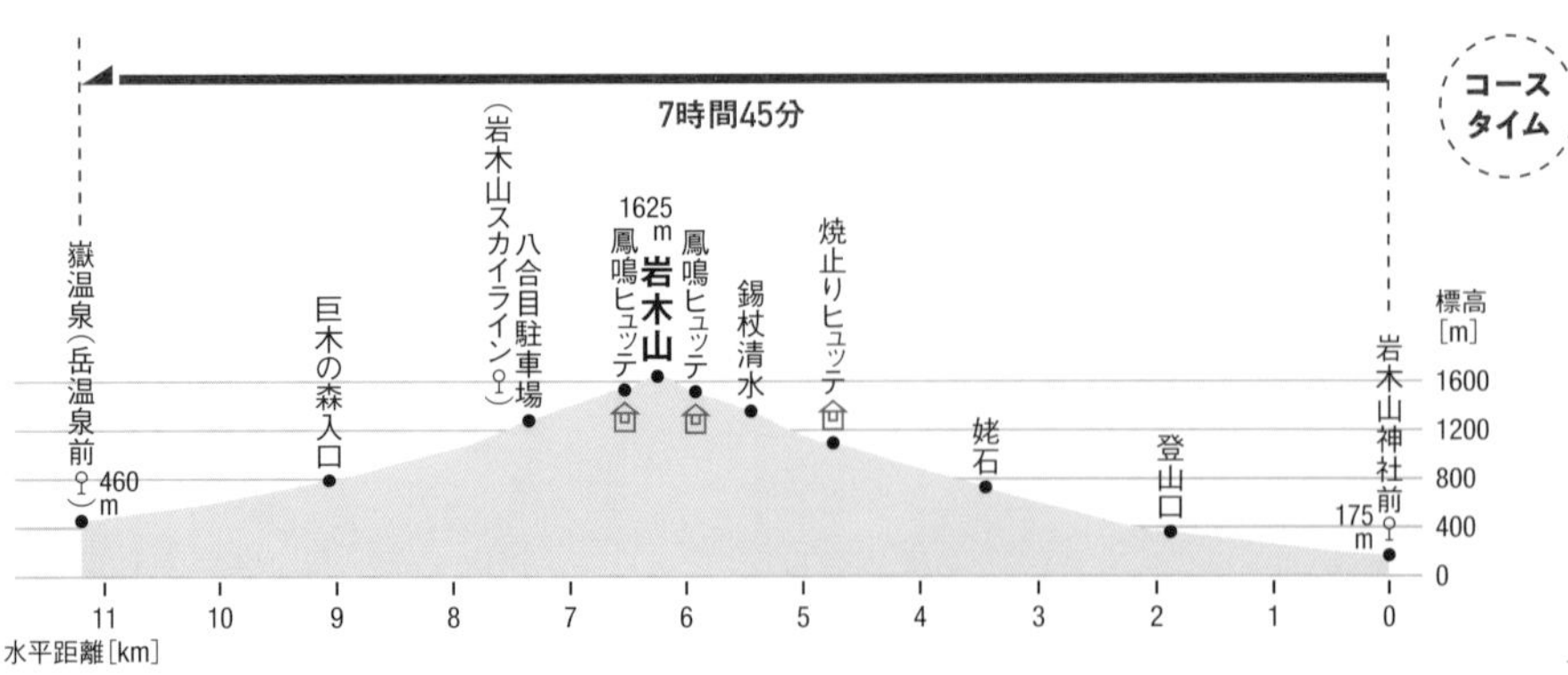

サブコース

大石赤倉コース

赤倉山神社↓伯母石↓赤倉御殿↓岩木山　4時間5分

Map 1-1B 赤倉山神社
Map 1-2A 岩木山

コースグレード	中級
技術度	★★★☆☆ 3
体力度	★★★☆☆ 3

北東面の大石赤倉コースは、色濃い信仰色に彩られた岩木山で最も古い登拝道だ。

登山口の**赤倉山神社**へは、岩木山の裾野を取り巻く県道30号の弘前市百沢東岩木山地区に「大石の里」標識があり、これを目印に左折。大石の里や大石神社を経てさらに進むと左に白い鳥居、右に赤い鳥居が現れ、正面に広い駐車スペースがある。

社殿や寺院、修験者の修行の場である行堂が並ぶなか、鳥居のすぐ先で車道づたいに左へ折れて大石川の木橋を渡り、登山道に取りつく。ブナ林の中を進み、再び社殿や寺院、行堂を見ながら左に折れると最後の**行者小屋**が現れる。小屋脇の階段を上がって右に折れるとブナの尾根道に入り、一番石仏へ。この先は山頂手前の聖観音まで33の観音石仏に導かれる。

コースの大半はブナの美林で、さまざまな表情をした石仏と出会えるのがこのコースの楽しみでもある。**伯母石**で左の岩稜ルート、右の迂回ルートに分かれるが、すぐ上部で合流する。**鬼の土俵**あたりから植生がブナからコメツガ主体に変わる。二十六番石仏付近は右下の赤倉沢への崩壊地があるが、状況が日々変化し、通過時は要注意。

赤倉御殿手前で森林限界を超え、視界が開けてくる。聖観音で三十三番石仏を見送り、背の低いダケカンバの斜面と流水のない大鳴沢源頭部を横切るが、残雪期はアイゼンが必要だ。ミチノクコザクラが見られる薄い草付きの急斜面を越え、最後の岩稜帯を登りきると**岩木山**山頂に着く。

登山口の赤倉山神社。白い鳥居の前が駐車スペース

赤倉御殿からの岩木山山頂と大鳴沢源頭部の雪渓

写真・文／渡邊禎仁

マテ山分岐～大峰分岐間は雰囲気のあるブナ街道を登っていく

世界自然遺産の
ブナ林を抱く
白神山地の主峰

日帰り 白神岳登山口駅→白神岳登山口→二股分岐→マテ山分岐→白神岳（往復） 計9時間45分

コースグレード	中級
技術度	★★★☆☆ 3
体力度	★★★★☆ 4

写真・文／渡邊禎仁

白神山地は、奥羽山脈最北端の西側に広がる標高1000m前後のさほど高くない山並みが続く広大なブナ原生林を抱えている山域で、1993（平成5）年に屋久島（鹿児島県）とともに日本初の世界自然遺産に登録された。白神山地はブナの純度がひじょうに高く、その他も落葉広葉樹林で占められている。中心部は世界自然遺産の核心地域、その周りを緩衝地域として保護されている。

主峰の白神岳（1235m）は、その樹海の山域と日本海とを隔てるように立ちはだかる一段高い山稜で、広大なブナの樹海を守るように日本海に沿ってのびている。山頂より北東へのびる尾根の先には白神山地最高峰の向白神岳（1250m）を確認できるが、残念ながら登山道はない。

日帰り　マテ山コースで山頂を往復

JR五能線**白神岳登山口駅**から集落を抜けて国道101号を横切り、案内板にした

●2022年10月現在土砂崩れにより白神岳への登山不可。詳細は深浦町役場観光課（℡0173・74・4412）へ問合せのこと。

マテ山コースの歩きだしはうっそうとしたヒバの森

登山届記帳所が立つ旧登山口。ここで登山道へ入る

がい日野林道へ。勾配のある舗装路を途中右に折れ、さらに登ると大駐車場と休憩棟が立つ**登山口**だ。この先は車の侵入禁止で（タクシーもここまで）、休憩棟の左から車道を10分ほど歩けば旧登山口がある。

登山届の記帳をすませ、幅広い平坦な山道へもぐりこむと、突然複数幹のブナの巨木・御神木が現れる。御神木の先から道は狭まり、短いこう。山行の安全祈願をしていこう。御神木の先から道は狭まり、短い木造階段などを経て、アカマツやスギの単調な樹林の小道がしばらく続く。

二股分岐で、直進の二股コースと左折のマテ山コースに分かれる。前者は白神岳唯一の古道で、昔から信仰の道として使われてきた。地図上では山頂までの近道のように感じるが、ルート不明瞭箇所や2回の徒渉、急登、やぶ漕ぎを強いられる。ここでは危険箇所が少なく利用者の多い、後者を歩くことにする。

マテ山コースは、ヒバやネズコなどが生い茂る薄暗い樹林の斜面を横切るようにつづいている（南面への滑落注意）。一ノ沢源頭部付近には最後の水場がある。その先は長いつづら折りの急登が続く。前半部の薄暗いヒバの樹林帯から標高を上げるにしたがい、明るいブナの純林へと変わってゆく。このあたりは春にはまばゆい萌黄色、秋なら華やかな錦に彩られる。

急登は相変わらず続くが、いったん広く天井の開いた平坦地が現れる。その先の短い登りを終えると、ようやく**マテ山分岐**でひと息つける。分岐を左に入ると5分ほどでマテ山コースの由来である蟶山（841m）に着くが、山頂はブナの立木の中で展望はないので、時間があれば立ち寄ろう。

マテ山分岐から主稜線までアップダウンのある尾根道が続き、ブナの森に癒されながら高度を上げていく。ところどころで視界が開け、海岸線や稜線を見ながら腐葉土を踏みしめつつ進む。しだいにブナの樹高が低くなってダケカンバに変わり、やがてササやぶが現れ森林限界となる。主稜線を

大峰分岐～避難小屋間のお花畑を行く

白神岳山頂からの避難小屋とトイレ舎

主稜線からの向白神岳。背後に岩木山が頭を出している

目前にし、山頂トイレも確認できる。

最後の草地の急勾配を登りきると、主稜線上の**大峰分岐**に出る。前方には、笹内川の深いV字渓谷の先に向白神岳が見える。

分岐から右方向へ進み、ダケカンバが交じる笹原のおだやかな稜線のアップダウンをくり返すと、白神大権現をまつる石祠と力石が鎮座する風衝地草原に出る。白神山地では唯一この草原がお花畑となり、ニッコウキスゲやトウゲブキ、チシマフウロなどが埋めつくす。右にトイレ舎を見送ると、白神岳大周満天避難小屋とベンチが現れる。避難小屋は緊急用の退避施設のため、山頂泊の山行ではテントの準備を忘れずに。

避難小屋からひと登りで一等三角点とベンチが置かれた**白神岳**の山頂だ。見晴らしは抜群で、足もとから広がる日本海をはじめ、南に能代平野や男鹿半島、遠く鳥海山、北には艫作崎から北海道、東に振り返ると、天を突く鋭い穂先の岩木山、馬の背のような八甲田の山々、そしてブナに選ばれし世界自然遺産白神山地の核心地域が見渡せる、360度の大パノラマが広がる。

下山は二股コースを帰路に使い膝を負傷する登山者が多いので、往路同様にマテ山コースを利用すること。

プランニング&アドバイス

登山適期は6～10月。白神岳は標高1200mほどの低い山だけに安易に考えて訪れる登山者があとを立たないが、海岸近くから歩くだけに標高差が大きく、思いのほか時間をとられる。そして緯度が高いということを忘れないでほしい。10月にはみぞれや雪に降られてもおかしくない。しかし紹介するマテ山コースは危険箇所が少ないだけに、準備を整えて余裕をもった計画で入山すれば、ブナ街道もやさしく迎え入れてくれるはずだ。時間を要するコースなので、深浦町の宿泊施設に前泊したい。タクシー（要予約）で登山口に入れば時間が短縮できる。登山口の休憩棟と山頂避難小屋は緊急時を除き宿泊禁止。

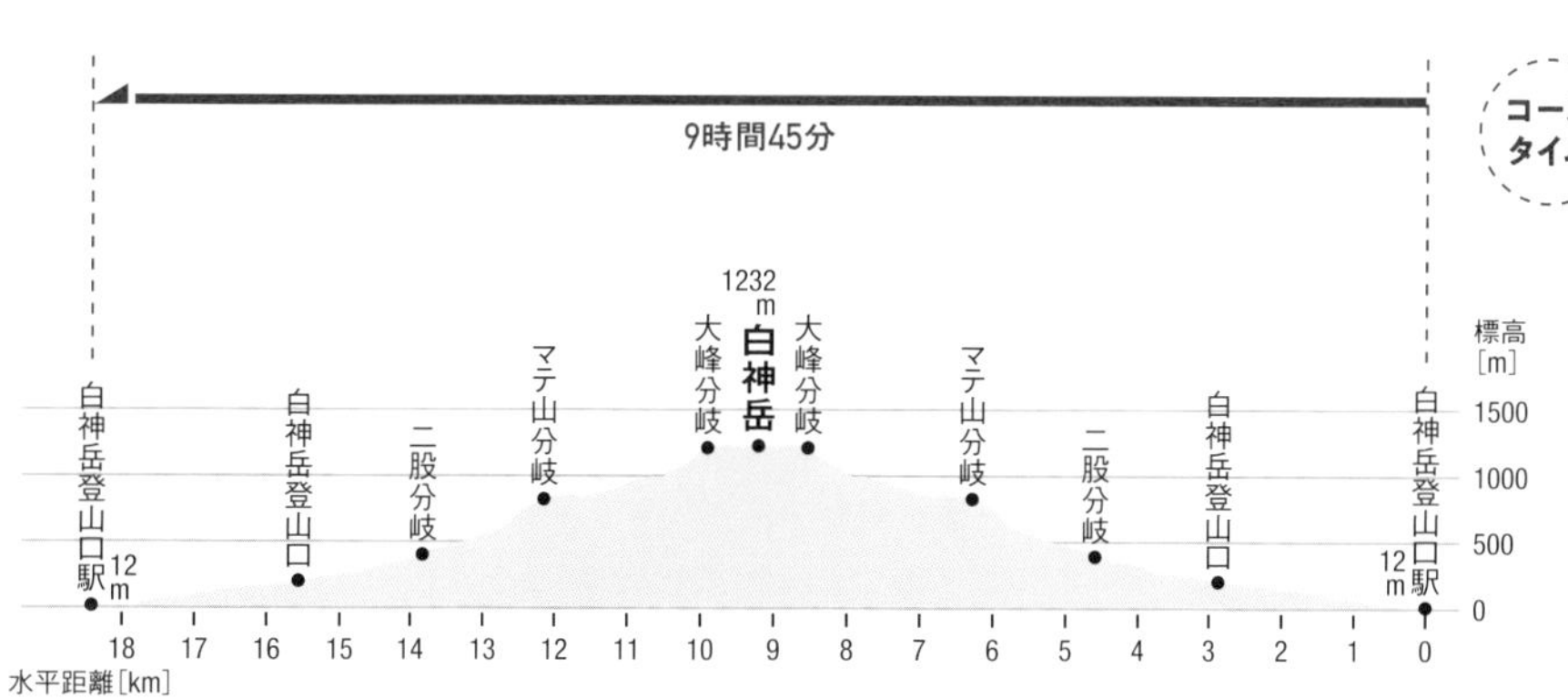

八甲田最高点からの展望と
上下二段の湿原散策を満喫

日帰り

八甲田山

八甲田大岳
毛無岱

ゴードラインからめざす山々を望む（左から赤倉岳、井戸岳、八甲田大岳）

コースグレード	初級
技術度	★★☆☆☆ 2
体力度	★★☆☆☆ 2

日帰り 山頂公園駅→赤倉岳→大岳避難小屋→八甲田大岳→大岳避難小屋→毛無岱→酸ヶ湯温泉　計4時間55分

写真・文／石館宙平

東北を東西に二分する奥羽山脈の北はずれにある八甲田山（八甲田大岳・１５８５ｍ）。南北18峰からなる山域の総称で、国道１０３号を境として南八甲田と北八甲田に分けられるが、一般的に八甲田山といえば北八甲田を指す。甲のような山々と田んぼのような湿原がたくさん集まるところから、この名称になったとされる。

あまり人の手を加えず原始性を残した南八甲田に対し、北八甲田は整備が行き届いて開放感があり歩きやすい。見晴らしのよい亜高山帯、高層湿原、ブナ林とさまざまな景色がコンパクトに収まった山域だ。春の新緑から季節ごとに多くの高山植物が咲き乱れ、秋の紅葉から冬の樹氷まで一年を通じて訪れる人の目を楽しませてくれる。

日帰り

山頂公園駅から大岳に登り毛無岱経由で酸ヶ湯に下る

八甲田ロープウェー終点の**山頂公園駅**が起点。駅からは８の字の遊歩道（ゴードラ

八甲田ロープウェー（所要10分）からの景観を楽しむ

気持ちのよい井戸岳の稜線を歩く

イン）になっていて、田茂萢岳のピークを越える道と平坦な道があるので、好きなほうに進む。遊歩道を半分進んだところから赤倉岳方面へと分かれると道は登山道らしくなり、まもなく右に毛無岱へ下りる道を分ける。急登のアオモリトドマツの森を抜け、森林限界を超えればもうひと頑張りで赤倉岳の稜線に着く。絶壁の縁に立てば、日本地図を俯瞰するように青森県全体を眼下に収めることができるだろう。突き当たりの左にみちのく深沢温泉に下りる道があるが、ここは右の赤倉岳方面へ向かう。

　見晴らしのよい稜線をたどると、祠が見えてくる。その少し先が**赤倉岳**の山頂だが、踏圧による植生破壊を防ぐためにここは止まらず通り過ぎてほしい。

　祠の先にある赤倉岳山頂の看板を過ぎて稜線を行くと、まもなくケルンが積まれた井戸岳に着く。井戸のように深く落ちこんだ噴火口の東側を回るように登山道がつけられているが細かい石のザレ場で、大岳避難小屋への下りはひじょうに滑りやすいので注意したい。また、八甲田中でもっとも風が強い一帯でもあるので、強風時はより慎重な行動が求められる。

　下り着いたログハウスの**大岳避難小屋**の前は広場になっており、木のベンチがたくさん置かれている。トイレもあるので、ゆっくり休むには最適なところだ。

　大岳避難小屋からは大岳へは30分ほどの登りとなる。岩と階段の急登で、7月中ごろまで雪が残る。斜度がゆるくなり噴火口が見えてくると、そこが八甲田山の最高峰・**八甲田大岳**の山頂だ。天気に恵まれれば眼下には南北八甲田の山並み、目を上げれば北は北海道から岩木山や岩手山、鳥海山まで３６０度の絶景が楽しめる。

　山頂から南側の仙人岱方面を経て酸ヶ湯温泉に下ることもできるが、ここは往路を下って**大岳避難**

大岳からの大岳避難小屋と井戸岳

八甲田最高点・大岳山頂から望む青森市街地

錦秋の毛無岱を見下ろす

小屋をめざす（酸ヶ湯～仙人岱経由の道はP26参照）。

大岳避難小屋からは岩や根の多い樹林帯の下りとなる。小1時間ほど下降すると斜度がゆるくなり、木道が現れる。右手から前述の田茂萢岳方面からの道が合流すると、そこはもう毛無岱の一角だ。広い高層湿原に木道が敷かれ、時々の花が咲き乱れる天上の楽園のような場所である。

舞台のような**上毛無岱**の休憩所を過ぎると、足もとが不安定な木道の斜面が出てくる。慎重に歩を進めると視界が開け、上毛無岱と下毛無岱を分ける急な階段が現れる。ここからの景色は八甲田山を代表する景観のひとつだけに、ぜひ写真に収めたい。アオモリトドマツやハイマツの濃い緑と湿原の草木の淡い緑が織りなす春の景色もすばらしいが、やはり紅葉のあざやかな色のコントラストは一度は見てみたい絶景だ。

長い階段を降り、**下毛無岱**の休憩所を過ぎてしばらくすると湿原の木道は終わり、樹林帯の道になる。ゆるやかなアップダウンの続く森を歩き、右に城ヶ倉温泉へと下る道を分けるとまもなく景色が開けて建物が見えてくる。ゴールの**酸ヶ湯温泉**だ。しかし、ここからは崩落したところもあり歩きづらい湯坂の下りなので、はやる気持ちを抑えて最後まで気を抜かずに行こう。

プランニング&アドバイス

天気がよければ景色のよい稜線を歩く本コースがおすすめだが、悪天候や強風時は酸ヶ湯温泉からの周遊コースにしたい。八甲田ロープウェーは9時始発で、15～20分間隔の運行。紅葉などの繁忙期は始発の時間が早まり、運行間隔も短くなる。混雑時は整理券を配るようになったが、今後の状況次第で変更もありえる。悪天候時は運休することもあるので、運行状況も併せて確認したい。登山の時間に加え、ロープウェイに並ぶ時間や乗車時間も忘れずに計画に加えること。ロープウェイ山麓駅周辺には八甲田山荘などの宿泊施設があるので、前泊して登山に臨みたい。

コースタイム

4時間55分

山頂公園駅 1308m
赤倉岳 1548m
大岳避難小屋
八甲田大岳 1585m
大岳避難小屋
上毛無岱
下毛無岱
酸ヶ湯温泉（酸ヶ湯温泉） 896m

標高[m] 2000 1500 1000 500

水平距離[km] 9 8 7 6 5 4 3 2 1 0

サブコース

酸ヶ湯から仙人岱、八甲田大岳

酸ヶ湯温泉↓仙人岱↓八甲田大岳　2時間35分

Map 2-2B 酸ヶ湯温泉

Map 2-2C 八甲田大岳

コースグレード	中級
技術度	★★★☆☆ 3
体力度	★★☆☆☆ 2

酸ヶ湯温泉から湿原植物が咲く仙人岱を経由して八甲田大岳に立つコース。マイカーの場合は酸ヶ湯の駐車場に車を停め、登頂後に毛無岱経由で下れば周回がとれる。

酸ヶ湯温泉のインフォメーションセンターから道路を挟んだ向かいが登山口。大きな鳥居をくぐり、ダケカンバとアオモリトドマツの樹林をゆるやかに登っていく。景色が開け、硫黄臭が漂ってくると地獄湯ノ沢とよばれる火山性のガスが噴出する荒地に出る。2022年の大雨災害でこの沢の源頭付近の登山道が崩落し、沢を何回か渡り返さなければならなくなった。通常は水量が少ないのでまったく問題はないが、大雨などで増水したときは通行が困難になることが予想されるので、事前に天気予報などを確認しておこう。

沢を過ぎ、木道が現れると名水・八甲田清水を湛える**仙人岱**に着く。水場の手前から右に分かれる木道をたどると5分ほどで仙人岱避難小屋があるが、トイレや天候急変時などで用がなければ立ち寄る必要はない。

水場でゆっくり休んでのどを潤したら、八甲田大岳をめざそう。樹林帯を抜け、ガレ場の急登になるといっきに景色が開けてくる。眼下に仙人岱や硫黄岳、国道103号を挟んで南八甲田の山並みが広がる。スタート地点の酸ヶ湯を左に見ながら登り、鏡沼を越えれば**八甲田大岳**の山頂だ。

毛無岱を経ての**酸ヶ湯温泉**への下山はP22メインコースを参照のこと。

崩落した登山道。迷うことはないが増水時は注意

登山口の鳥居をくぐり登りはじめる

写真・文／石館宙平

サブコース

仙人岱から高田大岳

仙人岱↓小岳↓高田大岳↓谷地温泉　4時間10分

主峰・八甲田大岳の東方に存在感を見せているのが高田大岳（1559m）だ。

高田大岳への分岐がある仙人岱までは右ページを参照。**仙人岱**の八甲田清水から八甲田大岳方面に少し進むと分岐があり、右の小岳方面へ進む。アオモリトドマツのぬかるむ細い道を登るとハイマツ帯になり、**小岳**の山頂に着く。八甲田の山々に囲まれた頂からの景色は山深い感じがあり、愛好家も多い。小岳から先は登山者も減り、道は荒れてくる。ぬかるみや洗掘、やぶのオンパレードなので、気を引き締めていこう。

小岳と高田大岳の鞍部までのダラダラとした下りが終わると、小さな湿原に出る。久しぶりの木道なので、ひと息つける。**田代平への分岐**を過ぎると、いよいよこのコースの核心部となる高田大岳の登りとなる。おおいかぶさる木々をくぐるように急登が続く。樹林を抜けるとハイマツ帯となり、振り返れば絶景が広がるが、息をつく間もないほどの急登は変わらない。やっと登りきると高田大岳の**西峰**だ。東西2つのピークがあるが、登ってきた道や八甲田山の景色は西峰からがよいので、存分に眺めてから東峰へ向かおう。東峰からは太平洋や県南の景色がすばらしい。

東峰からは南にのびる道を下りるが、こちらも急な斜面にまっすぐに道がついている。滑りやすいぬかるみと洗掘がえんえんと続く。ブナ帯に入り、斜度がゆるくなってくると登り返しがある。このあたりはひときわぬかるみがひどいが、もうひとがんばりで一軒宿の**谷地温泉**に着く。

仙人岱

Map 2-3D　谷地温泉

コースグレード	中級
技術度	★★★☆☆ 3
体力度	★★★☆☆ 3

小岳や八甲田大岳を背にする高田大岳への急登

仙人岱の水場の向こうに小岳を望む

写真・文／石館宙平

サブコース

南八甲田・櫛ヶ峰

猿倉温泉↓駒ヶ峯分岐↓櫛ヶ峰（往復） 11時間29分

Map 2-3C 猿倉温泉バス停

Map 2-4B 櫛ヶ峰

コースグレード	上級
技術度	★★★☆☆ 3
体力度	★★★★★ 5

北八甲田の八甲田大岳（P22）に対し、南八甲田の代表が櫛ヶ峰（1517m）だ。

国道103号の**猿倉温泉バス停**から南に500mほど入ったところに、南八甲田の玄関口である**猿倉温泉**がある。温泉の建物を過ぎ公衆トイレと併設している休憩所を回りこむと車約5台分の駐車場があり、その脇から登山道がはじまる。この道は「旧道」とよばれ、昭和11年に農業の救済土木事業で八甲田と十和田湖を結ぶ道としてつくられた自動車道だという。しかし実際は車が通ることなく、いつしか廃道となった。それから90年近くの歳月が経ち、その自動車道は見る影もなくなってしまった。

登山道は基本的にはその車道を使っている。道幅は広く、ひたすらゆるやかに山の間をのびていく。ところどころにある古い石組みや土管が当時を偲ばせる。こぶし大かそれ以上の石が敷き詰められた道と洗掘された赤土の道が入り混じり、さらにヤブがおおいかぶさってなかなか歩きづらい。また、猿倉温泉を出ると、右に猿倉川を徒渉して猿倉岳から駒ヶ峯への新道を分けるが、こちらはとくに使う人が少なく、ひどい洗掘とやぶのトンネルが続きおすすめできない。

旧道をたどっていくと、左手にぽっかり矢櫃谷地という湿原が現れる。植生保護のため立ち入りはできないが、数少ない開けたところなのでひと息つきたいところだ。

矢櫃橋を渡ってさらに進むと、道は右に大きく折り返す。左手にひっそりと湧く松次郎清水を過ぎると景色が開け、ちょっと

かつて自動車道だった道も今や踏み跡程度だ

色づく地獄峠を歩く

写真・文／石館宙平

櫛ヶ峰分岐を過ぎると木道のある湿原に出る

した湿原が現れる。**一ノ沢（乗鞍）分岐**だ。ここから左手の沢をつめるように乗鞍岳への道が分かれる（荒廃）。このあたりからブナやダケカンバは減り、アオモリトドマツが主体の景色になってくる。ゆるやかに登っていたのが下りに転じたら、そこが地獄峠だ。

右手の猿倉岳から駒ヶ峯への山並みの中腹を巻くように道は続く。左手は低くなり、眼下に黄瀬沼、その先に十和田湖へのびる丘陵のようなゆるやかな尾根が見えている。このあたりから、ようやく正面にめざす櫛ヶ峰の三角形の山容が見えてくる。

左に黄瀬沼への道を分けて沢を越えると、今度は右に**駒ヶ峯の分岐**がある。時おり出てくる沢に架かっていた橋ははるか昔になくなり、沢を渡るところでは手を使わないと登れないところも出てくる。それまで東方向にのびていた道が大きく南に向きを変える**櫛ヶ峰分岐**あたりで旧道からはずれ、櫛ヶ峰への道に入る。黄瀬萢の湿原内を通る木道は、これまでの長い単調な道とは雰囲気が変わり、歩く人の目を楽しませてくれる。

木道が終わると、大きな涸れ沢を2本渡る。櫛ヶ峰の東斜面を横切って山頂から南東にのびる尾根に取り付くが、そこまでの道はかなりぬかるんでいる。やっと尾根にたどり着いたら、あとは標高差200mをいっきに登れば**櫛ヶ峰**の頂だ。北を見れば谷を挟んで北八甲田の山並み、その隣に青森市街、西に目をやれば岩木山と津軽平野、南は十和田湖、東は歩いてきた南八甲田の山並みが広がる。いつまでも見ていたい景色だが帰りも同じくらい時間がかかるので、ほどほどのところで切り上げよう。

下山は往路をたどる。

プランニング&アドバイス

行程が長いので車を利用して早朝から入るか、猿倉温泉での前泊が望ましい。猿倉温泉へは新青森駅からJRバス東北が運行。南八甲田は紹介コース以外はやぶにおおわれた難路で、とくに櫛ヶ峰の分岐から旧道をたどって十和田湖畔の御鼻部山へといたる道は激烈なやぶの廃道状態。これらの道に行くなら、よく知った経験者や登山ガイドとの同行が望ましい。

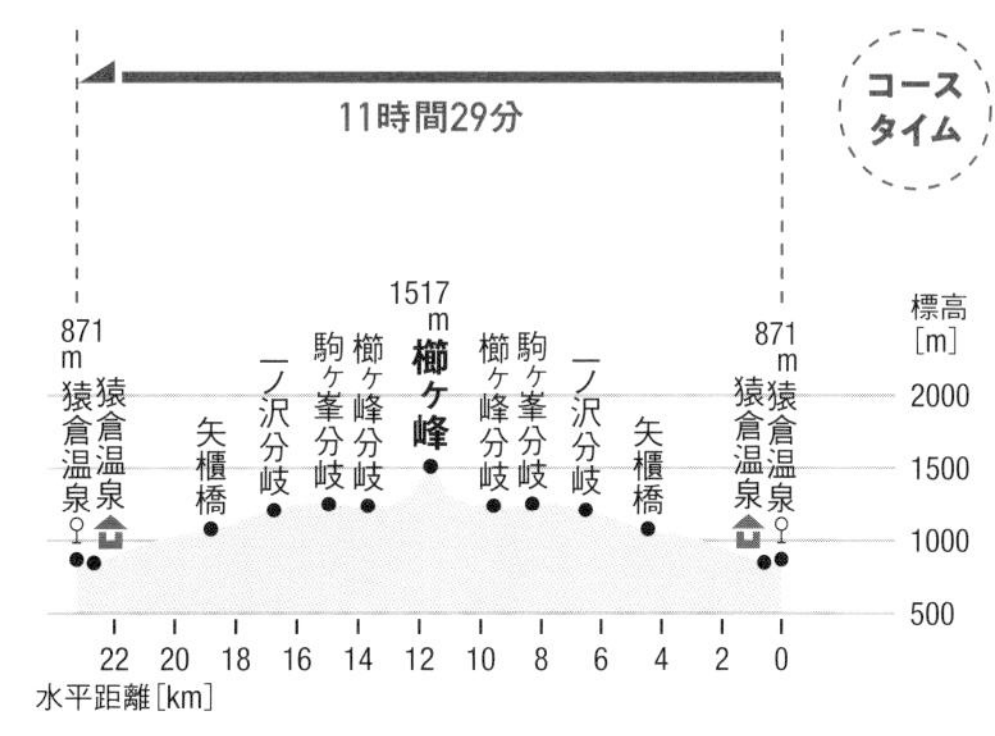

日帰り

八幡平 八幡沼・源太森

八幡平(はちまんたい)(1613m)は十和田(とわだ)八幡平国立公園の指定を受け、貴重な自然が手厚く保護された山岳地帯。とくに岩手・秋田県境にまたがる八幡平区域は豊かなブナやアオモリトドマツなどの林が広がる。山岳観光道路の八幡平アスピーテラインを利用した登山口は、すでに標高1540m。山頂への歩道は木道や石畳で整備され、八幡沼の周囲にめぐらせた散策路では池塘や湿原に咲くニッコウキスゲやワタスゲなど、高山植物や山岳風景が楽しめる。

日帰り

八幡沼や源太森、八幡平山頂を周回

岩手と秋田の県境、八幡平アスピーテラインの**八幡平頂上バス停**から歩きはじめる。観光客でにぎわう売店や駐車場をあとに、アスピーテラインを渡る。または地下歩道から北に続く石畳の道を上っていく。

まもなく下山でたどる鏡沼(かがみ)経由の道を左に見送ってまっすぐ階段状の道を進むと、見晴らしのよい**見返峠**(みかえり)に出る。眼下に八幡

木道がのびる源太分れの分岐。源太森は左へ

約3〜4年周期で咲くコバイケイソウ(八幡沼)

写真・文/藤原直美

八幡沼展望台から八幡沼と陵雲荘を俯瞰する

アオモリトドマツの樹海と花咲く湿原をめぐるハイキング

日帰り 八幡平頂上バス停→八幡沼→源太森→八幡平山頂→八幡平頂上バス停 計1時間50分

コースグレード	初級
技術度	★☆☆☆☆ 1
体力度	★☆☆☆☆ 1

平アスピーテラインがうねり、岩手山から秋田駒ヶ岳などの山々がパノラマのように見渡せる。見返峠にある公衆トイレ前の分岐は左へ進めば八幡平山頂方面の近道だが、ここでは右へ、八幡沼周辺を反時計回りで散策してみよう。

　少し歩んで山並みの眺望をあとにし、進路はアオモリトドマツの林内に続く道に変わる。数分で林を抜け、八幡沼の南側に広がる高層湿原に出る。ヒナザクラやワタスゲ、チングルマ、コバイケイソウやニッコウキスゲ、エゾオヤマリンドウなど季節を追って咲く花々との出会いを楽しみたい。

　湿原のところどころで散見する小さな池は池塘とよばれる泥炭層の窪地に雨水などが貯まった池で、ミツガシワやイワイチョウなどの花が咲く。付近の湿原には食虫植物のムシトリスミレやモウセンゴケなども見られ、近寄ってみると粘り液を出した葉に小さな虫が捕まっていたりする。

　八幡沼周辺にめぐらせた木道の東端で、八幡平山頂方面と黒谷地湿原方面のコース（P34）と交わる**源太分れ**に着く。ここから黒谷地方面へ10分ほど登って、眺望のすぐれた**源太森**に立ってみよう。観光客の多い八幡沼周辺から少し離れた頂は、アオモリトドマツなどの林から抜け出た狭い岩場の残丘だ。樹海に囲まれた八幡平の湿原と八幡沼、さらには岩手山へ続く裏岩手縦走路（P35）の山々も見渡すことができる。

　源太分れに戻り、八幡平山頂へ向けて八幡沼北側の木道を行く。ワタスゲやニッコウキスゲ、キンコウカなどが咲き、秋には草原の一帯が草紅葉に彩られる。八幡沼を目の前にする避難小屋の陵雲荘の横は、ベンチも配置された休憩適地。周囲は昭和40年代、登山者や観光客による湿原への立ち入りで自然破壊が進んだところ。それから長い年月をかけて湿原再生に成功した場所

歩きはじめから15分の見返峠から望む岩手山

北東北の山々を一望する
八幡平山頂の木製展望台

残雪期に鏡沼で見られるドラゴンアイ

だけに、コース以外の侵入は慎みたい。

石畳の歩道を少し登ると八幡平頂上バス停から八幡平山頂へたどるコースと合流する**ガマ沼分岐**だ。ここにはガマ沼展望台と八幡沼展望台があり、それぞれの展望台からは高層湿原やアオモリトドマツの樹林帯が広がり、八幡平の地形を一望にする。

ガマ沼分岐から**八幡平**山頂へは、石畳の歩道をたどって数分の距離。アオモリトドマツの樹林内にある山頂には木製の展望台があり、岩手山や秋田駒ヶ岳、八甲田山、森吉山、鳥海山などが遠望できる。

下山口の八幡平頂上バス停へは先ほどの八幡沼展望台経由でも下れるが、山頂展望台直下から南西に続く石畳の歩道を進み、T字路で左折する。アオモリトドマツの林に囲まれた静かな火口湖の鏡沼は、6月中旬に見られるドラゴンアイの残雪模様ですっかり有名になった。7月には歩道脇の窪地に気品あるキヌガサソウが開花する。

まもなく林から抜けて見返峠からの登山道と出合い、右折して下ると出発地点の**八幡平頂上バス停**に戻り着く。

プランニング&アドバイス

八幡平アスピーテラインの通行期間は4月下旬〜11月上旬。開通直後は多くの残雪があり、八幡沼など点在する湖沼に立ち入る危険もあり注意したい。なだらかな山稜は登山入門の山域だが、枝分かれする道が多く、分岐では進行方向を確認すること。高山植物を楽しむなら6月上旬過ぎからがよい。参考コースタイムの倍以上の時間を費やし八幡沼周辺で自然散策を楽しもう。山域には藤七や蒸ノ湯、後生掛温泉などがあり、登山と温泉を組み合わせた計画もおすすめ。路線バスは岩手県側のアスピーテラインと樹海ラインに運行するが、本数が少なく事前にダイヤを確認しよう。

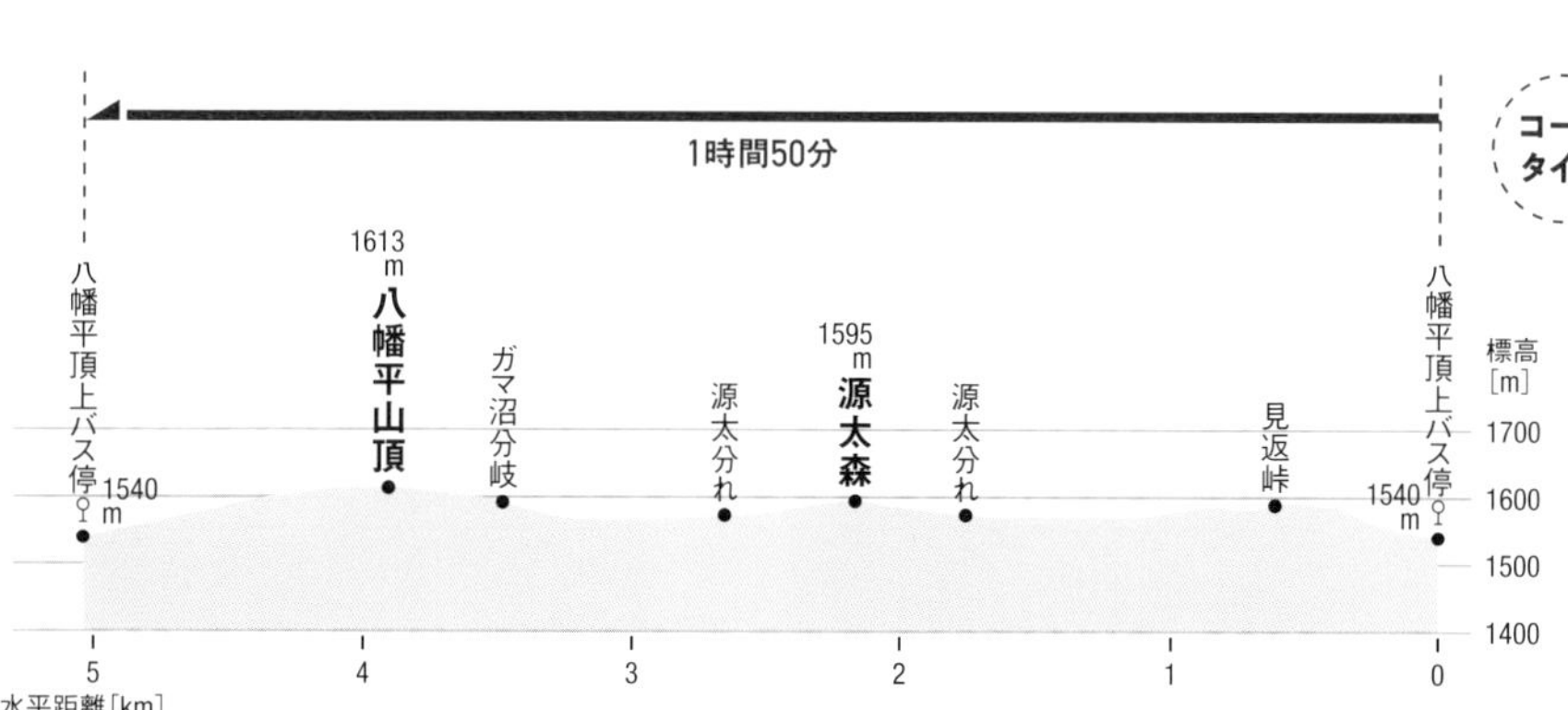

サブコース

茶臼岳から八幡平山頂

茶臼口バス停↓茶臼岳↓黒谷地湿原↓八幡平山頂↓八幡平頂上バス停　3時間5分

八幡平三大展望地のひとつ茶臼岳は、八幡平アスピーテラインのそばから顕著にピークを高める山だ。登山口は八幡平アスピーテラインの**茶臼口バス停**近くの道路脇から続く。急な尾根への道は歩きよく整備され、背後に岩手山を望みながら登る。

いったん平らな道から茶臼岳北斜面を急登すると、無人の**茶臼山荘**に着く。ここは安比高原と八幡平山頂方面への道の分岐点。山荘前から薄暗いコメツガ林を抜け、**茶臼岳山頂**へ。眺望は抜群で、南部片富士の岩手山や八幡平の山々が見渡せる。

茶臼山荘に戻り、八幡平山頂方面の黒谷地湿原に向かう。ゆるやかに下る道には頭大の石が散乱する箇所もあり、足もとに注意しよう。樹林帯から抜け出た**黒谷地湿原**の初夏はワタスゲやニッコウキスゲが群生して咲く。この湿原はアスピーテラインの黒谷地バス停にも近く、ハイカーの出入りが多い。このコース途中には水場の「熊の泉」があり、給水するとよいだろう。

黒谷地湿原をあとに八幡平山頂をめざし、林内の歩道を行く。安比岳コース（P37）を右に分けて直進し、小さなお花畑となっている沢の源頭部を登る。樹林帯に続く平坦な木道の先では**源太森**に立ち寄ろう。小高い頂からは樹海に囲まれた湿原や八幡沼、岩手山はもちろん、秋田駒ヶ岳、視界がよければ鳥海山など遠くの山々も望める。

林を抜けて出合う**源太分れ**の分岐点から先はP30メインコースを参照のこと。

茶臼口バス停

八幡平頂上バス停

コースグレード	初級
技術度	★★☆☆☆ 2
体力度	★★☆☆☆ 2

ニッコウキスゲに彩られる黒谷地湿原

茶臼岳山頂からの岩手山やアスピーテラインの展望

写真・文／藤原直美

サブコース

裏岩手縦走路

畚岳登山口↓大深岳↓三ツ石山↓網張温泉

8時間55分

Map 3-2B 八幡平頂上バス停

Map 4-4B 網張温泉

コースグレード｜中級

技術度｜★★★☆☆ 3

体力度｜★★★★☆ 4

裏岩手縦走路は、八幡平南の畚岳から大深岳など標高約1500mの山々を経て岩手山方面に向かう約20kmのロングコース。

八幡平頂上バス停から樹海ラインを約1km藤七温泉側へ下ったカーブにある裏岩手縦走コース（**畚岳登山口**）を早朝に出発する。目前に目立って盛り上がる**畚岳**は展望がよいだけに、ぜひ立ち寄りたい。

なだらかに続く山稜の登山道はササやハイマツ、アオモリトドマツなどの林を出たり入ったりと、展望も間欠的。**諸桧岳**を越え下ると石沼と出合う。前諸桧を経て小さな岩場の**嶮岨森**へ。時おり得られる展望は岩手山や秋田駒ヶ岳への稜線の山々などだ。

大深山荘（無人）付近と**大深岳**手前には松川温泉への分岐があり、エスケープルートとして利用できる。大深岳から下る途中の八瀬森分岐で、右に大白森方面への道を分ける。急登した**小畚岳**はハイマツの稜線上にあり展望が抜群で、紅葉もみごと。稜線漫歩で**三ツ石山**に着くと、岩手山は一段と大きく見える。

三ツ石湿原に下ればガッチリした避難小屋の**三ツ石山荘**に着く。ここには、松川温泉や滝ノ上温泉、通称・奥産道の網張口などに続く登山路が交差する。下山後にバス利用の場合は松川温泉へ向かおう。

山荘をあとに大松倉山を越えると**犬倉分岐**。岩手山への縦走路（P46）を分けて右にとり、網張スキー場内の斜面を**網張温泉**へと下っていく。網張温泉へは犬倉分岐直下の犬倉駅から展望リフトがあるが、運行期間が限られている。

紅葉の三ツ沼付近からの三ツ石山（右）。左は岩手山

大深山荘の水場から嶮岨森（左）や畚岳など縦走路の山々

写真・文／藤原直美

サブコース

八幡平のその他のコース

❶長沼コース

蒸ノ湯温泉が起点。蒸気をさかんに吹き上げ、簡単な囲いがされた露天風呂の前を通過して大谷地湿原方面へ。林中の右に古びた大きな案内図がある。本コースは登山者こそ少ないが、整備はされている。

大谷地湿原を見送り、ブナ林を登って長沼へと山道は続く。**長沼**を過ぎると小さな湿地帯のブシ谷地を横断する。途中で水流と出合い、標高差150mの急坂を登る。アオモリトドマツ林が平らになると林から抜け出て、**草ノ湯**（**十字**）**分岐**に着く。

樹林に囲まれたおだやかな湿原を登り抜けると、突然、樹高を超える木製展望台が立つ**八幡平**山頂に出る。（コースタイム＝**2時間30分**／コースグレード＝**初級**）

❷蒸ノ湯（大深）コース

秋田側の八幡平アスピーテラインの標高1150m地点、**蒸ノ湯入口**（駐車場や公衆トイレあり）からアスピーテラインを200mほど登った道路左の法面が登り口だ。登山道はアスピーテラインに沿って直線的に続く。アオモリトドマツなどの林で眺望は乏しく、樹幹の高い位置に冬スキーのコースを示すガイドナンバーのプレートがあり、冬山ツアーコースでもあることがわかる。

雨水で削られた登山道は歩きにくい箇所も出てくるが、概して緩斜面だ。小湿原の**田代沼分岐**付近では、アスピーテラインや草ノ湯（十字）分岐へ向かう道と交差する。

樹林帯に続く細い登山道を40分ほど登る

Map 3-1A 蒸ノ湯温泉

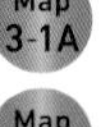
Map 3-1A 蒸ノ湯入口

Map 3-1C 草ノ湯コース登山口

Map 3-1C 赤川登山口

小さな湿原のある田代沼分岐（コース②）

ひっそりと静かな湖面の長沼（コース①）

写真・文／藤原直美

と鏡沼からのコースと出合い、左折するとすぐに**八幡平**山頂だ。（**コースタイム＝1時間40分**／**コースグレード＝初級**）

❸草ノ湯コース

安比高原と兄畑を結ぶグリーンラインから分岐する袰部沢林道を6・3㎞ほど進むと**登山口**に着く。登山の際、伐採や発電工事などで入山規制もあるので注意。

登山道は標高1150m付近にある地熱発電所施設の上部から続く。林の中をゆるやかに登り、途中で湿原に出合ったりしながら進むと湯の花で淡黄化した**草ノ湯**に着く。宿はなく、小沢に石積みの湯船があるだけだ。少し先の知恵ノ沢は浅瀬を通過できるが、増水時の徒渉は困難となろう。

仙角山の東斜面はササを切り開いた山道で、時にはササやぶにおおわれることもある。倉形沢を過ぎると、まもなく蒸ノ湯と八幡平山頂を分ける**草ノ湯**（**十字**）**分岐**に着く。以降は①長沼コースを参照。（**コースタイム＝3時間10分**／**コースグレード＝中級**）

❹安比岳コース

安比高原スキー場を左に見送って4㎞ほど先の分岐を左折し、「安比高原ブナの駅」から続く赤川林道終点が**赤川登山口**だ。砂防堰堤がある赤川を渡り、20分ほどで**赤川分岐**に着く。⑤で紹介する茶臼岳コースはここで左へ分かれる。この先、安比岳コースは増水時には徒渉困難な沢の通過や稜線への急登など経て**安比岳**の林を抜け、黒谷地や八幡平へのコースに合流する。途中の元安比温泉への沢道などは崩壊し、ロープが張られ立ち入り制限状態である。（**コースタイム＝3時間45分**／**コースグレード＝中級**）

❺茶臼岳コース

④の**赤川分岐**から、みごとな古木のダケカンバ、コメツガ、トドマツなどの林中、時おり安比方面を眺望する少々ロングな登り道が続く。**恵比須森分岐**から25分ほどで**茶臼山荘**前に出る。**茶臼岳**山頂へ5分ほどの距離だ。（**コースタイム＝2時間45分**／**コースグレード＝中級**）

●草ノ湯コースは地熱発電所発電工事のため、2024年3月まで登山口〜草ノ湯間が通行止めの予定。

プランニング&アドバイス

コース①、②は公共交通機関の場合、JR花輪線鹿角花輪駅から事前予約型観光路線バス「八郎太郎号」が利用できる。コース③、④はマイカーでアクセスとなろう。赤川登山口からの安比岳コースや茶臼岳コースは、徒渉を伴い雪どけや大雨など増水する時期での入山は要注意。コース⑤上部の恵比須森分岐から安比高原へのコース利用時は現地情報を得よう。

赤川沿いの道は判然としない箇所がある（コース❹）

南東麓の春子谷地付近から望む岩手山。右の稜線付近が柳沢コース

東の山麓から登る
岩手山登山のメインコース

コースグレード　中級

技術度 ★★★☆☆ 3

体力度 ★★★★☆ 4

日帰り　馬返し→一合目→五合目→八合目避難小屋→不動平→薬師岳（往復）　計8時間5分

写真・文／藤原直美

岩手県を代表する山のひとつ・岩手山（2038m）。その表玄関ともいわれ、県都・盛岡市に面した古くからの登山道が柳沢コースだ。現在の登山口である馬返しまで道路が開通してから、「馬返しコース」の名称も使われるようになった。全般的にきつい登りが続くが、二合五勺から七合目までは、灌木帯を登る新道と、展望のよい露岩帯を登る旧道とを選ぶ楽しみもある。八合目には避難小屋もあり、素泊まりながらも夏期には管理人が常駐している。

日帰り　馬返しからの山頂往復

馬返しの駐車場の一角から野営場でもある緩斜面を少し登ると、登山口の広場に出る。休憩所や水場、トイレなどがあり、水の補給がてら登山装備を確認していこう。

登山道は登山案内板の横から林内へ続く。いったん空沢の凹みに下って登り返すと、ミズナラやブナの林によく踏みこまれた道になる。古道の改め所への道を左に分け、

ブナ林内の〇・五合目。最初の休憩ポイントだ

旧道の五合目付近の岩場を登る登山者

御鉢から眼下に不動平、遠く秋田駒ヶ岳などを望む

雨などで濡れていると滑りやすい階段状の道を登りきると、休息ポイントでもあるブナ林の〇・五合目の分岐に着く。林内の道と「桶の淵」とよばれる道と林の斜面を巻く道が分岐するが、どちらも大差なく**一合目**で合流する。ここには祠と昔の追分の石柱「左・一本木道、右・盛岡道」がある。

ブナやダケカンバの林から抜けて大なめりとよばれる斜面を登ると、豆腐岩の愛称のある角張った溶岩塊と出合う。振り返ると馬返しへの道や、遠く早池峰山が見える。少し登ると赤茶けた砂礫斜面の二合目だ。

眺望もつかの間、再び林の道となって新道と旧道が分岐する二合五勺に着く。まっすぐのびる新道は迷うところはないが、展望も少ない。また急な灌木帯の林に火山砂礫の一本道が七合目まで続き、登山者とすれ違いに苦慮する場所もある。

二合五勺から左に分かれる旧道は、天候がよければおすすめの道だ。林内の掘れた火山砂の道から露岩帯を登ると三合目で、ひと息つける広場がある。その先で林から抜け、展望のきく岩場となる。右に左にペンキ印に沿って四合目、五合目と急登する。三合目～五合目間は、天候悪化や好みにより新道へコース変更できる連絡路がある。

五合目からは傾斜が増し、灌木の道を蛇行しながら進む。火山砂を踏むようになると崩壊が進む六合目の御蔵石だが、不安定な御蔵石には近づかないよう右側を回りこんで登っていく。標高１６００ｍを過ぎると火山砂礫の斜面に高山植物も多くなり、右上方に山頂部の火口壁・御鉢も見えてくる。傾斜もいくぶんゆるみ、灌木のトンネル

頑健なつくりの八合目避難小屋（収容150人）

九合目不動平から望む岩手山山頂部（御鉢）

を抜けると、二合五勺で分かれた新道コースと出合う七合目・鉾立にたどり着く。上方部には山頂へつながる台形の御鉢を望み、盛岡方面などを眼下にする。

平坦な灌木帯に続く道を5分ほどで**岩手山八合目避難小屋**へ。夏期には管理人が常駐し、毛布やインスタント食品も提供する。小屋前にはベンチも設置され、湧き出る成り清水を引水した貴重な水場がある。

ハイマツなどの灌木帯と草原に咲く花々の道を、九合目の**不動平**へ進む。鬼ヶ城やお花畑などの道（P46参照）との交点で、不動平避難小屋が立っている。

ここで進路を北に変え、ハイマツ帯の御鉢へと火山砂の急斜面を登っていく。中央火口丘の妙高岳を中心に、御鉢の北側に小高くそびえる薬師岳がめざす岩手山の山頂となる。途中で焼走りコース（P42参照）を交えてたどり着く**薬師岳**の山頂は日本百名山に恥じない眺望で、八甲田山や秋田駒ヶ岳、鳥海山、栗駒山、早池峰山など全方位に広がる。御鉢一帯には信仰登山の名残の石仏が並び、コマクサやキバナノコマノツメ、イワブクロ、オヤマソバなど貴重な花々も見られる。

帰路は御鉢を時計回りで往路を戻る。

荒涼とした御鉢を行く。薬師岳山頂は目前だ

プランニング&アドバイス

登山適期は6月上旬〜11月上旬。10月には天候の急変もあり、降雪を念頭に置いた初冬装備が必要。登山口の馬返しへは盛岡から国道4号を北上し、滝沢分レの国道282号にある岩手山方面への道路標識にしたがい左折。柳沢の岩手山神社を通り過ぎると、馬返しへまっすぐな舗装道路が続く。なお、馬返しへの公共交通機関はないので、タクシーやレンタカーなどの利用も考慮したい。早朝に登山口を発てば日帰りで山頂往復や他コースでの下山もできるが、秋の日帰り登山では下山が日没となる場合もあり、懐中電灯は必携。八合目避難小屋での宿泊も考えたい。

日程
前夜泊 日帰り：8時間5分
1泊2日：1日目｜3時間50分　2日目｜4時間15分

地点	水平距離[km]
馬返し 610m	0
一合目	1.5
(二合五勺)	1.9
五合目	2.6
八合目避難小屋	3.5
不動平	4.0
岩手山(薬師岳) 2038m	5.0
(岩手山神社奥宮)	5.6
不動平	6.3
八合目避難小屋	6.9
五合目	8.2
(二合五勺)	8.5
一合目	8.9
馬返し 610m	10.4

標高[m]：500／1000／1500／2000／2500
水平距離[km]：0 1 2 3 4 5 6 7 8 9 10

岩手山には「南部片富士」や「南部富士」の愛称があるが、国特別天然記念物の溶岩流である焼走りは、南部富士として望まれる東側から登る登山路である。標高1100mを過ぎ、展望が開ける第2噴出口跡やコマクサ群生地の標高1300〜1400mにかけては、岩手山の夫婦伝説がつたえられる姫神山（P48）や早池峰山（P72）などが一望できる。山頂直下の平笠不動避難小屋から急登すると、西岩手火山の荒々しい山岳風景が広がってくる。

日帰り 焼走りコースから山頂を往復

岩手山噴火の歴史を目の当たりする**焼走り登山口**を出発すると、林の左側に溶岩流が見え隠れする平らなコースが続く。途中で溶岩流を観察する小道を分けつつ進む。

登山道は少しずつ傾斜を増し、火山砂の崩壊防止杭で土留めされた道を行く。標高1000mを過ぎると周囲の林にはハクサンシャクナゲも見られるようになり、ブナやミズナラ、ダケカンバなどが混交する。

コマクサ。花期は6月下旬〜7月下旬

上坊コースが交わるツルハシ。山頂まで残り2.3km

天然記念物の大溶岩流とコマクサ群落の山腹を登る

前夜泊日帰り

岩手山 焼走りコース

朝日を浴びる焼走り溶岩流から望む岩手山

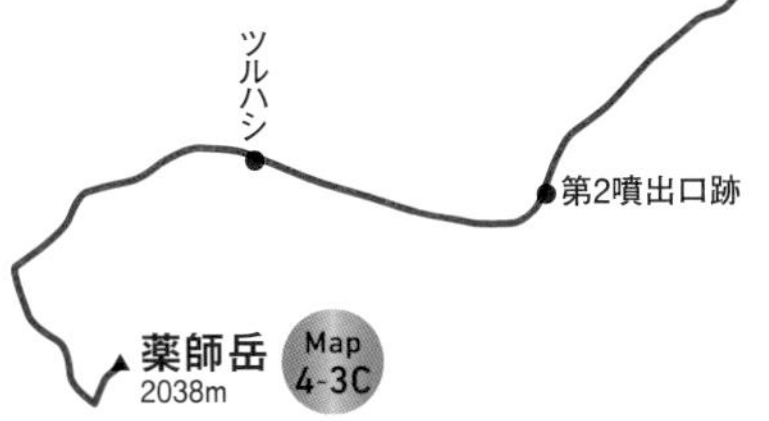

Map 4-2D

コースグレード	中級
技術度	★★★☆☆ 3
体力度	★★★★☆ 4

日帰り　焼走り登山口→第２噴出口跡→薬師岳（往復）　計7時間10分

やがて林の道は苔の生えた溶岩砂礫を踏むようになり、焼走り登山口から3・1km地点の**第2噴出口跡**の道標に出合う。左に分岐する第2噴出口跡への道に入ると林から抜けて、溶岩塊の盛り上がる展望のよい噴出口跡に出る。眼下の溶岩流や自衛隊演習地、三角形に尖った姫神山など、北上(きたかみ)高地の山々を見渡しながら休憩しよう。

登山道に戻り、火山砂礫と矮小化する林の中を登ると、火山砂礫の第1噴出口跡に着く。この先で林内の急登をこなすと、日本有数といわれるコマクサ大群落地帯に入る。コマクサが咲く標高1300m付近の斜面に続く道沿いには、長さ700mほどにわたり自然保護のため両側がロープで仕切られている。足もとから上部の岩手山山頂までコマクサは群生する。6月下旬ごろにはみごとなコマクサのほかに、キバナノコマノツメやイワブクロ、オヤマソバ、ミヤマハンショウヅルなども咲く。この季節はコマクサのお花見と称し、この群生地だけを目当てに登ってくる登山者もいる。

花々をめでながら山頂の北側山腹を回るように登ると、**ツルハシ**に着く。ここで焼走り登山口の西方、直線距離にして1・4kmほどの上坊(うわぼう)神社（岩手山神社）からの直登ルートである上坊コース（P47）が右から合流する。なおも山腹を回りこみながらダケカンバ林を行く。7月ごろまで残雪があり、コースをはずさないよう注意が必要だ。林内にはシラネアオイが群生し、長い登山道に彩りを添えている。

三十六童子(さんじゅうろくどうじ)をまつる黒々とした溶岩塊からは左のダケカンバなどの林を急登し、アオモリトドマツ林になるとゆるやかな登りになる。まもなく山頂の北西下、標高1780mにある**平笠不動**に着く。平笠不動避難小屋（収容約20人）が立ち、目前に三角形の山頂が壁のように高まって見える。

休憩を終えたら、ハイマツやア

薬師岳から俯瞰する焼走り登山口と溶岩流

ツルハシを過ぎた林内に咲くシラネアオイ

オモリトドマツの林を抜けて火山砂礫の急斜面を御鉢に向かって登ろう。一歩一歩急登に耐え、落石にも注意しながら登ると、西岩手火口の御苗代湖や外輪壁の黒倉山、鬼ヶ城尾根から八幡平方面や秋田駒ヶ岳などが展望できるようになる。

御鉢にたどり着けばさらに眺望は広がり、左へ5分ほどの**薬師岳**が岩手山山頂である。眺望は岩手県内の山はもちろん、空気の澄んだ日には岩木山や八甲田山、鳥海山、月山、蔵王連峰など遠方の山々も一望できる。ただし山頂一帯はさえぎるもののない火山砂礫の高峰だけに、悪天候の場合は強風などで危険な場合もあり、御鉢へ登る際は天候を考慮したい。タカネスミレやコマクサなどが咲く山頂部の御鉢には多くの石仏が並ぶ。妙高岳付近には岩手山神社の奥宮など、信仰の山ならではの諸物も多い。

下山は往路を引き返す。

岩手山最高点・薬師岳山頂。展望は360度

プランニング&アドバイス

登山適期は6月下旬〜11月上旬。7月中ごろまで残雪の見られるツルハシ〜平笠不動避難小屋間は登山道をはずさないよう注意。10月に入ると天候によっては降雪もあり、防寒対策は万全に。登山口の焼走りへは国道282号の道の駅にしねを過ぎてすぐの信号を左折して焼走り登山口へ。東北道の西根ICも近く便利（公共交通機関はない）。登山口の焼走りにはキャンプ場や天文台を有する国際交流村があり、前泊に最適。日帰り入浴施設も隣接する。歩行時間が長いので、日帰り登山の場合は早朝に登山口を出発すること。

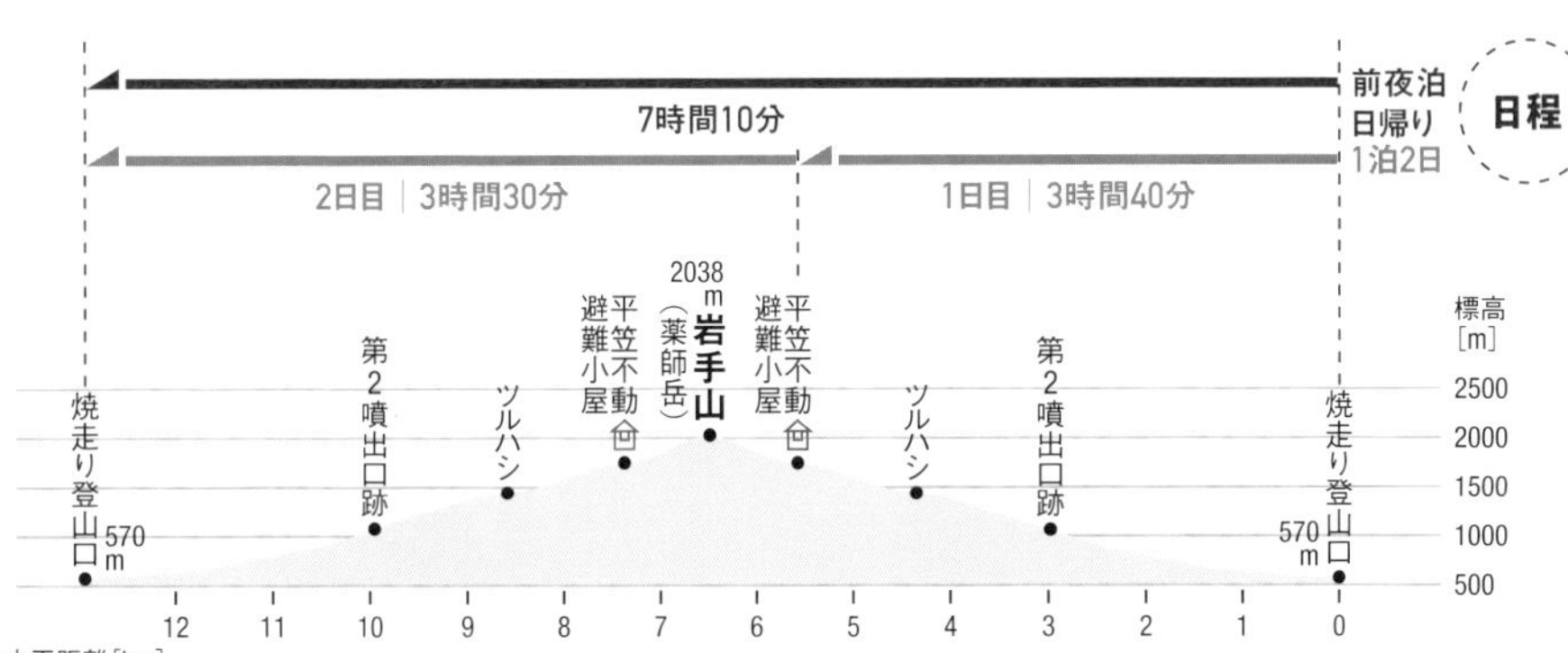

サブコース

岩手山のその他のコース

❶網張・鬼ヶ城コース

岩手山西方の**網張温泉**から、複雑な火山地形の鬼ヶ城尾根などをたどるコース。登山口には休暇村岩手網張温泉やスキー場がある（バス路線は廃止）。夏期は登山リフト（P47「プランニング」参照）が運行し、犬倉山稜線までリフトで登ることもできる。

スキー場の急斜面に続く登山道を登り、リフト最上部の登山道から**犬倉分岐**（裏岩手縦走路・P35参照）を左にやり過ごす。犬倉山直下を回りこみ、アオモリトドマツの樹林帯を進む。水場を経て姥倉山の斜面を登るようになると林から抜け、めざす岩手山への道を望む火山性地熱のある**姥倉分岐**に出る。ここで松川コース（P47参照）を合わせ、裸地化する稜線を黒倉山へ。

黒倉山の西直下では眺望抜群の黒倉山山頂と、山頂を回りこんで切通しに向かう道が選択できる。切通しでコースは二分し、左は大地獄からお花畑経由で九合目の**不動平**へいたる。直進は展望最高の鬼ヶ城尾根を経由し、御神坂コース（次項参照）を交えて**不動平**に行き着く。天候のよい場合は鬼ヶ城コースを往路、復路をお花畑コースとすると変化がつけられる。

不動平からはP38コース5を参照。（**コースタイム＝5時間30分／コースグレード＝上級**）

❷御神坂コース

岩手山の南山麓、雫石町から登る信仰登山で開かれた道。国道46号から分岐し、小岩井農場を経て網張温泉へいたる車道の途中にある**御神坂駐車場**が登山口だ。

網張温泉

御御坂駐車場

上坊登山口

古びた小さな祠が登山道に今も残る（コース②）

岩稜の鬼ヶ城尾根から望む岩手山（コース①）

登山道は岩手山が迫る御神坂駐車場の横からカラマツ林内へ続く。林道に出合って右折し、砂防堰提を過ぎると林道左手に御神坂コース入口がある。鬼ヶ城分岐へ直登する道すがら、切接や草鞋脱場、笠締などの信仰登山時代を思い起こさせる地名が残る。切接から笠締の上部までは足場の悪いガレ場もあり、降雨や下山時にはスリップなどに注意。稜線上の鬼ヶ城分岐が近づくとハイマツ帯の稜線漫歩で、展望が一段と広がる。鬼ヶ城分岐から少し下ると、九合目の**不動平**にたどり着く。（コースタイム＝3時間20分／コースグレード＝中級）

❸上坊コース

本コースも信仰登山時代から登られていた道だが、現在は焼走りコース（P42参照）が主に利用され、静かな登山が楽しめる。

岩手山の北東を横切る岩手山パノラマラインから上坊神社の上部に通じる林道へ入り、約1・5㎞で狭い駐車スペースがある**上坊登山口**。カラマツ林から細い登山道を登る。ミズナラやコメツガ、アオモリトドマツなど火山砂礫の林を急登する途中に、古い道標や祠がある。焼走りコースと交わる**ツルハシ**の手前に道がやや不鮮明な箇所があり、またクマとの遭遇にも注意。（コースタイム＝2時間30分／コースグレード＝中級）

❹その他のコース

・**松川コース**　**松川温泉**の松川荘前から松川キャンプ場に向かい、その一角にある松川登山口からブナ林、続いてアオモリトドマツ林を稜線上の**姥倉分岐**（P46コース①）へ急登する明瞭な一本道。（コースタイム＝2時間10分／コースグレード＝初級）

・**七滝コース**　八幡平市松尾寄木の「県民の森」一角の**七滝登山口**から、火山活動の見られる大地獄を経て岩手山へ通じる道。焼切沢上部の大地獄谷付近で沢の徒渉があり、降雨時や火山性ガスに要注意。また、裸地化した大地獄谷～**大地獄分岐**間は粘土質斜面の道で滑りやすい。（コースタイム＝2時間25分／コースグレード＝中級）

七滝コース・大地獄谷の紅葉。後方は鬼ヶ城尾根（コース④）

プランニング&アドバイス

コース①の網張温泉～犬倉駅間の展望リフトは7/上～10/上の土・日曜を中心に運行（雨天時は運休）。運行時間は7（一部期間は8～）～17時、運賃は3本乗り継ぎで片道1300～1500円、往復1700～2000円。リフト利用の場合は下山の運行時間を考慮したプランを立てる必要がある（リフトの詳細は休暇村岩手網張温泉ホームページへ）。

姫神山を背にする一本杉登山口。山頂へは2時間弱の登りだ

展望広がる三角錐の秀麗な独立峰を周回

日帰り 一本杉登山口→一本杉→巨石群→姫神山→こわ坂登山口→一本杉登山口　計3時間15分

コースグレード｜**初級**

技術度｜★★☆☆☆　2

体力度｜★★☆☆☆　2

写真・文／大友 晃

姫神山（1124m）は美しい。この山を見れば誰もがそう思うだろう。北上高地中央部の外山隆起高原西縁に位置する花崗岩の浸食残丘で、頂は鋭く天を突き、頂から四方にゆったりと裾野を広げる三角錐の山容は実に麗しい。その優美な姿とは裏腹に、思いのほか広い山頂には花崗岩の巨石が累々と重なり横たわり、あるものは空に向かって起立し登山者を圧倒する。

平安時代、蝦夷進出の折に坂上田村麻呂が姫神山に参詣し、立烏帽子神女姫をまつってこの地方を平定すると「姫ヶ岳」とよばれるようになり、やがて岩手山、早池峰山とともに北奥羽三霊山として人々の信仰を集めるようになった。この三山にまつわるさまざまな民話も残る。姫神山はまた黄金の山でもあった。山麓から多くの金が採掘され、奥州藤原氏の平泉をはじめとする平安時代の黄金文化を支えた産金地であった。1961（昭和36）年に外山早坂高原県立自然公園に指定されて西麓に一本杉園地ができると、キャンプやハイキングを楽しむ人々の憩いの場となった。今では冬もスノーハイクの好フィールドとして初心者からベテランまで多くの人に親しまれ、四季を通じ登山者でにぎわいを見せている。

日帰り 一本杉登山口から山頂を踏み、こわ坂登山口まで縦走

一本杉コースの登山口は、一本杉園地の第二駐車場にある。トイレと姫神山案内看板の間から草地に入り、ゆるやかに登って振り返ると、岩手山と安比高原・前森山から裏岩手連峰に続く稜線が見える。すぐ樹林に入って一本杉林道を横切り、少し行くと杉林の中にコース名の由来となった目通り約5mの一本杉がある。山岳信仰時代、ふもとに住む

大きな姫神山の案内看板が目印の一本杉登山口

コース名にもなった名木・一本杉

山伏が植えた7本のスギの1本が残ったものだという。そばには清水もあるが、飲用に適さない。

傾斜が徐々に増し、「山頂まであと1500m」の道標から階段のざんげ坂となり、階段が終わると休憩に適した平らな五合目に出る。道は緩急をくり返し、ミズナラを主体とした落葉広葉樹の中に続く。大岩が現れると六合目。斜度が増し再び階段になると七合目だ。

一本杉コース八合目道標と石柱。背後に巨石が座る

道が右に折れるとゆるやかになり、わずかな登りで休憩適地の八合目に着く。「山頂まであと720m」の道標、大正時代に建てられた「下ルニハ右へ」の石柱、そして古代の人々が祭事を行なったといわれる巨石群がある。

ここからダケカンバの中の花崗岩が露出した段差の道となり、両側に立石(たて)や舟形石(ふながた)、笠石(かさ)、重なり石(かさ)などの奇岩巨岩が次々と現れる。斜度がさらに増していくが、「山頂まであと500m」「300m」の道標を励みに登ろう。

樹林を抜けるといきなり展望が開け、西はるかに岩手山と奥羽山脈の山々が目に飛びこんでくる。それまでの急坂の苦労がいっきに吹き飛ぶような爽快な眺めだ。少し行くと分岐で、直進すると巨石群をよじ登る岩場コース。左へ進むと若宮(わかみや)神社跡、薬師(やくし)神社跡を経て山頂へ直登する近道の土場コースだ。天気がよく展望が広がっている日は岩場コースを行こう。斜めに縦に累々と重なる巨石の上を、両手両足を使ってよじ登る一本杉コースのクライマックスだ。

岩場を登りきると右から城内(じょうない)コースと出合い、左へ巻いて登ると**姫神山**山頂に着く。

姫神山山頂から岩手山（左）を望む

下山路のこわ坂コースに架かるハシゴ

北上川が流れる盛岡市川崎橋からの姫神山

国土安全万民繁栄を祈願する本宮神社と熊野神社の祠、そして一等三角点と山頂標識がある。展望は全方位で、岩手山はもちろん八幡平、秋田駒ヶ岳、和賀山塊、焼石連峰、栗駒山、早池峰山、七時雨山など岩手の山が一望でき、遠く八甲田連峰、鳥海山も見ることができる。

下りは道標にしたがい、こわ坂コースに入る。いきなり滑りやすい急な下り坂になるが、要所に手がかりとなるロープやハシゴ段が設置されている。「山頂まであと980m」の道標を過ぎるとしだいに傾斜がゆるみ、樹林を抜けてカラマツの植林地沿いに進むと**こわ坂登山口**に出る。車道を左に進んで約1・5km下ると、**一本杉登山口**のある一本杉園地に戻ってくる。

プランニング&アドバイス

登山道はメインの一本杉コース、一本杉コースからの周回で下山に使われるこわ坂コース、最短距離の田代コース、かつては山伏の道であった城内コースの4本。季節を変え、巨石、金山、民話など過去の歴史に思いを馳せながらさまざまなコースを登るのがおもしろい。公共交通機関はなく、マイカーかタクシー利用となる。一本杉園地にはキャンプ場があり、テント泊登山もできる。山頂直下の巨石群はザラザラした花崗岩であまり滑らないが、擦り傷を負いやすいので手袋をするとよい。また、隙間に足を挟んで怪我をしたり物を落としたりする事故も起きている。山頂は広く、下山時ガスなどで見通しが悪い場合、進むコースを間違えないよう道標を確認すること。

コースタイム

3時間15分

地点	標高	水平距離
一本杉登山口	515m	0
姫神山	1124m	約2
こわ坂登山口		約4
一本杉登山口	515m	約5.5

標高[m] 0 / 500 / 1000 / 1500
水平距離[km] 5 4 3 2 1 0

日本二百名山の秋田駒ヶ岳は日本一の深度を誇る田沢湖の東にそびえ、最高峰の男女岳（1637m）を中心に男岳、女岳、小岳、横岳などの総称である。この山域の特徴は、狭いエリアに峰々を集め、阿弥陀池や駒池を配した箱庭的な火山地形が見られることだろう。この地形環境に対応して咲く高山植物の花々の種類は多く、訪れる登山者を魅了する。しかし、近年はオーバーユースにより、高山植物の植生はダメージを拡大している。

日帰り

八合目から山頂部を周回

バス停や休憩所がある**駒ヶ岳八合目**から、男女岳の北側山腹を回りこむ新道の片倉コースを進む。歩きはじめてまもなく裸地化した硫黄採掘跡を左に見て、登山道を登る。毎年6月1日の山開きの時期には一部に残雪があり、カッティングなどでルート工作はしているが、足もとに注意したい。

やがて傾斜がゆるやかになり、片倉岳展望台に着く。東に裏岩手の山々や烏帽子岳

バス停そばの駒ヶ岳八合目小屋（収容30人・無人）

男岳の斜面に咲くニッコウキスゲ

写真・文／藤原直美

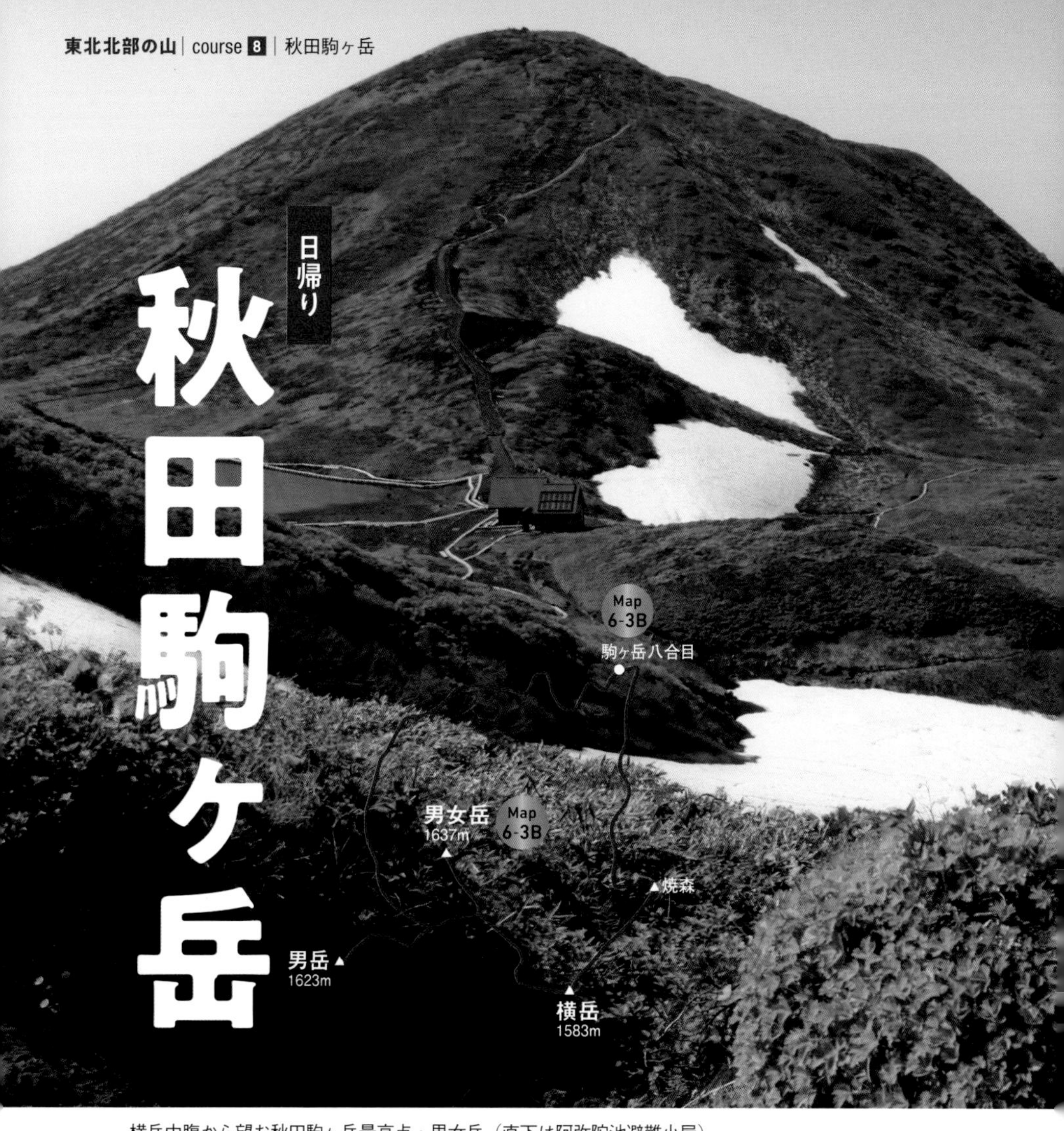

横岳中腹から望む秋田駒ヶ岳最高点・男女岳（直下は阿弥陀池避難小屋）

複雑な火山地形の山頂部に咲く豊富な高山植物をめでる

日帰り 駒ヶ岳八合目→男岳→男女岳→横岳→焼森→駒ヶ岳八合目　計3時間20分

コースグレード | 中級

技術度 | ★★★☆☆ 3

体力度 | ★★☆☆☆ 2

(乳頭山)、前方には田沢湖も見えてくる。
山の花々をめでながら進むと木道歩きとなり、男岳と男女岳の間に到達すればいちめんのお花畑に突入する。チングルマやヒナザクラ、ミヤマキンバイ、ニッコウキスゲなどのお花畑の真ん中にのびる木道を行くと、**阿弥陀池**の西端にたどり着く。目の前にぐるりと木道に囲まれた阿弥陀池が広がり、7月の高山植物の最盛期には多くの登山者でにぎわう場所だ。

阿弥陀池の分岐から男岳への稜線に登ると、1970(昭和45)年に噴火した女岳を目の当たりにする。ニッコウキスゲやエゾツツジ、ミヤマダイコンソウなども咲く細い山稜の道を西へ行くと、**男岳**に着く。西に田沢湖を俯瞰し、往路を振りかえると横岳への鋭い山稜を境に、右にカルデラ火山地形に溶けこんだ小岳や女岳の山容。左は雲上のオアシスである阿弥陀池と、その左に高まる男女岳、そして遠くに岩手山がそびえる絶好のカメラスポットだ。

阿弥陀池に戻り、池畔の木道を**阿弥陀池避難小屋**へ進む。小屋前から浸食防止杭に守られた階段状の道を登れば、秋田駒ヶ岳の最高峰・**男女岳**だ。一等三角点の頂からは、鳥海山や早池峰山、岩手山など、北東北の名峰が展望できる。

阿弥陀池避難小屋に戻ったら、しばし休憩しよう。付近には初夏まで残雪もあり、季節遅れの花々も見られる。

横岳方面へ灌木帯の小道を登ると、男岳ともつながる横岳稜線に出る。南にカルデラ地形を俯瞰し、大焼砂や小岳、女岳、荒々しい男岳の山容を目にすることができ、魅力度抜群のコースである。稜線を東へ少し進むと**横岳**に着く。ここから国見温泉へ下る道(P58参照)が分かれる。この道の途中には、カルデラ外輪地形にタカネスミレやコマクサなどが群生する大焼砂もある。往復1時間ほどなの

最高点の男女岳山頂。後方に男岳(左)や田沢湖も見える

男女岳直下の阿弥陀池。池を囲むように木道がのびている

ミヤマダイコンソウなどが咲く横岳からの女岳（左）と男岳

で、時間が許せば立ち寄っていこう。

横岳から灌木帯の稜線を北東に下り、登り返すと丸く盛り上がる火山砂礫の頂の**焼森**だ。烏帽子岳（乳頭山）方面への縦走路などの展望がよい。一帯には植生保護ロープが張られ、タカネスミレやコマクサ、イワブクロなどが見られる。

焼森から少し下ると焼森分岐。ここで烏帽子岳や湯森山などへの縦走路（P59参照）と分かれ、八合目方面へ植生保護ロープ沿いに左に下り進む。左上部に男女岳を望みながら、花咲く草地と灌木帯の斜面を赤倉沢源流部の小沢に下る。残雪期や降雨時以外は涸れ沢となることもあるが、ペンキ印や細引きのコースガイドに沿って進む。沢を渡って小さな尾根に登り返せば、あとはシャクナゲなどの多い低木帯に続く道を下ると出発地点の**駒ヶ岳八合目**に戻り着く。

プランニング&アドバイス

紹介する駒ヶ岳八合目からの道は交通の便利さや比較的標高差が少ない点から、手軽に登山が楽しめる。田中澄江の『花の百名山』にも選ばれているだけに高山植物の宝庫で、とくに花の季節には多くの登山者で混雑する。先述のように登りやすい山とはいえ天候急変する場合もあり、登山装備は充分に。岩手県側の国見コースや烏帽子岳方面、八幡平や岩手山への縦走路と組み合わせてもよいだろう。起点の駒ヶ岳八合目は6〜10月にマイカー規制が行なわれる（詳細はP213「登山口ガイド」参照）。下山後は山麓に点在する温泉に立ち寄って疲れをいやすのもよい。乳頭温泉郷には野趣あふれる温泉宿が多いが、とくに300年以上の歴史のある秘湯・鶴の湯はおすすめだ（立ち寄り入浴可）。

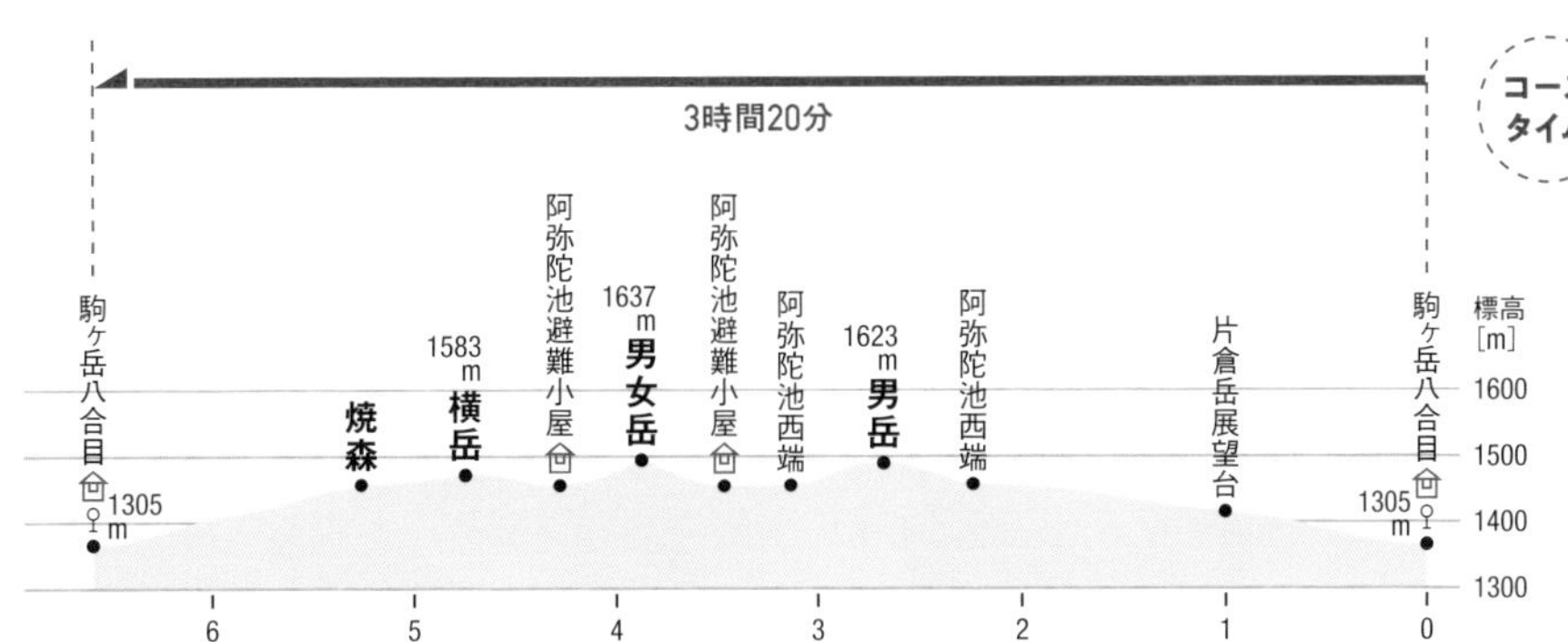

サブコース

乳頭温泉から烏帽子岳（乳頭山）

乳頭温泉バス停↓登山口↓田代平山荘↓烏帽子岳（乳頭山） 2時間20分

烏帽子岳（1478m）は岩手と秋田の県境に位置し、南西にある秋田駒ヶ岳とは山稜続きとなっている。岩手県側は国土地理院地図名である「烏帽子岳」、秋田県側では「乳頭山」の名でよばれることが多い。登山口にある乳頭温泉郷は、「みちのくの秘湯」として人気が高い。

秋田新幹線田沢湖駅から乳頭温泉行のバスに乗り、終点の**乳頭温泉バス停**で下車する。すぐ近くの大釜温泉の横には蟹場分岐を経由して登る烏帽子岳（乳頭山）への道標があるが（蟹場コース・P61参照）、これを左に見送って孫六温泉方面へ向かう。ブナ林に続く砂利道を進むと車止めがあり、さらに先達川沿いに続く道路を10数分で「乳頭山4km」の標記がある孫六コースの**登山口**に着く。ちょうど孫六温泉の自家発電小屋の向かいである。

登山口から女夫石沢沿いの斜面に回りこみ、階段状の道を田代平の稜線から派生する尾根へと急登する。ブナを主体とした落葉広葉樹の林は新緑や紅葉がみごとである。標高940mの小ピークは、ベンチと「乳頭山頂上3・4km」の道標がある休憩適地。

美しいブナ林に見とれながら、ササなどが刈払いされた斜面を登っていく（ササがかぶっていることもある）。標高1100m付近に達すると、林の左遠方に山稜に広大な高層湿原の広がる台地状の大白森が見えてくる。コースはしだいに斜度を強め、ア

乳頭温泉バス停

烏帽子岳（乳頭山）

コースグレード	中級
技術度	★★★☆☆ 3
体力度	★★☆☆☆ 2

避難小屋の田代平山荘（トイレあり）

乳頭温泉からの蟹場コースと合流する田代平分岐

写真・文／藤原直美

オモリトドマツが林に交じって稜線が近いことを知らせてくれる。道は雨などで掘れて足場も悪くなるが、ところどころは木道で対策がなされている。

標高1200mを過ぎると矮小化する林から抜けて、草原から湿原に続く木道となる。右前方には、「乳頭山」の別称にふさわしく、ふくよかに山稜を高める烏帽子岳が見えている。振り返れば、秋田駒ヶ岳の裾野に田沢湖の光る湖面がまぶしい。

すぐに田代平湿原に続く木道と出合う**田代平分岐**に着く。ここから木道を数分で、2階建ての田代平山荘（無人）に着く。小屋の前にはアオモリトドマツに囲まれた池があり、ミツガシワやミズギクなどの花々や、池の縁にはニッコウキスゲも咲く。水場は小屋裏の湿原から北面の大石沢の源流部へ下るが、踏み跡はやぶが茂り通行困難。

田代平山荘から灌木とササの中、木道は黒湯から登ってくる一本松コース（P60参照）との合流点まで続く。見晴らしのよい岩礫の道を300mほどの距離で**烏帽子岳（乳頭山）**に到着する。南東部を絶壁とした岩峰の頂だ。足もとに注意しながら展望する山々は、森吉山や山深い大白森から裏岩手連峰の山々、岩手山や秋田駒ヶ岳、田沢湖も印象的。山頂直下の草原の花々や、9月下旬の紅葉のころも魅力的だ。

下山は往路もよいが、他コースを検討してもよいだろう。

板状節理の烏帽子岳山頂からの秋田駒ヶ岳（左）と田沢湖

プランニング&アドバイス

登山口周辺は名湯ぞろいの乳頭温泉郷だけに前泊がおすすめ。往復しても4時間強のコースなので、時間に余裕があれば田代平分岐から北に続く木道をたどり、広い湿原と池塘を有する田代平の探勝をプラスしたい（1時間弱）。6月下旬にはワタスゲが見ごろを迎える。本項では往復登山の想定だが、登りか下りのどちらかを一本松コースや蟹場コースにしてもよい。

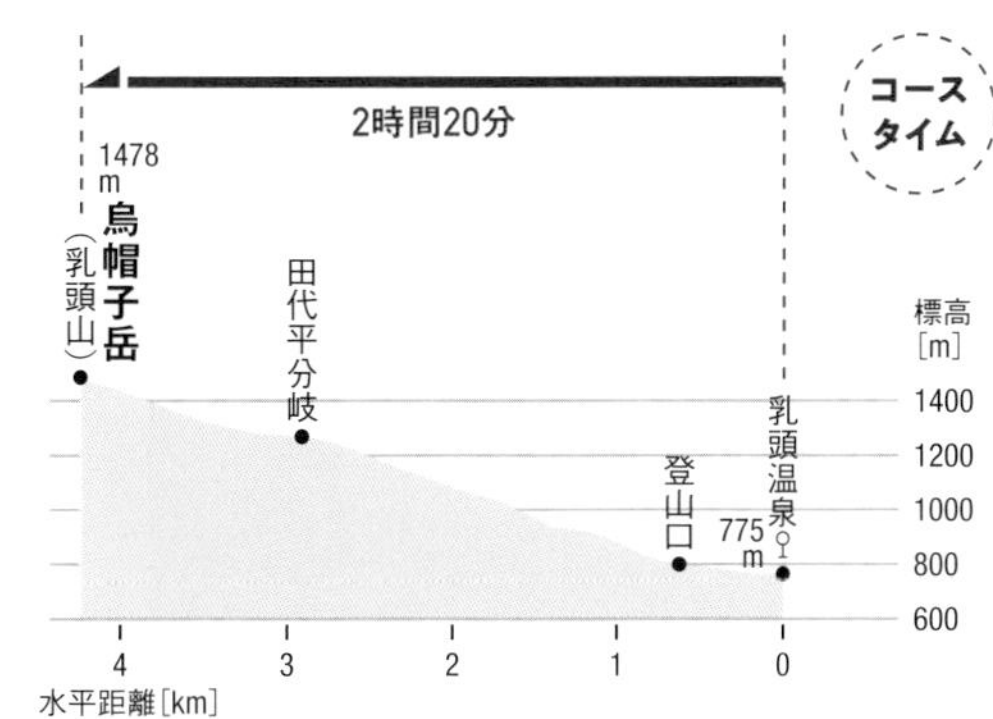

サブコース

国見温泉から秋田駒ヶ岳

国見温泉↓横長根↓男岳↓男女岳↓横岳↓横長根↓国見温泉　6時間

国見温泉

コースグレード	中級
技術度	★★★☆☆ 3
体力度	★★★☆☆ 3

岩手県雫石町から国道46号を秋田方面へ進み、約15km先で右折し国見温泉方面へ。バスはないのでタクシーかマイカーを利用する。国見温泉石塚旅館の手前に駐車場と公共トイレがある。

石塚旅館の奥にある森山荘の横が**登山口**で、階段状の道を登ってブナ林に入る。木道が敷かれ、よく整備されたコースは1時間ほどで**横長根**に出る。右折して灌木帯を抜けて登ると展望は一段と広がり、男岳や横岳、振り返ると田沢湖も見えてくる。

大焼砂直下の**男岳分岐**で左の道に入り、コマクサなどが群生する大焼砂の西斜面を横断する。小岳と女岳の裾野では、残雪の消えたところからチングルマやエゾツツジが咲く。駒池を経由し、「ムーミン谷」の愛称で親しまれる高山植物帯を進む。落石に注意しながら男岳の稜線へと急登するが、この斜面にはシラネアオイやニッコウキスゲが群生し、みごとのひと言につきる。

横岳〜男岳間の山稜上の**分岐**に出たら、足もとに注意して山稜づたいに男岳に進もう。**男岳**から眼下に田沢湖、火山性地熱がある女岳など火山地形を見渡したら、**阿弥陀池**に下りて花の散策をしよう。最高峰の**男女岳**の頂も極めたい。ただし秋田駒ヶ岳の上部一帯は森林帯を超えてさえぎるものがない山域だけに、悪天ともなると濃霧や強風が吹き荒れ、注意を要する山にもなる。

下山は**阿弥陀池避難小屋**から**横岳**へ進み、コマクサ咲く大焼砂を経て往路を戻る。

駒池からお花畑を抜けて急峻な男岳へ

横岳から続く大焼砂への登山道。沿道は花が多い

写真・文／藤原直美

サブコース

秋田駒～烏帽子岳縦走

駒ヶ岳八合目↓男女岳↓湯森山↓千沼ヶ原↓烏帽子岳（乳頭山）↓乳頭温泉バス停　7時間40分

Map 6-3B　駒ヶ岳八合目

Map 6-1B　乳頭温泉バス停

コースグレード	中級
技術度	★★★☆☆ 3
体力度	★★★★☆ 4

駒ヶ岳八合目から片倉コースを登り、**阿弥陀池**や**男女岳**を探訪して**焼森**へ。ここまではP52メインコースを参照のこと。

焼森直下の焼森分岐から湯森山をめざし、火山砂礫の灌木斜面を稜線鞍部へ下る。一部に掘れた悪路もあり、足もとに注意する。**湯森山**では駒ヶ岳八合目から笹森山経由の道を合わせる。この道は、天候悪化や体調不良などの場合、バス路線のある駒ヶ岳八合目への緊急下山路として利用できる。

湯森山からはお花畑も点在し、岩手山や八幡平、めざす烏帽子岳などを望む静かな山歩きとなる。湿原の広がる熊見平を過ぎると、灌木帯に巨岩を重ねた宿岩がある。

なだらかなハイマツの稜線を**笊森山**へ。笊森山から下る途中の分岐からは、**千沼ヶ原**へ立ち寄ってみよう。池塘が点在する湿原はミツガシワやニッコウキスゲなど咲く季節もよいが、草紅葉の秋も木々の紅葉と相まって幻想的な風景が広がる。

千沼ヶ原入口から笊森山を巻いて進むと、烏帽子岳に続く稜線の道に出合う。烏帽子岳直下の急登で滝ノ上コース（P61参照）を合わせると、**烏帽子岳（乳頭山）**に着く。岩場の山頂南面は絶壁だけに、注意しながら秋田駒ヶ岳や田沢湖、岩手山から八幡平、森吉山など山々の眺望を楽しみたい。

下山は、バス路線のある孫六や一本松、蟹場などの各コースが選べる（P56・60・61参照）。タクシー利用なら、岩手県側の滝ノ上コースを下るのもいいだろう。

草紅葉が広がる秋の千沼ヶ原

湯森山付近からめざす烏帽子岳を望む

写真・文／藤原直美

サブコース

秋田駒ヶ岳周辺のその他のコース

❶中生保内コース（**秋田駒ヶ岳**）

古来からの秋田駒ヶ岳への登山道。仙北市田沢湖町中生保内の黒沢バス停付近で案内表示にしたがって右折、市道を東進する。林道に変わると道幅が狭くなるが、標高700m付近の**登山口**まで入れる。

登山道に入り、登山者の少ない静かな林に小沢を2つ数え、**御坪分岐**までがまんの登りが続く。分岐からたどる金十郎長根は、女岳溶岩流や田沢湖など見晴らしのよい静かな道だ。五百羅漢から急登して展望絶景の**男岳**へ向かう。（**コースタイム＝3時間／コースグレード＝中級**）

❷一本松コース（**烏帽子岳**）

乳頭温泉郷のひとつ黒湯から烏帽子岳（乳頭山）へ登るコース。田沢湖駅前から乳頭温泉行のバスに乗り、休暇村前か終点の**乳頭温泉**で降りる。どちらのバス停で下車しても、黒湯まで徒歩30分前後。タクシーやマイカーの場合は、黒湯駐車場まで入れる。

黒湯登山道入口から歩きはじめる。黒湯温泉へ下り、対岸斜面に地熱蒸気の吹き上げる様子を見ながら、先達川上流部沿いの歩道を進む。先達川に架かる欄干のない橋を渡り、砂防ダムを右にして湯の花の見られる沢を徒歩する。一本松温泉跡の表示を過ぎるとブナ林の道となる。途中、水場となる小沢と出合いつつ、木道と階段状の急登をこなす。標高1273m地点の道標から展望が広がり、田沢湖や秋田駒ヶ岳など見渡すことができる。急な尾根を登ると田

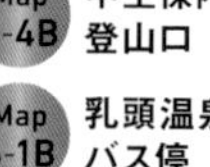

中生保内登山口

乳頭温泉バス停

烏帽子岳登山口

男岳から金十郎長根と田沢湖を俯瞰（コース①）

一本松コース中盤の階段道の急登

写真・文／藤原直美

代平山荘からの道（P56参照）を合わせ、**烏帽子岳**（**乳頭山**）山頂にたどり着く。（コースタイム＝2時間30分／コースグレード＝中級）

❸蟹場コース（**烏帽子岳**）

孫六コース（P56参照）や前出の一本松コース同様、乳頭温泉郷から烏帽子岳（乳頭山）をめざすコース。

乳頭温泉バス停前の大釜温泉横に、乳頭山登山道入口がある。蟹場コースともよばれる道は歩きはじめてまもなく、左から蟹場温泉からの歩道を交える。ブナ林を登る道はよく整備され、途中で秋田駒ヶ岳も展望できる。

林の稜線に上がると大白森から烏帽子岳へ向かう道と合流する**蟹場分岐**で、東へ林内の道を進む。ブナ林やアオモリトドマツ、ダケカンバなどの林を急登したり、ゴロ石を渡ったりするが、迷うところはない。湿原の木道に出たら、前方に烏帽子岳を望みながら**田代平分岐**へ。あとは田代平山荘を経て**烏帽子岳**（**乳頭山**）をめざす（田代平山荘からはP56参照）。（コースタイム＝2時間45分／コースグレード＝中級）

❹滝ノ上コース（**烏帽子岳**）

岩手県側の葛根田川上流部、葛根田地熱発電所手前の滝ノ上温泉（宿泊施設あり）から烏帽子岳へ。バス路線はなく、マイカーや雫石駅などからタクシー利用となる。

滝ノ上にある**烏帽子岳登山口**には、駐車場とトイレつきの休憩所がある。ブナ林の急斜面を登ると、林の中にモリアオガエル繁殖地として知られる**白沼**がたたずむ。幻想的な沼のほとりからまもなく、マムシ坂ともよばれるガレ場の急登となる。これを登りきると岩手山などの展望が開け、高山植物も多くなる。

なだらかな林を抜け、草原の斜面を進む。ハイマツなど灌木とお花畑の交差する稜線の道は、山頂直下で千沼ヶ原や秋田駒ヶ岳からの道（P59参照）と出合い、急峻な頂の**烏帽子岳**（**乳頭山**）に到着する。（コースタイム＝3時間／コースグレード＝中級）

プランニング&アドバイス

ほかにも水沢温泉郷から秋田駒ヶ岳・男岳への水沢コース（登山口から3時間20分）、岩手側から千沼ヶ原へ登る平ヶ倉コース（平ヶ倉登山口から3時間）もある。紹介コースの周辺は岩手、秋田県側問わず温泉が数多い。秋田側は水沢温泉郷や田沢湖温泉郷、人気の高い乳頭温泉郷がある。岩手側にも滝ノ上温泉や玄武温泉などがあり、前泊や下山後の入浴に最適。

滝ノ上コースの標高1180m付近に広がる小湿原

日帰り

森吉山
様田コース

こめつが荘 Map 7-1A

雲嶺峠

石森

森吉山 1454m Map 7-3B

阿仁避難小屋から望む森吉山の山頂

コースグレード	中級
技術度	★★★☆☆ 3
体力度	★★★☆☆ 3

登山口のこめつが山荘。身支度して出発する

写真・文／高桑信一

マタギが活躍した伝説と信仰が残る秋田の名山

日帰り こめつが山荘→雲嶺峠→石森→森吉山（往復） 計6時間30分

森吉山ダムに沈んだ北秋田市の様田集落には、古来「岳参り」という雅な風習があった。森吉山（1454m）を神の棲む山として崇めたのである。現在は信仰の山としての痕跡は山中の森吉神社や山頂付近に残るのみだが、こめつが山荘からの様田コース（コメツガコース）はかつての岳参りの道で、表参道の風格をいまに残している。

一方、登山者でにぎわう表コースから東面に目をやると、ブナの森が残る静寂の山旅が味わえる。とくにヒバクラコースから山頂に立ち割沢森に下る道（ともにP66サブコース参照）は、森吉山の始原の森が広がっていて秀逸である。

日帰り こめつが山荘を起点に山頂を往復する

こめつが山荘（無人・宿泊不可で休憩のみ使用可）の駐車場に車を停めて歩きはじめると、ほどなく森吉スキー場の跡地を登

六合目先の標柱。コースはよく整備されている

山頂の西直下に立つ阿仁避難小屋（収容20人）。トイレもある

るようになる。横切って森の道をたどっても、そのまま跡地をたどっても、上部で合流する。

傾斜が強まると勘助道分岐で、これを右に見送ってさらに高度を上げると一ノ腰に出る。ここではじめて森吉山を目前に見るようになる。

ここからは終始山頂を左手に見上げて登るプロムナードだ。

ほどなく**雲嶺峠**で、勘助道を合わせた松倉コースの分岐になっている。30分ほど歩くと前岳で、森吉神社とトイレつきの森吉避難小屋が併設されている。背後の冠岩に立てば、大きな景観が広がっている。

石森は阿仁ゴンドラから登る最短コースとの合流点だけに、軽装の登山者が急に増えてにぎやかになる。石森から森吉山の山頂までは花の道で、時期を変えて次々に咲く山の花を存分に味わえる。ここから阿仁避難小屋までが唯一視界のない森の道となる。阿仁避難小屋（トイレあり）は少し下ると水場があり、格好の休憩ポイントとなっている。

避難小屋を過ぎると、しだいに展望が広がってくる。木道をはずさないようにしてゆっくり登ると稚児平で、ここもよい休憩場所だ。ここまで来れば山頂は指呼の間で、一歩を刻むたびに近づいてくる。

森吉山山頂からの東方向の眺め

たどり着いた**森吉山**山頂は、さえぎるもののない雄大な眺望が味わえる。秋田駒ヶ岳から鳥海山、さらには男鹿半島から白神山地まで、東北の遠い山並みの山座同定を楽しむことができる。

大半の登山者はここで引き返すが、時間があれば東方の山人平まで足をのばしたい（往復約30分）。晴れているのなら、せっかくだから、そして静かな森吉山を楽しむためにも、さまざまな角度からこの山を堪能することをおすすめする。

帰路は往路をたどるが、**雲嶺峠**から勘助道を通るのもよし、さらに松倉コースを経て**こめつが山荘**に下るのも変化があって楽しめる。ともあれ、一度登って満足することなく、森吉山の醸し出す四季折々の変化の妙を味わっていただきたい。

森吉山を背にする山人平のお花畑

プランニング&アドバイス

登山適期は新緑の6月から紅葉の10月にかけて。紹介するメインコースの様田コースとサブコースのヒバクラコース（P66）などを含め、森吉山の各登山口はマイカー登山が一般的だが、こめつが山荘とヒバクラ登山口へは秋田内陸縦貫鉄道阿仁前田温泉駅から乗合の周遊タクシーが運行している（詳細は北秋田市観光物産協会ホームページへ）。こめつが山荘の駐車場は約30台停められる。タクシー利用の場合は阿仁前田温泉駅から。周辺には温泉も多く、入下山時の宿や下山後の汗を流す場所には事欠かない。「日本秘湯を守る会」の杣温泉旅館、阿仁前田温泉駅に併設されたクウィンス森吉などがある（森吉山荘は2022年から休業中）。登山口のこめつが山荘は休憩やトイレのみの使用で、宿泊はできない。

コースタイム

6時間30分

地点	標高	水平距離[km]
こめつが山荘	745m	0
雲嶺峠		
石森	1308m	
森吉山	1454m	
石森	1308m	
雲嶺峠		
こめつが山荘	745m	

標高[m]：1600／1400／1200／1000／800／600
水平距離[km]：11 10 9 8 7 6 5 4 3 2 1 0

サブコース

ヒバクラコースと黒石川コース

ヒバクラ岳登山口↓ヒバクラ分岐↓森吉山↓ヒバクラ分岐↓割沢森登山口　6時間10分

独立峰の森吉山は四方八方から登山道がのびるが、様田コース（P62メインコース参照）のような表コース以外は静かな山旅が楽しめる。とくに東面のヒバクラコースは、森吉山がうっそうとした森におおわれていたころの痕跡が、ほんのわずかではあるが残されている。山麓のブナの森には今でもクマゲラが生息している可能性があり、これは割沢森の深いブナ林に近づくにつれて顕著になる。それだけに、ヒバクラ岳登山口からの往復に留めず、できれば黒石川コースを下山路にとり、割沢森の圧倒的な森吉山本来のブナの森の静謐を楽しみたい。

標識にしたがって**ヒバクラ岳の登山口**に車を置き、整備された登山道を登る。迷うところはどこにもない。ブナの葉末が光を返して風に揺れている。傾斜もおだやかな森の小道である。

水場を過ぎるとヒバクラ岳の山腹が左手に見えてくる。木製の長い階段がこのコースの特徴で、あせらずゆっくり高度を上げていく。やがて景観が広がり、**ヒバクラ分岐**の湿原に出る。その向こうにそびえているのがめざす森吉山だ。

湿原を越えていったん下り、視界のきかないササのトンネルをもぐり、視界が開けると山人平は近い。花の多い山人平の湿原で休んでいると、森吉山の山頂に集う登山者の姿が見え隠れする。

山人平から笹原の急坂をひと登りすると

Map 7-2D　ヒバクラ岳登山口

Map 7-4D　割沢森登山口

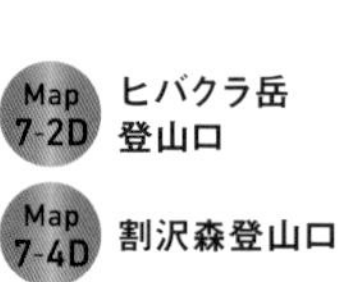

ヒバクラコース下部のみごとなブナ

山頂標柱が立つ森吉山山頂。展望は360度

山頂の一角に出て、ゴツゴツした岩の間を通り抜けると**森吉山**の山頂はすぐだ。

山頂での展望を楽しんだら、往路を**ヒバクラ分岐**まで戻る。

分岐で右の黒石川コースに入り、木道と登山道が混在する尾根道をたどる。やがて1281ｍピーク直下の**小池ヶ原**に出る。池塘と湿原がある、山上の小さな楽園だ。そこを過ぎると道は急激に高度を下げ、深いブナの森に分け入っていく。

下りきった地点に水場があり、そこから**割沢森**までひと登りする。あとはゆるやかに下り、高場森への道を右に分けてブナの森を楽しめば、黒石川林道の**割沢森登山口**は近い。

下山後は、マイカーの場合は森吉山野生鳥獣センターに移動し、奇観・桃洞滝を訪ねるのもおすすめだ（往復2時間強）。

桃洞渓谷のシンボル・落差20ｍの桃洞滝（コース外）

ヒバクラ分岐の下りからの1281mピーク（黒石川コース）

プランニング&アドバイス

入下山口が異なるため、マイカーの場合は往復となる。車が2台あれば紹介コースどおりに歩けるが、そうでなければ割沢森登山口まで林道を5kmほど歩くことになる。駐車場はヒバクラ岳登山口、割沢森登山口ともに約10台。タクシーは秋田内陸縦貫鉄道阿仁前田温泉駅から。6～10月には同駅～ヒバクラ岳登山口間に乗合周遊タクシーが運行する。

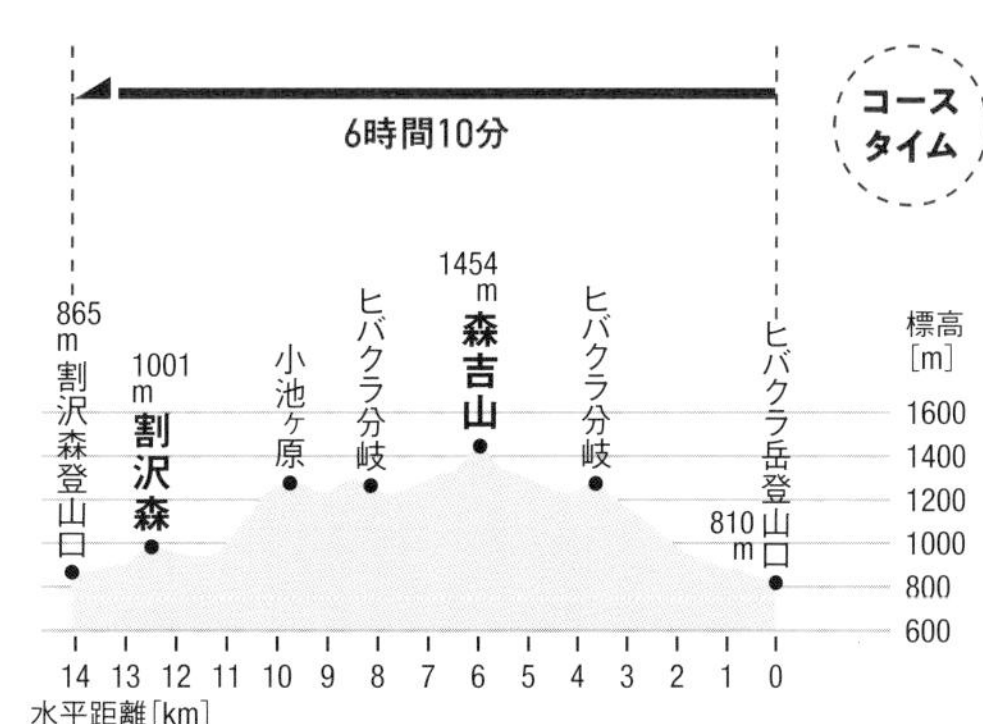

真昼山地は岩手・秋田の県境に位置し、奥羽山脈の脊梁の一部を形成している。非火山性のこの山地は東西の山麓に活断層があり、山地側が逆断層となって現在も隆起しているという。この激しい造山運動が深い渓谷を刻み、険しく重厚感あふれる山容をつくりだした。

和賀岳（1439m）はこの山地の最高峰で、古くは阿弥陀岳とよばれ、かつて仙北マタギや沢内マタギが活躍した舞台だ。山腹はうっそうとしたブナの原生林におおわれ、山稜一帯は明るく開けた風衝草原帯となっている。初夏から盛夏にかけて多くの高山植物に埋めつくされ、近年そのお花畑を目当てに訪れる登山者が増えている。

日帰り

秋田側の薬師岳登山口から和賀岳を往復する

薬師岳登山口から薬師岳を経て和賀岳にいたるコースは健脚向きながら花と展望に恵まれ、現在は和賀岳登山のメインルート

コース下部はブナの樹林帯（ブナ台付近）

倉方～薬師分岐間からの仙北平野と鳥海山遠望

写真・文／曽根田 卓

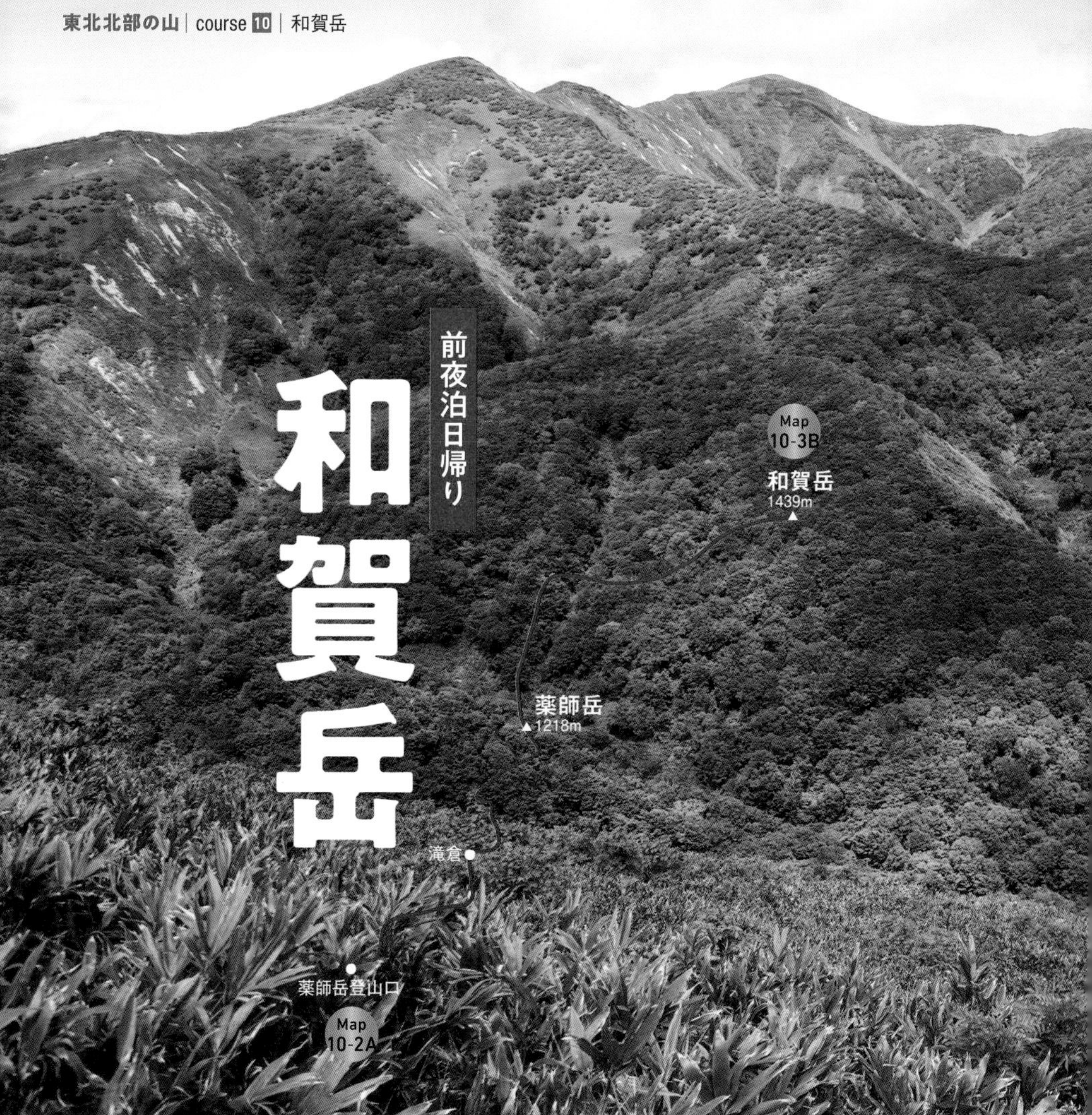

薬師岳から和賀岳(中央)を望む。左は小鷲倉、右の平頂はこけ平

コースグレード | 中級

技術度 | ★★★☆☆ 3

体力度 | ★★★★☆ 4

豊穣なブナの森を抜け お花畑が広がる山頂へ

日帰り 薬師岳登山口→薬師岳→和賀岳（往復） 計8時間5分

になっている。アプローチの真木（まぎ）林道は約7kmの未舗装路が続く。林道の途中に立岩の奇岩がある袖川（そでがわ）園地や、柱状節理の大倉（おおくら）岩の岩壁が見られる。左の高台にトイレつきの休憩所が現れると**薬師岳登山口**に着く。駐車スペースは狭く、満車時は300m手前の小路又（こじまた）の広場に駐車するとよい。**甘露水口**（かんろすいくち）はさらに林道を600mほど登る。

湧き水の甘露水を横目に、杉林を少し登ると、すぐにミズナラの巨樹が立ち並ぶ曲沢（まがりさわ）分岐に出る。下部の旧マタギ小屋へ下る旧道は廃道だ。サワグルミやトチノキが茂る斜面をひと登りすると、ブナ台に着く。

ここから先は山腹を巻いていく。一帯はブナが占有する森になり、暑い日差しをやわらげてくれる。ブナ台からゆるやかな坂道になり、小尾根から少し下って曲沢を渡ると冷水が流れる**滝倉**（たつくら）の水場がある。ここは滝倉沢ではなく曲沢にある水場で、この先は水場がないため充分補給していこう。

滝倉から滝倉避難小屋跡の広場を経てブナの樹林帯をゆるく登ると、倉方（くらかた）へ向けて急斜面につづら折りの道となる。倉方は薬師岳から南西に派生する尾根の標高約1000m地点で、ここから薬師岳西面をトラバースして、竹ノ沢にあった真木山鉱山へ向かう作業道が昭和初期まで存在したとされるが、現在この道は形跡も残っていない。

倉方からはブナも矮生化し、急な尾根道を登る。展望がいっきに広がり、南西にのびる県境稜線の奥に真昼岳（まひるだけ）、仙北平野のかなたに鳥海山（ちょうかいさん）が姿を見せる。足場の狭い懸崖地の上部を通過する箇所は、強風時に注意が必要だ。甲山（かぶとやま）への縦走路を右に分ける薬師分岐に出ると快適な草原帯となり、今まで見えなかった和賀岳と小鷲倉（こわしくら）が姿を現す。はじめてこの地を訪れた登山者は一様に「まだあんなに遠いの」と感嘆の声をあげるところだ。ひと登りで、薬師如来をまつる小さなお堂

小祠がまつられる和賀岳山頂。展望は360度

和賀岳山頂付近から小鷲倉（右）と薬師岳を振り返る

がある**薬師岳**山頂に着く。

薬師岳北側の稜線は袖川沢の向こうに白岩岳を望む風衝草原となり、7月の花の最盛期にはニッコウキスゲ、イブキトラノオ、クガイソウ、トウゲブキなどの多種多彩な花々が次々に咲き誇る別天地が広がる。

岩礫の小ピークを越えると、東側の窪地に小さな沼がある薬師平の草原に出る。この先一面笹原のおだやかな稜線を進むと**小杉山**の山頂で、左から白岩岳からの縦走路が合流する。東方に立ちふさがる小鷲倉の登りは結構つらい。刈り払いが隔年で、チシマザサが道をおおっているときはなおさらだ。小鷲倉から先の稜線は足場が悪い箇所もあるが、総じておおらかな草原が波打つように続く。北には田沢湖も見えてくる。

一等三角点と小祠のある**和賀岳**山頂は足もとを飾る色とりどりの花越しに、岩手山、秋田駒ヶ岳、早池峰山、焼石連峰、鳥海山など北東北の名峰が３６０度見渡せる。

下山は往路を戻ろう。

ニッコウキスゲと羽後朝日岳（和賀岳山頂から）

プランニング&アドバイス

登山適期は6～10月。バス便はなく、早朝に最寄り駅の秋田新幹線角館駅からタクシーで薬師岳登山口へ入るのが一般的（約50分）。帰路は事前にタクシーを手配すること。マイカーは秋田自動車道大曲ICから約1時間。薬師岳登山口の避難小屋下に約8台分の駐車スペースあり。前泊は秋田県大仙市太田町に川口温泉奥羽山荘（TEL 0187-88-1717）がある。山頂から岩手県側の高下登山口へ下山することも可能。コースタイムは2時間50分。和賀川の徒渉点は増水時に渡れないため要注意。高下登山口からJR北上線ほっとゆだ駅へはタクシーを利用する（約1時間）。

コースタイム 8時間5分

地点	標高	水平距離[km]
薬師岳登山口	370m	0
甘露水口		
滝倉		
倉方		
薬師岳	1218m	
小杉山	1229m	
和賀岳	1439m	
小杉山	1229m	
薬師岳	1218m	
倉方		
滝倉		
甘露水口		
薬師岳登山口	370m	15

南方の薬師岳山頂から望む早池峰山（右端は早池峰剣ヶ峰、左は中岳）

登山者憧れの ハヤチネウスユキソウ咲く 日本屈指の花の名山

日帰り 小田越→御金蔵→早池峰剣ヶ峰→早池峰山→御金蔵→小田越　計5時間55分

コースグレード	中級
技術度	★★★☆☆ 3
体力度	★★★☆☆ 3

写真・文／曽根田 卓

早池峰山（1917m）は北上山地の最高峰だ。この山は日本最古といわれる4億年以上前の古生代（シルル紀）に形成された蛇紋岩を基盤としている。標高約1300mより上部に広がる蛇紋岩の岩塊斜面（大岩が積み重なっている斜面）は、氷河期の凍結破砕作用によって壊され、それが下部に移動してつくられたという。

蛇紋岩はアルカリ性の土壌をつくりやすく、栄養分も乏しい。そのためヨーロッパアルプスのエーデルワイスにいちばん近いとされるハヤチネウスユキソウや、ナンブイヌナズナ、ナンブトウウチソウなど、早池峰山固有の植物が森林限界を超えたハイマツ帯に分布する。近年の調査では、そのいくつかの種が夕張岳、アポイ岳（ともに北海道）、至仏山、谷川岳、白馬岳、北岳など、ほかの蛇紋岩を基盤とした山々にも分布することがわかってきた。しかし東北のほかの山にはない特異な構成種の高山植物が登山道沿いに咲き競い、手軽に鑑賞できる点で早池峰山の人気は揺るがない。

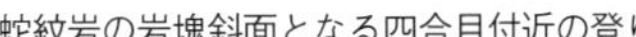

蛇紋岩の岩塊斜面となる四合目付近の登り

本コース最大の難所・八合目のハシゴ場

日帰り

小田越から剣ヶ峰と早池峰山を往復する

ハイマツ帯にのびる早池峰剣ヶ峰への道

従来、早池峰山の登山コースは河原の坊コースを登り、小田越コースを下る登山者が多かった。だが河原の坊コースは2016（平成28）年5月の大雨により登山道が大きく崩落し、現在も落石が絶えないため通行止めが続いている。復旧の見通しはいっさい立っていないため、今回のコースガイドから割愛せざるを得なかった。

岩手県紫波町と宮古市江繋を結ぶ県道25号の最高地点・**小田越**から登山道に入る。オオシラビソの甘い香りの中を30分ほど登ると森林限界に達し、一合目御門口に着く。上部には荒々しい岩塊斜面が広がり、ハヤチネウスユキソウやミヤマオダマキなどの花々が少しずつ見られるようになる。早池峰山の高山帯全域は国の特別天然記念物に指定されている。植生保護のため、登山道の両脇に張られたロープの外側には絶対に出ないこと。

四合目付近は急な岩壁やトア（塔状の岩峰）の間を登るが、上部からの落石には注意したい。やがて傾斜がゆるむと、四角い岩塔が立つ**五合目の御金蔵**に着く。振り返れば、南に対峙する薬師岳（P76参照）がきれいな裾野を引いている。6月中旬にはイワウメの花が咲き乱れ、休憩するには最高の場所だ。

ハイマツ帯の竜ヶ馬場を過ぎると、ミヤマアズマギクやナンブイヌナズナ、ナンブトウウチソウなどの花々が時期を違えて次々と見られるようになる。八合目には、

（左）ナンブトラノオ
（下）ハヤチネウスユキソウ

早池峰神社奥宮が立つ早池峰山山頂

本コースいちばんの難所となる2連の鉄ハシゴがある。登り下りの順番待ちを余儀なくされる場合もあるが、あせらず慎重に登りたい。そこからもうひと息のがんばりで、主稜線上の**剣ヶ峰分岐**に着く。右折して早池峰剣ヶ峰を往復してこよう。

早池峰剣ヶ峰は東に連なる主稜線上にあり、その名のごとく鋭く尖った山である。稜線に連なる岩峰群の北側を通過してから、オオシラビソの樹林帯を下る。さらに南北を鋭くそぎ落としたハイマツのやせ尾根を進めば**早池峰剣ヶ峰**山頂だ。花の山・早池峰山のイメージとは異なる高度感あふれる景観は、訪れた登山者を魅了する。

剣ヶ峰分岐まで戻り、早池峰山の山頂に向かって平坦な稜線を西へ進む。途中、木道が敷かれた御田植場の小湿原にはコイワカガミやヨツバシオガマ、ハクサンボウフウなどが一面に咲いている。

門馬へ下る道（P77参照）を右に分け、小さな岩場を越えると、ほどなく早池峰神社奥宮や避難小屋が立つ**早池峰山**に着く。岩が累々と積み重なった山頂は意外に広い。場所を移動しながら雄大な眺望を楽しもう。南には薬師岳、東は太平洋の海原。北は重畳と連なる北上山地北部の山々、そして西には八幡平から岩手山、焼石連峰へ続く奥羽山脈の長大な山並みが見渡せる。なお、山頂の避難小屋は緊急時以外の宿泊は禁止で、休憩のみ利用可能だ。

山頂をあとに往路を戻るが、靴で磨かれた蛇紋岩はツルツルで滑りやすいので、下りは転ばないよう、とくに注意したい。

プランニング&アドバイス

6月中旬～9月下旬の土日祝に、東北新幹線新花巻駅から小田越へ完全予約制の直行バスが往復1便のみ運行される。また、花の季節の6月中旬～8月上旬の土日祝は県道25号の岳（だけ）から江繋の区間がマイカー乗り入れ禁止となり、ほぼ30分おきにシャトルバスが運行（詳細はP214「登山口ガイド」参照）。河原の坊コースは2016年5月に登山道の一部が崩落して通行禁止が続く。早池峰の固有種・ハヤチネウスユキソウの花期は6月下旬～7月下旬にかけて。本項では小田越～山頂の往復としたが、薬師岳（P76）をセットにしてもよい。

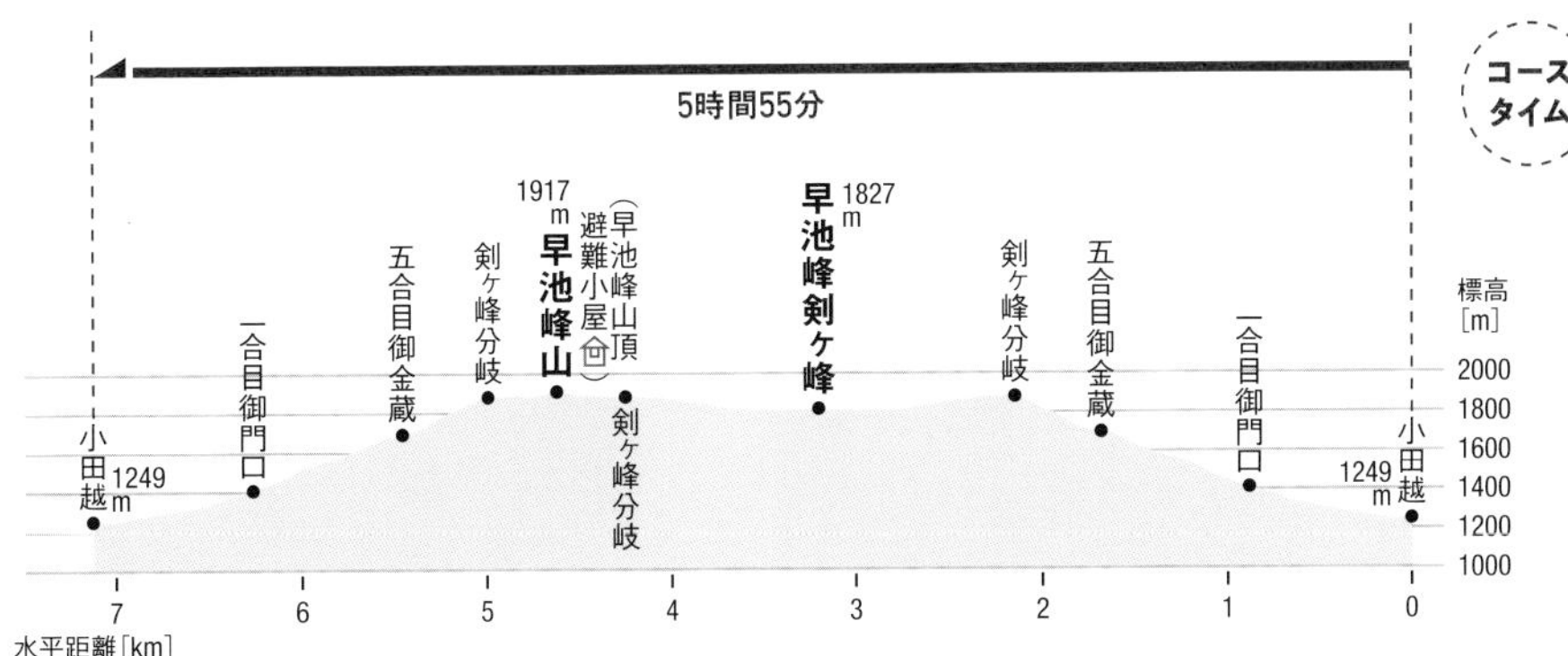

サブコース

小田越から薬師岳

小田越↓薬師岳（往復） 2時間30分

小田越を挟んで早池峰山の南に対峙する薬師岳（1645m）は、蛇紋岩を基岩とする早池峰山に対し、花崗岩で形成された山だ。その植生は北面がオオシラビソにコメツガとダケカンバが混じる亜高山帯針葉樹林、南面はブナの原生林におおわれ、稜線は森林限界を抜けてハイマツ帯となる。

小田越の南側から木道が敷かれた登山道へ。木道が終わると徐々に道の傾斜が増し、オオシラビソの中にコメツガとダケカンバが混生するうっそうとした樹林の道が続く。一帯は6月中旬から下旬にかけシダのような葉に清楚な白い花が咲くオオサバグサがいたるところに咲き乱れ、単調な樹林帯の登りにアクセントをつけてくれる。

重なり合う岩を乗り越えながら標高を上げると、巨岩のすき間の奥に緑色に怪しく光るヒカリゴケが現れる。よく観察してみよう。2列の鉄ハシゴを過ぎ、標高1550m付近に達すると視界がいっきに開け、振り返ると早池峰山の南斜面の大パノラマが広がっている。

稜線西側の岩場の小さなピークから、山頂まで残り300m。途中の稜線に突き出た岩塔にはイワウメやイワヒゲが群生している。稜線から一段抜き出た花崗岩の**薬師岳**山頂からは、全方位の眺望が展開する。目前に迫る早池峰山の勇姿は圧巻の一語。岩手山や奥羽山脈の山々、そして重畳と連なる北上山地南部の山並みが美しい。

小田越山荘経由で下る道は登山道の崩壊が進んだため通行禁止になったので、**小田越**へは往路を戻る。

小田越

薬師岳

コースグレード	中級
技術度 ★★★☆☆	3
体力度 ★★☆☆☆	2

ハイマツ帯の西側稜線から薬師岳山頂を望む

下部の登山道沿いに咲くオサバグサ

写真・文／曽根田 卓

サブコース

門馬コース

握沢登山口→六合目→早池峰山（往復） 7時間

小田越コース（P72参照）は7月の週末になると、登山者が集中して山頂まで登山者の行列が続く。それに対して北面の門馬コースは登山者が少なく、東北の山らしい静かな山旅が楽しめる。アプローチは盛岡駅〜宮古間の急行バスが1日3〜5便あり、登山にも使える時間帯に運行されている。小田越コースを加えて、往路もしくは復路で利用すれば、お花畑のイメージと異なる、早池峰山の新たな一面を発見できるだろう。

門馬バス停から国道１０６号を東進。門馬トンネルを抜けて５００ｍほど行き、右折して閉伊川の橋を渡り林道を約４・５km歩くとゲートがある**握沢登山口**に着く。

ゲート横を通り、広い作業道を約３００ｍ進み左折して登山道へ。少し登ると握沢右岸にのびる古い森林軌道跡の平坦な道になる。支沢の落ちこむ箇所には鉄製の橋が架けられている。

沢沿いにはミズナラやカツラ、ヒノキアスナロの巨木林が続き、早池峰山北面の自然度の高さが実感できる。やがて丸太橋を渡ると鳥居が立つ五合目垢離取場に着く。ここから沢を離れ本格的な登りがはじまる。**六合目**から分岐する平津戸コースは自治体の整備が行なわれず通行禁止になった。

しばらくうっそうとしたヒノキアスナロとコメツガの原生林の急登が続く。やがて樹高が低くなり、岩塔の下に石仏がまつられた八合目に着く。ハイマツ帯に入り視界が広がると、右上部に黒々とした岩が積み重なった山頂部が見えてくる。主稜線の門馬分岐に着けば**早池峰山**山頂は目前だ。

握沢登山口

早池峰山

コースグレード	中級
技術度	★★★☆☆ 3
体力度	★★★☆☆ 3

九合目付近まで来れば山頂の岩場が見えてくる

早池峰神社の鳥居が立つ五合目垢離取場

写真・文／曽根田 卓

サブコース

鶏頭山縦走コース

早池峰山→中岳→鶏頭山→ニセ鶏頭→岳　6時間10分

累々とした岩場が連なる中岳山頂付近

早池峰山から西へ向かい、中岳、鶏頭山を経て岳の集落へ下る縦走コースは、露岩の岩場、オオシラビソとコメツガの深い樹林帯、見晴らしのよい草原、そして下部の雑木林と、植生、景観ともに変化に富んだ山歩きが楽しめる。行動的には早池峰山から鶏頭山へ向かうほうが楽で、小田越からスタートした場合9時間弱を要するため、早立ちが原則となる。逆に鶏頭山から早池峰山への縦走は、高みへ登っていく充実感が味わえる健脚者向けコースだ。

早池峰山山頂まではP72コース11を参照のこと。縦走路は、ハヤチネウスユキソウなど高山植物が咲き乱れる広い尾根の下りではじまる。道沿いにガイドロープが張られているが、視界のないときは灌木にロープが隠れて迷いやすいので注意が必要だ。山頂を離れると登山者が少なくなり、それまでの喧騒がうそのように静かになる。

西進する主稜線の正面に中岳と鶏頭山が望める。振り返ると、逆光の中に山頂の岩峰群がシルエットになって浮かぶ。中岳の鞍部からオオシラビソとコメツガの樹林帯に入る。小さな岩峰をいくつか越し、ぬかるんだ滑りやすい道を登ると、**中岳**の標識

早池峰山

岳

コースグレード	中級
技術度	★★★☆☆ 3
体力度	★★★☆☆ 3

早池峰山山頂から鶏頭山への縦走路を見る

石仏が安置されたニセ鶏頭山頂

写真・文／曽根田 卓

がある岩峰に着く。実際の三角点は右斜めうしろの岩峰の上に設置されている。

中岳から地形図の1518m地点間は、樹林の間の露岩や岩峰をからんで進む行程が続く。歩きにくい箇所が多く、数mの急な岩場の下降もあり、慎重に行動しよう。

1518m地点を過ぎると、稜線の北側の視界がきかない樹林帯に入る。1468mの小ピークを越した先に「水場へ100m」の標識があり、少量の水が得られる。1415mピークを過ぎた付近は左側が切れ落ちたトラバースを強いられ危険だ。まもなく**鶏頭山**の山頂に着き、振り返れば歩いてきた稜線の奥に早池峰山、その右に三角形の薬師岳が並んで見える。

やせた尾根を下り、お地蔵さんのある**ニセ鶏頭**へ。この一帯は岩場の間を縫う変化に富んだ道が続く。ニセ鶏頭の直下から右折して七折ノ滝を経由する道も整備されているので、余裕があれば見学したい。

左の道に入り、急坂を下るとブナ林になる。鶏頭山避難小屋を見てどんどん下ると、植生はしだいにミズナラの雑木林に変わる。林道に出て左折すれば**岳**は近い。

鶏頭山山頂付近から望む早池峰山と薬師岳（右）

何度も折れ曲がるように落下する七折ノ滝

プランニング&アドバイス

縦走路は岩場の小さなアップダウンが続き、地形図から想像する以上に行動時間を要する。山頂の避難小屋は宿泊が認められていないため、登山口の小田越山荘もしくは河原の坊手前のうすゆき山荘に泊まるか、早朝のシャトルバスを利用してできるだけ早い時間帯に小田越を出発したい。中岳～鶏頭山間の水場は涸れることが多いため、飲料水は多めに準備すること。

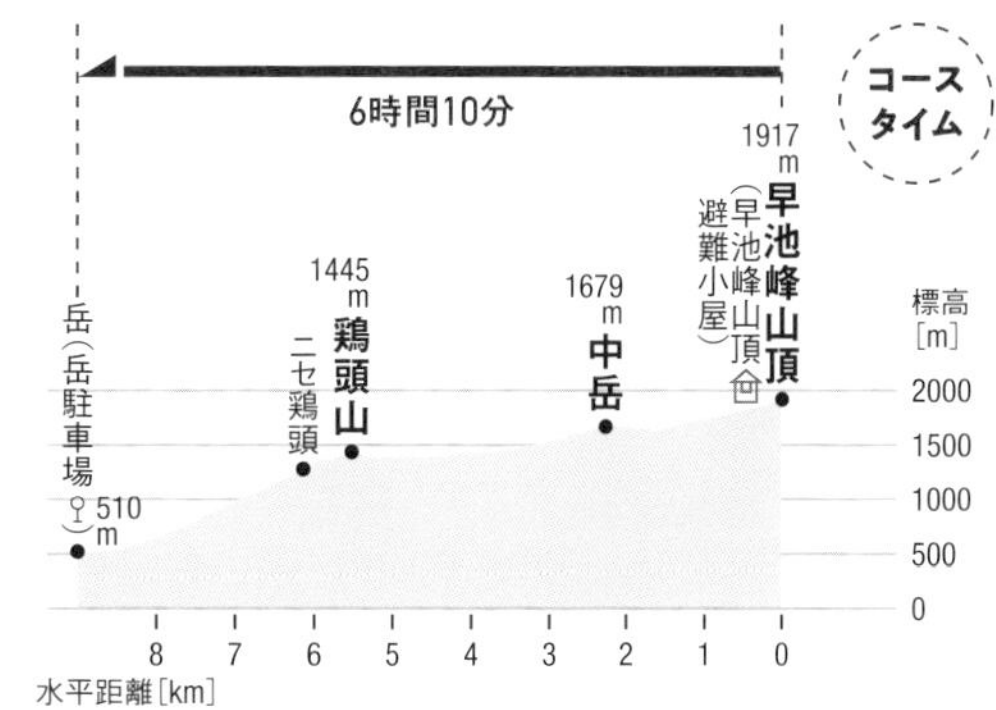

ハクサンイチゲなどのお花畑が広がる姥石平と焼石岳

東北有数の広大かつ多彩なお花畑を有する名峰

1日目	中沼登山口→中沼→銀明水避難小屋　計1時間50分
2日目	銀明水避難小屋→姥石平分岐→焼石岳→南本内岳→姥石平→姥石平分岐→銀明水避難小屋→つぶ沼登山口　計5時間55分

コースグレード	中級
技術度	★★★☆☆ 3
体力度	★★★☆☆ 3

写真・文／曽根田 卓

岩手と秋田県境に位置する焼石連峰は、栗駒国定公園の北の飛び地になっている。約100万年~20万年前の更新世時代に噴出した複式火山だが、浸食が進み、顕著な火山地形を見出すのは難しい。

連峰最高峰・焼石岳（1547m）の特長は、標高1500m超の山でありながら、多種多様な300種以上の湿性、乾生の花々が咲き誇る点にある。この地は日本有数の豪雪地帯に位置しているため、盛夏まで雪渓や雪田が残る。そして山中には湿原や雪田草原と大小の湖沼が点在し、多くの花々を育む環境をつくりだしている。山頂直下に広がる姥石平のお花畑の規模は、花の名山がそろう東北の山の中でもトップクラス。6月上旬にはハクサンイチゲの花に埋めつくされ、7月下旬から8月中旬には、花の構成種を変えてトウゲブキやタチギボウシが咲き誇る雲上の楽園が出現する。また東成瀬コース（P86）八合目の焼石沼上部には、イングリッシュガーデンのような美しい花園が広がっている。

木道脇にミズバショウ咲く上沼西側の小湿原

銀明水避難小屋。6月はまだ残雪が多い

奥羽脊梁山脈の山であることから、登山道は東の岩手県側から4コース、西の秋田県側から1コースが整備されている。ここでは岩手県側の中沼登山口から中沼を経て銀明水避難小屋に1泊。翌日、南本内岳まで足をのばしながら、山頂付近と姥石平のお花畑をゆっくり堪能し、つぶ沼登山口へ下るコースを紹介する。

横岳〜獅子ヶ鼻岳の稜線を水面に映す中沼

1日目 中沼登山口から銀明水避難小屋へ

駐車場やトイレがある**中沼登山口**が起点。カラマツの植林地を緩急繰り返しながら登り、周囲がブナ林に変わると**中沼**に着く。残雪をいただく焼石連峰のスカイラインが湖面に映し出されて美しい。イワナが泳ぐ姿を見ながら沼の南岸を進むと、木道が敷かれた西岸の湿原に出る。リュウキンカ、トウゲブキ、ミズギクなどが群生し、初夏から秋まで花が絶えることはない。

中沼から沢沿いに登ると上沼に着く。6月中旬にはミツガシワの群落が見られる。再び沢沿いの道が続き、約20分で**つぶ沼分岐**に出るが、分岐付近は残雪でコースが不明確になることがあり、注意したい。

この先、トウゲブキやヒオウギアヤメが咲く小湿原と小沢を越え、横岳の山腹が迫ってくると、ベンチが設置された銀明水の広場に出る。岩間から冷たい水が湧き出し

南本内川源流の沼一帯を彩るお花畑

360度の大パノラマが展開する焼石岳山頂

ている。50mほど先の右手高台に立つ快適な**銀明水避難小屋**が今宵の宿になる。

2日目 焼石岳と南本内岳に登り つぶ沼登山口へ下山

翌日は泊まりの装備を小屋にデポし、身軽になって焼石岳をめざそう。すぐにミヤマキンポウゲやシナノキンバイが咲く雪田草原内の急斜面の登りとなるが、ここは6月下旬まで広大な雪渓が残るので、軽アイゼンがあれば安全だ。

雪田草原を抜けてミネザクラやミヤマナラが茂る低木帯の道を登ると傾斜がゆるみ、展望が開けてくる。左に横岳、正面に焼石岳、右前方に東焼石岳が望める。この付近は水流で道の洗掘が激しく、岩場が露出して歩きにくい。やがて平坦路になると**姥石平分岐**に着く。まずは焼石岳をめざそう。

泉水沼南畔を抜け、横岳との鞍部に出る。ガレた足場の悪い急坂をいっきに登り**焼石岳**山頂に立てば、焼石連峰の山々や岩手山、秋田駒ケ岳、早池峰山、栗駒山、鳥海山など東北の主要な山々が一望できる。

山頂をあとに北側へ下る。途中の露岩帯は足場が悪い。焼石神社から少し下った東成瀬コース**九合目**の分岐を直進して南本内岳に向かう。ひと登りすると南本内川源流の沼に出る。8月上旬に沼畔はクガイソウとオニシモツケ、ハクサンフウロの花に彩られる。さらに登ると風衝草原（強風により木が生育しない地域にできた草原）が広がる南本内岳（権四郎森）の最高点（１４９２ｍ）に着く。小さな高層湿原の先に分岐があり、右に進むと**南本内岳**の山頂標識が立つ１４８６ｍピークだ。三界山や経塚山の展望を楽しんだら、**九合目**の分岐まで戻る。

九合目から左折し、ミネザクラが咲き誇

銀明水付近に咲くヒオウギアヤメ

ユキワリコザクラ

三界山と焼石沼を望む東成瀬コース九合目への下り

樹林内に佇む石沼。背景は天竺山（左）と経塚山

る焼石岳北側の灌木帯を回りこむ。ヒナザクラやチングルマが咲く高層湿原を通過した先が焼石連峰随一のお花畑が広がる**姥石平**だ。6月上旬からユキワリコザクラ、ハクサンイチゲ、ミヤマキンバイ、ミヤマシオガマが見渡す限り咲き誇り、盛夏にはトウゲブキ、ハクサンシャジン、ハクサンフウロ、ミヤマリンドウ、クルマユリなどが群生し、高山蝶のベニヒカゲが飛びかう。まさに桃源郷のような世界が広がる。

横岳を正面にゆるく下ると、**姥石平分岐**に着く。ここから**つぶ沼分岐**まで往路を戻り、右折してつぶ沼コースへ。小ピークを越して少し下った**石沼分岐**からは、ブナの樹海に囲まれた瑠璃色の石沼と、険しい山容の天竺山と経塚山が望める。石沼分岐から左に下って中沼へ抜ける連絡路は、中沼登山口に車を置いた場合に利用できる。

分岐から先は、ブナの原生林の中をおだやかに下る。金山沢は飛び石づたいに楽に渡れる。沢筋に咲くシラネアオイが美しい。なお、地形図に記載された左に分岐する2つの道は現在廃道になっている。

ブナの森がミズナラの雑木林に変わると、ほどなく**つぶ沼登山口**に着く。

プランニング&アドバイス

各登山口へのバス便が廃止されたため、水沢江刺駅か北上駅からタクシーかレンタカーの利用を検討したい。山中は携帯電話がつながりづらいので、帰路のタクシーは事前に手配する。マイカーの場合は往復登山か、石沼分岐から左の連絡路経由で中沼に戻る。6月のハクサンイチゲが満開のころ中沼駐車場が朝6時ごろに満車となり、尿前林道が入口から通行止めになることがある。その際はつぶ沼コースを利用する。登山口を早朝に出発すれば日帰り可能だが、入山が遅い場合は銀明水、金明水いずれかの避難小屋に泊まるのがおすすめ。ただし食料やシュラフなどを持参する必要があり、装備は重くなる。

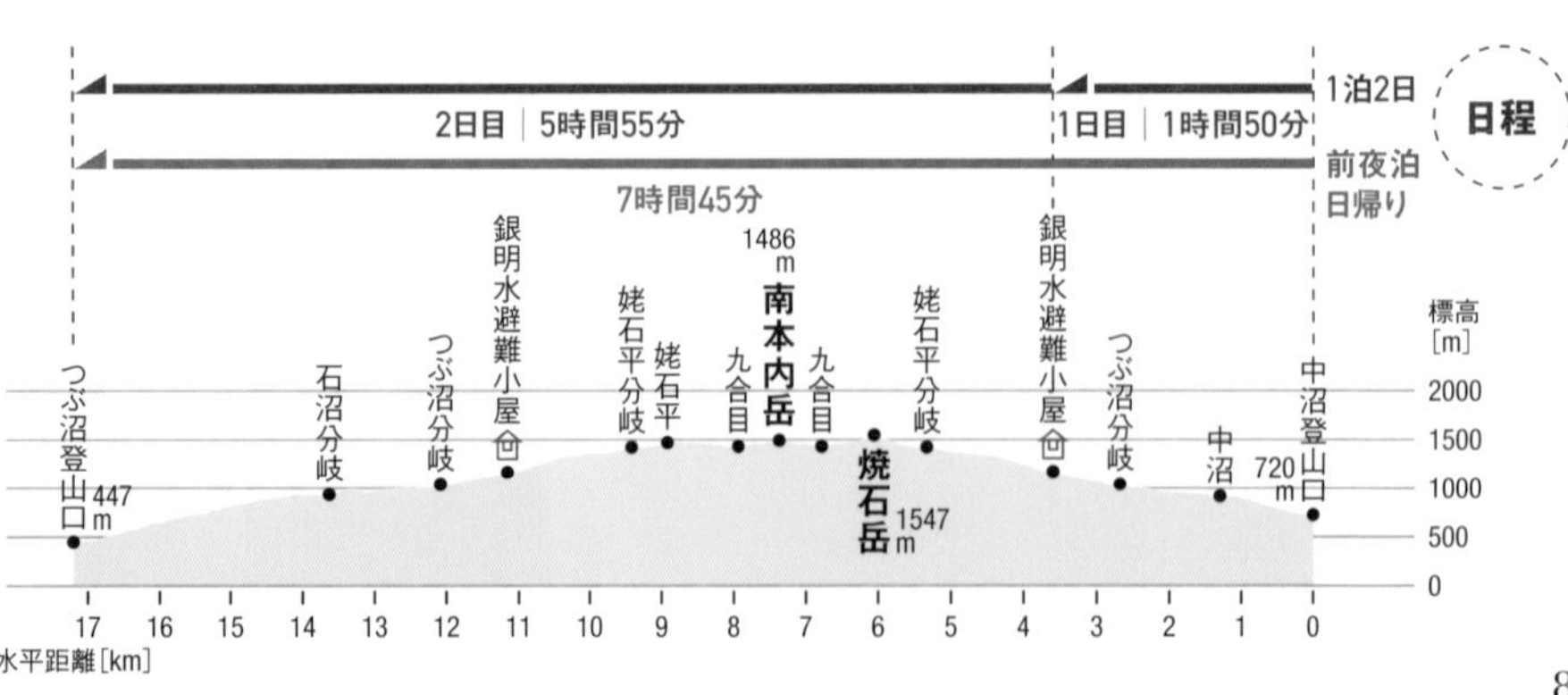

サブコース

焼石岳から夏油温泉

焼石岳↓六沢山↓金明水避難小屋↓経塚山↓夏油温泉　7時間20分

焼石岳から秘湯として知られる夏油温泉への縦走コースは、中沼登山口（P80メインコース参照）から夏油温泉まで10時間以上かかるロングコースのため、金明水避難小屋で1泊するのがおすすめだ。

姥石平分岐から**焼石岳**を往復したあと、夏油温泉への縦走コースへ一歩を踏み出す。姥石平の広大なお花畑を抜け、東焼石岳から先はゆるやかな稜線を下る。**六沢山**の山頂直下は右側が急峻な崖になっている。

六沢山を過ぎると、展望が開けた尾根道を、小さなアップダウンを繰り返しながら下っていく。途中、牛形山分岐の標識が立っているが、その道は廃道になっている。雪田草原を下ると、おいしい湧水が得られる**金明水避難小屋**に着く。

小屋から沢の源頭部の窪地をゆるく登り、天竺山北側の尾根を越える。小ピークを2つ越え、ハクサンシャジンのお花畑が広がる賽の河原に出る。経塚山への登りの途中でガレ場を直登するので、落石に注意。石祠がある**経塚山**山頂は焼石連峰随一の展望台で、歩いてきた山並みが一望できる。

山頂からしばらくお花畑の中を下る。八合目から樹林帯の道となり、日本庭園を思わせる風穴地帯の**御坪の庭**を過ぎると尾根道からやがてつづら折りの道になり、標高差300mをいっきに下る。夏油川に架かる橋を渡り、対岸の急坂を登ると**林道**に出る。あとは林道をゆるく登ってから下り、標識に導かれ右に下ると**夏油温泉**に着く。

Map 9-3B　焼石岳

Map 9-1D　夏油温泉

コースグレード	中級
技術度	★★★☆☆ 3
体力度	★★★☆☆ 3

六沢山東側から金明水避難小屋と経塚山（左）を望む

渓流沿いに露天風呂が点在する夏油温泉

写真・文／曽根田 卓

サブコース

東成瀬口から焼石岳

三合目登山口↓五合目釈迦ざんげ↓八合目焼石沼↓焼石岳（往復） 6時間50分

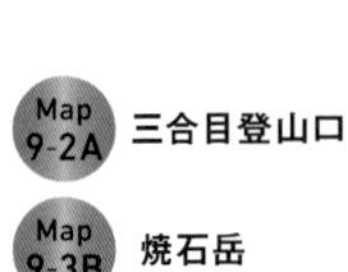

コースグレード	中級
技術度	★★★☆☆ 3
体力度	★★★☆☆ 3

秋田県側「三合目・横林道登山口」の標高は930m。ここから焼石岳まで標高差は620mしかなく、しかも急登が少ないため、ほかのコースより楽に登れるのが東成瀬コースのメリットだ。マイカー登山が中心だが、タクシー利用なら中沼コース（P80参照）と組み合わせるのもよい。

三合目登山口から15分ほど登り県境尾根に出て、すずこやの森コースを合わせる。左折してブナ林の道を少し登ると四合目大森沢で、そこから木の根が張り出した大森山の南斜面をほぼ水平に横切る。二分する道を直進すると、三界山や西焼石岳が見渡せる**五合目釈迦ざんげ**のピークに着く。右に分かれる道は巻き道だ。

急坂を下って、さっき別れた巻き道と出合う。そこから標高差60mをゆるく下り胆沢川源流の沢に出る。飛び石づたいに沢を2回徒渉するが、6月初旬は雪どけで増水しているため、慎重に足場を選んで渡りたい。六合目与治兵衛は県境尾根を切り崩し、胆沢川の水を秋田県側に引こうとした先人の名からつけられたという。

もう一度沢を徒渉すると、ゆるいブナ林の道になる。三界山が迫る七合目柳瀞の先から樹高が低くなり、草原に出て視界が開ける。途中、長命水で冷たい湧水が得られる。そこから**八合目焼石沼**は指呼の距離だ。

焼石沼一帯は1993年まで夏のあいだ牛が放牧されていた。現在は広大な草原が広がる山上の桃源郷のような場所で、7月

六合目与治兵衛の前後で胆沢川を3回徒渉する

岩場の下にまつられた九合目焼石神社

写真・文／曽根田 卓

中旬にはミヤマキンポウゲの大群落が見られ、8月に入るとオニシモツケが咲き誇る。登山コースは沼まで行かず、草原に流れこむ小さな流れを渡って、焼石岳に向かって左手の支尾根を登る。ここから九合目の焼石神社までの尾根筋には、7月下旬から8月上旬にかけて、トウゲブキ、ハクサンフウロなどさまざまな高山植物がものすごい密度で咲き乱れ、筆舌につくしがたいほど美しいお花畑が広がる。この植物相は中沼コースでは見られない、ここだけのものだ。

焼石岳と南本内岳（みなみほんないだけ）の鞍部が**九合目**で、南側の大きな岩場の基部に焼石神社の小さな祠と石碑がまつられている。この先、大きな岩の上を渡り歩くように進むが、赤いペンキマークを見失わないように注意したい。

岩場を過ぎると、ミヤマダイコンソウなど乾生の高山植物が咲き競っている。最後の急坂をがんばれば**焼石岳**山頂に着く。

下山は往路を忠実に戻る。

焼石岳（左奥）と同じ名を冠する八合目の焼石沼

お花畑が広がる九合目への登りからの焼石沼と鳥海山

プランニング&アドバイス

秋田県側の東成瀬三合目登山口からのコースはゆるやかな坂が続き、山頂まで最短時間で登れる静かなコースだ。姥石平を周回して焼石岳に登れば（P80参照）、焼石連峰に咲く花のほとんどを網羅する充実した花の山旅が楽しめる。三合目登山口へはタクシーは東北新幹線水沢江刺駅、マイカーは東北道水沢ICからアクセスする。東成瀬村の温泉や民宿などに宿泊した場合、三合目登山口まで送迎してもらえることがあるので、予約時に相談してみたい。

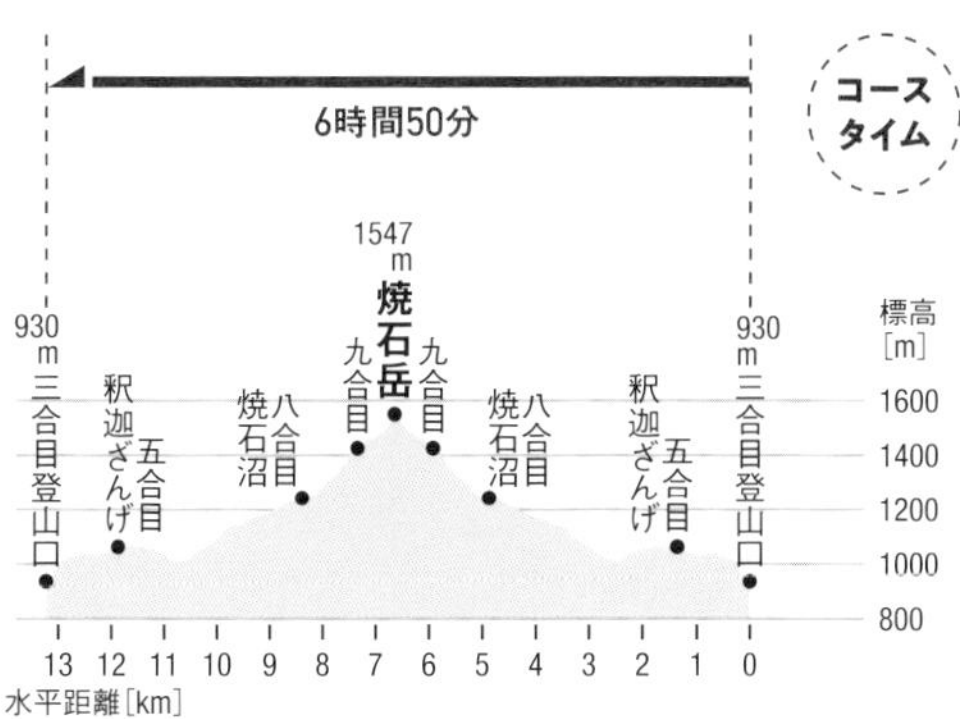

中央コースの1408m標高点付近から望む紅葉の栗駒山

栗駒山
1626m
Map 10-3D
Map 10-3C
いわかがみ平

日帰り いわかがみ平→東栗駒山→栗駒山→天狗平→昭和湖→須川温泉　計3時間25分

コースグレード	中級
技術度	★★★☆☆ 3
体力度	★★☆☆☆ 2

写真・文／早川輝雄

栗駒山（1626m）は、宮城・岩手・秋田の3県境に位置する古い火山で、山頂からは鳥海山をはじめ東北中部の山々を望む展望の山でもある。花の山として知られる栗駒山だが、実は紅葉がすばらしい。2019年秋にNHKの番組で「神のじゅうたん」と紹介されて以来、9月末から10月中旬の紅葉期の登山者が劇的に増えている。ここでは変化に富み、高山植物も多く本峰の展望がすばらしい東栗駒コースを紹介する。下山は岩手側の名湯・須川温泉へ。

日帰り 東栗駒コースで山頂に立ち須川温泉に下山する

いわかがみ平のレストハウス東側から登山道に入る。ところどころに水溜りがあり、泥で滑りやすい道を登っていくと、しだいに灌木の背が低くなり、山頂がかいま見えるようになる。やがて明るいナメ状の清流が続く**新湯沢徒渉点**に着く。沢の中を100mほど上がって右側に登るが、6月まで残雪があり、視界のないときは要注意。

●須川コースは産沼コース分岐（苔花台）～天狗平間が火山ガスにより通行止めだったが、2022年秋に昭和湖まで一時的に解除された。ただし23年以降は未定となっている。

新湯沢徒渉点。沢の中を100mほど登る

東栗駒山から望む栗駒山。緑の時期も格別だ

灌木帯からハイマツの混じる砂礫帯になると、ほどなく東栗駒山である。初夏にはミヤマキンバイなどが咲き、秋は紅や黄に染まる灌木が美しい。新湯沢源頭をはさんで鎮座するピラミダルな栗駒山が好被写体を提供してくれるだろう。

平坦なハイマツ帯に点在する溶岩の岩塔を越えて歩を進め、ゆるく登ると右へ**裏掛コース方面への道を分ける**。この付近は、初夏にはヒナザクラが一面に咲き、イワカガミも多く、栗駒草原とよばれている。

しだいに傾斜が急になり、左から階段の中央コースを合わせると、ほどなく台地状の**栗駒山**山頂に着く。独立峰だけに、眺望はぐるり３６０度。蔵王、月山、焼石岳など東北中部の山が一望でき、秋まで雪を残す鳥海山の秀麗な姿がひときわ印象的だ。

展望を充分に楽しんだら須川温泉へ向かおう。山頂から西へ進み**天狗平**（須川分岐）や昭和湖を経て須川コースを下るが、火山ガスのため２０２２年10月時点で通行止めとなっている。ガスの濃度が下がった22年秋にコースの一部に限り通行止めが解除されたが、23年以降は未定。通行不可の場合は、山頂から産沼コースを下る。

本来のコースである須川コースは、天狗平の十字路を右折し、灌木帯の中に初夏はお花畑が点在する道を下る。１９４４（昭和19）年にできた火口湖の**昭和湖**は、水の色がコバルトブルーや乳白色など訪れるたびに変化していておもしろい。昭和湖から小尾根を下り、産沼コース（自然観察路）を右から合わせ喬木帯を抜けると**名残ヶ原**の木道に出る。６月中旬ころなら、左折してイワカガミの大群落がみごとな賽ノ磧を経由するとよい。時間的に大差はない。

代替路の産沼コースは、山頂から北東へ向かい急坂を下る。北側へのゆるい下りになると、やがて産沼の

サラサドウダン

ヒナザクラ

山頂と天狗平間の天狗岩付近を行き交う登山者

T字路に出る。左折して平坦な道を進み、樹林の急坂を下って三途（さんず）の川とよばれる枝沢を越す。さらに平らな道を進み、苔花台（たいかだい）の極小湿原を左に見てゼッタ沢を越すと須川コースに合流する。

名残ヶ原から下り、大小の溶岩塊が点在する灌木の道になると、バス停がある**須川温泉**は近い。標高1120mの高原の大露天風呂で山行の汗を流すのは格別である。

いわかがみ平からの登山道は、ここで紹介した東栗駒コースのほか、最短で登れる中央コースがある。**いわかがみ平**のレストハウスの前から、天然石をコンクリートで固めた道を登る。この舗装道は中間付近の1408m標高点まで続く。緩傾斜の土の道から階段が現れるとほどなく急登になり、東栗駒コースを合わせてひと登りすると**栗駒山**山頂に着く。

賽ノ磧を彩るイワカガミ群落（背景は剣岳）

プランニング&アドバイス

登山道は各方面から数多いが、交通の便は岩手側の須川温泉を除いてよくない。須川温泉へは東北新幹線一ノ関駅からバスが毎日2便運行。いわかがみ平へのバスは紅葉期の土日祝のみの運行（詳細はP215「登山口ガイド」参照）。東京から始発の新幹線に乗れば、タクシーの利用でいわかがみ平に10時過ぎに着く。ゆっくりと花を観察し、写真を撮りながら、山頂を越えて須川温泉へ行くのによい時間だ。花は6月上～下旬、紅葉は9月下旬～10月中旬がよい。宮城側の栗駒高原に宿をとる場合、送迎してくれることもあるので相談するとよい。ほかの登山口の場合はマイカーやタクシー利用となる。

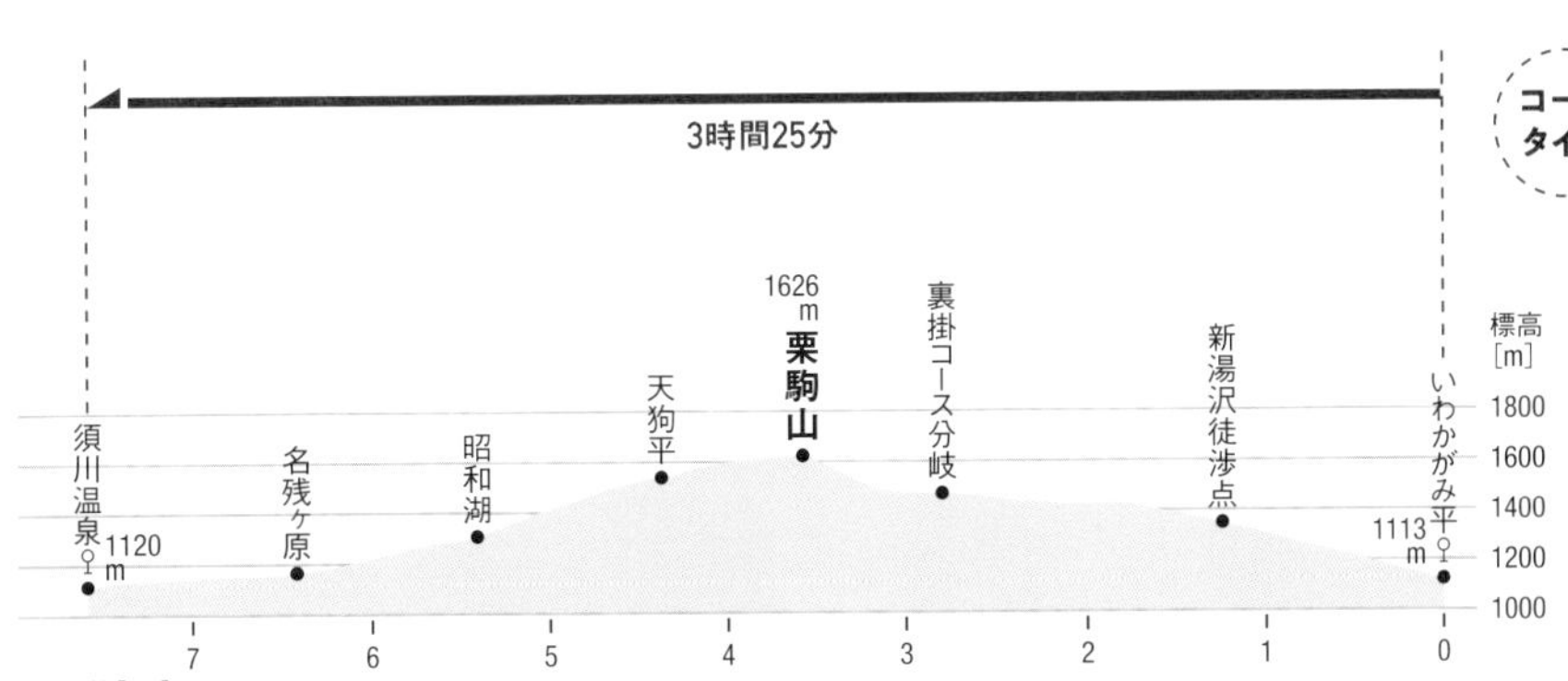

サブコース

栗駒山から湯浜温泉

栗駒山↓天狗平↓虚空蔵十字路↓三叉路↓湯浜温泉　3時間5分

Map 10-3D　栗駒山

Map 10-1C　湯浜温泉

コースグレード｜中級

技術度｜★★★☆☆　3

体力度｜★★☆☆☆　2

栗駒山山頂から西へ下った天狗平から南西方面へのびる湯浜コースに入り、山中の趣あるランプの一軒宿・湯浜温泉へ下るコース。人里から離れ、深い沢沿いに立つ温泉の一夜は、山菜料理とともに思い出深いものとなるだろう。

天狗平から湯浜コースを南西に進み、数分で御沢コースを左に分ける。松波八里とよばれるハイマツに灌木の交じる気分のよい尾根道を下ると、**虚空蔵十字路**に着く。

十字路を右折すると、ほどなく灌木帯を抜け、小桧沢源頭の草原帯に出る。高層湿原になっていて、初夏にはヒナザクラの大群落が見られる。湿原の木道からいったんブナ林になり、再び現れる草原も趣があり、緑が美しい。

やがて森林帯に入り、ブナの萎縮林からしだいに深い原生林になる。6月中旬まで、ミズバショウやミヤマスミレ、ミヤマカタバミ、チゴユリなど多くの花が咲く。

ゆるい下りが続くと、やがて**三差路**に出る。旧羽後岐街道を左に分け、直進してゆるく下り、白桧沢に架かる橋を渡る。続いてゆるく登ると急な下りになり、ほどなく**湯浜温泉**に着く。古民家風の湯治場だったが、近年新しく改築され快適な部屋になった。御主人夫妻が家族的な温かさで登山者を迎えてくれる。湯浜温泉から東北新幹線くりこま高原駅へは、タクシーを利用することになる。なお、南方の温湯温泉に下る歩道は2008年の地震で廃道になった。

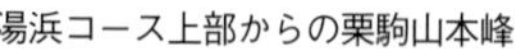

湯浜コース上部からの栗駒山本峰

虚空蔵十字路から紅葉の松波八里を振り返る

写真・文／早川輝雄

サブコース

栗駒山と秣岳の周回

須川温泉↓栗駒山↓秣岳↓須川温泉　5時間5分

コースグレード | 中級

技術度 ★★★☆☆ 3

栗駒山から西方へ続く1300〜1600mの稜線上にひっそりと点在する高層湿原のお花畑を周遊するコースで、天馬尾根コースともよばれている。近年入山者が増えているが、それでも原始性が高く、静けさを好む山旅派におすすめしたい。

須川温泉の南側に縦横につけられた散策路が登山道のはじまりで、どこから入っても案内標識を見れば**名残ヶ原**に出られる。木道を進み、小沢を渡って涸れ沢を左に見て登ると、昭和19年の爆発でできた小さな火口湖の**昭和湖**だ。灌木帯を登り、県境稜線十字路の**天狗平**を経て**栗駒山**へ。

山頂からの展望を楽しんだら**天狗平**へ戻り、西北西へ続く平坦な灌木帯の道を進む。数分で**展望岩頭**とよばれる天然の見晴らし台があり、龍泉ヶ原が一望できる。展望岩頭にはイワウメやミネズオウ、イワヒゲなどが張りついている。

展望岩頭をあとに、秣岳まではおだやかな起伏の小ピークを4つほど越していく。ピークの南東側はいずれも雪田地形の高層湿原が発達し、6月中旬からミヤマリンドウやヒナザクラなどが咲く楽しい道だ。小さな岩峰を越すとまもなく**秣岳**の山頂で、樹海の中の須川湖や登山口の須川温泉、さらに栗駒山本峰の姿も遠望できる。

秣岳から北西へ少し行くと、つづら折りの急坂になる。100mほど下り、小さなコルの**下降点**から右へ巻きぎみに下る。すぐにブナ林になり、標高差300m近くをいっきに下ると秣岳登山口の**栗駒道路**に出る。あとは車道を**須川温泉**へ戻る。

●須川コースは産沼コース分岐（苔花台）〜天狗平間が火山ガスにより通行止めだったが、2022年秋に昭和湖まで一時的に解除された。ただし23年以降は未定となっている。

木道がのびるしろがね草原。草紅葉が美しい

秣岳山頂から俯瞰する須川湖とキャンプ場

写真・文／早川輝雄

西ノ又コース分岐付近から望む神室山（右上の建物は神室山避難小屋）

東北一のやせ尾根が連なる縦走路をたどる

1日目	有屋登山口→神室山→神室山避難小屋　計4時間5分
2日目	神室山避難小屋→神室山→小又山→火打岳→火打新道登山口　計8時間15分

コースグレード	上級
技術度	★★★★☆ 4
体力度	★★★★☆ 4

写真・文／曽根田 卓

栗駒国定公園の西端に位置する神室連峰（主峰は神室山1365m）は、主に火山が成因の奥羽山脈の山々と異なり、壮年期の隆起山地である。標高は1100〜1300m台と低いが、雪崩によって東面がそぎ落とされた東西非対称の険しい稜線が南北25kmも続き、「みちのくの小アルプス」とよばれている。しかし標高が低いからといって侮ってはいけない。どの登山口から登ってもきつい急登を強いられる。しかも全般的に標識が整備されていないため、登山の中級者以上の知識と経験が求められる山である。

1日目 有屋口から神室山に立ち神室山避難小屋へ

山形県金山町の市街地から県道73号を東進し、神室ダム湖に架かる神室大橋を渡る。突き当たりのT字路を右折して1kmほど進むと、車道終点の**有屋登山口**に着く。

車止めをすり抜け林道に入る。金山川右岸沿いに1kmほど歩くと**林道が途切れて**登山道に入り、カツラやトチノキが茂る渓畔林をしばらく進む。途中、足場が狭い斜面や、小さな枝沢をいくつか横切る。長沢と上流の**二股**にあるウチノスミ沢は、鉄製の板を利用して渡る。二股手前にある崩壊地のガレ場を横切る際は、落石に注意する。

二股から稜線まで高度差700mの急なブナの尾根道が続くが、ジグザグに高度をかせぐので体力的にはさほど厳しくない。

春日神と刻まれた大岩を過ぎると展望のよい灌木帯に変わり、まもなく主稜線上の**八幡神ピーク**に出る。そこから縦走路を南へひと登りで、岩場に国定公園の銘板がはめこまれたレリーフピークに着く。その先の西ノ又コース分岐から500m歩けば待望の**神室山**山頂だ。全方位の展望がすばらしい。この日は山頂から西へ100mほど下った**神室山避難小屋**で1泊する。長い明日の行程に備え、充分休憩をとりたい。

二股の徒渉点。鉄製の板で対岸へ渡る

神室山山頂。水や農業の神の山だけに小社がある

2日目

小又山と火打岳に立ち火打新道を下る

根ノ崎コース分岐付近から小又山へ続く縦走路を望む

翌朝は再び**神室山**山頂へ。小又山を経て火打岳にいたる縦走路は、急な下りからはじまる。15分ほどで根ノ崎登山口へ下るコースを左に分ける。やせた主稜線は刈り払い整備が隔年で、登山道が草におおわれているときがある。稜線の東側は足もとから切れ落ちているため、慎重に歩を進めたい。

鞍部まで下り、急坂を登り返して**天狗森**に着くと、優美な山容の小又山がぐっと近づいてくる。天狗森からは、小さなアップダウンを繰り返す。神室連峰は大きなお花畑はないが、初夏にはシラネアオイ、カタクリ、夏はニッコウキスゲ、ハクサンフウロなどの花々が稜線を彩る。

小又山山頂は東の尾根から小又山の西ノ又コースが突き上げている。連峰の中央に位置する最高峰（1367m）だけに、南北に連なる連峰の大観がすばらしい。

小又山から南へ少し下り、足場の悪い崩壊地の上を通過する。クロサンショウウオが生息するサンショ平には小さな池がある。黒滝峰から先は、再びやせた稜線が続く。**砂利口**の分岐からは、槍のように尖った火打北峰をめざし急なやせ尾根を登る。左手の大横川源頭部の雪食崖が眼前に広がり迫力満点だが、滑落に細心の注意を払い、この縦走路の核心部を通過したい。

火打北峰からもう一段急坂を登って**火打岳**山頂へ。縦走してきた

急峻な火打北峰（右）と火打岳への登り

バイオトイレが完備された神室山避難小屋

主稜線が望め、杢蔵山に続く連峰南部の山々も見えてくる。

下山路は、火打岳山頂から北西に分岐する火打新道（富喜新道）を下る。足場の悪い急坂を下り、少し登り返すと八合目の西火打岳。この先、沢の源頭部の窪状の道に入り、途中から左の斜面に抜け出るが、残雪があると直進しやすく要注意。赤テープの目印を見逃さないようにしたい。

クロベとヒメコマツが立ち並ぶ尾根（二ノ坂の西側）

ブナの原生林に入り、三ノ坂の急坂を下って**五合目**へ。この付近から顕著な尾根道になり、二ノ坂を過ぎたあたりからクロベの巨木が目立ってくる。二・五合目の先にはヒメコマツとヒノキが生える二重山稜のような地形の底を通過する。

しだいに傾斜がきつくなり、最後はロープが張られた一ノ坂の急坂をいっきに下ると、平坦な杉林に降り立つ。吐出沢を渡り、私有地を横切って土内川に架かる吊橋を渡れば、大きな案内板が掲げられた**火打新道登山口**に着く。

プランニング&アドバイス

土日祝は各登山口までのバスの便がないため、有屋登山口まではJR奥羽本線真室川駅からタクシーを利用する。火打新道登山口では事前にタクシーを手配し、山形新幹線新庄駅まで乗車する。神室山避難小屋（収容25人・毛布あり）の水場は、小屋南側の急斜面を5分ほど下った地点にある。小又山から火打岳への稜線上に水場はないので、必ず給水していこう。砂利口の分岐から15分程度下った地点に2張分のテント場があり、水もとれる。神室山〜火打岳間の稜線は東側が切れ落ちた箇所が多いため、滑落に充分注意すること。

日程　1泊2日

1日目 | 4時間5分
2日目 | 8時間15分

有屋登山口 400m ― 林道終点 ― 二股 ― 八幡神ピーク ― 神室山 1365m（神室山避難小屋）― 天狗森 1302m ― 小又山 1367m ― 砂利口 ― 火打岳 1238m ― 五合目 ― 火打新道登山口 345m

標高[m]　0　500　1000　1500
水平距離[km]　0　1　2　3　4　5　6　7　8　9　10　11　12　13　14　15　16　17　18

サブコース

役内口から神室山周回

役内登山口↓西ノ又コース↓神室山↓パノラマコース↓役内登山口　7時間25分

役内登山口

コースグレード　中級

技術度　★★★☆☆　3

体力度　★★★★☆　4

神室山の役内口は秋田県側唯一の登路で、西ノ又コースは古くから開かれた登拝路だ。湯沢市の役内集落から大役内林道に入り、鳥居が立つ西ノ又林道入口を右折して、林道を約2km進むと**役内登山口**に着く。帰路のパノラマコースを右に分け、西ノ又コースはそのまま荒れた林道を直進する。

30分ほどで登山道に変わり、右岸沿いに沢筋を進み、すぐ第1徒渉点の吊橋を渡る。**第2徒渉点**の吊橋を渡って左岸へ。ここから道は沢筋を離れ、ブナ原生林の道に変わる。途中で支沢を数本横切るが、足場が崩れている箇所があり、滑落に注意したい。

やがて右岸の支沢にかかる三十三尋ノ滝が現れる。信仰登山がさかんだったころ、登拝者が身を清めるために「水垢離」をとった場所だ。西ノ又沢を飛び石づたいに右岸へ渡り、斜面を一段登ると**不動明王**の石仏がまつられた最後の水場に着く。

ここから胸突八丁とよばれるブナ林の急登が標高差400mほど続く。樹林の間から前神室山の姿が見えてくると傾斜がゆるくなり、視界が開けて**御田ノ神**がまつられたマミヤ平に着く。小さな池塘に生えるカヤツリグサの成長具合を見て稲の作柄を占い、水不足の年には池塘に石を投げこんで

西ノ又コース上部・御田ノ神にまつられた石仏

窓くぐり下部のキヌガサソウ群生地

パノラマコースの第1ピーク北側のブナ林

写真・文／曽根田 卓

かつて垢離取場だった三十三尋ノ滝

神を怒らせ雨乞いをした聖地とされる。

沢の源頭の草原を進んで急坂に取りつくと、日本有数のキヌガサソウの群生地が現れる（花期は6月下旬～7月上旬）。窓くぐりとよばれる灌木のトンネルを抜ければ、ようやく神室山が姿を現す。東側がいっきに切れ落ちて迫力満点だ。

やせた尾根を登り、西ノ又コース分岐に出て左折。そこから15分ほどで神室神社の石碑が立つ**神室山**山頂に着く。

帰路は主稜線を北上して、前神室山をめざす。西ノ又コース分岐を過ぎると御宝前とよばれる岩場があり、岩場の東側には鏑山大神宮がまつられ、西側には栗駒国定公園のレリーフが埋めこまれている。標高1325mの**八幡神ピーク**で有屋へ下る道（P94メインコース参照）を左に見送って鞍部から急坂を登り返し、水晶森分岐を過ぎて少し登れば**前神室山**の山頂だ。

山頂から連峰の最後の展望を楽しんだら、高松岳や虎毛山の展望が随所で広がるパノラマコースを下る。第3ピーク、第2ピーク、**第1ピーク**とアップダウンを繰り返しながら高度を下げていく。途中から右に派生する支尾根に入り、**いっぷく平**を過ぎて杉林を下ると**役内登山口**は近い。

西ノ又コース・胸突八丁から前神室山を見上げる

プランニング&アドバイス

役内登山口へはJR奥羽本線横堀駅からタクシーを使う。役内登山口へいたる西ノ又林道は大雨のあとは深いわだちができ、車が通行できないことがある。その際は林道入口の鳥居から30分ほど歩くことになる。また第1徒渉点～第2徒渉点間には沢の水際を通過する場所があり、第3徒渉点では飛び石づたいに徒渉するため、増水時や降雨の予報が出ている際は西ノ又コースの利用は控え、パノラマコースを利用したほうがよい。

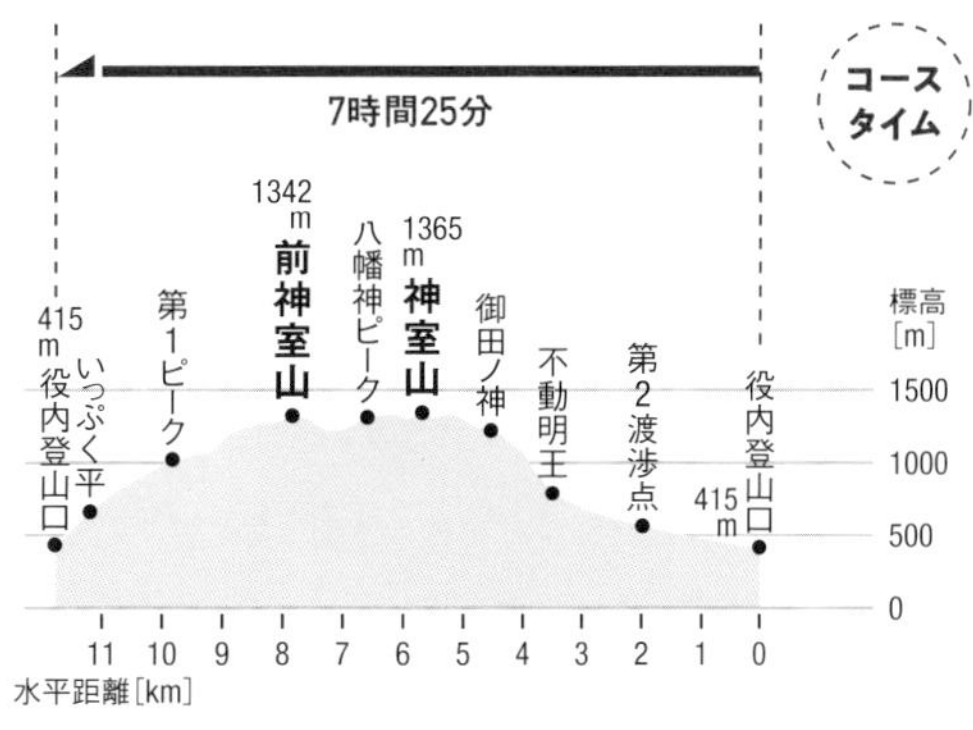

東北第2の高峰・鳥海山山頂で早朝に見られる「影鳥海」（写真／斎藤政広）

東北南部の山

2つの大山塊や
活火山などがある
山形・宮城・福島の山々。
6山の日本百名山を有する

鳥海山（新山・2236m）は温帯の中心・北緯39度線上にあり、際立つ四季に恵まれる。秋田と山形の県境にそびえ、西面の裾は対馬暖流が北上する海に没する独立峰だ。その端麗な姿から「秋田富士」「出羽富士」とよばれ、季節暦の山として親しまれる。冬期、大陸からの季節風は日本海に出て湿気を含み、猛烈な風は南東面に雪を運んで雪渓を形づくり、名前のついた雪渓だけでも十指を数える。それだけに湧水は豊かで、そこに育まれる自然はみごとなほどの展開で人々を魅了する。高山蝶のベニヒカゲが棲息し、猛禽類のイヌワシが舞う。紹介する北西からの象潟口は整備が行き届き、残雪をまとう高山景観と花々が堪能でき、多くの登山者を迎える。

1日目 鉾立から御浜を経て最高点の新山に立つ

JR羽越本線象潟駅から乗合登山バスに乗車して約35分、登山基地**鉾立**は、かつて

賽ノ河原まで来ると花が増えてくる

御浜の手前からは左に稲倉岳が見える

御浜から望む鳥海山最高点の新山（左奥）と扇子森（中景）

山上湖と花の群落、山頂からの大展望――鳥海山一の人気コース

コースグレード	中級
技術度	★★★☆☆ 3
体力度	★★★☆☆ 3

1日目	鉾立→御浜→扇子森→七五三掛→千蛇谷→御室→新山→御室　計5時間15分
2日目	御室→七高山→伏拝岳→七五三掛→扇子森→御浜→鉾立　計4時間40分

お花畑が広がる御浜からの鳥海湖と鍋森（中央）。右の山は笙ヶ岳

はブナやダケカンバが繁茂する森林限界に広がる広大な森であったと推察できる。現在は広い駐車場を備え、ビジターセンター、宿泊施設の鉾立山荘、食堂の稲倉山荘が立ち、観光地としての側面も大きい。

　登山口で登山者カードを提出して出発する。周囲はブナの森林限界で、その様子を見ながら歩を進める。展望台に出ると眼下に奈曽谷が深い谷の様相で、東方はるかに鳥海山の雄大な山容を望むことができる。

　登山道に戻るとやがて木道が現れ、石畳の道へと変化していく。さらに標高を上げていくと、石畳の隙間にはミヤマツボスミレが、登山道の傍らにはウゴアザミ、茂みにはシラネアオイが可憐な花を咲かせている。

　やがて、雪田植物のチングルマなどが見られるようになると、六合目の**賽ノ河原**に出る。ここは雪が残るところで、雪どけの周囲では高山植物も多数見られる。

　この先も単調な石畳の登りが続き、左手に稲倉岳が望めるようになると、まもなく**御浜**に着く。御浜神社の前を通過し稜線に出ると眼下に鳥海湖が現れ、いっきに高山景観が広がる。稜線の延長線上、西南には笙ヶ岳の三峰がそびえ、南方に目をやれば

御室に立つ大物忌神社と御室小屋

千蛇谷を登っていく登山者

手前に鍋森が大きく、後方の東南には月山森の山容が美しい。これからめざす東方には、扇子森の上部に新山がまだはるか彼方にそびえている。御浜小屋に宿泊して、朝と夕の風景を楽しむのもいい。

小屋を過ぎると岩場の道になり、慎重に足もとの岩を確かめつつ登っていくと扇子森の山頂部・御田ヶ原に出る。ここは高山植物が畝状に生育しており、7月上～中旬ごろにはヒナウスユキソウの可憐な姿に出会える。この先登山道は下りになり、石畳の八丁坂に入っていく。下りきったところが**御田ヶ原分岐**になる。

ここから登りの八丁坂がはじまる。周囲にはチョウカイアザミが穂を垂れ、マルハナバチが吸蜜に訪れていたりする。最後に小さな岩場を登ると**七五三掛**に出る。

七五三掛からは旧道もあるが、今は木道が整備された新道で外輪山・千蛇谷分岐まで登り、ここから千蛇谷方面の道に入っていく。整備された新道ではあるが、近年道がえぐれ、歩きづらい箇所も見受けられる。

千蛇谷の横断箇所まで下り、ここで雪渓を横断して夏道に入る。ここから雪渓の上部をたどる登山者も多いが、ここは落石地帯だけに、夏道に入るほうがいい。夏道はときおり残雪でおおわれていたりするが、ロープを目印に横断して高度を上げていく。イワギキョウやシラネニンジン、ツガザクラなどが見られ、疲れを癒やしてくれる。

最後の雪渓を横断すると、大きな岩の連続する道になる。岩の隙間に根づくチョウカイフスマが歓迎してくれる。まもなく御室小屋が立つ**御室**の広場に出る。小屋宿泊の受付を済ませ、夕食までの時間があるようならその日のうちに新山の山頂を踏んでおくのがいい。新山へはふぞろいな岩の連続で、ペイントを目印に慎重に登る。たどり着いた**新山**の山頂は狭いが、西のピークからは眼下に日本海が

（上）イワブクロ
（下）チョウカイフスマ

新山は岩の積み重なった狭い山頂

見渡せる。

山頂から**御室**へは来た道ではなく、矢印に沿って山頂の東側を巻くように下山する。途中、安産祈願の胎内岩をくぐることもできる。下山は雪渓の急斜面を下るため、登り以上に足もとに注意したい。

2日目 御室から外輪山をたどり御浜を経て鉾立へ下る

御室小屋の裏手から歩きはじめる。スノーブリッジを渡り、外輪の内壁に取りつく。足場の不安定な岩場を慎重に登ると、稜線上の**新山・外輪分岐**に出る。左手に噴気孔であった虫穴が見え、その先に外輪山の最高点・**七高山**の山頂がある。10分ほどで行けるので、往復してみるのもいい。

外輪山コースは百宅口（P114）や湯ノ台口（P110）への分岐があり、ひとつひとつ確認しながら進む。行者岳を過ぎ、伏拝岳の分岐で湯ノ台口を左に分けるが、

外輪山からの南面の展望。月山や庄内平野が一望できる

ここは道が平行にのびていて要注意だ。また、外輪山コースは眺望の道だが、それだけに風に見舞われやすく、夏山でも体温を奪われることがある。防寒具をすぐに出せるようにしておくことが肝要だ。

8月でも雪が残る千蛇谷雪渓（左奥は新山）

文珠岳（もんじゅだけ）を越えてさらに下り、千蛇谷への分岐を過ぎると昨日通った**七五三掛**に出て、往路を引き返す。

御田ヶ原分岐を経て八丁坂を登り、扇子森の山頂部に出る。振り返り、登ってきた山々にあいさつをするのもいい。御浜への下りは岩場だけに、疲れた足に道の変化はこたえる。気持ちを引き締め、ゆっくりと足もとの岩を確かめながら下っていこう。**御浜**からは小屋の前を通過して**賽ノ河原**に下り、**鉾立**に下山する。

プランニング&アドバイス

登山適期は6月下旬～10月上旬で、残雪期（年にもよるが7月中旬ごろまで）には軽アイゼンがあると心強い。本項では山頂御室の小屋泊を基本にした。ご来光を受け、鳥海山の影が日本海にのびる光景（影鳥海）は宿泊者へのごほうびだ。行動面でもゆとりができるだけに、小屋泊をおすすめする。ただしコース中の御浜小屋と御室小屋の営業期間が7月上旬～9月中旬のため、期間外は鉾立からの日帰り山頂往復となる。その際は早立ちが必要で、少なくとも6時ごろには歩きはじめ、山頂からの下山は12時ごろには開始したい。登山口を吹浦口（P108）にして、鉾立に下りるというプランも魅力的だ。河原宿から長坂道分岐に出て御浜に登るルートで、鳥海湖を望む山岳景観の魅力が倍増することだろう。

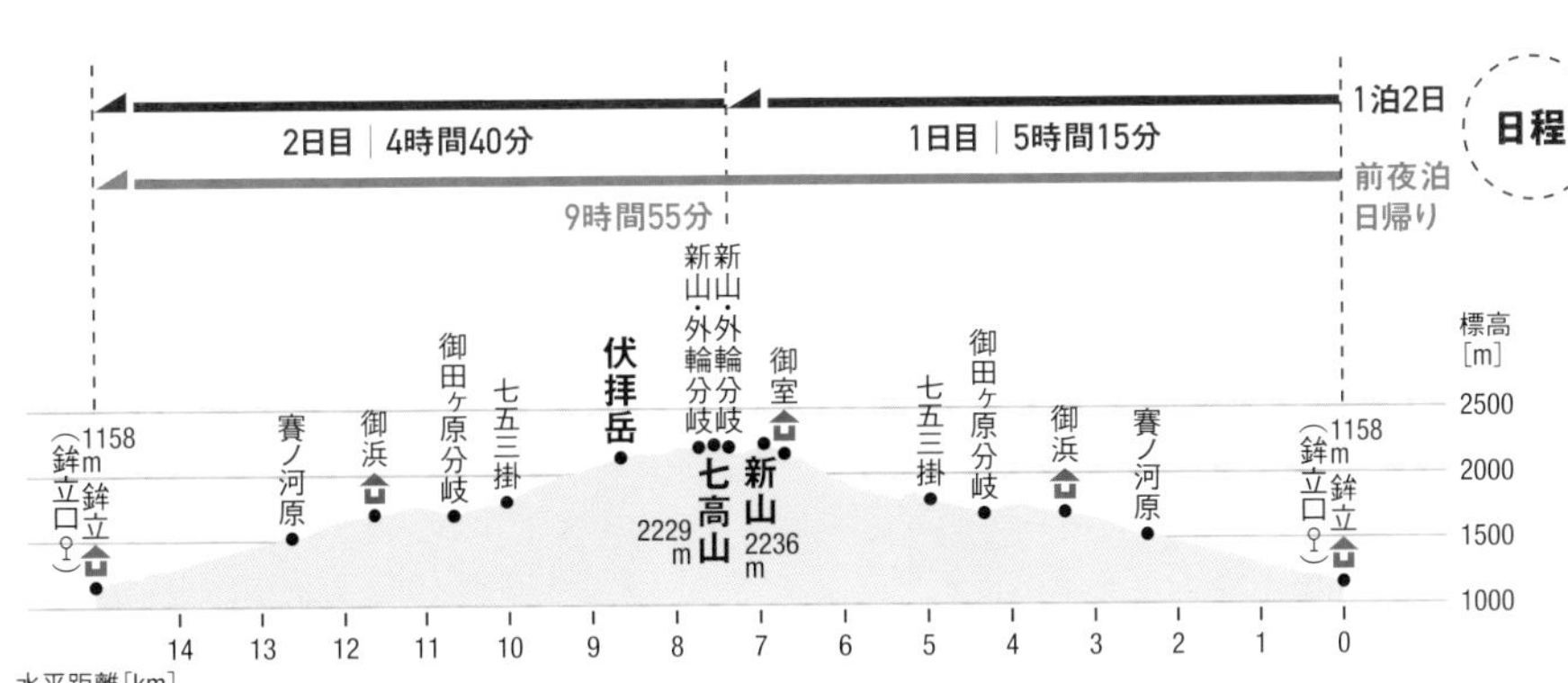

サブコース

吹浦口から笙ヶ岳

大平登山口↓河原宿↓長坂道T字分岐↓笙ヶ岳↓河原宿↓大平登山口　5時間40分

駐車帯と象潟駅からの大平口バス停がある**大平登山口**から、伝石坂へと入る。コンクリートの階段ではじまるが、周囲はブナ林の展開する道だ。二の宿で呼吸を整え、見晴台をめざす。岩場の道になると展望が開けてきて、見晴台に出る。眼下に海岸線が美しく、海原の奥には飛島が小さく平に見える。北方はるかには男鹿半島も望める。

ここからは森林限界を抜け、山道もゆるやかになり、高山の植物が見られるようになる。ゴゼンタチバナ、ニッコウキスゲが咲き、やがてチョウカイアザミ、チングルマが現れると清水大神に出る。

湿原の広がる「とよ」を過ぎ、チングルマの咲く道を登りつめると河原宿。雪渓を横断しY字路分岐で愛宕坂に入らず、右に折れて長坂道へ向かう。周囲は高山の植物がそれぞれ適地に咲き、見ごたえがある。

長坂道T字分岐に出ると、山岳風景が大きく展開する。左に向かうと鳥海湖がある御浜方面だが、ここは右に折れ笙ヶ岳をめざす。ハクサンイチゲなど群落の花々が展開する、気持ちのよい尾根道だ。

岩峰を右手に見て三峰、二峰と進み、二等三角点のある**笙ヶ岳**に着く。山頂からは庄内平野のかなたに月山が大きい。遠く朝日連峰も望める。

帰路は往路を戻るが、時間に余裕があれば**長坂道T字分岐**から**御浜**に出て、愛宕坂を下って河原宿に戻り、**大平登山口**に帰るのもいい（長坂道T字分岐から2時間）。

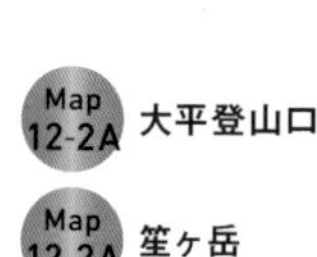

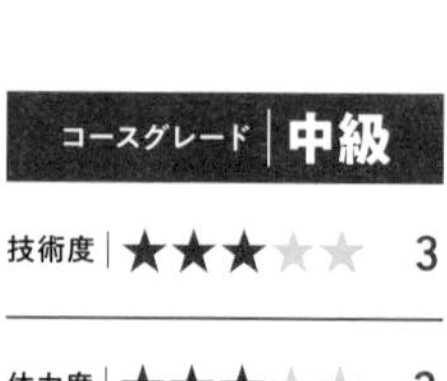

コースグレード	中級	
技術度	★★★☆☆	3
体力度	★★★☆☆	3

ハクサンイチゲ咲く長坂道からの新山

長坂道から望む笙ヶ岳主峰（背景は月山）

サブコース

一ノ滝駐車場から千畳ヶ原

一ノ滝駐車場↓万助小屋↓蛇石流分岐↓千畳ヶ原↓森の清水↓一ノ滝駐車場　7時間45分

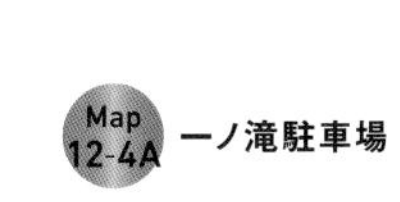

コースグレード	中級
技術度	★★★☆☆ 3
体力度	★★★★☆ 4

南西麓の一ノ滝駐車場から千畳ヶ原へは魅力的な2つのルートがある。ここでは万助道を登りに使い、帰路は西ノコメ沿いに下って滝をめぐり、一ノ滝駐車場に戻る。

あずまやと水場、トイレが完備した**一ノ滝駐車場**から車道に出て、林道を進む。林道終点から万助道に入る。**万助道十字路**を右に折れ、檜ノ沢の沢音が近づくと**渡戸**に出る。長坂道への道を左に分けて沢沿いに進む。ブナの森をつめ、尾根渡りからギャップ（稜線がV字形に深く切れこんだ場所）を抜け、水音が近づくと万助平に立つ**万助小屋**に着く。冷たい湧水がある憩いの場所だ。小屋泊で山時間をすごすのもいい。

灌木帯を抜けて**ドッタリ**の草地に飛び出す。再び灌木帯を沢沿いに登り、まもなく**仙人平**の大草原に出る。**蛇石流分岐**で右に折れ、T字分岐をめざす。木道をゆったり歩き、千畳ヶ原の大自然を堪能しよう。

T字分岐に出たら高層湿地にお別れして、ミヤマナラの道の馬ノ背に入っていく。下りきったところで**月山沢**を徒渉し、西ノコメ沿いに下る。不動滝、竜頭滝、竜ヶ滝を過ぎ、**森の清水**でひと息いれよう。

ここからは個性的な美しさの額絵ノ壺や玉粋ノ滝、三ノ滝を見て、**狭霧橋**の架かる分岐に出る。ここはそのまま渓谷沿いに下る。間ノ滝を経て、二ノ滝上部に出る。二ノ滝からは沢沿いに沢音を聴きながら、最後は一ノ滝をめぐって、少し巻くようにして**一ノ滝駐車場**に戻る。

池塘のある広大な草原の千畳ヶ原

千畳ヶ原のT字分岐。二の滝口方面に進む

写真・文／斎藤政広

「心」の字の形に雪が残る心字雪渓を前にする河原宿

心字雪渓から外輪稜線へ 花と風景が織りなす 周遊コース

コースグレード　中級

技術度 ★★★★☆ 4

体力度 ★★★☆☆ 3

1日目　滝ノ小屋登山口→河原宿→心字雪渓→伏拝岳→七高山→御室　計5時間

2日目　御室→新山→御室→七五三掛→御浜→千畳ヶ原→河原宿→滝ノ小屋登山口　計6時間40分

写真・文／斎藤政広

湯ノ台口（湯ノ台道）は、鳥海山の登山口ではもっとも標高の高い1200m地点からはじまるだけに、ここまで車で上がる登山者が大半だ。ここでは滝ノ小屋から万年雪の心字雪渓を登って外輪稜線に立ち、最高点の新山へ。帰路は御浜まで下り、花の多い鳥海湖と千畳ヶ原を経て滝ノ小屋に戻る。山旅の醍醐味を味わえる、変化に富んだ1泊2日のコースだ。滝ノ小屋まで車道がのびる前の登山道も健在で、開拓からの静かなブナ林の道も楽しむことができるので、登りか下りのどちらかに組みこめば、より充実した山歩きになる。

1日目　滝ノ小屋から心字雪渓を登り、外輪稜線を経て新山へ

車道終点の**滝ノ小屋登山口**には、駐車場とトイレを備えた展望施設のほか、入山届箱が登山道の入口にある。歩きはじめは森林限界のブナ林の道で、周囲には氷河時代の形質をもつ鋸歯葉のブナも見られる。

滝ノ小屋は登山シーズン中にはほぼ開設し、頼りになる

お花畑が広がる八丁坂を行く

やがてミヤマナラの道になり、荒木沢の木橋を渡って涸れた沢をまたいで進むと、まもなく**滝ノ小屋**に出る。小屋の前を通り、雪渓からの水が流れる澄郷沢を石づたいに渡って雪渓が残る道へ入る。チシマザサの道を横切って湯ノ台から登ってくる道と合流し、八丁坂に入っていく。きつい登りだがしだいに風景が広がり、周囲にはミヤマハンショウヅルやトウゲブキ、イワテトウキ、ハクサンシャジンなどがそれぞれに見ごろを迎え、楽しませてくれる。

やがて台地状の**河原宿**に出る。かつての河原宿小屋は朽ちているが、トイレは使用できる。帰路に使う月山森への道を左に分け、心字雪渓からの渓流を渡って雪渓下部に取りつくように進む（取付点は残雪量により変わる）。朝早い時間であれば、アイゼンがあるといい。

雪渓の西側につけられた夏道をたどる。雪渓をつめる手前で横断して**薊坂**のガレ場へと入るが、滑落や濃霧による道迷いには注意したい。ここで左手にササの中にのびる道が見えるが、この道は文珠岳下部に向かう道なので、誤って入らないこと。薊坂は岩が連続する急登だが、風景は高度を上げるごとにみごとな展開を見せてくれる。ただし風の強い日は外輪稜線の伏拝岳に出る手前で防寒具を着るか、すぐ取り出せるようにしておこう。風にたちまち体温を奪われることがあるからだ。

伏拝岳に出ると、目の前に新山ドームが迎えてくれる。外輪山に沿った稜線歩きを楽しみながら行者岳を過ぎ、噴気孔だったという虫穴の脇を抜けると外輪山北のピーク・**七高山**に着く。外輪山の内壁が俯瞰でき、岩が積み重なる新山を眼前にする。

御室へは、七高山から少し戻った**新山・外輪分岐**から足場の不安定な火口壁を下り、スノーブリッジをトラバース気味に横断すると大物忌神社と御室小屋が立つ**御室**に着

河原宿から水流を渡って心字雪渓に取りつく

伏拝岳付近からの新山の全容。赤い建物は御室小屋

く。周囲にはチョウカイフスマ、イワブクロがここを適地と咲いている。御室から**新山**山頂はP102コース15を参照。

2日目 千蛇谷を下り、御浜から千畳ヶ原を経て滝ノ小屋へ

早朝は新山からの影鳥海の絶景を楽しんだら**御室**へ戻り、大物忌神社前の広場から西側の階段状の岩の道に入る。千蛇谷を下り、**七五三掛**を経て**御浜**へ（御室～御浜間はP102コース15を参照。

御浜から鳥海湖へ直接降りられるが、ここは鳥海湖を左に見ながら長坂道を下り、**御浜・鳥海湖分岐**を左に折れ、木道を使って周遊しよう。山岳景観がとりわけすばらしいコースだが、残雪時期は木道が埋まり、ややきつい斜度の雪面を歩くことになる。

鳥海湖の縁を歩き、鳥ノ海分岐から千畳ヶ原に下る道に入る。**蛇石流分岐**で万助道を右に見て進み、**T字分岐**で二ノ滝への道を分ける。千畳ヶ原は広大な高層湿地で、地塘なども点在する。

木道が切れたあたりからは、大きな岩が連続する幸治郎沢の登りに差しかかる。月山森下の木道に出てしばらく歩くと、**河原宿**に出る。あとは1日目に通った往路を戻り、**滝ノ小屋登山口**へ向かうばかりだ。

幸治郎沢の登りからの千畳ヶ原。緑のじゅうたんのよう

プランニング&アドバイス

高山植物が咲きはじめる6月下旬ころから10月上旬までが登山適期。残雪時期には軽アイゼンがあると安心。また、9月下旬に雪が降ることもあるので、この時期の登山の際は降雪に備えた防寒対策も必要だ。心字と千蛇谷の雪渓の登り下りでは、濃霧時の道迷いに注意したい。本コースは森林限界からはじまるので山麓に帯状に分布するブナ林は通過することになるが、時間に余裕があれば中腹の鶴間池（Map12-3B）に立ち寄るのもいい。鳥海山のブナの森の豊かさにふれることができる。

日程

1泊2日：1日目｜5時間　2日目｜6時間40分

前夜泊1泊2日：1日目｜7時間45分　2日目｜3時間55分

1205m 滝ノ小屋登山口 – 滝ノ小屋 – 河原宿 – 薊坂入口 – 新山・外輪分岐 – 伏拝岳 – 2229m 七高山 – 御室 – 2236m 新山 – 御室（御室小屋） – 七五三掛 – 御田ヶ原分岐 – 御浜（御浜小屋） – 御浜・鳥海湖分岐 – 蛇石流分岐 – T字分岐 – 河原宿 – 滝ノ小屋 – 1205m 滝ノ小屋登山口

標高[m]：2500 2000 1500 1000

水平距離[km]：14 13 12 11 10 9 8 7 6 5 4 3 2 1 0

サブコース

大清水から七高山

大清水↓大倉↓唐獅子平避難小屋↓七高山（往復）　7時間

鳥海山東面の百宅口・大清水からはじまるロングコースで、ブナ帯の美しい森から外輪稜線をめざす。

大清水は広い駐車場や避難小屋、トイレが整備され、キャンプ場にもなっている一大園地。小屋をベースに前泊してもいい。右手に湿原を見ながら、ブナの道へと入る。森の豊かさを見つめながら高度を上げていく。**大倉**を過ぎると、眼下に広がる森の広大さにあらためて驚かされる。

タッチラ坂のダケカンバ林を抜け出て、屏風岩でひと息いれる。ここは水場にもなっている。振り返れば出羽の山並みが続き、この連続性の広がりが生態系の維持に欠かせないのだと実感する。ここにイヌワシが暮らせるのも、交流の場としての森があるからだ。

獅子岩がある**唐獅子平避難小屋**を過ぎると雪渓が残る霧ヶ平に入り、高度を上げていく。上方に噴気孔の虫穴とよばれる大きな岩が見えるとまもなく外輪稜線に飛び出て、新山ドームが目の前に大きく現れる。この場所は外輪ケルン分岐と称されるが、ケルンは崩れかけているので、下山時に備えて分岐の確認をしておこう。

新山・外輪分岐で内壁に下り、新山に向かう道を左手に分けて進む。虫穴の脇を抜けて稜線を行けば、まもなく**七高山**山頂に着く。眺望はすこぶるいい。ゆったりと風景との対話を楽しんでいきたい。

帰路は往路を忠実にたどる。

大清水

Map 12-2B　七高山

コースグレード	中級
技術度	★★★☆☆ 3
体力度	★★★☆☆ 3

火山の噴気孔である七高山直下の虫穴

唐獅子平避難小屋（収容15人）。トイレもある

北東の湿原から外輪山最高峰、七高山へ一直線に登る

ヒオウギアヤメ咲く竜ヶ原湿原。鳥海山を背にする開放的な場所だ

鳥海山 矢島口

前夜泊日帰り

コースグレード｜中級

技術度｜★★★★★

体力度｜★★★★★

日帰り｜祓川→康ケルン→大雪路→七高山→康新道→康ケルン→祓川　計6時間10分

写真・文／斎藤政広

矢島口（秋田県羽後本荘市）は、鳥海山北東側からの登山道。その入口に竜ヶ原湿原が広がり、湿原を横断するように木道が敷設されている。湿原横断もまっすぐだが、外輪山最高点の七高山（2229m）へも登下降なくまっすぐに登るスタイルだ。湿原では夏にヒオウギアヤメなどの花が咲き競い、9月ごろにはエゾオヤマリンドウが見ごろを迎える。ダケカンバの別称・タッチラをつけた坂道に入り、高度を上げていく。道中に迎えてくれる花々も多彩だ。

日帰り

祓川から大雪路を登って七高山に立ち、康新道を下る

登山口の**祓川**には広い駐車場やトイレ、登山届箱がある。すぐ先の竜ヶ原湿原の入口にある素泊まりの祓川ヒュッテは、シーズン中の休前日などに管理人が入る（管理人在駐時有料・期間外は無人開放される）。登山は竜ヶ原湿原を横断する木道歩きからはじまる。木道脇の水辺ではミツガシワが、夏のころはヒオウギアヤメ、秋にはエゾオヤマリンドウが出迎えてくれる。湿原の先で祓川神社を過ぎ、周遊道を右に分ける。冷たい水場を渡って登山道に入ると、すぐに胸を突く急な登りがはじまる。残雪期なら、ここからアイゼンを着用したい。

ベニバナイチゴの群落を抜けて急坂を登りきり、地をはうようにダケカンバがおおいかぶさるタッチラ坂へと入る。ミヤマハンノキやミネカエデ、ミヤマナラの灌木の中に、ムラサキヤシオのピンク色の花が映える。やがて傾斜がゆるくなり、六合目賽ノ河原に出る。七合目御田の雪田地帯は遅くまで雪が残り、雪どけの周囲ではシラネニンジンが群落で咲き競う。カール状の急坂を登ると、奇勝・七ツ釜に達する。すぐ下方には、無人ながら管理の行き届いた七ツ釜避難小屋が立っている。

小屋をあとに少し登ると**康ケルン**に出る。ほどなく猿倉コース・熊ノ森からの道と合

祓川ヒュッテは4月下旬～10月末の開設

康新道の下部は灌木の道（背後は七高山）

流し、康新道の分岐に着く。

右に康新道を分けて進むと勾配はしだいにきつくなり、このコース最大の雪渓・大雪路に入っていく。ガスで踏み跡を見失ってもあわてず、最大傾斜線に沿って登ればよい。目印としては、雪渓のふちのケルンをたどるのが安全だ。

一等三角点のある七高山山頂。展望もすばらしい

九合目**氷ノ薬師**では、溶岩の谷間の左側を越える。さらに登ると舎利坂の急登に差しかかる。石段道がやがて火山礫の足場の不安定な道になり、一歩一歩慎重に登る。クサリ場を通過するとまもなく康新道と合流し、外輪山北ピークの**七高山**に着く。山頂からは、ドーム状の新山が目の前に迎えてくれる。日本海の海原の向こうには男鹿半島が、目を東に転じれば出羽の山々、その後ろには東北の脊梁山脈が望まれる。

帰路は山頂から直下の分岐まで戻り、左に折れて康新道（祓川ヒュッテ管理人の故・佐藤康氏が開いた道）へと入る。途中、道がえぐれた箇所など悪路に注意しながら高度を下げていく。西側は切れ落ちた崖が続く。岩壁にはイワウメが咲き、砂礫地にはチョウカイフスマが可憐に咲いている。

崖の道から離れ、灌木の道に入っていく。さらに下ると大雪路からの道が合流し、**康ケルン**に出る。ここからは往路をゆったりと下れば、登山口の**祓川**に戻り着く。

康新道からの鳥海山山頂部
（左が七高山、右が新山）

プランニング&アドバイス

登山適期は湿原の花が見られる6月中旬～紅葉の10月上旬ごろがいい。本項は日帰り登山者が多いが、祓川ヒュッテは低料金（1830円）で泊まれ、コンロなども使用できるので、前泊すれば余裕がもてる。室内の掲示板には最新の登山情報があるので、目を通していこう。祓川周辺に湿原の散策道が、矢島方面に下るとブナ林に包まれた善神沼などがあり、ここからの鳥海山の姿も見ごたえがある。森を訪ねる計画を入れれば、山歩きの内容が深みを増すはずだ。

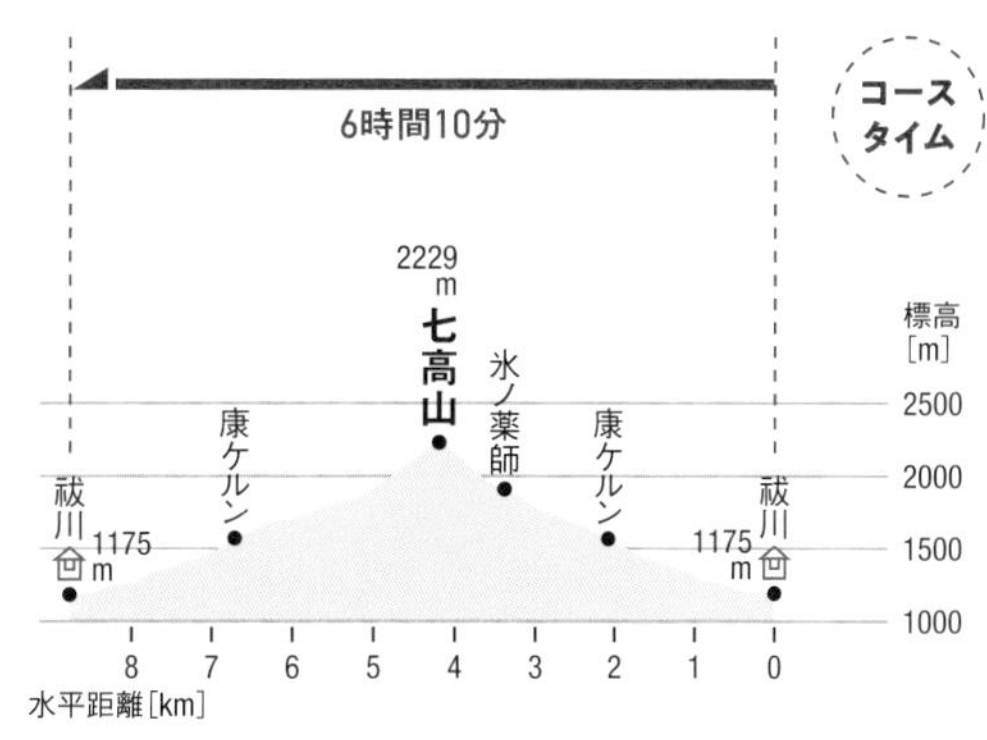

月山（1984m）は、東北の名だたる山々に囲まれる山形県のほぼ中央に位置する。羽黒修験道の地・出羽三山のひとつで、山頂には月読命を祭神とする月山神社本宮が鎮座している。出羽三山は月山のほかに羽黒山（414m）、湯殿山（1500m）からなり、現在も月山登山の折に白装束での登拝者や法螺貝の響きに出会うことは珍しくない。月山の神の使いはウサギであることから、山岳信仰の厳かな山であるとともに、月とウサギのおとぎ話的なイメージも持ち合わせている。

日本でも屈指の豪雪地帯にあるため、4月にオープンするスキー場は全国的に人気でリピーターも多い。グリーンシーズン用としてリフトが往復利用できるのは6月中旬以降（10月中旬まで）。6月に入ると雪どけの早い場所から春の花が咲きはじめる。花の最盛期となる7月中は残雪の山風景が楽しめるが、登山道が雪に隠れる場所があり、道迷いや滑落に充分な注意を要する。毎年7月1日には開山祭が行なわれる。

秋、牛首下のカール状の斜面はあざやかな黄葉で彩られる

牛首付近は7月中旬でも雪が残る

写真・文／福井美津江

柴灯森付近から月山山頂を望む。綾錦の山肌が美しい

「修験道の山」にして「花の名山」でもある山形の名峰

日帰り 姥沢→ 月山リフト→ 姥ヶ岳→ 金姥分岐→ 月山→ 佛生池小屋→ 月山八合目　計5時間20分

コースグレード	初級
技術度	★★☆☆☆ 2
体力度	★★☆☆☆ 2

日帰り

南面の姥沢から山頂に立ち 北面の弥陀ヶ原に下る

起点の**姥沢**(うばさわ)は、志津(しづ)温泉を抜けて上がる道路（県道114号月山志津線）の終点。ここから稜線の牛首(うしくび)へは、リフトを利用して姥ヶ岳(うばがたけ)経由で稜線を行く道と、カール状の景観を眺めながら南斜面を登って直接牛首へ上がる道がある。どちらもそれぞれよさがあるが、ここでは前者で月山の山頂に立ち、北側の月山八合目へ下山する展望抜群のコースを紹介する。

姥沢から眺めのよい車道を15分ほど歩き、月山リフト乗り場（**リフト下駅**）へ。リフトに乗ること15分ほどで**リフト上駅**に着くと、すぐ隣にあるのが最初にめざす姥ヶ岳だ。歩きはじめて数分で分岐に出て登り道へと進むが、姥ヶ岳の斜面は雪が残りやすく、軽アイゼンがあると便利。なお、分岐からの下り道は姥ヶ岳の東面を巻いて牛首へ向かうショートカットコースだ。

木道を上がり、池塘のある湿原を過ぎると姥ヶ岳の山頂で、ベンチが設置されている。木道を西側の奥へ進めば、下に湯殿山を眺めることができる。

姥ヶ岳から北にのびる木道を行くと、正面に月山山頂、北に鳥海山(ちょうかいさん)、東側眼下に木道の敷かれたカール状の台地が広がり、秋に広大な黄葉のじゅうたんとなる。お花畑となる石段の道を下りきると**金姥分岐**(かなうば)で、湯殿山神社からの道（P124）が左から合流する。直進した柴灯森(さいとうもり)への登りでは、北西にのびる品倉(しなくら)尾根の迫力に目を奪われる。柴灯森の斜面もお花畑になるが、どこもかしこもお花畑なので表記しきれないほど。さすが花の百名山だ。

牛首でリフト上駅や姥沢からの道と出合う。まもなく稜線に出てさらに進むと大石の転がる道が開け、いよいよ鍛冶月光(かじがっこう)の急坂に差しかかる。ふぞろいな石段状の坂

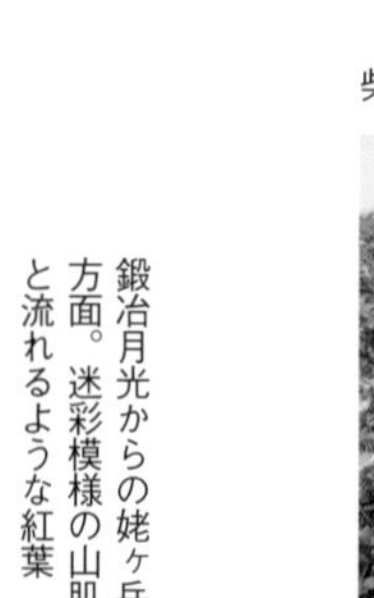
柴灯森斜面のお花畑（7月初旬）

鍛冶月光からの姥ヶ岳方面。迷彩模様の山肌と流れるような紅葉

山頂に鎮座する月山神社本宮。月読命をまつっている

を、一歩ずつ登っていく。疲れたときは振り返ってみよう。歩いてきた道や山並みが見渡せ、遠方に目を移すと南西には朝日連峰が連なる。秋ならば、急坂の脇を赤やオレンジの紅葉が流れるように染め上げる。

傾斜がゆるんだ鍛冶小屋跡地には、小さな神社と延命地蔵尊が置かれている。ここまで来れば、山頂へはあとひと登り。ちなみに月山は、広い意味で神社南側の平坦な一帯を「山頂」といわれることが多い。その平坦な山頂部の端には、松尾芭蕉の『雲の峯いくつ崩れて月の山』の句碑がある。芭蕉は羽黒山から月山に登頂後湯殿山神社に下り、再び月山に登り返したといわれる。

本道寺・岩根沢コース分岐や神饌(神泉)池、肘折口コース(P125)分岐、月山頂上小屋が続き、最高地点には月山神社本宮が鎮座する。神社を正面に石段下を左手に入ると、鳥海山と月山神社の撮影スポットがある。山頂もいたるところがお花畑だ。月山頂上小屋の北側にはバイオトイレがある。**月山**の三角点と山頂を示すプレートは神社の北側尾根上にある。月山神社東側の登山道沿いに三角点への登り口があるので、見落とさないこと。

山頂をあとに、北面の羽黒山口コースへ。なだらかに下っていくと石の道は木道に変わるが、木道は濡れていると滑りやすい。

山頂の三角点周辺はスペースが開け、登頂記念撮影の適地

鳥海山を見ながら月山八合目へ下る大峰の木道

お花畑を眺めながらなだらかにモックラ坂を下る。行者返しは岩場の急な下りだが距離は短い。途中、左へ祠への分岐がある。オモワシ山は東〜北斜面をトラバースして進むが、大石が転がり歩きづらいうえ、すれ違うにも注意が必要な場所だ。

オモワシ山を過ぎると佛生池小屋が見え、鳥海山や日本海も見渡せる。九合目の**佛生池小屋**は、宿泊以外に飲料や記念品の購入などもできる。

佛生池小屋からも下りが続き、一ノ岳付近からは東に池塘の点在する行者ヶ原が、さらに下った無量坂の上からは弥陀ヶ原を俯瞰できる。弥陀ヶ原の入口は十字路になっており、直進はウサギの大きな石碑のある御田原参籠所へ。西の道は直接バス停がある**月山八合目**へ。東の道は少し距離が長くなるが、たくさんの池塘があり眺めのよい湿原をめぐって御田原参籠所に通じる。

早朝の弥陀ヶ原。朝焼けに鳥海山が浮かび上がる

プランニング&アドバイス

登山リフトの運行時間や入下山地のバスのダイヤ（便数少ない）は事前に調べておきたい。日帰りでも充分楽しめるが、月山頂上小屋や佛生池小屋などでの1泊をすすめたい。いずれも東北では数少ない食事・寝具付の営業小屋だ（営業期間はP222参照）。山菜を味わい、月を眺め、ご来光を拝めば一層思い出深い山旅になるだろう。登山口の姥沢には3軒の宿泊施設があり、前泊に最適。出羽三山神社や温泉と組み合わせた山行も楽しい。各登山口からの往復や弥陀ヶ原から入る逆コースも問題ないが、姥沢側は残雪が多く、悪天で視界がきかないときは注意したい。

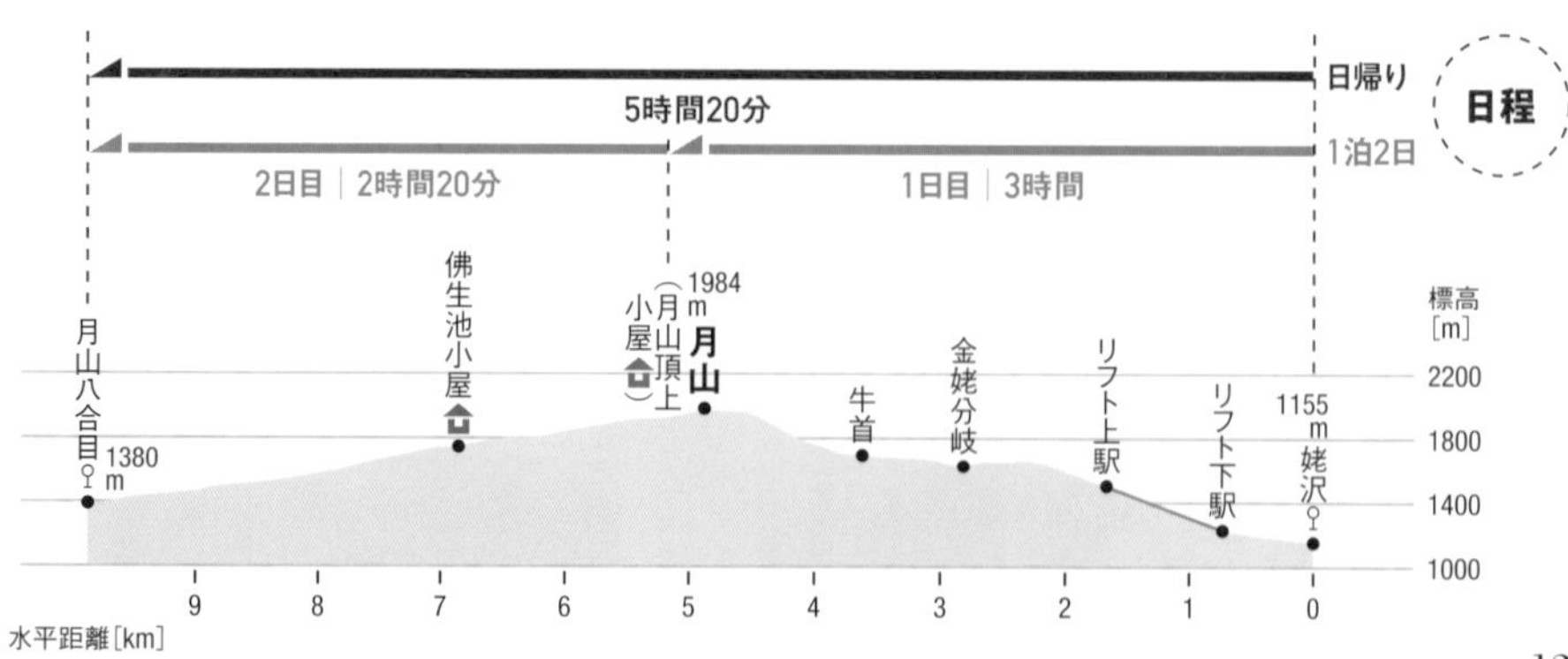

コラム1

花の宝庫・月山

月山山頂・神饌(しんせん)池の分岐から本道寺(ほんどうじ)・岩根沢(いわねざわ)コースに入り、石の重なる胎内(たいない)岩をやり過ごし下っていくと、南斜面に万年雪の残る「大雪城(おおゆきしろ)」がある。山頂から続くお花畑は途切れることがなく、花の種類も時期をずらして入れ替わり、主役を譲る。夏の大雪城は残雪が白い湖のようで、固い雪面のスプーンカットは波に見える。岩の上に腰かけてひと休みすれば、氷の上を流れて冷たくなった風が心地よい。その残雪のふちの雪どけに沿って春の花が夏に咲き、チングルマやハクサンイチゲのお花畑が広がる。少し離れた場所ではチングルマの花がすでに綿毛になっていたり、季節に合わせた花が咲いているので、春と夏と残雪をいっぺんに楽しめる。大雪城へは山頂の分岐から往復約1時間20分（残雪量により到着時間は変化する）。

クロユリ
6月下旬～7月上旬

ホソバイワベンケイ
6月下旬～7月上旬

ミヤマウスユキソウ
6月中旬～7月

ミネザクラ
6月

ヒナザクラ
7～8月

大雪城に咲くチングルマ。花期は7月下旬～8月上旬にかけて

ニッコウキスゲ
7～8月

ハクサンフウロ
8月～9月中旬

ハクサンシャジン
8月

ミヤマリンドウ
7月中旬～9月中旬

オゼコウホネ
7月中旬～8月中旬

写真・文／福井美津江

サブコース

湯殿山口コース

仙人沢駐車場↓湯殿山神社本宮↓装束場↓金姥分岐↓牛首↓月山　4時間10分

Map 14-3A 仙人沢駐車場
Map 14-2B 月山

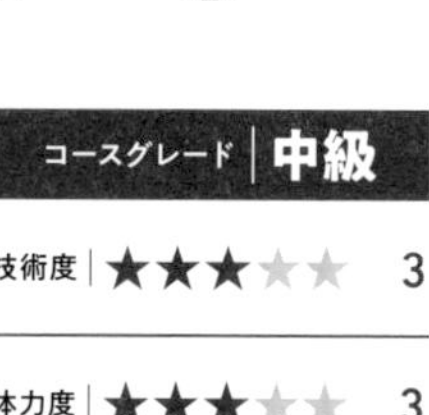

コースグレード	中級
技術度 ★★★☆☆	3
体力度 ★★★☆☆	3

月山西方に位置する湯殿山（1500m）は出羽三山のひとつであり、未来の世、新しい生命の誕生を表す。北麓に立つ湯殿山神社本宮のご神体は「語るなかれ、聞くなかれ」が慣わしとされ、神秘に包まれている。なお、湯殿山自体は山全体がご神域のため、登山道は開かれていない。

湯殿山口コースの起点は、大鳥居が立つ**仙人沢駐車場**。ここから登山口のある湯殿山神社本宮へは、参拝バス（所要5分・200円）か徒歩で向かう。なお、仙人沢駐車場への湯殿山有料道路は、あらかじめゲートの開閉時間を確認しておくこと。もしくはゲート外から旧道である六十里越街道を歩く方法もある。

湯殿山神社本宮東側の登山口から梵字川沿いに歩き出し、堰堤の先で石段状の坂を登る。水月光という名のごとく、まるで小沢のように水が流れていることが多い。

続いてハシゴ場の続く金月光へ。急坂がゆるくなり、周囲が開けると施薬小屋跡地の**装束場**に出る。ここは南へ流れる石跳川沿いに山形県立自然博物園へ下る装束場口コースの分岐でもある。

この先道はゆるやかに続き、振り返ると湯殿山がたたずんでいる。徒渉点の清身川（浄身川）は数m上流に湧き水が出ている。その後、登山道は姥ヶ岳の北側を巻きながら**金姥分岐**へとつながる。

金姥分岐から**月山**山頂へは、P118メインコースを参照のこと。

コース上部の姥ヶ岳北西鞍部からの湯殿山

難所・月光坂の岩場に架かるハシゴ

写真・文／福井美津江

サブコース

肘折口コース

肘折温泉→肘折登山口→念仏ヶ原→月山　10時間10分

Map 14-1C 肘折温泉

Map 14-2B 月山

コースグレード	中級
技術度	★★★☆☆ 3
体力度	★★★★★ 5

山形県大蔵村の秘湯・肘折温泉から約22kmを歩く、月山登山道最長のコース。変化に富み、奥深い山歩きに浸れる。入山は月山頂上小屋の営業中に訪れたい。危険箇所は少ないが、残雪期は道迷いに注意。エスケープルートがないので、天候の急変に対処できるだけの準備を怠らないこと。

山形新幹線新庄駅からのバスがある**肘折温泉**から約5km先の**肘折登山口**まで車で入れるが、徒歩の場合、林道をショートカットする道が整備され、時間が短縮できる。

大森山の西鞍部から徐々に道幅が狭くなり、整備時期や状況によっては下草が多く茂る場所もある。また、トラバース箇所も多い。猫又沢とその先の**赤沢川**の徒渉は、通常問題なく渡れる。ともに水場になるが、水量によっては給水できないこともある。

国立公園境界に「登山道入口」の表示板が出てきて驚くが、そこを過ぎると景色が開けてくる。**小岳**の山頂沿いや三日月池を経て念仏ヶ原へ向かう。片側が崩れている斜面もあるので注意して進もう。

念仏ヶ原避難小屋から、しばし癒しの楽園が続く。すばらしい湿原でありながらアプローチの長さから訪れる人が少なく、まるで秘密の浄土だ。山頂まで行かずとも、念仏ヶ原を目的地として訪れる人も多い。

急斜面を下って**清川橋**を渡り、急登で標高を上げる。崩れやすい斜面なので、とくに大雨のあとなどは要確認。**千本桜**からは徐々に**月山**の山頂も見えてくるので、あとは景色を堪能しながら余韻を楽しみたい。

湿原が広がる念仏ヶ原。奥は月山山頂部

大森山付近では静かなブナ林を歩く

写真・文／福井美津江

朝日連峰の前衛山群のひとつ摩耶山（1020m）は、1000mの標高が疑わしいほど峻険な山として知られている。豪雪に削り取られた東西非対称の典型的な山容で、東面は険しく削ぎ落された岩壁をさらし、反対斜面の西側は深いブナ林におおわれ、まったく違った様相を併せもつ。ここではその2つの顔を堪能すべく、東から西へと横断する。登路の倉沢コースは、クサリとハシゴが連続する急峻さかつ盛夏まで雪が残る沢筋もある難コースだ。

日帰り 倉沢コースで山頂に立ち越沢コースを下る

倉沢口でバスを降り、倉沢橋を渡って倉沢川沿いに林道を上流へ。摩耶橋のたもとに案内板があり、そこが**倉沢登山口**。林道はもう少し先までのび、それがつきると登山道になり、中尾根に取り付く。ブナの尾根道をたんたんと高度を上げていくがやがて急登になり、ロープやクサリが出てくる。傾斜がゆるんで小ピークをひとつ越えると、

登山届箱が設置される倉沢登山口

摩耶山山頂。好展望だが東側が切れ落ちている

日帰り

摩耶山

深いブナ林と
険阻な岩壁――
2つの顔をもつ
庄内の名峰

峻険な岩峰が連なる特異な景観が展開する（ソリクラコース）

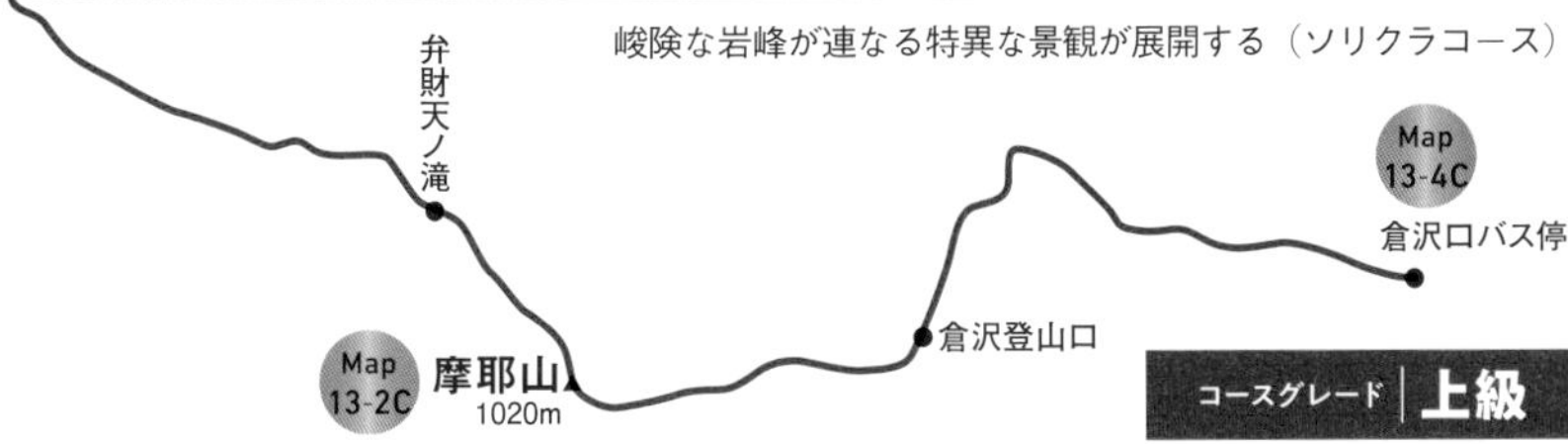

コースグレード	上級
技術度	★★★★★ 5
体力度	★★★☆☆ 3

日帰り 倉沢口バス停→倉沢登山口→水月分岐→摩耶山→弁財天ノ滝→越沢バス停　計6時間50分

威圧的に屹立する摩耶山東面の急峻な山容が凄味を見せる。盛夏まで残る雪渓も、1000mの山とは思えない迫力だ。

小さな鞍部に下ると右へ**水月コースが分かれ**、この上にもまたソリクラコースの分岐がある。どちらも途中で合流して摩耶山に登れるが、ここは直進することにする。

このあたりから倉沢コース（中道ともよばれる）は急峻さを増していく。ハシゴやクサリ場が連続する超急斜面が続く。途中、右手の摩耶沢へ入っていくが、ここは直進する踏み跡があるので誘いこまれないこと。

摩耶沢に入り、しばし沢中を登る。雪渓がある場合は、滑落に要注意。なおも登ると、今度は左手のガレた小沢にルートが変わる。ここも直進しないよう注意が必要だが、近年は地元の人たちの手により、目印のロープが張られている。

足場の悪い小沢をそのまま詰めると安定した山道になり、ほどなく関川コースと合流する。そこから山頂へは一投足である。

摩耶山山頂は東側の足もとがすっぱり切れ落ち、宙に浮いたような高度感たっぷりの場所。南に鋭い岩峰が並び立つ景観もまた特異なものだ。

下山は西面の越沢（中尾根）コースをとることにして、頂上稜線を北東に進む。すぐにソリクラコースとの分岐があり、北西に進路を変えて急な下りに差しかかる。

すぐに樹林帯に入り、展望はふさがれる。こちらも勾配は登路の倉沢コースと大差ないが、道はずっと安定している。スリップに注意し

水月コースには岩場のトラバースがある。慎重に通過すること（右奥は月山）

つつ、どんどん下ろう。直線状にひたすら下り続けると、左右に道が分岐する十字路に出る。そのまま直進し、さらに下っていく。最後は2つの滝にはさまれたハシゴを下りて沢底に着く。この**弁財天ノ滝**(べんざいてん)は摩耶山の深部を飾る、勇壮な眺めだ。

滝からは沢沿いの道をたどり、林道(**越沢登山口**)に出る。**越沢バス停**までは、もうしばらく林道を歩くことになる。

倉沢コース・中尾根から望む紅葉の摩耶山東面。その急峻さがよくわかる

プランニング&アドバイス

登山適期は6月中旬〜11月上旬。花は少ないが、夏の沢筋や源流帯の岩場にダイモンジソウやキンコウカなどが可憐。紅葉は10月中旬が見ごろ。倉沢コース内の摩耶沢は、雪崩で集積された雪渓が遅くまで残る。そのためとくに初夏のころはコース状況を鶴岡市役所朝日庁舎に問合せてから入山したい。雪渓の残る時期は滑落や落石に充分な注意が必要。タクシーやマイカーは各登山口まで車で入れるので、時間短縮が図れる。紹介コースは登り下りとも難所があるだけに、自信がない人は西側からの関川コースや中尾根コースの西にある追分(初心者)コースをたどるとよい(ともに技術度★★★)。

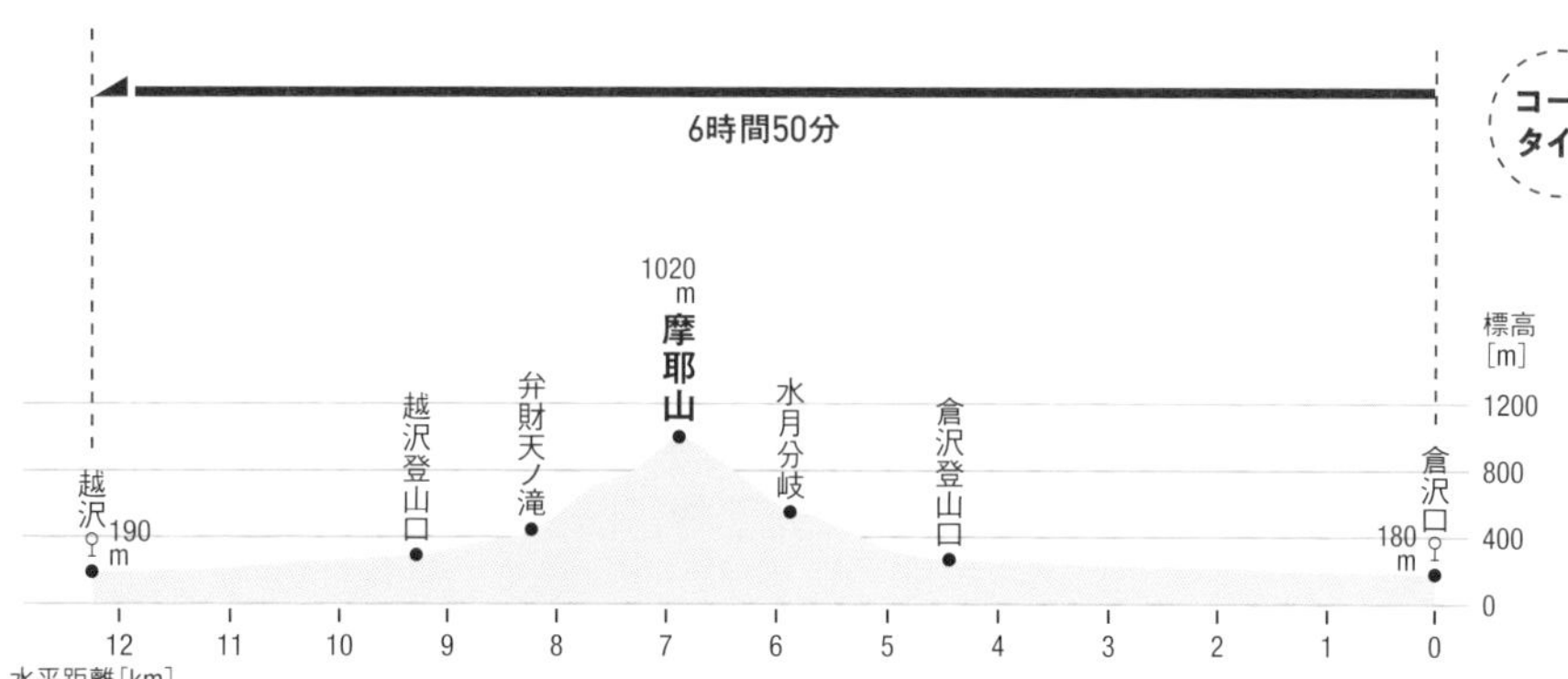

2泊3日

朝日連峰

以東岳 大朝日岳

コースグレード	上級
技術度	★★★★☆ 4
体力度	★★★★☆ 4

1日目	泡滝ダム駐車場→大鳥小屋　計3時間30分
2日目	大鳥小屋→オツボ峰→以東岳→竜門小屋　計8時間35分
3日目	竜門小屋→大朝日岳→小朝日岳→鳥原山→朝日鉱泉　計8時間40分

写真／高橋金雄・鈴木真一郎　文／鈴木真一郎

朝日連峰北端の雄峰と連峰最高点を結ぶ花と大展望の縦走路

越後山脈の北部、山形・新潟県境上に山々を連ねる朝日連峰。最高峰の大朝日岳でも標高１８７１ｍと標高こそ２０００ｍに満たないが、飯豊連峰（Ｐ１６０〜）とともに東北有数の険しさと奥深さを有する山岳地帯である。一帯は日本屈指の降雪地帯だけに盛夏でも残雪豊富で、その多量の雪どけ水が高山植物やブナ林を育み、険しいＶ字谷を形成する。植物相や自然環境は、日本アルプスの３０００ｍ級の山に類似すると考えたほうがよい。山麓は日本有数のブナ林帯が豊かな生態系を育んでおり、１４００ｍ前後が森林限界となっている。稜線一帯は初夏から晩夏にいたるまで、花が途切れることなく咲き乱れ、秋の紅葉もまたすばらしい。

連峰の北の要となるのが以東岳（１７７２ｍ）で、南の主峰が大朝日岳、その間をつなぐ主稜線の縦走が本コースで、朝日のメインルートとなっている。このコースを、北端の泡滝ダムから東麓のいで場・朝日鉱泉へ２泊３日の日程で歩いてみよう。

縦走路上の狐穴小屋からの以東岳（中央奥）

タキタロウ山荘の愛称で親しまれる大鳥小屋

大鳥小屋周辺の道沿いはブナ林が多い

1日目　泡滝ダムから大鳥小屋へ

泡滝ダムの駐車場から奥へのびる林道を進むと、ほどなく泡滝ダムに着く。林道はここで途切れ、大鳥川沿いの登山道となる。幅は広く、傾斜もない整備された道で、ブナ林や渓谷の流れを見ながら上流にさかのぼる。冷水沢に架かる吊橋を渡り、さらにその先で**七ツ滝沢の吊橋**を対岸へ渡る。このあたりでひと息入れたくなる距離だ。ここからコースは渓谷の左岸に変わるが、相変わらず傾斜はなく、森の道である。

しばらく行くと、ようやく右に左に曲折しはじめる。七曲りとよばれる急坂で、その入口付近に七ツ滝コースへの分岐があるが、そちらへは通行禁止。その前後に伏流水が豊富に湧き出す水場が何箇所かある。

ジグザグ道でどんどん高みへと導かれ、登りきって平坦なブナ林に入れば、まもなく**大鳥小屋**（タキタロウ山荘）に着く。小屋前には以東岳とブナ林に囲まれて、静寂の山上湖・大鳥池が波打っている。タキタロウ伝説の語り継がれる秘境である。

2日目　オツボ峰から以東岳に登り寒江山を経て竜門小屋へ

小屋前から取水口の橋を渡り、湖面の縁をわずかにたどると分岐がある。そのまま湖面を半周して直接以東岳をめざしてもいいが、ここでは花や展望に優れたオツボ峰経由を選ぶことにして、分岐を左にとる。

ブナ林に入るとすぐに急登の連続となる。ここはきついことを覚悟する必要がある。平坦地が一切ない、登り一辺倒の道がしばらく続く。何度か休憩をとり、周りのブナ

静かな大鳥池。小法師山（左）を投影する

以東岳山頂から大朝日岳へと続く縦走路を見る

林がしだいに灌木帯に変わると展望が開けてきて、小ピークに着く。ここでいっきに展望が開け、眼前に大きく横たわる以東岳の全容が視界いっぱいに広がっている。

小さな鞍部をひとつはさんで再び登りとなるが、この先は花と展望に恵まれた稜線上の道となり、気分は爽快なばかり。三角峰を左に見て、コースはゆるく右にカーブをきっていく。お花畑の中に入りこみ、ヒメサユリやヒナウスユキソウ、タカネマツムシソウ、ハクサンシャジン、オオバギボウシなどが乱れ咲く間を登っていく。

オツボ峰で22年秋に再整備された天狗小屋への道（Ｐ２０６）を左に分けてなおも登ると、稜線はしだいに細くなる。道をふさぐように巨大な花崗岩塊が行く手を阻むが、それを巻いたり乗り越したりしながら登れば、**以東岳**山頂に達する。正面にうねうねと続く稜線のかなたに、大朝日岳の尖峰が印象的。飯豊や月山、鳥海山などの山並みの展望もすばらしい。眼下にクマの皮を広げたような大鳥池の湖面も見下ろせる。

以東岳からはいよいよ主稜線の大縦走がはじまる。まずは広大な尾根上のゆるい下り坂で、花崗岩砂と色とりどりの花を愛でながら、まさに快適な稜線漫歩だ。広い草原を突き抜けると**狐穴小屋**で、八久和川の源流が小屋前に豊富に流れ、休憩するには絶好である。

花崗岩の荒れた斜面を登り、**北寒江山**に

主稜線に咲くニッコウキスゲ

相模山の稜線と岩井又沢源流域の特別保護地区の眺め

着く。ここは新潟県側の三面コース（P206参照）の分岐となっている。このコースは歩く人こそ多くないが整備されており、原始的な懐深さがより堪能できる。

続いて**寒江山**、南寒江山を越えていく。このあたりは連峰屈指のお花畑で、ヒナウスユキソウやタカネマツムシソウの大群落が圧巻である。鞍部まで下れば、**竜門小屋**はもう目の前である。

3日目 大朝日岳に立ち、鳥原山を経て朝日鉱泉へ下山

まずは竜門山への急登に取り付く。標高差100mほどを登って**竜門山**山頂に着き、左に日暮沢（P138）への道を分ける。今度は**西朝日岳**の登りとなる。こちらはそれほど急ではなく、たんたんとした登りで山頂に達する。真正面に大朝日岳の鋭い山容が展開する。

ここから急な斜面を鞍部まで下り、今度はジグザグ道を登り返す、アップダウンの激しい道を行く。中岳は山頂付近の東斜面の草付きを巻くと、大朝日岳がいよいよ迫ってくる。一面お花畑のカール（圏谷＝山腹斜面の椀状の谷）状に開けた金玉水から、緩斜面を登ったところに**大朝日小屋**が立っている。荷物を置いて、大朝日岳へは空身で往復してこよう。南北に細長い**大朝日岳**の山頂は連峰の最高点だけに、ぐるりと四方を取り巻く景観がすばらしい。充分に堪能したら、**大朝日小屋**へ来た道を下る。

下山は小屋前から東にのびる道を行く。花崗岩の散乱する平坦な尾根を行くとまもなく急な下りとなって、下りきったところに銀玉水の水場がある。連峰随一と定評のほんのり甘みを含んだ軟水である。そこから傾斜のない尾根上をたどる。周囲はヒメサユリのきれいなところである。しだいに下りとなり、ダケカンバの巨木が目立つ熊越の鞍部に下り立つ。

熊越からわずかに登ると分岐に出る。左

西朝日岳付近から望む秋の竜門山

竜門小屋や寒江山、以東岳などを望む竜門山付近

中岳からの大朝日岳。キリッとした頂が印象的

に入れば旧古寺鉱泉への巻き道（P146）で、まっすぐ進み小朝日岳をめざす。標高差の大きい急登だが、一歩一歩確実に高度を上げればやがて樹林帯を抜け、**小朝日岳**山頂に着く。振り返れば、大朝日岳から以東岳まで続く連峰の全容が眺められる。

小朝日岳からの下りも急で、滑りやすいザレ道だ。ロープもあるが、慎重に下りたい。鞍部まで下れば、ひと登りで**鳥原山**の山頂に着く。ここからも大朝日岳や小朝日岳の展望がいい。

鳥原山湿原で旧古寺鉱泉へ（P146）、その先で白滝コースを分け、右に入ると**鳥原小屋**前を通り、樹林帯に入ると本格的な下るになる。途中**金山沢**の細い流れを対岸に渡り、さらに下り続けて朝日川沿いの中ツル尾根コース（P139）に合流する。あとは**朝日鉱泉**までこの道をたどるが、吊橋を渡ると最後のひと登りが待っている。

プランニング&アドバイス

登山適期は6月中旬〜10月下旬。夏はハクサンイチゲにはじまり、ヒナウスユキソウ、ヒメサユリなどの花が美しい。紅葉は9月末〜10月上旬が稜線の最盛期。10月中旬以降は山麓へと紅葉前線が下りていく。稜線で泊まる場合、1日目に以東岳直下の以東岳小屋まで登れば次の日は大朝日小屋泊となり、地理的にはベスト。ただしこの場合は鶴岡市の大鳥集落などでの前泊が必要。山中の山小屋はシーズン中に管理人が入るが、すべて素泊まり。縦走なので天候悪化などをつねに考慮し、エスケープルートなども事前に調査しておこう。初夏は残雪が多く、沢筋などは厄介なときもある。夏の雷や秋の降雪などにも要注意。入下山地へのアクセスはP217「登山口ガイド」を参照。

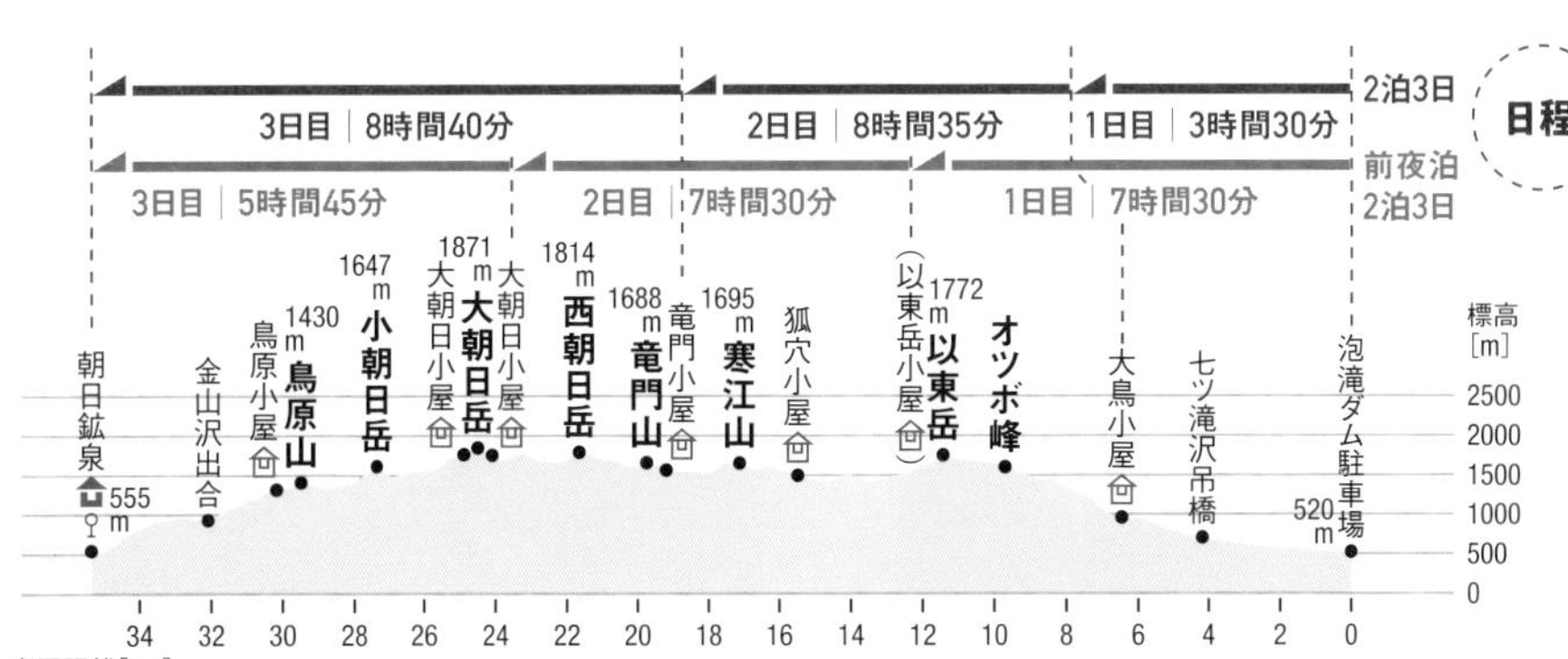

サブコース

大鳥池から以東岳周回

泡滝ダム駐車場↓大鳥小屋↓以東岳↓オツボ峰↓大鳥小屋↓泡滝ダム駐車場　13時間35分

コースグレード	中級
技術度	★★★☆☆ 3
体力度	★★★★★ 5

メインコース（P130）と同じ泡滝ダムを起点に、日本二百名山の以東岳を周回する1泊2日のコース。

1日目　泡滝ダム駐車場〜大鳥小屋間はP130を参照のこと。

2日目　余分な荷物は小屋に預け、必要最低限の軽装で行動しよう。まず、取水口の橋を渡り、大鳥池の東縁につけられた道をたどる。水面を眺めながら池を約半周すると、河原状の中で**東沢出合**に着く。靴を脱いで対岸に渡る。平常時ならくるぶし程度の浅さだが、増水時は徒渉困難になることもあるので、注意したい。

徒渉点の先でいよいよ直登尾根に取り付く。灌木に囲まれたジグザグ道をひと登りすると尾根に上がり、そのままどんどん登っていく。見る間に高度が上がり、意外なほど早くブナ林が開けて視界がよくなる。やがて振り返れば、大の字に広がる大鳥池の青い水面が見下ろせる。

急登は休みなく続き、草原帯へ入る。このコースは途中傾斜をゆるめず、ほぼ均等にぐんぐん高度を上げている。やがて狭い稜線に以東岳小屋を見る。ここから以東岳はあとひと息だ。いっきに登ってしまおう。

花崗岩塊が散在する**以東岳**の山頂は鳥海山や月山をはじめ、大朝日岳や飯豊連峰などの名峰群がほしいままに望まれる。

下山は山頂から北東にのびる稜線をたどる。大きな花崗岩があちこちに点在し、小さな登り下りをしながらの変化ある道だ。

泡滝ダムから約1時間半で七ツ滝沢の吊橋を渡る

オツボ峰に咲くヒナウスユキソウ

写真／高橋金雄　文／鈴木真一郎

直登コースは大鳥池を背に急登をつめていく

大鳥池を軸に弧を描くように回りこむと、やがて**オツボ峰**に着く。ここで右に22年秋に再整備された天狗小屋への道（P206）が分かれる。この先で尾根は広い高原状のお花畑になり、ヒメサユリ、ヒナウスユキソウ、オオバギボウシ、タカネマツムシソウなどの大群落が見られる。

道は左手へゆるいカーブを描いて曲がり下り、鞍部からわずかに登り返すと小ピークに出る。以東岳の巨大な山容の眺めも、ここでお別れだ。

正面に大鳥池の光る水面を見ながら灌木帯を下るとほどなくブナ林に入り、視界はふさがれる。傾斜もどんどん急になるので、スリップしないよう慎重に足を運ぶ。

急なブナ林を下り続け、ようやく平坦な森へ下りれば、ほどなく**大鳥小屋**に着く。小屋に預けた荷物を回収し、往路をそのまま下って**泡滝ダム駐車場**をめざす。

岩がちな以東岳からオツボ峰への下り

プランニング&アドバイス

登山適期はP135「プランニング」参照。大鳥小屋は例年6月上旬～10月末の週末と7月下旬～8月中旬は管理人が入るが素泊まりのため、食料を用意する必要がある。また、大鳥小屋はテント場も開設される（約50張）。以東岳小屋（素泊まり）もシーズン中は管理人在駐。2日目の行程が長いだけに、大鳥小屋を早朝に発つこと。大鳥小屋にもう1泊すれば余裕ができる。

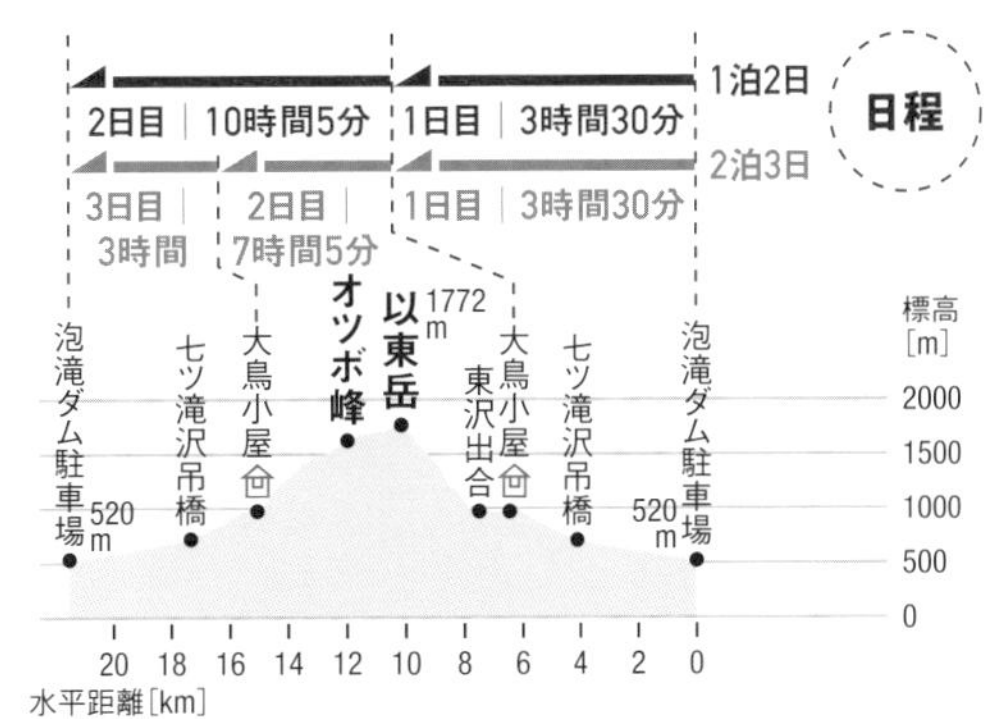

サブコース

日暮沢から竜門小屋

日暮沢小屋↓清太岩山↓ユーフン山↓竜門山↓竜門小屋　4時間40分

Map 15-4C 日暮沢小屋
Map 15-4B 竜門小屋

コースグレード	中級
技術度	★★★☆☆ 3
体力度	★★★☆☆ 3

竜門山(りゅうもんやま)北東麓の西川町(にしかわまち)日暮沢(ひぐれさわ)からの、主稜線上への最短コース。登りとしてだけでなく、稜線上からのエスケープルートとしても利用価値が高い。ゴール地点の竜門山は以東岳(いとうだけ)～大朝日岳(おおあさひだけ)の中間に位置するので、本コースで主稜線上に立ち、西朝日岳(にしあさひだけ)～大朝日岳に登ってハナヌキ峰(P146参照)経由で日暮沢小屋に戻る1泊2日の周回コースや、以東岳へのピストンルートも人気がある。

無人の**日暮沢小屋**が起点。タクシーやマイカーならここまで入ることができる。30台ほどが停められる広い駐車場だが、ハイシーズンは早朝から混雑することもある。

小屋の脇を抜けると、すぐに尾根の取り付きとなる。急なヒメコマツの木の根の階段を、つまずかないよう一歩一歩登っていく。尾根の道は登れば登るほどにブナが多くなり、やがてゴロビツの水場に出る。ここで小休止していこう。

この先もブナ林の登りが続き、周囲が灌木帯に変わってしばらくすると、**清太岩山**(せいたいわやま)に登り着く。山頂からは四方に展望が開け、主稜線にめざす竜門小屋も確認できる。

いったん鞍部まで下り、緩斜面をゆっくり登り返す。ハイマツ帯に入ると、まもなく**ユーフン山**(やま)に着く。

細い稜線の道をたどり、最後は急な草付きの斜面をつめ上がれば**竜門山**の山頂だ。北へ縦走路を下ると、まもなく**竜門小屋**にたどり着く。

ユーフン山からは稜線上の竜門小屋が見える

清太岩山からユーフン山(左)、竜門山を望む

写真／高橋金雄　文／鈴木真一郎

池塘が浮かぶ秋色の鳥原山湿原

山のいで湯を起点に大朝日岳をめざすメインルートをたどる

コースグレード	中級
技術度	★★★☆☆ 3
体力度	★★★★☆ 4

1日目	朝日鉱泉→ 鳥原山→ 大朝日小屋　計7時間50分
2日目	大朝日小屋→ 大朝日岳→ 中ツル尾根→ 朝日鉱泉　計5時間5分

写真／高橋金雄・鈴木慎一郎　文／鈴木真一郎

標高1871mの大朝日岳（おおあさひだけ）は朝日連峰の最高峰だけあって、四方から登山道がのびて大展望の山頂へと導いている。

ここでは、シーズン中に会員制タクシーが運行される一軒宿の秘湯・朝日鉱泉を起点に鳥原山（とりはらやま）を経由して大朝日小屋に宿泊、翌朝山頂に立ち、急坂が続く中ツル尾根を下って朝日鉱泉に戻る周回コースを紹介する。途中にある鳥原小屋で1泊してもいいが、朝夕の眺めのよさを考えるなら、やはり大朝日岳の北直下に立つ大朝日小屋に泊まるのがいちばんの贅沢といえるだろう。下山後はもちろん朝日鉱泉で山行の汗を流していきたい。

1日目 朝日鉱泉から鳥原山を経て大朝日小屋へ

宿泊地の**朝日鉱泉**から、正面にめざす大朝日岳を望みながら眼下に流れる朝日川へと下りていく。吊橋で対岸に渡り、杉林の中をたどると、まもなく分岐がある。直進は帰路に使う中ツル尾根コース、ここは右に入って急な樹林帯を登っていく。

ヒメコマツの尾根上に乗り上げると傾斜は弱まり、そのまま尾根をたどる。やがて右手の**金山沢**（かなやま）へ小さく下り、流れをひとまたぎして対岸に移る。休憩するには絶好の場所だ。

ブナ林の中の道を登っていく。傾斜はさほどでもないが、展望が得られないので単調な登りに感じられる。やがて樹林が途切れ、**鳥原小屋**の前に出る。水場もすぐ近くにある。ここから木道を歩き、草原の中で白滝（しらたき）コースが合流し、さらにその先の湿原帯で旧古寺鉱泉からの道（P146コース22）を合わせる。灌木帯をひと登りすれば**鳥原山**の山頂に着く。ここまで来ると展望はぐんと開け、めざす大朝日岳や小朝日岳（こあさひだけ）が正面に望まれる。

鳥原山からわずかに下った鞍部から小朝日岳までは、急なきつい登りを強いられる。

鳥原山山頂。右は小朝日岳

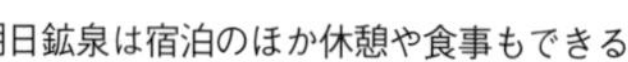
朝日鉱泉は宿泊のほか休憩や食事もできる

素泊まりの大朝日小屋。山頂へは15分の登り

風化の激しい滑りやすい岩砂の道で、ロープに助けられて登りきれば**小朝日岳**の山頂である。先ほどにも増して大朝日岳が眼前に迫ってくる。以東岳まで続く主稜線のパノラマも圧巻だけに、大休止したいところだ。

ハイマツ帯を下っていくと、道はダケカンバが茂る急坂となる。スリップに注意しながら慎重に下ろう。熊越の鞍部に下り立てば、いよいよ大朝日岳への登りとなる。

ダケカンバの巨木を眺めながら登っていくが、ここはそれほど急登でもなく、尾根上に乗り上げる。展望もきくようになり、ヒメサユリの群生や大朝日岳を正面に望みながらの爽快な道である。

銀玉水でのどを潤したあとは、目前に急な草付きの斜面が立ちふさがる。石畳が敷かれているが、これは裸地化して荒廃した

大朝日岳とY字雪渓（小朝日岳から）。山頂の右下に大朝日小屋が立つ

道を復旧したものだ。草地には絶対に入らないこと。

路上に散在する花崗岩塊を乗り越えると傾斜がなくなり、**大朝日小屋**が目前となる。小屋前はお花畑で、中岳（なかだけ）や西朝日岳（にしあさひだけ）を正面に望む絶景である。

2日目

大朝日岳に立ち、中ツル尾根を朝日鉱泉へと下る

小屋からひと登りで**大朝日岳**の山頂で、朝の光に浮き出る山々の荘厳な姿は、贅沢なひとときを与えてくれるだろう。

朝日鉱泉への下山は、平岩山（ひらいわやま）（P145サブコース）を経由する御影森山（みかげもりやま）コースと中ツル尾根コースがあるが、ここでは後者を下ることにする。南北に細長い大朝日岳山頂をそのまま横断するような格好で反対側へ下っていくコースだ。

山頂をあとに、いきなり急な下りがはじまる。正面左手に小朝日岳の独特の山容を

朝の大朝日岳山頂。雲海に月山（右）と鳥海山が浮かび上がる

下山路の中ツル尾根から見上げる小朝日岳

望みながら、あっという間に灌木帯へ下り、1692mピーク付近でブナ林帯に突入、視界がふさがれてしまう。もったいないようないっきの下りだが、激しい下降はさらに続くので、あせらず慎重に行動すること。

途中**長命水**（ちょうめいすい）の水場前がちょっとした広場になっている以外、目立った特徴のないブナ林の下りを黙々と続ける。右に左に折れ曲がる急なブナ林の斜面を下りきれば、ようやく黒俣沢（くろまた）に架かる吊橋に出る。長い下りはここで終わりだ。対岸に渡って河原に下り立ち、**二股**（ふたまた）で大休止したい。

ここからは先ほどまでと一転し、朝日川沿いの傾斜のない道を行く。途中何度か吊橋で対岸に渡り、小さなアップダウンを越えていく。まもなく右手から御影森山からの道が吊橋で合流すれば、ゴールの**朝日鉱泉**はもうすぐだ。

プランニング&アドバイス

登山適期は6月中旬〜10月下旬。新緑時は鳥原山周辺のブナ林が美しい。花は6月下旬からヒメサユリやヒナウスユキソウが咲く。盛夏は大朝日小屋前か、縦走路上の金玉水（P130参照）がおすすめ。紅葉は稜線付近で9月末〜10月上旬がさかり。小朝日岳周辺がとくに美しい。1日目に時間が遅くなった場合、鳥原小屋に泊まって翌日大朝日岳に登るのが得策。下山コースの中ツル尾根は緩斜面がほとんどないので、膝を痛めないようにしたい。大朝日岳からは御影森山経由で下山してもいいが、こちらはかなり長く、アップダウンも多い。大朝日小屋での宿泊の際は、コース中の銀玉水で水を確保しておこう。JR左沢線左沢駅〜朝日鉱泉間の会員制タクシーは往路が1便で復路が2便。朝日鉱泉発の最終は14時30分（22年の時刻）。運行期間や料金はP217「登山口ガイド」を参照。

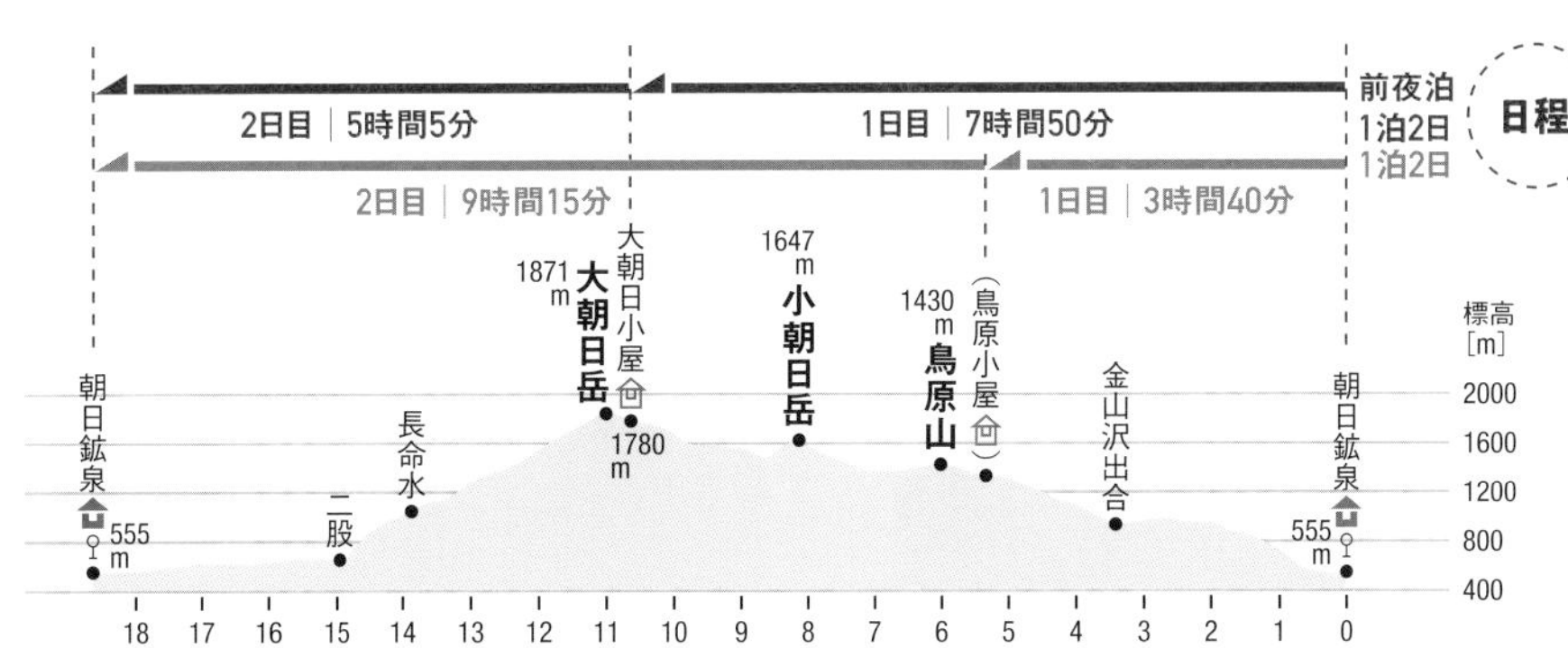

サブコース

祝瓶山荘から祝瓶山周回

祝瓶山荘↓桑住平↓祝瓶山↓赤鼻尾根↓桑住平↓祝瓶山荘　6時間20分

Map 16-4C　祝瓶山荘

コースグレード	中級
技術度	★★★☆☆ 3
体力度	★★★★☆ 4

山形県長井市と小国町の境にある日本三百名山の祝瓶山（1417m）は、大朝日岳から南にのびる尾根の先端に位置する花崗岩の尖峰。標高こそ1500mにも満たない山だが、遠望すると天に向かってすっと立っており、「東北のマッターホルン」とも称される。ここでは長井市側の祝瓶山荘起点の周回コースを紹介する。

長井山岳会所有の無人小屋・**祝瓶山荘**（有料・利用時要連絡。連絡先はP222「山小屋一覧」参照）から林道をたどり、吊橋を渡る。平坦な森の道を**桑住平**まで進み、分岐を左に入って野川支流を飛び越えると本格的な登りがはじまる。

道は急登の連続となるが、見晴らしはすこぶるよい。急峻な山肌を左右に見渡しながら、ぐんぐん標高を上げていく。最後は足場の心もとない箇所もあるが、いっきに登ると小さな石祠と鉄鳥居がある**祝瓶山**の山頂に達する。四方の展望を満喫しよう。

下山は、反対側となる北側の道をとる。急斜面を下ってその先の分岐で右に折れ、カナクラ尾根に入る。大朝日岳を正面に見ながらやせた稜線を下り、ブナ林の鞍部に下り立つ。そこから**赤鼻**まで登り、ここを右折。急斜面が続く赤鼻尾根を下りきると、**桑住平**で往路に合流する。

あとは往路を**祝瓶山荘**まで戻る。

なお、逆コースは祝瓶山から急峻な下りの連続となるので、できれば避けたほうがよいだろう。

祝瓶山からの大朝日岳、中岳、西朝日岳（右から）

南麓の木地山ダムから見た祝瓶山

写真／高橋金雄　文／鈴木真一郎

サブコース

大朝日岳から祝瓶山へ縦走

大朝日岳↓平岩山↓大玉山↓祝瓶山↓大石橋↓五味沢バス停　11時間10分

Map 16-2C　大朝日岳

Map 16-3A　五味沢バス停

コースグレード	上級
技術度	★★★★☆ 4
体力度	★★★★★ 5

大朝日岳から祝瓶山を経て小国町の五味沢集落に下る、約22kmの縦走コース。半日にわたる長丁場だけに、前日は大朝日小屋に宿泊し、翌日早朝に出発する。下山後の小国町営バスは五味沢発の最終バスが16時40分ごろ（曜日は問わず）のため、間に合わない場合は徳網集落の民宿に泊まるか、タクシーでJR米坂線小国駅に向かう。また、途中には避難小屋がないため、天候を見極めてチャレンジする必要がある。

大朝日岳山頂から、まずは平岩山をめざす。山頂から急な下りでいっきに高度を落とし、**平岩山**にいたる。山頂付近で御影森山コースに入りこまないこと。平岩山からは灌木帯に変わるが、展望はよく、秋には紅葉もきれいだ。めざす祝瓶山を正面に見ながら縦走を続け、**北大玉山**、ついで**大玉山**を越えていく。1319mピークの先で樹林帯に入り、さらに高度を落として**赤鼻**へ。ここで左に祝瓶山荘への道を分ける（右ページ参照）。

赤鼻から最低鞍部まで下るが、そこから祝瓶山へは標高差が500m近い登りとなる。稜線に達すると分岐があり、**祝瓶山**山頂へは空身でピストンするとよい。

下山は分岐に戻り、そのまま直進して鈴振尾根を下る。一ノ塔を過ぎると急峻な下りが荒川本流まで続く。荒川に架かる吊橋の**大石橋**を渡れば林道に出るが、バス停のある**五味沢**集落までは、まだ長い林道歩きが待っている。

秋の平岩山稜線

荒川に架かる大石橋。ここからは林道歩き

写真／高橋金雄　文／鈴木真一郎

大朝日岳をめぐる数少ない鉱泉宿のひとつだった古寺鉱泉（2019年廃業）を起点に朝日連峰東面の展望が広がる古寺山へ登り、大朝日岳をめざす。稜線上への道に急登が多い朝日連峰にあって、比較的激しい登りが少ないうえ、要所に水場もあるので連峰の入門ルートとして適しており、実際登山ツアーでも本コースがよく利用される。帰路は鳥原山経由としたが、こちらは往路に比べ登山者の数が少なく、静寂な山旅を楽しむことができるだろう。

1日目　旧古寺鉱泉からハナヌキ峰を経て大朝日小屋へ

広い駐車場と**古寺案内センター**のある古寺登山口から5分ほど小道をたどると、**旧古寺鉱泉**の宿がある。建物の背後に回りこんで、ジグザグの道をひと登りで尾根上に立つ。そこからは比較的なだらかな尾根道が続き、ゆっくり高度を上げていく。周囲はブナ林の中にヒメコマツが混じる樹林帯だ。最初の水場となる一服清水まで来れば、

古寺案内センターでは登山情報も入手できる

初夏の登山道を彩るヒメサユリ

小朝日岳から見た錦秋の大朝日岳と中岳（右）

大朝日岳に最短時間で登れる朝日連峰の入門ルート

コースグレード	中級
技術度	★★★☆☆ 3
体力度	★★★☆☆ 3

1日目	旧古寺鉱泉→ハナヌキ峰→古寺山→大朝日小屋　計5時間25分（巻き道経由）
2日目	大朝日小屋→大朝日岳往復→小朝日岳→鳥原山→旧古寺鉱泉　計5時間10分

ハナヌキ峰の分岐はすぐだ。

分岐から先は急登になり、じっくりと汗をかかされたころ、三沢清水がある。ホースからの引水だが、手が切れそうなほど冷たい。ここからは登るほどに樹高が低くなり、見晴らしもききはじめる。ヒメサユリが咲く古寺山は朝日連峰の展望台。小朝日岳、大朝日岳から以東岳へ続く主稜線、月山の雄大な眺めが疲れをいやしてくれる。

休憩を終えたら、鞍部までわずかに下って小朝日岳への登りにかかるが、山頂には立たず途中の分岐で右に入り、熊越の鞍部までトラバース道をたどる。

熊越からは銀玉水を経て**大朝日小屋**へ（この間P139コース21参照）。

2日目 大朝日岳を往復し、鳥原山を経て古寺鉱泉へ下る

大朝日小屋から山頂までは15分程度の登り。**大朝日岳**山頂では、心ゆくまで展望を

大朝日岳山頂からの祝瓶山と飯豊連峰の展望

楽しもう。

山頂からは、昨日登ったコースを熊越まで戻る。熊越のすぐ上で昨日のトラバース道を左に見送り、そこからそのまま急な登りに取り付いて小朝日岳をめざす。登るほどに展望も開け、ダケカンバ林を抜けるとまもなく好展望の**小朝日岳**山頂だ。

鳥原山への道は急斜面で滑りやすく、ロープにつかまりながら下っていく。灌木の鞍部まで下り、わずかに登れば**鳥原山**だ。そのまま山頂を越えて下ると、鳥原山湿原に出る。それほど大きな規模ではないが、イワイチョウやキンコウカが池塘の周りを飾っている。この湿原の直前に分岐があり、ここで旧古寺鉱泉めざし左の道に入る。灌木に囲まれた緩斜面の尾根筋をたどり、1282m峰付近は西斜面を巻いていく。途中1カ所水場があるが流れは細く、あてにしないほうがいいだろう。

畑場峰（はたけばみね）はどこが山頂か判然としないが、下っている途中で分岐がある。直進はブナ峠への道で、めざす古寺鉱泉へは左に折れる。ここからは下り一辺倒になり、沢音が聞こえてくれば**旧古寺鉱泉**はまもなくだ。

小朝日岳を背にする銀玉水への登り

プランニング&アドバイス

登山適期は6月中旬～10月下旬で、ヒメサユリの開花期は6月下旬～7月上旬。古寺山や銀玉水手前がいい。大朝日小屋前は7～8月にヒナウスユキソウやミヤマキンバイ、クルマユリ、タカネマツムシソウなど。紅葉は9月末～10月上旬の小朝日岳周辺がいい。小朝日岳北西のトラバース道は小朝日岳経由より15分ほど時間が短縮できるが、残雪があると危険なため、この時期は小朝日岳経由で熊越に向かう。登山口の古寺鉱泉朝陽館は廃業したが、手前の駐車場脇に朝日連峰古寺案内センター（6～10月営業）が新設され、食事つきの宿泊（1泊2食つき9000円～）や外来のシャワー利用ができる。登山口へのバスはなく、タクシーかマイカーでアクセスする。駐車場（無料）は広く、200台は停められる。

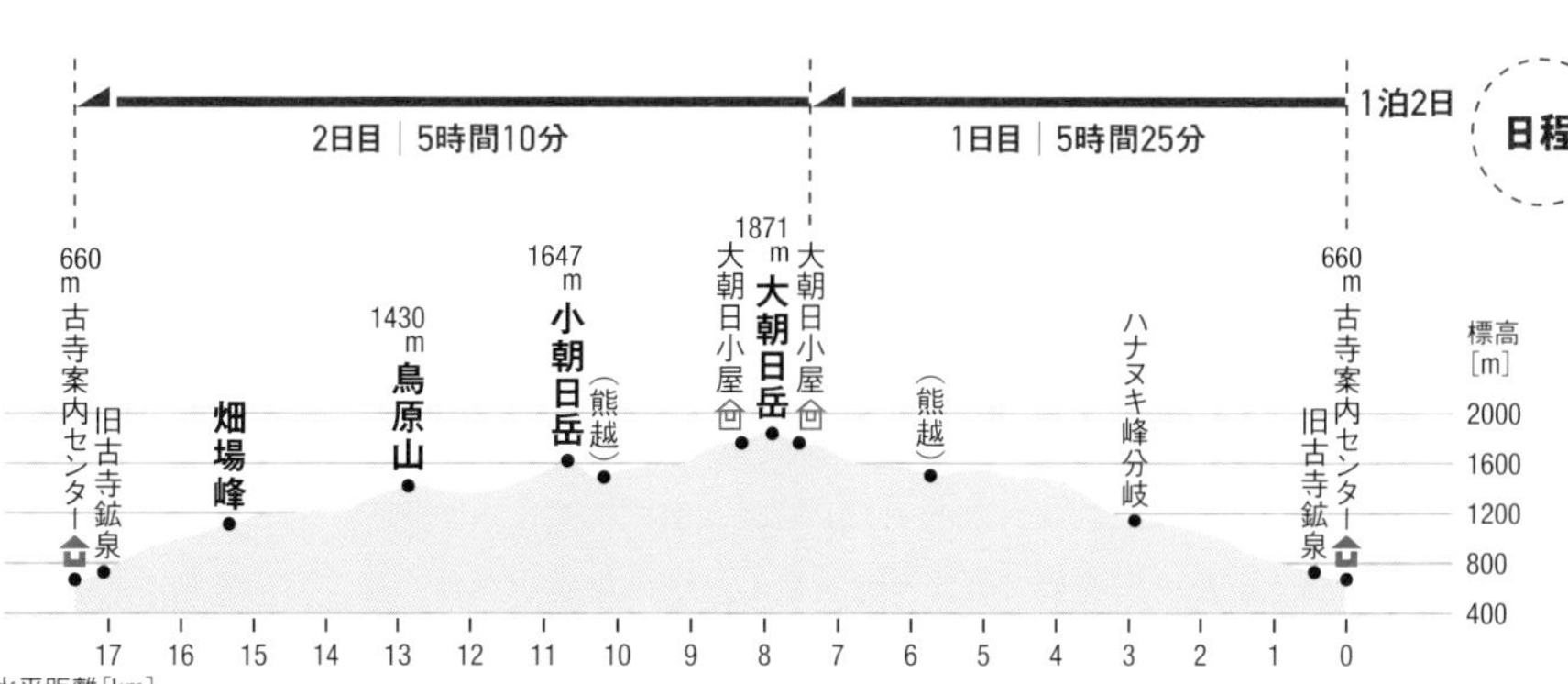

ヒメサユリが咲く障子ヶ岳〜天狗角力取山縦走路。右奥のピークは障子ヶ岳

コースグレード	中級
技術度	★★★☆☆ 3
体力度	★★★★☆ 4

1日目	障子ヶ岳登山口→障子ヶ岳→天狗小屋　計5時間35分
2日目	天狗小屋→天狗角力取山→二ツ石山→狐穴小屋　計5時間15分
3日目	狐穴小屋→天狗角力取山→竜ヶ岳の水場→南俣沢出合　計7時間40分

写真／高橋金雄・鈴木真一郎　文／鈴木真一郎

鋭く屹立する岩山を有する朝日連峰深部の尾根道をたどる

高さ300m、朝日連峰最大の岩壁を有する障子ヶ岳の山頂に立ち、そこから八久和川と見附川に挟まれた長大な尾根筋をトレースするのが本コースである。山頂に土俵のような空間がある天狗角力取山やオバラメキ・コバラメキの岩稜など歩きがいのある尾根道で、以東岳から大朝日岳へと続く壮大なパノラマを堪能できる、連峰最深部の山旅だ。標高差、歩行距離ともに連峰屈指だけに、天候や体調などに万全を期して出かけてほしい。

1日目　大井沢から障子ヶ岳を経て天狗角力取山へ

西川町間沢からのタクシーかマイカーで大井沢集落へ向かう。大井沢川林道に入り、障子ヶ岳を正面に見ながら進む。南俣沢出合に架かる橋のたもとに天狗小屋への近道となる南俣沢出合（駐車スペースあり）があるがこれをやり過ごし、そのまま林道を奥へ入る。たどり着いた林道の終点には約3～4台分の駐車スペースと、**障子ヶ岳の**

障子ヶ岳東面は連峰屈指の急峻な岩肌を見せる

粟畑からの天狗角力取山と天狗小屋（背景は縦走路）

登山口を示す道標が立っている。

登山道に入って杉林を抜け、小さな沢を飛び越えると尾根に取り付き、急登がはじまる。ヒメコマツとブナに囲まれた明瞭な尾根筋を、ぐんぐん高度を上げていく。登るほどに展望も開け、左手にはみごとな山容の障子ヶ岳の全貌が現れる。

小ピークを越え、急な灌木帯を登りきったところが**紫**（むらさき）**ナデ**だ。道はここからしばらくゆるやかな稜線上をたどる。小障子（こしょうじ）は明瞭なピークではないが、しだいに迫ってくる障子ヶ岳は圧倒的な迫力で、大井沢川源流のスラブ（表面に凹凸が少ない一枚岩）帯も壮大な眺めとなって落ちこんでいる。

岩壁部の縁を縫うように、曲がりくねった道が山頂に続く。東側はすっぱり切れ落ちて沢底まで一望でき、かなりの高度感だ。この道を登りきると**障子ヶ岳**山頂で、以東岳をはじめとする連峰東面の山肌と、大きく裾を広げる月山（がっさん）が見渡せる。

天狗小屋へは、山頂から南に下る灌木の尾根道に入る。ひと下りで傾斜はゆるみ、障子池を越えると登り返しとなる。**粟畑**（あわばたけ）の分岐を右に折れ、稜線を**天狗角力取山**へ。そこから東斜面をひと下りで天狗小屋に着く。水場もそばにある快適な小屋だ。

2日目 天狗角力取山から狐穴小屋へ縦走

小屋を出て、**天狗角力取山**に登り返す。朝日を浴びて輝く大朝日岳から以東岳まで連なる壮大な眺めを堪能したら、主稜線への縦走に移る。ヒメサユリの多い道はすぐに下りとなって展望のないブナ林に入る。

尾根のゆるいアップダウンを続け、湯沢峰（ゆざわみね）、**二ツ石山**（いしやま）と越えるたびに展望が開けてくる。オバラメキとコバラメキは、クランク状に折れ曲がる岩稜帯。危険性は低く、

三方境への分岐からの狐穴小屋と以東岳方面

障子池。障子ヶ岳が頭をのぞかせる

エズラ峰の荒々しい岩壁や山腹に刻みこまれたいくつもの源流の眺めが左右に展開し、朝日連峰の奥深さを実感できる。

高松峰はどこがピークかよくわからないが、花崗岩砂とハイマツが広がって、ここまで来れば主稜線はすぐ。三方境へは登らず、右に分かれる道を進んで**狐穴小屋**へ。

高松峰から二ツ石方面を振り返る（遠景は月山）

3日目　往路を戻り焼峰コースを下山

粟畑まで往路をたどり、分岐を右に折れて焼峰を経由して**南俣沢出合**へと下る。途中**竜ヶ岳**から湧き出る沢水が3カ所で汲める。マイカーの場合には、南俣沢出合から**障子ヶ岳登山口**まで林道を30分ほど戻る。

プランニング&アドバイス

登山適期は6月中旬～10月下旬。ただし二ツ石山付近は標高がやや低く暑いので、盛夏は避けたい。粟畑や天狗角力取山周辺は、標高のわりに花が多い。初夏のヒメサユリは見ごたえがあり、10月中ごろの紅葉は障子ヶ岳が岩壁とマッチしておすすめ。急登を避けたい場合は、南俣沢出合から竜ヶ岳経由で天狗小屋に向かうとよい。その場合、障子ヶ岳は割愛するか、粟畑から往復する。3日目以降は往路を戻る以外は以東岳や大朝日岳への縦走となるが、大鳥小屋や大朝日小屋でもう1泊することになる。往路を戻る場合、3日目は休憩時間を含めると8時間超のため、早立ちを心がけたい。前泊する場合、山麓の大井沢に朝日山の家（℡0237-76-2031）や民宿がある。下山後は大井沢の大井沢温泉湯ったり館（℡0237-77-3536）で汗を流せる。

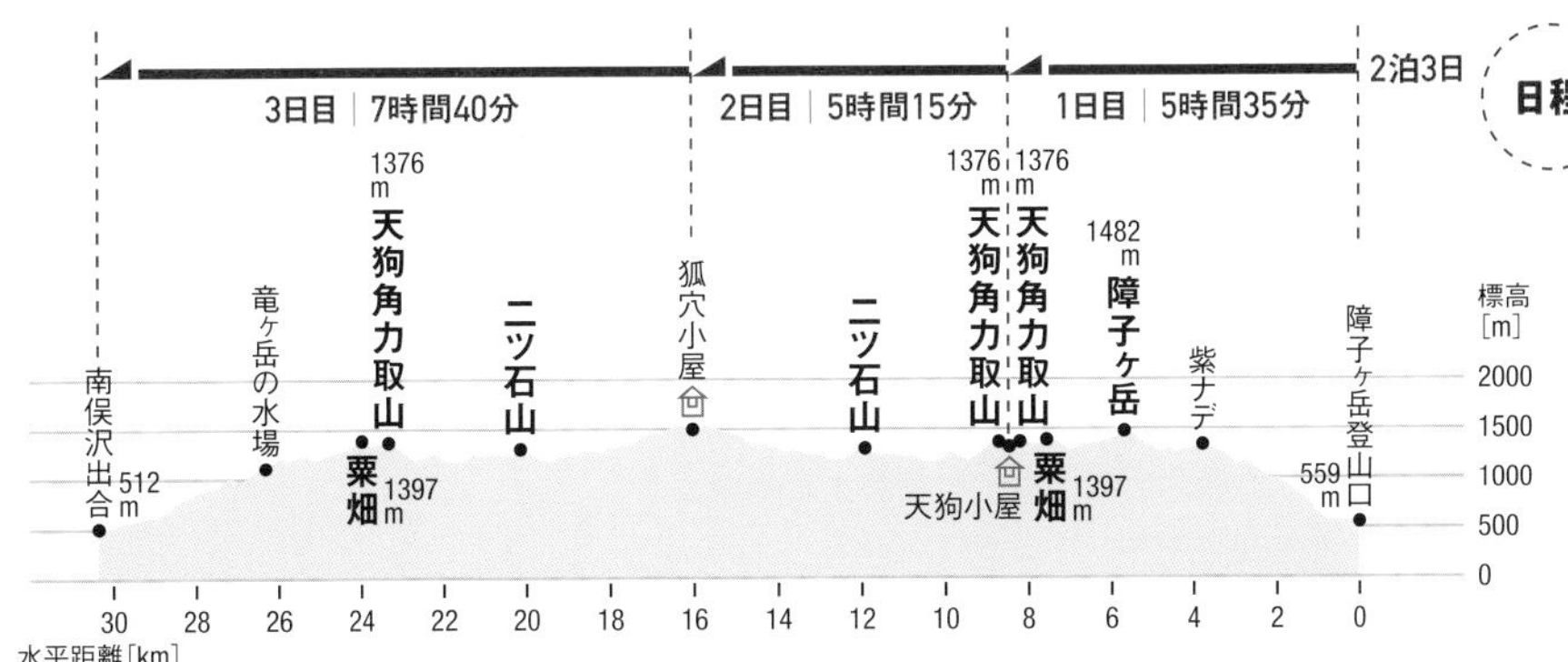

馬ノ背から望む御釜。蔵王を代表する景観だ

蔵王のシンボル・御釜と連峰最高点の頂を踏む

コースグレード	初級
技術度	★★☆☆☆ 2
体力度	★☆☆☆☆ 1

日帰り 地蔵山頂駅→地蔵山→熊野岳→刈田岳→大黒天バス停　計2時間10分

写真・文／渡辺徳仁

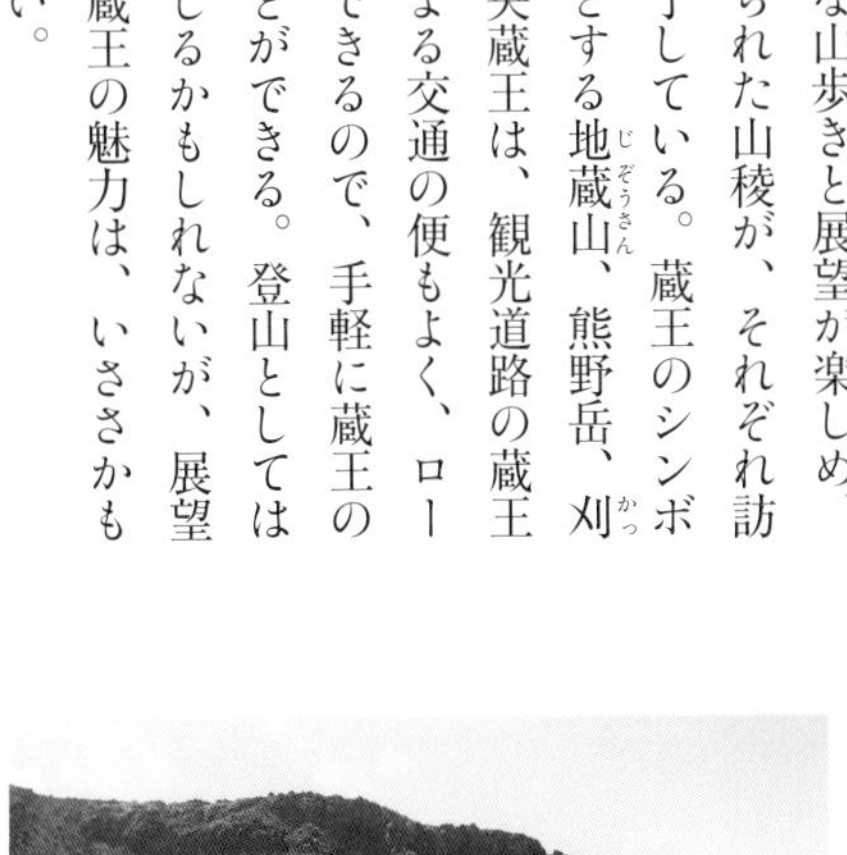

蔵王連峰は宮城と山形の県境に位置する長大な山塊で、北の笹谷峠から南の不忘山まで南北約25kmにおよぶ。最高点の熊野岳（1841m）に代表される中央蔵王、雁戸山（1484m）に代表される北蔵王、屏風岳（1825m）に代表される南蔵王に大別されるが、蔵王山というピークはなく、蔵王山神社（熊野神社）がまつられた熊野岳を盟主とするこれらの山群の一帯を、畏敬の念をこめて「蔵王」とよんでいる。

北蔵王は静かな山歩きと展望が楽しめ、南蔵王は花で彩られた山稜が、それぞれ訪れる登山者を魅了している。蔵王のシンボル・御釜を中心とする地蔵山、熊野岳、刈田岳を有する中央蔵王は、観光道路の蔵王エコーラインによる交通の便もよく、ロープウェイも利用できるので、手軽に蔵王の核心部に立つことができる。登山としては物足りなさを感じるかもしれないが、展望にすぐれた中央蔵王の魅力は、いささかも失われてはいない。

●蔵王山の噴火警戒レベルが2の場合、熊野岳〜馬ノ背〜刈田岳周辺の立ち入りが禁止になる。入山の際は気象庁のホームページなどで現況を確認のこと。

ワサ小屋跡付近から見上げる熊野岳のワシ岩

地蔵山頂駅そばの地蔵石像にお参りして出発

蔵王山（熊野）神社と避難小屋が立つ熊野岳山頂

日帰り

ロープウェイを利用して中央蔵王の3座に立つ

観光客でにぎわう蔵王温泉バスターミナルから車道を15分ほど歩いた蔵王山麓駅から蔵王ロープウェイ山麓線で樹氷高原駅へ、同じく山頂線に乗り継いで**地蔵山頂駅**に降りれば、地蔵山の頂は目の前にある。すぐ東側に大きな地蔵の石像があるので、立ち寄っていこう。

山頂駅から東に向かう道は地蔵山山頂に向かう道と地蔵山をトラバースする近道があるが、山頂まではすぐなので、地蔵山に登っていこう。さえぎるもののない山頂からは、南西側に朝日連峰、その北側に月山、北東側に雁戸山、そして南東側にはこれからめざす熊野岳が大きくせり上がっているのが見える。

南東にほぼ平坦にたどり、ワサ小屋跡の鞍部に向け石畳状の道を下る。**ワサ小屋跡**からはいろは沼に向かう道が西に分岐している（Ｐ１５７「プランニング」参照）。熊野岳へ向けて石畳状の道が山頂の北側を巻くように続くが、山頂に直接向かう岩場の道もペンキ印がつけられている。

熊野岳山頂には蔵王山神社（熊野神社）や神社内避難小屋、斎藤茂吉の歌碑などが立っている。展望も３６０度でさえぎるものがない。雁戸山はいっそう近くなり、刈田岳や屏風岳、南屏風岳などの姿も望むことができる。また、東側の雁戸山へ通じる道を少し下ると、広い台地にコマクサの群生地が広がっている。

熊野岳をあとに南側の馬ノ背へ下れば、

いろは沼（プランニング参照）から望む熊野岳

刈田岳から望む御釜は馬ノ背からとは趣が異なる

目の前にシンボルの御釜がエメラルドグリーンの湖面を見せている。

その先の蔵王山頂レストハウスから、**刈田岳**に向けて登っていく。山頂には刈田嶺神社が立ち、ここからの眺めの抜群だ。とくに東から南に向かっては、後烏帽子岳や杉ヶ峰から屏風岳、南屏風岳へと連なる南蔵王の山々がよく見える。北に目をやれば、熊野岳や御釜、五色岳、ロバの耳岩などのガレた山々が連なっている。

刈田岳からは東にのびる尾根を大黒天に下る。刈田岳避難小屋脇から階段状の道を下っていく。正面には濁川源流部の深い谷が切れ落ちている。剣ヶ峰付近からは源頭部の壮絶な眺めが展開し、絶景に息をのむ思いがする。北蔵王、南蔵王の緑におおわれた山に比べ、赤茶けた火山の風景が広がる中央蔵王の風景は実に男性的。そして絵葉書的な御釜周辺よりも、濁川源流部は荒々しく迫り来る。最後に下部の階段を下れば、蔵王エコーライン上の**大黒天バス停**は目の前だ。

剣ヶ峰からの迫力ある濁川源頭部

プランニング&アドバイス

下山地の大黒天からのミヤコーバスは13時過ぎの1便かつ土日祝のみの運行のため、平日や歩きはじめが遅い場合は、馬ノ背まで紹介コースをたどって熊野岳東側の巻き道経由でワサ小屋跡に戻り、花の多いいろは沼や観松平を経てロープウェイ樹氷高原駅に向かう（ワサ小屋跡から下り1時間20分）。より歩きたい人は、蔵王スカイケーブル中央高原駅からドッコ沼や五郎岳、蔵王中央ロープウェイ鳥兜駅から紅葉峠、片貝沼経由で地蔵山頂駅に合流する（Map17参照）。あるいは本コースの刈田岳から刈田峠に下り、南蔵王を縦走（P159サブコース参照）するプランも考えられる。山頂直下のコマクサ群生地の見ごろは7月中旬〜8月上旬ごろ。紅葉は9月下旬〜10月中旬が見ごろ。ゴールデンウイークのころは残雪があるので、足回りに注意。

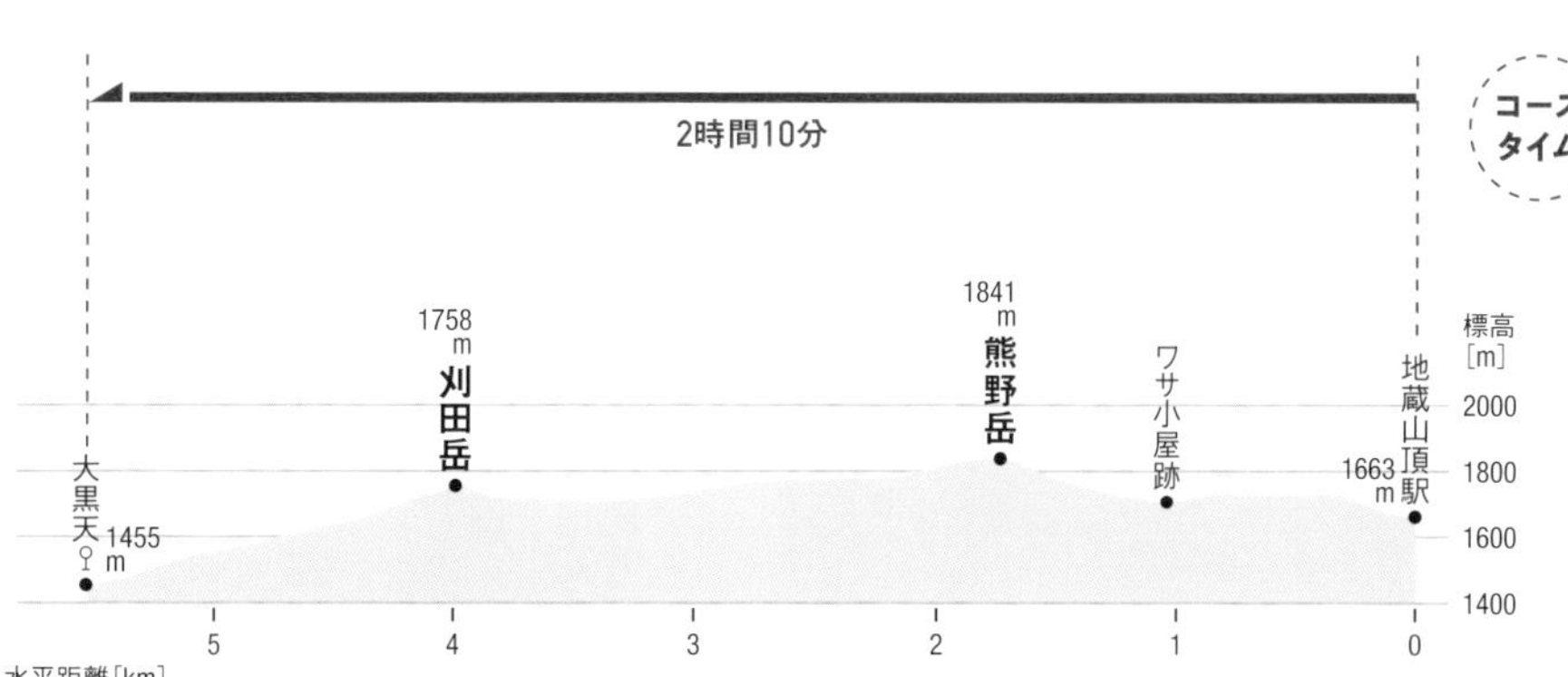

サブコース

笹谷峠から雁戸山、熊野岳

笹谷峠↓雁戸山↓八方平↓名号峰↓追分↓熊野岳　7時間5分

Map 17-4D 笹谷峠
Map 17-3A 熊野岳

コースグレード	中級
技術度	★★★☆☆ 3
体力度	★★★☆☆ 3

本コースは、北蔵王を北から南に縦走し、中央蔵王の熊野岳に立つ。熊野岳まで7時間を超える長いコースなので、下山で利用する蔵王ロープウェイの時間も考慮して早朝発を心がけること。

山形市街からタクシーで約30分、標高906mの**笹谷峠**が起点。山形コースに入り、山形工業高校小屋を経て**関沢コース分岐**へ向かう。さらに登っていくとやがてカケスケ峰からの宮城コースと出合い、**滑川コース分岐**に出る。ここまで約2時間。

分岐を過ぎたら、目の前にそびえる雁戸山に向けて進み、急峻なやせ尾根の蟻ノ戸渡りを通過する。さらに登れば、360度の眺望がすばらしい**雁戸山**山頂に着く。

雁戸山からいったん下り、登り返して岩尾根をたどれば、**南雁戸山**山頂だ。ここから八方平に向けて下っていく。展望のよいガレ場の先で**八方平避難小屋**に出て、ゆるく下ってから今度はブナ林の登りとなる。急登の先で**名号峰**の山頂に着けば、南に熊野岳が大きく迫り、振り返れば雁戸山がはるかに見える。

名号峰からはほぼ平坦な道を進み、**追分**の先で庭園調の自然園に出る。そこからは熊野岳への登りとなる。大きな石がゴロゴロしたハイマツの斜面を登れば、ガレた台地の先で**熊野岳**の山頂にたどり着く。

山頂からは**ワサ小屋跡**を経てロープウェイ**地蔵山頂駅**（P154）へ向かうか、いろは沼経由で同**樹氷高原駅**へ向かおう。

縦走中の貴重な避難施設・八方平避難小屋

南雁戸山から振り返り見る雁戸山。背景は山形神室

写真・文／渡辺徳仁

サブコース

刈田峠から屏風岳、不忘山

刈田峠バス停↓芝草平↓屏風岳↓不忘山↓みやぎ蔵王白石スキー場　5時間5分

Map 18-1D 刈田峠バス停

Map 18-4B 白石スキー場登山口

コースグレード	中級
技術度	★★★☆☆ 3
体力度	★★★☆☆ 3

南蔵王の主峰・屏風岳と高山植物の多い不忘山を踏む縦走コース。

起点は蔵王エコーライン上の**刈田峠バス停**。公共交通の場合、ＪＲ東北新幹線白石蔵王駅（ＪＲ東北本線白石駅も経由する）からミヤコーバスがあるが１日１便で平日は運休のため、ミヤコーバスで遠刈田温泉まで行き、タクシーに乗り継いで向かう。

バス停先の登山口で登山道に踏み入ると、すぐに小湿原が現れる。刈田峠避難小屋の分岐の先で樹林帯を登り、前山に着く。ここから少し下って花の道を登り返せば、展望のよい**杉ケ峰**の頂に立つ。ここからゆるく下ると、南蔵王のオアシス・**芝草平**が広がっていて、湿原に咲く花が美しい。

石畳状の道をゆるく登り、後烏帽子岳への分岐を左に見送る。さらに登って屏風岳最高点（１８２５ｍ）に出ると、一等三角点のある**屏風岳**山頂はすぐだ。

東側の展望を楽しんだら南進する。直下で左に水引入道への道を分け、ハイマツの尾根を登ると**南屏風岳**に着く。ここから不忘山へはやせた稜線をたどる。ロープ場を下り、急坂を登り返すと**不忘山**山頂だ。高山植物におおわれた不忘山は芝草平と並び、花の山旅が目的の登山者を魅了してやまない。

不忘山から南東にガレ場を下り、不忘の碑の先で分岐を東へ下る。弘法清水を過ぎ、**白石女子高山小屋跡**からみやぎ蔵王白石スキー場をたどれば**登山口**に着く。あとは予約しておいたタクシーで白石市街へ。

南屏風岳側からの不忘山。山頂へはきつい登りだ

木道が整備された芝草平の湿原

写真・文／渡辺徳仁

前夜泊2泊3日

飯豊連峰

飯豊本山

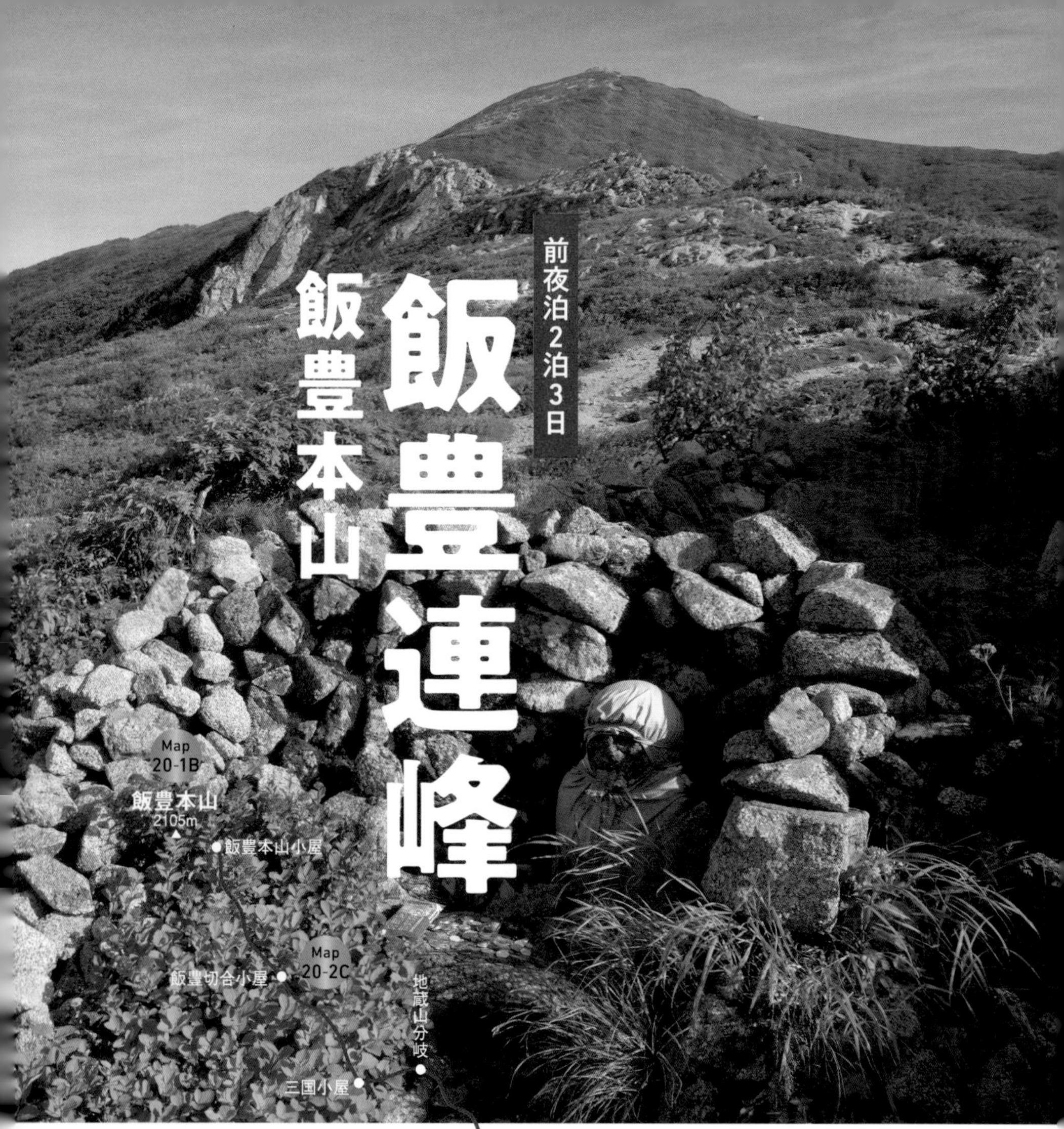

Map 20-1B
飯豊本山
2105m
飯豊本山小屋
Map 20-2C
飯豊切合小屋
地蔵山分岐
三国小屋

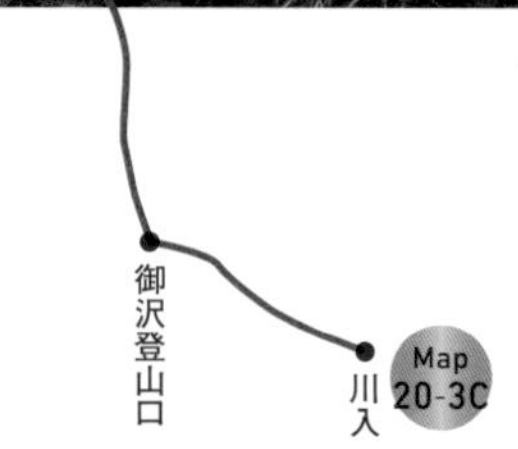

御沢登山口
川入
Map 20-3C

小石を積んだ壁の中にまつられた姥権現前から望む飯豊本山

コースグレード	上級
技術度	★★★★☆ 4
体力度	★★★★☆ 4

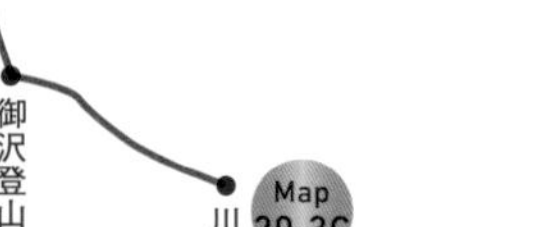

1日目	川入→長坂尾根→三国小屋→飯豊切合小屋　計8時間10分
2日目	飯豊切合小屋→飯豊本山往復→飯豊切合小屋　計5時間
3日目	飯豊切合小屋→三国小屋→長坂尾根→川入　計5時間30分

写真・文／仁井田研一

高山植物の大群落を愛でながら連峰の盟主をめざす

福島・山形・新潟の3県にまたがる飯豊連峰（最高点は２１２８ｍの大日岳）は、朝日連峰（Ｐ１３０参照）とともに東北随一の大山塊。ボリュームある２千ｍ級の峰々を連ねた花崗岩の隆起山塊で、豪雪で名高い越後山脈に属するだけに、つねに豊富な雪田が見られる。山地帯はブナの原生林が取り巻き、おおらかな稜線には明るい草原が開け、固有種のイイデリンドウをはじめ高山植物の宝庫となっている。奥深い山域から「深い飯豊」と称され、信仰の霊峰でもある。

連峰の主峰・飯豊本山（２１０５ｍ）山頂へは福島県側と山形県側から登山道がのびるが、本項で紹介する福島県喜多方市川入地区からの御沢コースは古くから開かれた、飯豊連峰の代表的な登拝路。今もなお信仰の名残や痕跡が色濃く残っており、修験道だけあって岩稜やクサリなどの難所があるが、シーズン中に登山バスが運行されるなどアクセスのしやすさもあいまって、登山者の多い道となっている。

地蔵山直下に湧きだす峰秀水はまさに命の水

いにしえからの登拝路の玄関口だった御沢登山口

1日目

川入から長坂尾根を登って飯豊切合小屋へ

シーズン中の金～月曜にJR磐越西線山都駅からの登山バスが運行される**川入**集落をあとに、林道歩きで御沢キャンプ場（タクシーやマイカーはここまで入る）へ、さらに樹林内の林道を15分ほど進んで御沢橋を渡ると**御沢登山口**がある。

ここから長坂尾根に取り付く。大きなスギと石祠の前を抜けてブナ樹林へもぐりこむ。樹林内の急登がひたすら続くが、下十五里、中十五里、上十五里など、昔の信仰登山の面影を残す広場が適当な間隔であるので、休憩するのによい。樹林内は最も汗をしぼられるが、急がずゆっくり高度を上げ、熱中症などに最大限留意したい。

横峰で勾配はゆるくなり、飯豊山最短ルートの小白布沢からのコース（通行条件あり）が右から合わさる。しだいに地蔵山の西斜面を巻くようになり、峰秀水とよばれる極上の湧き水に着く。ここでようやくひと心地つける。

清水をあとにすると**地蔵山分岐**で、右から五段山からのコースが合わさる。左に折れていったん下降し、いよいよコース最難所となる剣ヶ峰の狭い岩稜帯に取り付く。2カ所のクサリ場とへばりつくような岩場があり、これを慎重に登り越す。

登りきると山頂に**三国小屋**（三国岳避難小屋）の立つ三国岳に出て、弥平四郎コースが左から合流する。北には七森越しにめざす飯豊本山が見える。

三国小屋からは、アップダウンのある足場の悪い稜線の縁を着実にたどっていく。頑丈な金属バシゴが設置された駒返しを慎重に通過して、稜線上の起伏を繰り返す。炎天下であれば、七森などの日陰は大変ありがたい。

本コース最難所・剣ヶ峰の岩稜帯に取り付く

峰秀水付近から見た剣ヶ峰越しの三国岳（左）と七森

三国小屋を出ると駒返しの難所に差しかかる

しばらくすると、両側が切れ落ちた足場の悪い岩場が現れる。わずかな区間だが、通過には細心の注意を払いたい。岩場を越え、急坂をひと登りで種蒔山へ。山頂標柱を越したあたりから高山の様相となり、お花畑の草原が広がってくるが、このあたりは7月上旬でも残雪があり、急斜面の通過は要注意。キックステップで越えられるが、軽アイゼンがあるとより安全だ。

大日杉コース（P166サブコース参照）が右から合わされば白いザレ地に下り立ち、宿泊地の**飯豊切合小屋**に到着する。ここでは連峰山中で唯一食事つきの宿泊ができる。

御西岳
大日岳
栗ヶ岳
牛首山
櫛ヶ峰
笠掛山
御神楽岳
高陽山

ヒナウスユキソウが咲く飯豊本山小屋付近から飯豊連峰最高峰の大日岳を見渡す

2日目

飯豊切合小屋から飯豊本山を往復

小屋前の水場で給水をして出発する。歩きはじめてまもなく、遅くまで雪渓が残る急坂の草履塚の登りにかかる。草履塚からは飯豊本山や御西岳、大日岳など、いっきに視界が開ける。そして高山風の景観となり、高嶺の花々が足もとを飾りだす。

夏は管理人が常駐する飯豊切合小屋（背景は草履塚と飯豊本山）

すぐ先の草履塚北峰からいったん姥権現の前に下り立ち、すぐに御秘所の岩稜に差しかかる。クサリこそ張られてはいるが、慎重に通過したい。

最後の急登の御前坂の岩場に取りつき、石垣積みのような一ノ王子の東側裾を通過すると荒涼としたテント場に出る。水場は、ここから東の急斜面を3分ほど下るが、盛夏ごろでも残雪に埋もれている場合もあり要確認。夏山シーズン中管理人が入る**飯豊本山小屋**（飯豊山避難小屋・素泊まり）はもう間もなくとなる。

小屋と飯豊山神社の間を通り、固有種イイデリンドウの咲くおおらかな山稜を15分ほどで、待望の飯豊山主峰・**飯豊本山**に到着する。一等三角点の置かれた山頂からの眺めはすばらしく、天候さえよければ大展望はほしいまま。御西岳の向こうにそびえる大日岳、そこから右に目をやると北股岳や杁差岳が続く。北にはピークを並べるダイグラ尾根に遠く朝日連峰、そして東には本山小屋から草履塚、三国岳など登路で越えてきた山々などが望まれる。

山頂から健脚者ならいっきに御沢登山口まで下りられるが、**飯豊切合小屋**にもう1

クサリが張られた御秘所を慎重に通過する

飯豊連峰固有種のイイデリンドウ

一等三角点が置かれた飯豊連峰主峰・飯豊本山の山頂

泊すれば余裕ができて、体力的な負担も減らすことができる。また、時間に余裕があれば飯豊本山から西にのびる縦走路を、草月平（そうげつだいら）まで足をのばしてみるのもよい（往復2時間強）。ここには飯豊連峰屈指のお花畑が広がっている（草月平へはP168コース26を参照のこと）。

3日目　飯豊切合小屋から川入へ下山

飯豊切合小屋から**川入**へ往路を引き返すが、長坂尾根の長い下りでの転倒にくれぐれも注意したい。

プランニング&アドバイス

登山適期は6月上旬〜10月中旬。6月末はハクサンイチゲ、7月はチングルマやニッコウキスゲ、8月はイイデリンドウ、9〜10月は草紅葉が見ごろ。起点の川入へ7月中旬〜9月中旬の金〜月曜にJR磐越西線山都駅から飯豊山登山アクセスバスが1日2便運行。マイカーやタクシーは約2km先の御沢キャンプ場まで入れ、歩行時間を約30分短縮できる（詳細はP218参照）。初日の歩行時間が長いので、川入の民宿（高見台℡0241-39-2130）で前泊したい。山中の山小屋は夏期と9・10月の特定日に管理人が入る。切合小屋以外は食事の提供はないが、小屋によっては事前予約でレトルト食品やアルファ米の販売をしている。シュラフはすべての小屋で要持参。登路の長坂尾根は長い急登が続くため、猛暑時は脱水症状に注意。ふもとの一ノ木地区に「温泉保養センターいいでのゆ」（℡0241-39-2360）があり、下山後に汗を流していける（宿泊もできる）。

日程

前夜泊2泊3日：1日目｜8時間10分　2日目｜5時間　3日目｜5時間30分

前夜泊1泊2日：1日目｜8時間10分　2日目｜10時間30分

川入 468m — 御沢登山口 — 地蔵山分岐 — 三国小屋 — 飯豊切合小屋 — 本山小屋 — 飯豊 — 飯豊本山 2105m — 本山小屋 — 飯豊 — 飯豊切合小屋 — 三国小屋 — 地蔵山分岐 — 御沢登山口 — 川入 468m

標高[m]：0　1000　2000　3000

水平距離[km]：24　23　22　21　20　19　18　17　16　15　14　13　12　11　10　9　8　7　6　5　4　3　2　1　0

サブコース

大日杉コース

大日杉登山小屋↓地蔵岳↓飯豊切合小屋　5時間30分

Map 20-1D 大日杉登山小屋
Map 20-2C 飯豊切合小屋

コースグレード	中級
技術度	★★★☆☆ 3
体力度	★★★★☆ 4

大日杉コースは、山形県側の古くからの登拝路。メインコース（P160参照）の剣ヶ峰の岩稜帯通過のようなリスクこそ少ないが、盛夏ごろまで2カ所雪渓を踏むので、滑り止め用のアイゼンなどは必携。

大日杉登山小屋をあとに、樹林帯の中へと入る。やがて沢から離れるとすぐに急登がはじまり、薄暗い樹林の道をひたすら高度を上げる。クサリのあるザンゲ坂を越えると尾根上に出る。長い尾根上の道を登っていくと長之助清水の小広場に出る。水は左手に下ったところに湧いている。スギの巨木がある御田を経て、さらに飯豊特有の重厚感のあるブナの尾根を登る。右から尾根が合流する滝切合でいったん下り、狭い道を登ると飯豊本山を望む**地蔵岳**山頂だ。

ここで南に折れ、登降を繰り返す長い尾根を行く。このあたりからは連峰屈指のヒメサユリ群生地となる。1508mピークを越え、ブナの道をたどるとササの中に標柱が立つ目洗清水だ。

目洗清水を過ぎ、ササの刈られた道を進む。小ピークを越え、ササやぬかるみの道を行くと、ダケカンバの美しい庭園風の御坪だ。その先の御沢分れでは、右に切合小屋への雪渓コースを分けて尾根通しに進む。

種蒔山の北斜面に出ると、いよいよ雪渓が現れる。最後の大きな雪渓は急峻で、手前から上部に向かいゆるやかな傾斜を選んで雪渓を渡る。雪渓のない時期もササをつかみながらの急登や左手の七森沢側への滑落に要注意だ。縦走路に出て平坦路を進むと、ようやく**飯豊切合小屋**に到着する。

大きなスギの木がご神体の御田の神

地蔵岳付近から見上げる飯豊本山

写真・文／仁井田研一

サブコース

ダイグラ尾根を下る

飯豊本山→千本峰→桧山沢出合→飯豊山荘　7時間40分

飯豊本山

飯豊山荘

コースグレード	上級
技術度	★★★★☆ 4
体力度	★★★★☆ 4

飯豊本山の北に続くダイグラ尾根は「切歯尾根」ともよばれる、アップダウンの激しい長丁場の尾根。下降といえども体力の消耗は激しく、安易な利用は控えたい。コース全般に風化でザレた滑りやすい花崗岩で、足場の狭い急峻な斜面の通過などもあり、足もとには充分注意が必要だ。また千本峰の手前にも手強い岩場がある。水場はコースの下部にある長坂清水のみで、事前にたっぷり用意したい。

飯豊本山から北側に向かい、三角錐の宝珠山を眼下に白い花崗岩の高山帯をゆるやかに下る。宝珠山が近づくと、鞍部に向かって急斜面の下降になる。鞍部からは登りに転じ、アップダウンがはじまる。

宝珠山は東側を巻き、宝珠山の肩の標柱を見るとやや起伏が弱まる。足場を気にしつつ灌木を手がかりにしばらく下ると、１４９９ｍピークとその下に並ぶ千本峰の岩場ピークが眼下に見えてくる。１４９９ｍピークは西側を巻き、岩場のピークをよじ登るようになる。岩の右際を、枝を頼りに強引に身体を持ち上げる。

樹林内の**千本峰**標柱を越し、ひたすら下降すると、屏風のごとく立ち並ぶ岩場尾根に出る。岩の基部を通ると、最後のピークとなる休場ノ峰は近い。ここからは展望のない、急下降の連続となる。

やがて桧山沢と大又沢が合流する落合へと下り立ち、**桧山沢**の吊橋を渡って川縁をたどる。**梅花皮沢**を渡ると林道に出て、温身平を抜けると**飯豊山荘**にたどり着く。

休場ノ峰上部の岩場から眺めた宝珠山と飯豊本山

長坂清水の入口。ミズナラの巨木が目印

写真・文／仁井田研一

飯豊連峰

飯豊本山 大日岳 北股岳

前夜泊3泊4日

花々が飾る文平ノ池付近から見上げた飯豊連峰最高峰・大日岳

コースグレード	上級
技術度	★★★★☆ 4
体力度	★★★★☆ 4

1日目	川入→三国小屋→飯豊切合小屋　計8時間10分
2日目	飯豊切合小屋→飯豊本山→大日岳（往復）→御西小屋　計8時間15分
3日目	御西小屋→烏帽子岳→梅花皮小屋→北股岳→門内小屋　計6時間20分
4日目	門内小屋→扇ノ地紙→梶川峰→飯豊山荘　計6時間

写真・文／仁井田研一

草原とお花畑が展開するおおらかな稜線漫歩

飯豊連峰には大日岳（2128m）を最高峰に、飯豊本山（2105m）、駒形山（2038m）、御西岳（2013m）、西大日岳（2092m）、烏帽子岳（2018m）、梅花皮岳（約2000m）、北股岳（2025m）の8座の2000m峰が稜線上に並ぶ。ここでは、西大日岳を除く7座を踏む3泊4日の縦走を紹介する。「天上漫歩」のフレーズにふさわしい長い縦走路には高山植物が咲き乱れ、万年雪が輝く。それだけに、一度は歩きたい憧憬の的だ。

1日目 御沢または大日杉から飯豊切合小屋へ

御沢コース（P160参照）や大日杉コース（P166参照）で**飯豊切合小屋**へ。

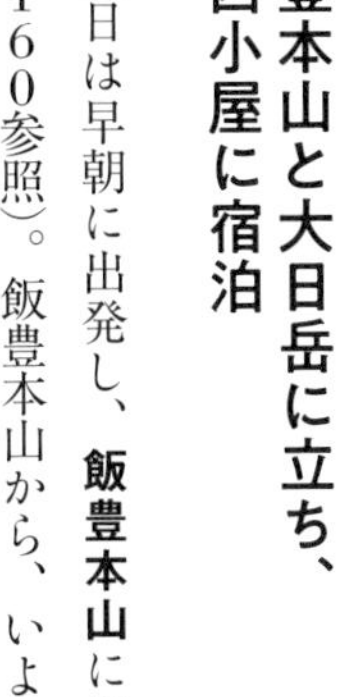

2日目 飯豊本山と大日岳に立ち、御西小屋に宿泊

翌日は早朝に出発し、**飯豊本山**に登る（P160参照）。飯豊本山から、いよいよ

大日岳山頂付近からの飯豊本山（中央奥）と御西岳

ニッコウキスゲに彩られる草月平を行く

ハクサンシャジンが咲く天狗ノ庭。背景は大日岳

花と展望の縦走がはじまる。白い花崗岩が目立つハイマツとササの高原をしばらく下降して駒形山へ、さらに下ると夏ならニッコウキスゲなどが埋めつくす、連峰屈指のお花畑が広がってくる。

玄山道分岐の標柱を見送り、ゆるやかに登る。花の多い草月平を過ぎ、御鏡雪とよばれる夏でも南斜面に残る大きな雪田を左に見ながら、おおらかな稜線をゆったりと進んでいく。

やがて周囲は平原状になり、御西岳の標柱が現れると、本日の宿泊地・**御西小屋**（御西岳避難小屋）に着く。小屋に重荷をデポし、軽荷にて大日岳を往復してこよう。

南西にのびる尾根を進んだ**文平ノ池**付近はお花畑になっていて、飯豊固有種のイイデリンドウなども見られる。アップダウンをこなして最後に急斜面を登ると、飯豊山連峰最高峰の**大日岳**山頂だ。飯豊本山同様眺めはすばらしく、飯豊本山や、北股岳を誇示した連峰の主脈稜線が眺められる。

眺めを堪能したら**御西小屋**まで戻る。

3日目 烏帽子岳、北股岳を経て門内小屋へ

前方にめざす烏帽子岳や北股岳を眺めながら、草原の道をゆるやかに下降する。稜線を東に少しはずれ、斜面を横切るように天狗岳へ登る。天狗岳を越すと「のぞき」とよばれるやせた稜線（転落注意）となり、昨日その頂に立った大日岳が鋭い峰となって眺められる。

前方に大きく立ちはだかる烏帽子岳と北股岳を見ながら灌木と笹原の中を下りると池溏が現れる。二重山稜の草原が広がる天

梅花皮小屋から見上げる北股岳。やや急な登りだ

梅花皮岳を背に立つ梅花皮小屋。テント場がある

狗ノ庭だ。ここからは飯豊連峰の中枢部となり、稜線東側斜面の草原づたいにアップダウンを繰り返しながら下降する。周囲は高山植物に彩られたお花畑で、**御手洗ノ池**、亮平ノ池と次々に池や池溏なども現れ、登

お花畑のギルダ原付近から眺めた門内岳（左奥）

下降のつらさを忘れさせてくれるだろう。亮平ノ池あたりからは、落とした高度をいっきに上げるようになる。

　クサイグラ尾根の派生地点を周りこみ、三等三角点のある**烏帽子岳**を越える。与四太郎ノ池がある鞍部から登り返すと、梅花皮岳の頂に立つ。三角錐を誇示する北股岳を前方に仰ぎ、急路を曲がりながら踏み外しに注意して下降する。

　下り着いた**梅花皮小屋**（北股岳避難小屋）は梅皮花岳～北股岳間の十文字鞍部に位置し、北側からは飯豊唯一の雪渓登路である石転び雪渓（P173）が突き上げてくる。また、飯豊川を挟んだ南側に目をやれば、大きな大日岳が望める。

　小屋をあとに**北股岳**へと取り付く。急坂を40分ほど登れば、見晴らし抜群の山頂に着く。飯豊本山やうねるような稜線、これからたどる門内岳、傾斜を大きく変える下

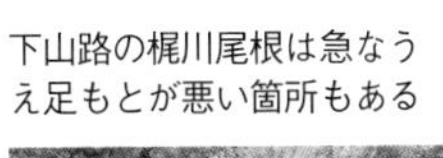
下山路の梶川尾根は急なうえ足もとが悪い箇所もある

門内岳から眺めた二ツ峰（手前）と日本海に沈む夕日

梶川尾根に立つ大きな洞をもったミズナラ

降路の梶川尾根などが一望のもと。

北股岳からは、ギルダ原へ向けてゆるやかに下る。このあたりはおおらかな草原帯で花の多いところだけに、時間が許す限りゆっくりとしたい。

祠のある門内岳を越えた先に**門内小屋**（門内岳避難小屋）が立っている。

4日目 梶川尾根を下り飯豊山荘へ

この日はいよいよ最終日。門内小屋をあとにして、まず胎内山を越える。**扇ノ地紙**の分岐で右手の梶川尾根に入り、主脈縦走路と離れる。**梶川峰**あたりまではゆるやかな下りだがすぐに急斜面となり、いっきに高度を下げていく。五郎清水でひと息つけるが、まだ長い下降が続く。

やがて湯沢峰への登りに転じる。50mほどの標高差だが、疲れた身体にはひじょうにこたえる。**湯沢峰**からはブナとヒメコマツの尾根道の急下降となり、膝が笑い出すころ、ようやく湯沢橋のたもとに下り立つ。

ここから車道を少したどれば、バス停のある**飯豊山荘**へ着く。バスの待ち時間があれば、山荘で汗を流していきたい。

プランニング&アドバイス

登山適期は7月上旬〜9月下旬。大日岳直下の急斜面は7月中旬ごろまで残雪があり、この時期は稜線通しの踏み跡をたどる。天狗岳〜烏帽子岳間も同時期まで雪の急斜面を横切るので、アイゼンとピッケルは必携。飯豊の梅雨明け後は思いのほか暑く、対策を万全に。また梅雨末期の集中豪雨にも要注意。今回は山中3泊プランとしたが、体力のある人は飯豊本山小屋、梅皮花小屋泊の山中2泊も可能。コース中には6軒の山小屋があるが、初日に泊まる飯豊切合小屋以外は食事の提供がないので、食料を持参する。ただし門内小屋と切合小屋以外は事前予約でレトルト食品やアルファ米の販売をしている場合があり、荷物が軽減できる。シュラフはすべての小屋で要持参。

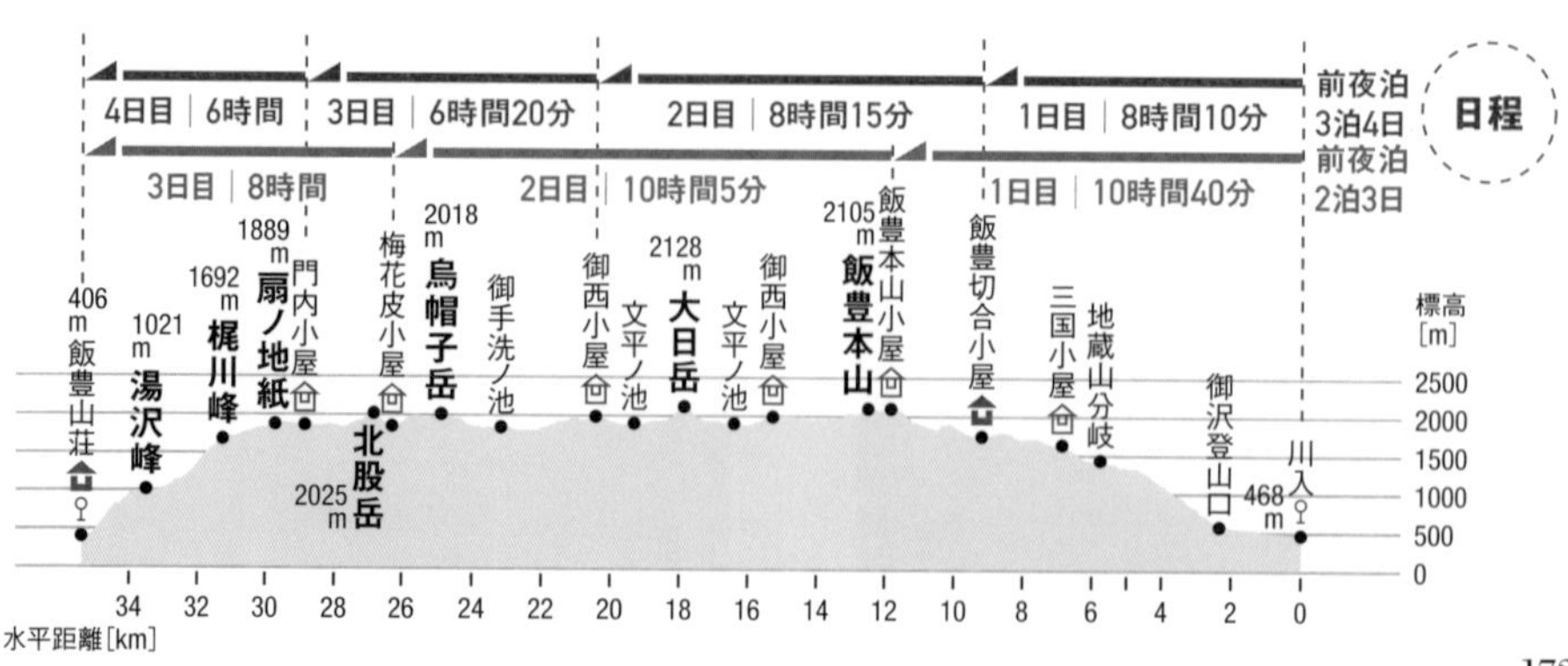

サブコース

石転び雪渓

飯豊山荘↓石転び沢出合↓梅花皮小屋　約8時間

Map 19-2C 飯豊山荘

Map 19-4C 梅花皮小屋

コースグレード	上級
技術度	★★★★★ 5
体力度	★★★★★ 5

石転び雪渓は、豪雪山塊・飯豊連峰唯一の雪渓登路。湿った重い雪が偏東積雪となって急峻な深い谷をふさぎ、北アルプスの日本三大雪渓（白馬大雪渓・針ノ木雪渓、劔沢雪渓）をもしのぐ規模を誇っている。

飯豊天狗平の**飯豊山荘**が起点。登山届ボックスのある駐車場から湯沢のゲート横をすり抜け、うっそうとしたブナの林道を30分ほど歩く。温身平の**梅花皮沢出合**でダイグラ尾根コース（P167）を前方に分け、右側の梅花皮沢に沿って入っていく。しばらくは林道歩きで、登山道は大きな堰堤の横の階段からはじまる。

門内沢と石転び沢の出合までは梅花皮沢の左岸をつめるが、おおむねゆるやかに高度を上げていく。枝沢を数本越すが、足もとが不安定なところがある。大きな梶川は、その手前から大きく高巻く。早い時期や残雪の豊富な年なら出合より手前でも雪渓に乗ることが可能だが、雪渓が薄くなる遅い時期などは安全を期して、石転び沢出合までは巻き道を行きたい。

門内沢と石転び沢の出合で、正面の門内沢から左の石転び沢へと、雪渓を横切って入る。年によってはクレバスが開いており、注意が必要だ。視界が悪いと石転び沢入口を見逃して門内沢へ入りこみやすい。

はじめは右岸についた登山道をたどる。まもなく雪渓に乗るが、時期や残雪量で乗る場所が変わる。雪渓の状態はつねに変化しており、ルートを間違わないようにしたい。雪渓ははじめこそゆるやかだが、徐々

門内沢が右から合流する石転び沢出合

シュルンドには近寄らないこと（本石転び沢出合付近）

写真・文／仁井田研一

梶川尾根から眺めた石転び雪渓の全容。鞍部の梅花皮小屋まで登りつめていく

に傾斜を増す。ルートとしては、雪渓の中央とシュルンド（岸の岩と雪渓との間にできる割れ目）とのほぼ中間のややシュルンド寄りを歩くのが安全性は高い。雪渓の中心部は陥没することも多く、かなり危険だ。

標高１２３０ｍ付近にある枝沢の本石転び沢流入部の通過は雪渓中心部に寄らねばならず、少々厄介だ。また、標高１４５０ｍ付近は視界が悪いと迷いやすく、傾斜のきつい右手の北股沢側に寄りがちなので要注意。とくに視界が悪いと北股沢にすんなり入っていきがちだけに、方向の修正が必要だ。さらに北股岳側からの落石も多く、迅速に通り抜けたい。このあたりまで来ると相当傾斜が強くなり、遅い時期なら黒滝や夏道などが現れている。ただし夏道は浮石などで不安定。

中の島ともよばれる草付き付近で傾斜は最高潮となり、アイゼンとピッケルを最大限にきかせて通過する。中の島を越すとようやく傾斜がゆるまり、梅花皮小屋の直下に飛び出る。**梅花皮小屋**で縦走路と合流し、雪渓登路はようやく終わる。

標高1640m付近まで来ると傾斜はだいぶきつくなる

プランニング&アドバイス

梅花皮小屋から先の稜線コースはP168メインコース参照。雪渓ルートは上級者向けなので、初心者のみや悪天時の入渓は絶対控えること。雪渓の状態は時期やその年によって異なるうえ、日々変化するので、状態を事前に小国町役場などに問合せておくこと。登り以上に危険性が大きくなるので、雪渓を下降路とはしないこと。登山口の飯豊山荘へのアクセスはP218「登山口ガイド」参照。

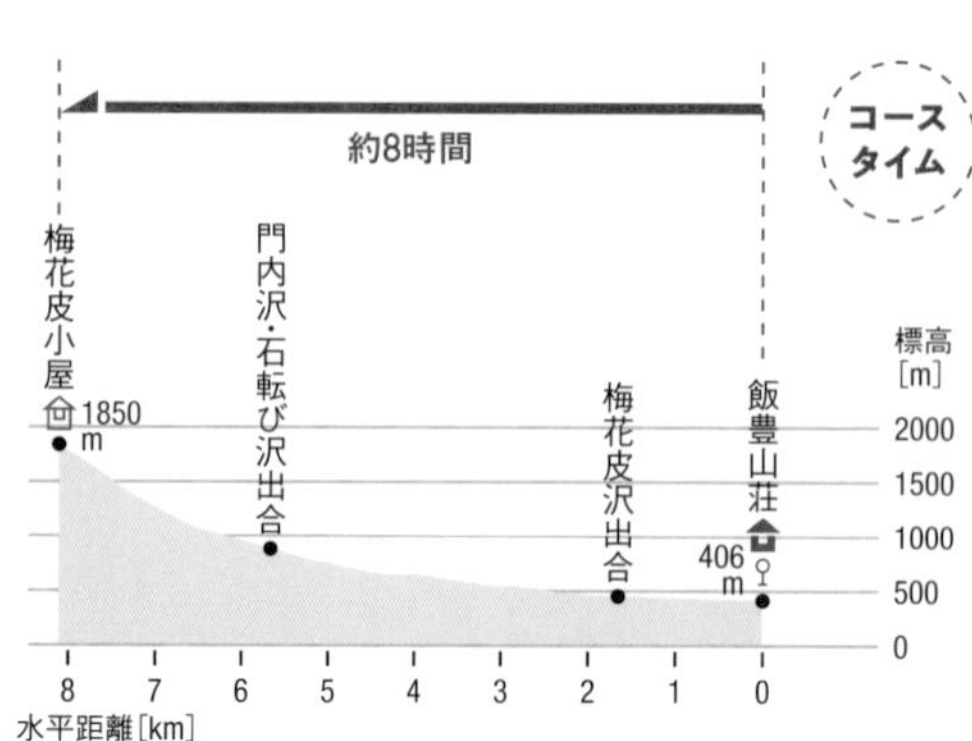

サブコース

門内小屋から大石山

門内小屋↓大石山↓足ノ松登山口　5時間40分

Map 19-3C 門内小屋

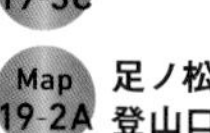
Map 19-2A 足ノ松登山口

コースグレード	中級
技術度	★★★☆☆ 3
体力度	★★★☆☆ 3

メインコース（P168）は扇ノ地紙で縦走路を離れるが、縦走路はさらに大石山、日本二百名山の杁差岳へと続いている。ここでは、大石山まで縦走し、新潟県側の奥胎内へ下山するコースを紹介する。

門内岳直下の**門内小屋**から胎内山を越えて梶川尾根が分かれる**扇ノ地紙**へ。ここから北に続く縦走路を行く。

稜線の東側をたどるように進み、地神山、さらに飯豊山荘へ下る丸森尾根への分岐がある**地神北峰**を越える。頼母木山（ガス時は山頂直下で右にのびる尾根に入りこまないこと）を過ぎ、鉾立峰や杁差岳を見ながら下ると、素泊まりだがシーズン中に管理人が入る**頼母木小屋**（頼母木山避難小屋）が立っている。

頼母木小屋から大石山へは稜線のアップダウンを繰り返す。途中、ハクサンイチゲ群生地がある。

縦走路は**大石山**から杁差岳へとさらに続くが（P176参照）、3時間プラスする必要があるだけに、疲労具合や天候を考慮して立ち寄るか判断したい。

大石山で西（左）にのびる足ノ松尾根に入る。灌木帯はやがてブナ林となり、尾根道を大きく下っていく。**水場への入口**からなおも下って英三ノ峰、ついで滝見場を通過する。標高830m付近でやせた岩場を越えると**姫子ノ峰**に出る。なおも急な斜面をスリップに注意しながら下り、奥胎内ヒュッテへの乗合タクシーが待つ**足ノ松登山口**をめざす（足ノ松登山口から徒歩で奥胎内ヒュッテへ向かう場合は約1時間）。

石柱が立つ頼母木岳の山頂から見た地神山

地神山から地神北峰をめざす登山者

写真・文／仁井田研一

前夜泊日帰り

飯豊連峰 杁差岳

飯豊連峰北端の雄峰へ新潟県側の最短コースで立つ

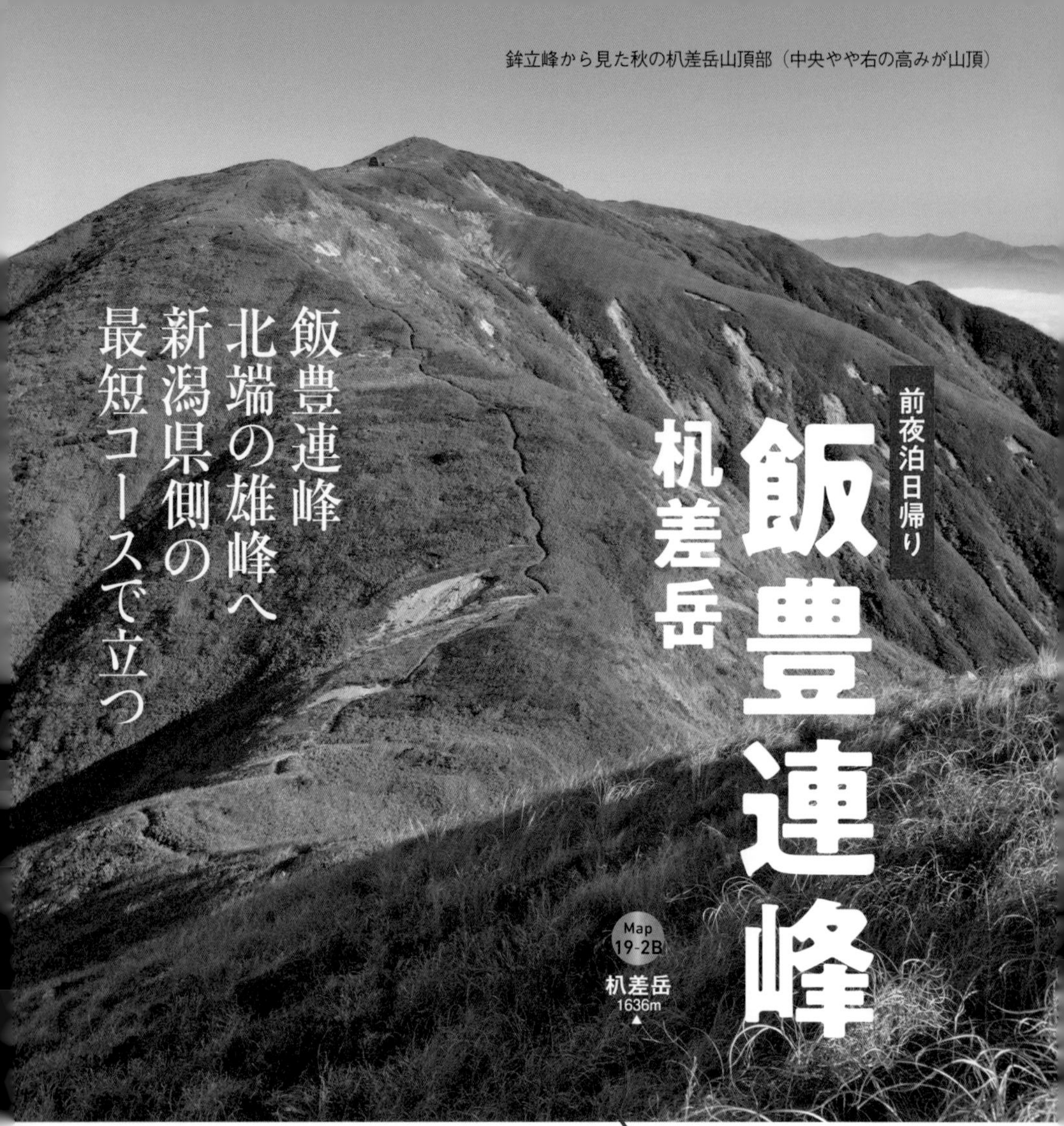

Map 19-2B
杁差岳
1636m

鉾立峰から見た秋の杁差岳山頂部（中央やや右の高みが山頂）

水場への入口
大石山
1562m
Map 19-2A
足ノ松登山口

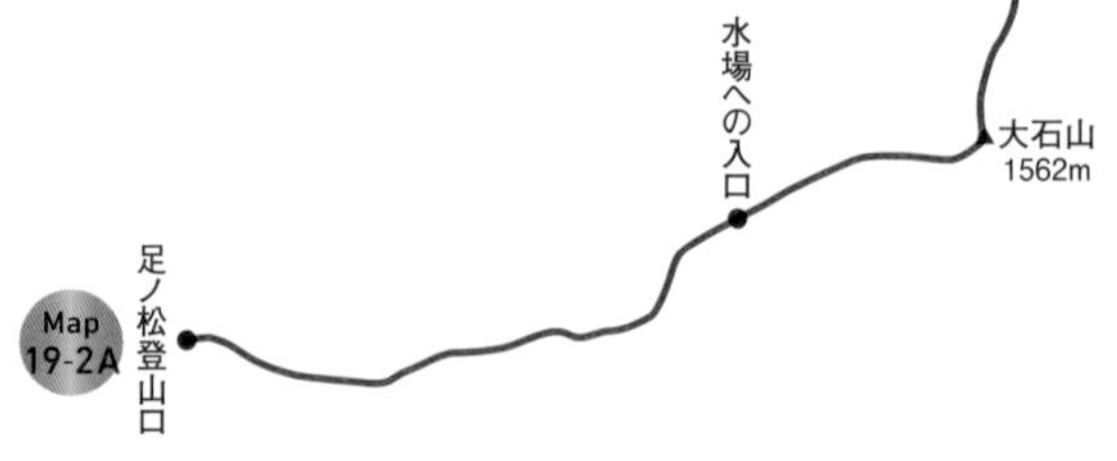

コースグレード	上級
技術度	★★★☆☆ 3
体力度	★★★★★ 5

日帰り 足ノ松登山口→姫子ノ峰→大石山→杁差岳（往復）　計10時間10分

写真・文／仁井田研一

日本二百名山で花の名山でもある杁差岳（1636m、「杁」は農機具の一種）は飯豊の一峰だが、山自体は新潟県にあるため、登山道も新潟側が中心となる。登路となる胎内市の足ノ松尾根はきれいなブナ林の急尾根だが、飯豊では珍しく少ないアップダウンで主脈稜線に立つことができることもあり、最も利用者が多い。登山口には前泊に最適な奥胎内ヒュッテがあり、杁差岳登山のほか飯豊全山縦走の起点としてもよく利用されている。

日帰り

足ノ松尾根を登り杁差岳を往復する

奥胎内ヒュッテに前泊し、始発の乗合タクシーで**足ノ松登山口**へ向かう（アクセスはP218「登山口ガイド」参照）。徒歩の場合は1時間ほどだ。

登山口からブナ林の御用平に入ると、まもなくヒメコマツやブナが生える細い尾根の急登になり、ひたすら高度を上げていく。樹林内は風通しが悪いため盛夏は蒸し暑く、

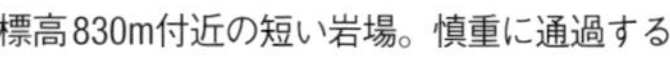
標高830m付近の短い岩場。慎重に通過する

英三ノ峰からめざす大石山を望む

早朝の涼しいうちに通過したい。

短い岩場を越えてひと登りすると**姫子ノ峰**で、頼母木山や地神山などの飯豊主脈稜線が眺められる。姫子ノ峰からはアップダウンのある道となり、急登や岩場を慎重に通過していく。

眺めのよい滝見場、さらに英三ノ峰を越すと、まもなく美しいブナ並木が現れる。狭い尾根道をつたってヒドノ峰を過ぎると、**水場への入口**がある。水場へは左へ5分ほど急下降する。足場が悪いので注意。

ブナの尾根の急登はなおも続く。イチジ峰付近で視界が開けはじめ、足場の狭い尾根などを越える。この区間はさえぎるものがないため、盛夏は熱中症に注意したい。

大石山の西ノ峰からは笹原となり、ひと登りでようやく飯豊連峰縦走路上の**大石山**に出る。右は連峰の中枢部へと続き、頼母木山や地神山、門内岳などがひときわ高く遠く望まれる。

めざす杁差岳へは左へ向かう。灌木の大石山山頂部の西側を少し回りこむと、岩が露出する草原に出る。前衛峰の鉾立峰と杁差岳を望む草原から最低鞍部へと大きく下っていく。鞍部付近は花期にはイブキトラノオやハクサンフウロ、タカネツリガネニンジンなどが彩るお花畑となっている。

鞍部からは前方に屹立する鉾立峰への急登となり、ジグザグに高度を上げていく。登り着いた**鉾立峰**の山頂からは、前方にどっしりと構えた杁差岳や背後の飯豊連峰など、360度の大展望が得られる。

鉾立峰から再び鞍部へ向けて下降する。足もとにコゴメグサなどを見ながら、杁差岳への最後の登りにかかる。一段目のゆる

英三ノ峰の先で美しいブナ並木が現れる

杁差岳山頂直下の玄翁碑。背後は二王子岳

西ノ峰まで来れば大石山の分岐まではもうすぐ

い肩には飯豊連峰のパイオニア・藤島玄（ふじしまげん）氏のレリーフがあり、背後に飯豊連峰前衛の日本二百名山である二王子岳（にのうじだけ）が横たわる。

もう一段登って再び肩に出ると、杁差岳避難小屋が立っている。周辺は飯豊でも屈指のお花畑だ。小屋から2分ほど登れば、三等三角点と小さな石祠の置かれた**杁差岳**の山頂に到着する。さえぎるもののない山頂からの眺めは雄大で、飯豊連峰の主脈稜線はもちろんのこと、遠く尾瀬（おぜ）・燧ヶ岳（ひうちがたけ）や越後（えちご）三山などが見渡せる。

帰路は往路を戻るだけだが、足ノ松尾根の急斜面でのスリップや岩場の通過は要注意。なお、山頂の杁差岳避難小屋に宿泊する場合、水は小屋の背後から東斜面の急な道を5～7分ほど下降した岩のすき間から染み出た溜り水を利用する（初夏のころは残雪で利用できない。また、秋は水量が少なく、あてにしないほうがよい）。

杁差岳山頂からの眺め。手前は杁差岳避難小屋、遠景は越後三山など

プランニング&アドバイス

本項は日帰り登山者が多いが半日がかりの登行だけに、小屋泊も考慮したい。その際は水場に難のある杁差岳避難小屋より、大石山から主脈稜線を頼母木山方面に約50分登った頼母木小屋がよい。素泊まりだがシーズン中は管理人が常駐し、小屋前に豊富な水量を誇る清水が導水されている。頼母木小屋利用の場合、大石山に荷をデポして軽荷で杁差岳を往復するのが一般的。また、杁差岳登頂後に頼母木小屋に宿泊し、主脈稜線を縦走する方法もある。杁差岳は標高が低い山だけに夏の暑さが大敵。なるべく低い位置は早朝の涼しいうちに通り抜けたい。登山口の乗合タクシー（土・日曜・祝日のみ）は奥胎内ヒュッテの始発が5時30分、足ノ松登山口発の最終は15時30分。

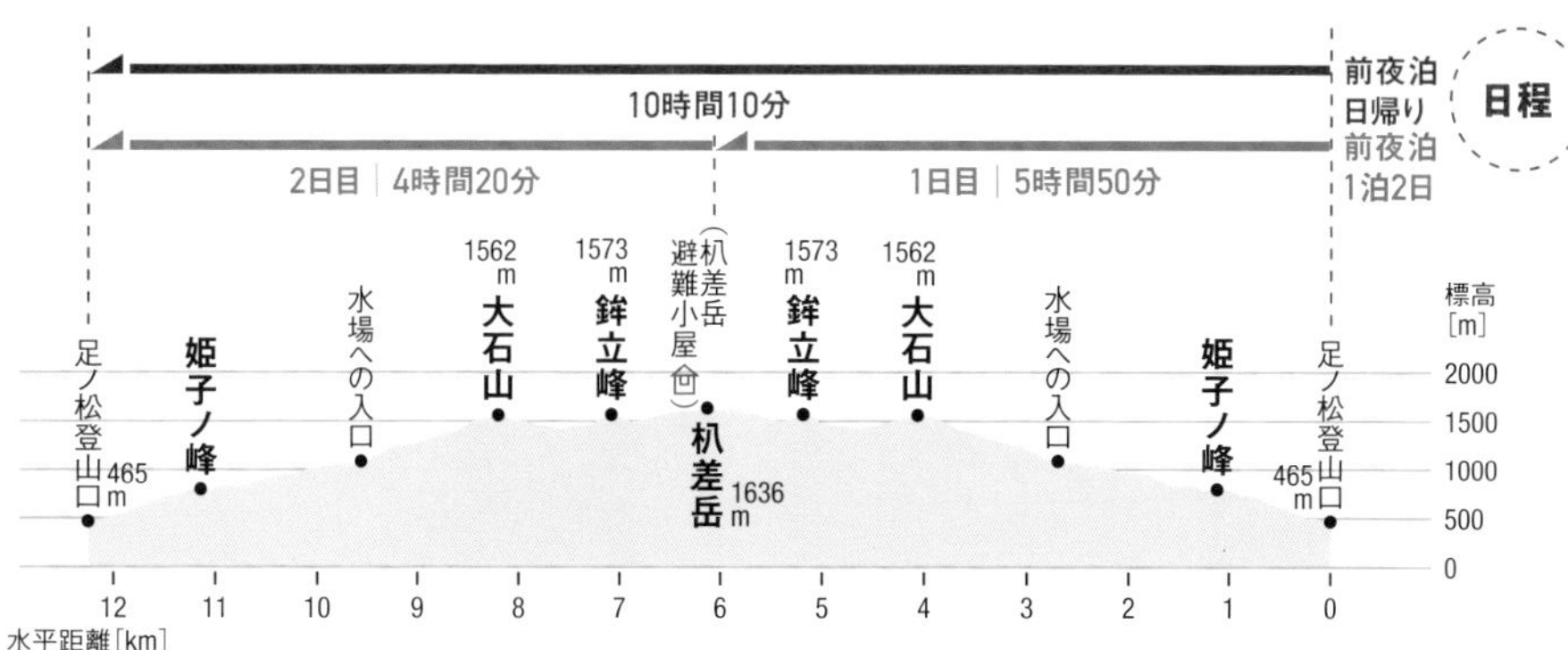

福

島県の山の知名度の高さにおいては、この安達太良山（1700m）と磐梯山（P196コース31）が双璧だろう。登山者の多さにおいても、この2山が群を抜いている。磐梯山は民謡に唄われ、安達太良山は古くは『万葉集』に詠まれ、近代は高村光太郎の詩集『智恵子抄』に描写されて広く知られている。その詩によって安達太良山の知名度は不動のものとなり、日本人の心の山となった感がある。

安達太良山は山麓の奥岳から中腹の薬師岳までロープウェイがあり、それを利用すれば標高1350mまでいっきに運び上げてもらえるので、ハイキング気分で山頂に立てる。中核をなす本峰から鉄山周辺は荒々しい岩山で、西側にポッカリと口を開けた噴火口の沼ノ平とともに火山の様相を呈し、南側の和尚山、北側の箕輪山の樹林の山とは対照的な姿を見せる。そのためコースを選べば変化に富んだ登山が楽しめるが、ここでは最もポピュラーな本峰とくろがね小屋を結ぶ周回コースを紹介しよう。

薬師岳からめざす安達太良山本峰を見る

ガレ場を登れば本峰の山頂はもうすぐだ

写真・文／渡辺徳仁

南東の本宮市関下から望む安達太良山。中央が本峰、左が和尚山

火山と樹林の二面性と展望と温泉を満喫する周回コース

コースグレード | **初級**

技術度 | ★★☆☆☆ 2

体力度 | ★★☆☆☆ 2

日帰り ロープウェイ山頂駅→ 安達太良山→ 牛ノ背→ 峰ノ辻→ くろがね小屋→ 勢至平→ 奥岳登山口　計3時間50分

日帰り

ロープウェイを利用して安達太良山を周遊する

ロープウェイを**山頂駅**で降りたら、すぐ北側にある展望台に立ち寄ろう。本峰、矢筈森、鉄山へと連なる安達太良連峰の核心部が一望のもとだ。智恵子が「阿多多羅山の山の上に／毎日出てゐる青い空が／智恵子のほんとの空だといふ」といった青い空が上空に広がっていたなら、その日の登山は祝福されたものとなるに違いない。

山頂に向かってしばらくは五葉松平のえぐられた部分に板を張った道が続き、やがて**仙女平分岐**に着く。その先は本格的な山道となり、登りつめればガレ場となって、本峰の岩峰が目の前に姿を見せる。

小さな石祠と標柱がある**安達太良山**山頂の岩峰に登れば、360度の眺望が広がる。南隣には和尚山が大きく、西には船明神山、磐梯山、北には牛ノ背、馬ノ背の尾根と矢筈森、鉄山、箕輪山、その向こうはるかに吾妻連峰、そして東には阿武隈山地の全容を見ることができる。展望を楽しんでゆっくり休んだら、下山にかかろう。

本峰からは、北に向かう牛ノ背をたどる。船明神山への分岐を左に見送ると、峰ノ辻への**分岐**に出る。その西側にポッカリと口をあけた沼ノ平の噴火口は、一木一草とてない荒涼とした風景を見せており、まるで月世界を彷彿させる眺めだ。

分岐から峰ノ辻へは矢筈森の岩峰の基部を東にゆるく下る。ほどなく**峰ノ辻**に着き、そこからはガレた道をくろがね小屋に向かって下る。正面に鉄山の柱状節理の黒い断崖が展開し、くろがね山ともよばれる鉄山の迫力ある姿を見ることができる。

ほどなく県営の**くろがね小屋**に到着する。貴重な温泉つきの山小屋で、管理人が常駐している。ここに宿泊し、余裕のある安達太良登山を楽しむのもおすすめだ。清涼飲料水やビール、山バッジなども売られていて、休憩や入浴のみの利用もできる。温泉

通年営業のくろがね小屋。温泉以外に名物のカレーも人気

牛ノ背からの沼ノ平。荒涼とした景観が広がる

勢至平を彩るレンゲツツジ（背景は箕輪山）

の源泉はすぐ裏手にあり、同じ湯が東麓の岳温泉まで引かれている。小屋の湯は源泉直引きの価値のある温泉なので、温泉好きならぜひとも宿泊し、登山客のみに許された温泉入浴を存分に楽しんでほしい。

くろがね小屋からの下山は、東に続く幅広い山道をたどる。ほどなく金明水の水場を過ぎ、篭山の北側を回りこむようにして、**勢至平**にある篭山への分岐に着く。さらにゆるく下れば、右手の台地へ向かう踏み跡が現われる。台地の中はレンゲツツジの群生地で、6月には朱一色に埋めつくされる。

その先で道は下りとなるが、林道をショートカットする登山道があるので、そちらをたどろう。林道に出て烏川橋を渡るが、ここから渓谷に沿う自然遊歩道が整備されているので、立ち寄ってみるのもよい。

林道をたどるなら少し登り返し、**奥岳登山口**の広い駐車場に向かって下るだけだ。

プランニング&アドバイス

紹介コースは4時間弱で歩けるので充分な休憩時間がとれるが、体力や時間に余裕があれば鉄山から箕輪山を往復することも可能だ。その場合、3時間半弱が加算される。くろがね小屋の先で湯川渓谷コースをたどって塩沢温泉に下山したり、鉄山から胎内岩を経由して沼尻、中ノ沢温泉に下山するのもよいだろう。鉄山から箕輪山、鬼面山を越えて野地温泉に向かう主脈縦走コースもおすすめだ（いずれもP184参照）。いずれのコースも、下山すれば温泉の熱い湯が待っているのがありがたい。牛ノ背、馬ノ背は強風の通り道なので、強風の日には牛ノ背の東側の窪地から直接峰ノ辻をめざしてもよい。また、強風時はロープウェイが運休になることもあるので注意。

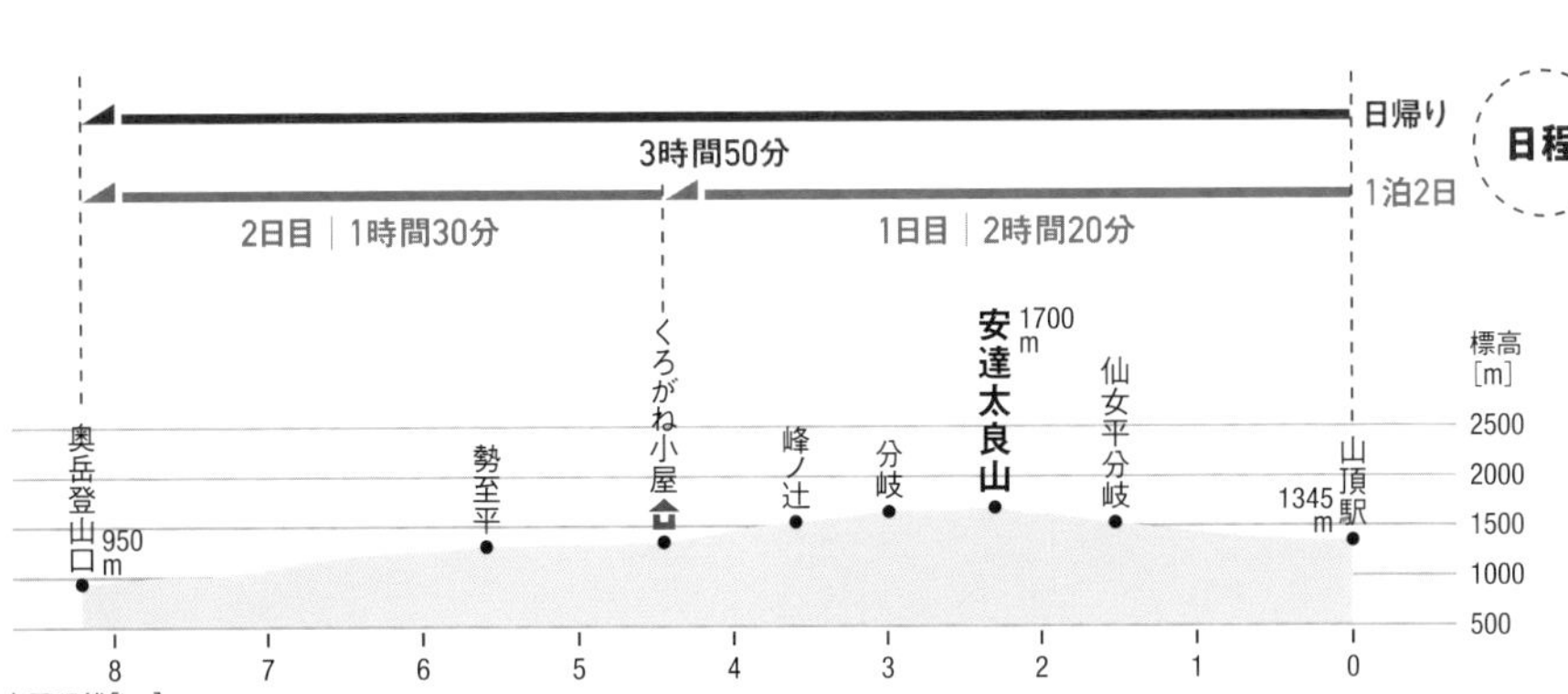

サブコース

安達太良山のその他のコース

❶塩沢温泉からくろがね小屋へ

安達太良山東麓に湧く塩沢温泉からくろがね小屋に向かうコースは、安達太良山のコースの中で唯一沢に沿うコースで、三階滝、屏風岩、想恋ノ滝、八幡滝など渓谷美を楽しむことができる。

塩沢温泉の西側の二本松塩沢スキー場が**登山口**。登山道に踏み入り、馬返し、金剛清水を過ぎてしばらく行けば、三階滝への分岐を右に見送って屏風岩に着く。湯川渓谷に突き出た高さ約40mの岩場で、そこからは眼下に想恋ノ滝を見ることができる。

高度感のある桟道のある道をさらに進むと**八幡滝**に着く。沢沿いにたどり、天狗岩、荒竜岩を過ぎて何度か沢を右に左に渡って湯川の右岸に登れば、天狗ノ庭という湿原の小さな台地に出る。そこからひと登りで勢至平から続く登山道に出合い、右にたどれば**くろがね小屋**は近い。（コースタイム＝2時間20分／コースグレード＝初級）

❷野地温泉から箕輪山、安達太良山

北面の野地温泉から安達太良山本峰への主脈縦走コース。尾根道は展望にすぐれ、安達太良連峰の魅力のすべてを満喫できる。

野地温泉バス停そばの登山口からブナ林を登ること約20分、**土湯峠**の十字路に出る。そこから左手の鬼面山に向かって灌木帯を登っていけば、展望のよい**鬼面山**に着く。北側には吾妻の山々が見え、南側にはめざす箕輪山が大きくそびえている。

ガレた鬼面山南面を下り、鞍部から登り返して箕輪山に向かう。灌木帯を登りつめれば、東西に長い**箕輪山**山頂だ。大きな石が点在する山頂からの眺めもさえぎるもの

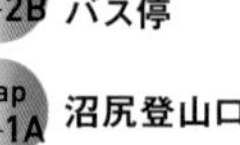

屏風岩からの想恋ノ滝（コース①）

鬼面山からのどっしりした箕輪山（コース②）

がなく、すばらしい。再び灌木帯を下り、笹平から登り返せば傾斜もゆるくなり、**鉄山避難小屋**を過ぎて**鉄山**山頂に着く。

鉄山から岩場を下れば馬ノ背で、右手に沼ノ平噴火口を見て南進。最後に牛ノ背をたどれば**安達太良山**本峰だ。（コースタイム＝4時間15分／コースグレード＝中級）

❸沼尻を起点に沼ノ平を周回

安達太良山西面の爆裂火口・沼ノ平を周回するコース。

沼尻登山口から尾根道に入り、白糸ノ滝展望台を過ぎてさらに登ると、湯の華採取場への**分岐**に着く。湯の華採取場に下り、硫黄川に沿って登っていくと沼ノ平への分岐に出るが、沼ノ平へのコースは封鎖されているので、左の胎内岩に向かおう。

急斜面を登り、胎内岩を越えると眺めのよい尾根に出る。尾根の南側には柱状節理の岩場が切れ落ち、迫力がある。南に沼ノ平噴火口を見て東にたどれば、慰霊碑の先で稜線上の**鉄山避難小屋**に着く。そこから**鉄山**へはゆるく登って一投足の距離だ。

馬ノ背の先の**分岐**で右に進み**船明神山**へ向かうが、時間があれば**安達太良山**本峰に立ち寄ってもいいだろう。

沼ノ平南面の障子ヶ岩上部に続く道は、眺望に恵まれたすばらしいコースだ。やがて樹林帯の下りとなり、湯の華採取場への**分岐**に戻れば、**沼尻登山口**は近い。（コースタイム＝6時間5分／コースグレード＝中級）

船明神岳からはるかに磐梯山を見る（コース③）

プランニング&アドバイス

コース❶＝登山口近くまでJR東北本線二本松駅から福島交通バスが運行。マイカーは登山口の駐車場を利用する。沢沿いのコースのため、雨天時の入山は避けたい。**コース❷**＝野地温泉への福島交通バスは長期運休中のため、タクシーかマイカーでアクセスする。**コース❸**＝沼尻登山口へはJR磐越西線猪苗代駅からタクシーか、マイカーでアクセスする。登りのコースは崩壊箇所やザレ場の通過があり、慎重に行動すること。

沼ノ平北面の胎内岩。岩の間を抜けていく（コース③）

福島・山形県境に位置する吾妻連峰は全体的に森でおおわれた奥深い山体であるが、磐梯吾妻スカイラインの天狗の庭から浄土平付近までは火山らしい荒涼とした風景が広がり、多くの人が訪れる福島県を代表する観光スポットとなっている。

浄土平のすぐ東にある吾妻小富士は登山装備をもたなくとも登ることができ、対峙する一切経山（1949m）も比較的手軽に登れる山となっており、少々俗化している点は否めないが、酸ヶ平や姥ヶ原の湿原、鎌沼の湖面、そして、おおらかに佇む東吾妻山（1975m）の姿は、原生林と火山を携える吾妻連峰の魅力をぎゅっと凝縮したものといえるだろう。

日帰り

浄土平を起点に一切経山、東吾妻山、鳥子平を周遊

多くの人でにぎわう、標高1600mの**浄土平**からスタートする。

ジェットエンジンのような音を立て、活

浄土平湿原から見る東吾妻山（左）と蓬莱山

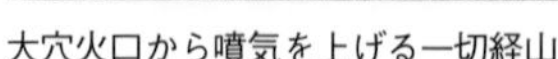

大穴火口から噴気を上げる一切経山

写真・文／林 千明

日帰り 吾妻連峰 一切経山 東吾妻山

一切経山山頂から望む五色沼。別名「魔女の瞳」とよばれる美観だ

展望と火山、湿原に原生林 変化に富むコースをつなぐ

コースグレード | 中級

技術度 | ★★☆☆☆ 2

体力度 | ★★★☆☆ 3

日帰り 浄土平→酸ヶ平避難小屋→一切経山→姥ヶ原→東吾妻山→鳥子平→浄土平　計5時間30分

発に噴気を上げる一切経山の姿を右に眺めながら、浄土平湿原の木道を南に進む。木道が終わり登山道に合流してまもなく一切経山への直登コースの入口があるが、通行止めとなっている。さらに進んだ先の分岐を酸ヶ平方面に進むと道は階段状の登りになり、登りが一段落すれば酸ヶ平湿原の端の分岐に出るので、これを右にとる。

　酸ヶ平避難小屋の脇を過ぎ、沢を渡って小石で滑りやすい道を登ると、通行止めの直登コースと合流する。さらに荒涼とした風景の中を登っていくと、**一切経山**の山頂に着く。さえぎるものがない山頂からは、360度の眺望が楽しめる。山頂をさらに北に進んで溶岩丘の端に立てば、眼下に「これを見るために一切経山に登る」といっても過言ではない「魔女の瞳」ともよばれるコバルトブルーの五色（ごしき）沼が広がる。

　山頂をあとに**酸ヶ平避難小屋**まで戻り、酸ヶ平の木道に出る。酸ヶ平湿原は、チングルマやコバイケイソウ、オヤマリンドウ、さらに草紅葉と、季節に応じた花や景色を楽しませてくれる。木道は鎌沼の外周を半周するように続いており、鎌沼畔に出ると鎌沼越しに丸みを帯びたやさしい山容の東吾妻山を見ることができる。

　鎌沼南西部の十字路で鎌沼から離れると浄土平からの道が合流する**姥ヶ原**で、湿原内に点在する石やキタゴヨウマツなどがつくりだす日本庭園のような風景の中を、東吾妻山登山口へと進む。

　東吾妻山への登山道は、火山地形の一切経山とは対照的な樹林帯の道だ。高度を上げていくと、オオシラビソ特有の甘くさわやかな香りに包まれる。さらに登ってオオシラビソからハイマツに植生が変わり視界が開けると、まもなく広々とした**東吾妻山**の山頂だ。ここからの展望もすばらしく、西吾妻、中吾妻、一切経山から中大巓（なかだいてん）まで続く吾妻連峰の主稜線や眼下の谷地平（やじだいら）湿原

景場平湿原の池塘。ワタスゲなどが見られる

一切経山登山道からの東吾妻山と鎌沼（手前は酸ヶ平）

展望抜群の東吾妻山山頂（左奥は磐梯山と猪苗代湖）

まで吾妻連峰の全貌が見渡せるほか、磐梯山や安達太良連峰、蔵王連峰など、多くの山々を遠望できる。この山頂で休憩をとるのもよいが、南の景場平方向に10分ほど下った展望台も磐梯山と周辺の湖沼群の眺めがよく、静かに過ごすことができる。

展望台から登山道に戻って樹林帯をしばらく下ると**景場平**の湿原に出るが、この区間は急勾配で滑りやすくぬかるみも多いので、慎重に足を進めよう。そのためか景場平は訪れる人が比較的少なく、静かに高山植物を楽しめる穴場の湿原だ。

景場平からさらに下れば磐梯吾妻スカイライン上の鳥子平登山口に出る。あとは浄土平まで戻るが、車道歩きは避け車道の対面から続く登山道をたどろう。登山道に入るとすぐに**鳥子平**の湿原がある。小さな湿原だが木道が敷かれ、植物も豊富だ。

さらに森の中の登山道を北に進むと浄土平（兎平）キャンプ場があり、ここから磐梯吾妻スカイラインに出れば**浄土平**はすぐそこだ。時間と体力に余裕があれば、展望台がある桶沼に寄り道をしてから浄土平に戻るのもよいだろう。

プランニング&アドバイス

ハイキングとしては東吾妻山山頂以降の景場平や鳥子平を省略し、一切経山と鎌沼周辺を歩くだけでも充分楽しめるが、時間と体力があれば、ぜひ紹介したコースを歩きたい。吾妻連峰東部の魅力を余すところなく堪能できる。2022年8月の豪雨で鳥子平～兎平間の登山道中間部の橋が流失し、沢の増水時は通行できない。また、東吾妻山から景場平への下りのぬかるみ地帯はスパッツがあると便利。福島駅～浄土平間の福島交通バスは噴火の影響などで運休が続き今後の運行も不透明なので、アクセスはマイカーかタクシー利用が現実的だろう。日帰りの山だが、浄土平近くの吾妻小舎や山麓の名湯・高湯温泉などに前泊するのもおすすめだ。

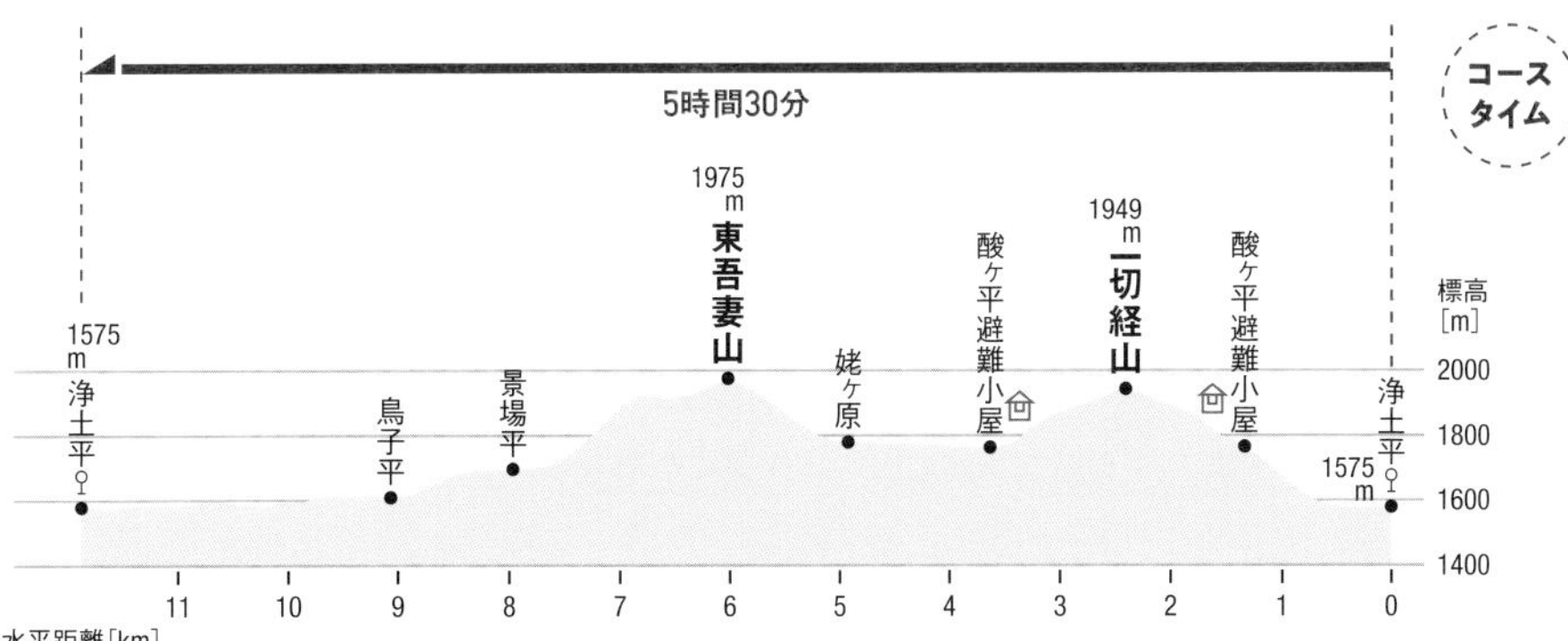

活火山の一切経山から樹林と湿原の西吾妻山への縦走コース

1泊2日

吾妻連峰

一切経山
東大巓
西吾妻山

チングルマに彩られる中大巓から西吾妻山を望む

コースグレード	中級
技術度	★★★☆☆ 3
体力度	★★★☆☆ 3

1日目	浄土平→一切経山→家形山→東大巓→弥兵衛平小屋　計6時間20分
2日目	弥兵衛平小屋→人形石→西吾妻山→若女平→白布温泉　計6時間40分

写真・文／渡辺徳仁

吾妻連峰は東西に長く、東の吾妻小富士から西の西大巓までは、約15㎞の距離がある。連峰最高峰の西吾妻山（2035m）は山形県側の天元台からリフト利用で登る登山者が大半だが、福島県側の浄土平からの縦走は、火山や原生林、湿原に咲く花々など、連峰の魅力が存分に味わえるだけに、一度は歩いてみたいコースである。中間地点の弥兵衛平には避難小屋があるので、小屋泊まりでの1泊2日の山行計画を立てれば縦走可能だ。食料やコンロ、シュラフなど無人小屋泊まりの準備をして、東吾妻と西吾妻を結ぶメインコースを歩いてみよう。

1日目 浄土平から一切経山に登り、家形山、東大巓、弥兵衛平へ

浄土平から一切経山へは、噴煙が激しくなっていることから、直登コースは通行規制されている。したがって酸ヶ平の分岐を右に曲がり、**酸ヶ平避難小屋**を過ぎて尾根

●吾妻山の噴火警戒レベルが2の場合、浄土平周辺は立入禁止、磐梯吾妻スカイラインも全線通行止めとなる。入山の際は気象庁のホームページなどで現況を確認のこと。

さえぎるもののない一切経山の山頂

縦走の中間地点となる弥兵衛平小屋（明月荘）

をたどれば**一切経山**山頂に着く。これからたどる家形山、兵子、烏帽子山、昭元山、東大巓、人形石などのピークがえんえんと連なっているのが見え、北側からは、眼下に五色沼のコバルトブルーがあざやかだ（一切経山までの詳細はＰ１８６コース29を参照のこと）。

山頂をあとにガレた斜面を下り、五色沼の西岸から家形山に向かう。高湯への道を右に見送れば、まもなく**家形山**の山頂だ。ここから望む一切経山と五色沼の眺めもすばらしい。

家形山からはササとぬかるみの多い道をたどり、五色温泉と滑川温泉への分岐を見送れば、**兵子への分岐**に着く。兵子の岩峰へは5分で立てるので、立ち寄ってみるのもいいだろう。

さらに進んでニセ烏帽子山、少し下って急登をがんばれば**烏帽子山**山頂だ。東側以外の展望が開け、南側眼下に谷地平湿原、西側にはめざす昭元山、東大巓、人形石、西吾妻山、そして今日の宿泊地である弥兵衛平小屋（明月荘）が見える。

烏帽子山からは眼下に鏡沼を見ながら、大きな石が点在する斜面を下っていく。鞍部からもう一度登り返せば昭元山の山頂だが、周辺の樹木にさえぎられ、展望は得られない。

昭元山からいったん下り、オオシラビソの中をゆるく登って、谷地平への道（大倉新道）を左に見送る。大倉新道は東吾妻の

イワカガミ咲く浄土平から見上げる一切経山

遠く梵天岩を見ながら大凹付近を行く登山者

姥ヶ原から縦走路経由より短距離の道だが、後半部は道の大半にササがかぶり、おすすめできない。

分岐からひと登りで眺望が開け、池塘のある斜面からは、たどってきた山々や東吾妻山などが一望できる。**東大巓**へは分岐から左へわずかな距離だが、展望はない。

東大巓から西に下れば、**弥兵衛平小屋への分岐**に出る。**弥兵衛平小屋**（明月荘）は滑川温泉コースを約20分たどれば着く。湿原の中にある2階建てのしっかりしたつくりの避難小屋で、水場は滑川温泉方向に10分ほど下った金明水を利用する。

2日目 弥兵衛平小屋から西吾妻山を経て白布温泉へ

朝食後、準備を整えたら出発だ。昨日の**分岐**まで戻り、木道を歩いて弥兵衛平湿原を西に向かう。正面にはめざす藤十郎や人形石、梵天岩、西吾妻山が連なり、北側に目をやれば、飯豊連峰や朝日連峰、月山、蔵王連峰といった東北南部の名峰群を見渡すことができる。

西にたどって大平温泉への分岐を過ぎ、**藤十郎**のピークの南側を巻く。やがて登りとなり、木道がのびるイロハ沼（小凹）の

大きな石がゴロゴロする人形石

ワタスゲ揺れるイロハ沼から見る梵天岩

池塘群からは、南側に梵天岩と西吾妻山のなだらかな山容が望める。

イロハ沼から少し登れば、大きな石が点在する**人形石**だ。ここにはたくさんのケルンが積まれ、天元台からリフトで登ってきたハイカーでにぎわっている。

人形石から南西にのびる木道を、大凹（おおぼこ）に向かって下る。下りきった大凹にはおいしい水場がある。大凹からはひと登りで、もうひとつのイロハ沼の名がついた池塘群を見る。その前方は巨岩が連なる**梵天岩**で、岩の上に立てば西吾妻随一の大展望が広がっている。

梵天岩から吾妻神社のほうに進み、天狗岩直下の分岐を左にとり西吾妻山に向かう。オオシラビソの中をゆるく登っていけば、一等三角点のある**西吾妻山**山頂に着く。吾妻連峰の最高地点だが、オオシラビソに囲まれ展望は得られない。

山頂から西に少し下り、湿原の中に立つ無人の**西吾妻小屋**へ。そこから木道を北に

安達太良連峰
駕篭山稲荷神社（1786mピーク）
東吾妻山
姥ケ原
高山

湿原が広がる東大巓東側からの東吾妻山

抜群の展望が楽しめる梵天岩

たどるとすぐに分岐に出て、左の若女平コースに入って白布温泉へ向けて下っていく。オオシラビソやコメツガの樹林帯の中、苔ですべりやすい石のゴロゴロした道が続くので、注意して歩こう。

やがて木に**若女平**のプレートがつけられた地点に出る。その下でみごとなダケカンバ林を抜けるとブナ林の急な下りになり、木の根が張り出して歩きづらい箇所もある。水場の小和清水ややせ尾根を通過し、最後にカラマツやスギの急坂を下れば藤右衛門沢に出合う。左に折れるとほどなく車道の西吾妻スカイバレーに出る。あとは米沢駅へのバス便がある**白布温泉**で汗を流して帰るだけだ。

プランニング&アドバイス

ここで紹介した縦走コースは起伏が多いので、無理をせずマイペースで歩いてほしい。また、山中の避難小屋泊なので、食料やシュラフ、炊事用具などすべて持参しなければならない。日帰りで歩く場合は、浄土平南東部の兎平に営業小屋の吾妻小舎があるので、ここに宿泊して早朝に出発、西吾妻山登頂後に北望台からリフト利用で天元台に下る。ただしリフトの最終時間（15時40分）に遅れないこと。西吾妻山のみを目的とするなら、天元台からリフト利用で登ることになる。リフト終点の北望台から縦走路へは2つのコースがあるので、登りと下りで歩き分けるとよい。短時間で歩けるので、西吾妻山の西にある西大巓まで足をのばすのもおすすめだ（西吾妻山から往復1時間20分）。展望がよく、途中にはお花畑もある。

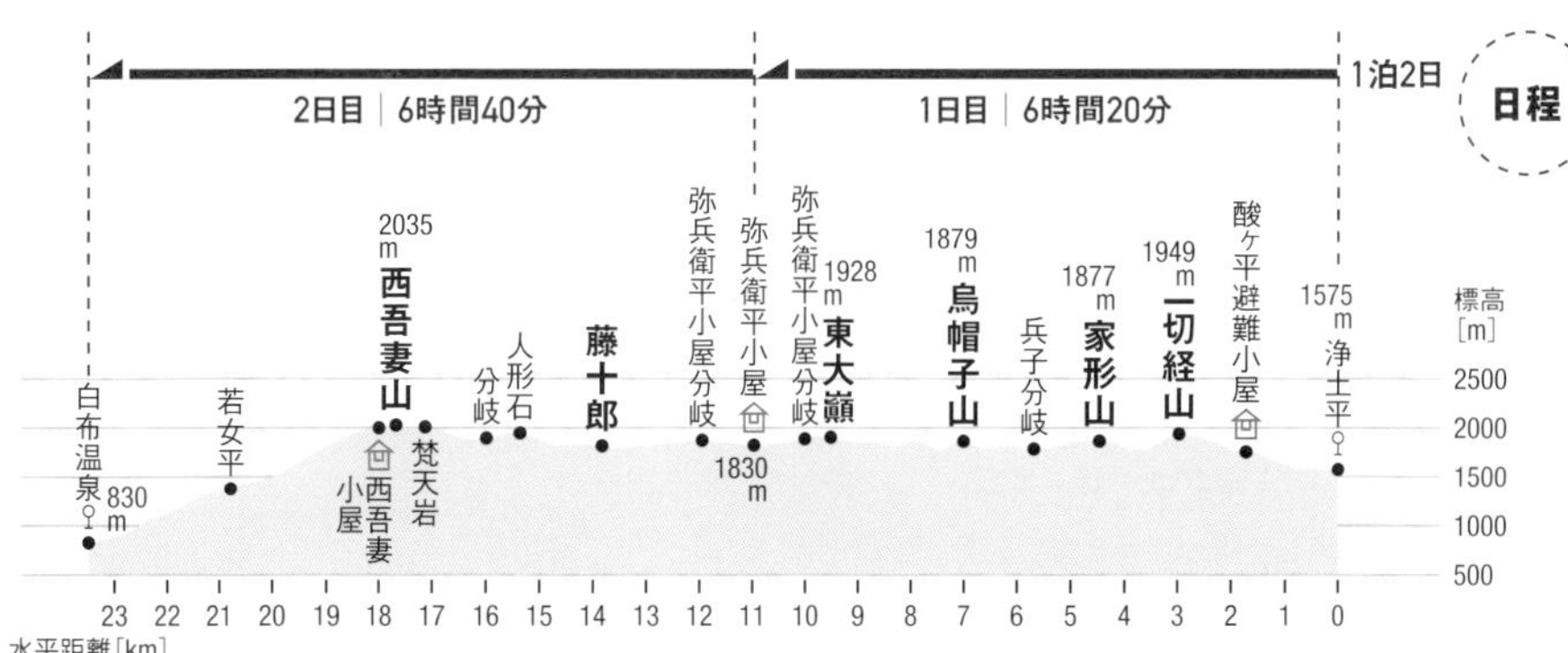

猪苗代湖岸から見る稲穂の海と磐梯山

会津のシンボルの山を裏から表へと抜ける

日帰り 裏磐梯スキー場→銅沼→弘法清水→磐梯山→沼ノ平→猪苗代登山口　計6時間

コースグレード	中級
技術度	★★☆☆☆ 2
体力度	★★★☆☆ 3

写真・文／林 千明

福島県を代表する山のひとつ磐梯山（1816ｍ）は、女であるといわれる。民謡『会津磐梯山』の一節に「会津磐梯山に振袖着せて奈良の大仏婿にとる」とあるからだ。あの奈良の大仏様を婿に迎えるのだから、相当の美女なのだろう。

磐梯山は、会津盆地や猪苗代湖から見ると「会津富士」とも称されるおだやかで優美な容姿だが、裏磐梯側から見る姿は、1888（明治21）年に起こった大噴火の影響で同じ山なのかと疑ってしまうほど荒々しい。表と裏の姿のギャップが大きいところは、人間に例えると「魔性の女」といえるかもしれない。

日帰り 裏磐梯スキー場から山頂に立ち猪苗代スキー場へ下る

磐梯山には6つの登山コースがあるが、ここでは裏の荒々しい姿と表のおだやかな姿を両方楽しめる、裏磐梯登山口から猪苗代登山口への縦走ルートを紹介したい。

沼ノ平から見るレンゲツツジと兜のような磐梯山頂

磐梯山山頂に鎮座する磐梯明神

スタートは**裏磐梯スキー場**だ。1888年の噴火で山体崩壊が起こった際の岩屑雪崩の通り道だった地形をそのまま利用している。行く先に見える磐梯山に導かれるようにゲレンデ内の道をリフト2本分登ると、ゲレンデトップに出る。

ここから南方にぬかるみが点在する森の中の道を進むと、左に**銅沼**が広がる。名前のとおり湖底の岩が赤茶色に染まった沼で、背後に劇場のようなカルデラ壁をしたがえる。火山の断面を懐に抱えた櫛ヶ峰や噴気が立ち昇る姿は、磐梯山が現在も活きる火山であることが実感できる、磐梯山を代表する景観のひとつだ。

銅沼から続く樹林帯の道を進んでいく。明治の噴火後の事業で植林されたアカマツが混じった植生からダケカンバが中心の植生になると道は急になり、登りつめると中ノ湯跡の上部に出る。八方台コース（P201参照）が**合流**し、温泉の匂いに鼻をくすぐられながら弘法清水方面に進むと、道

は再び急登となる。尾根に出ると一部眺望があり、出発してきた裏磐梯方面の景色が見られる。あとは噴火の影響を受けなかった見通しのきかない樹林帯の道を進む。途中、クサリ場を慎重に通過し徐々に高度を上げると、弘法清水とお花畑の分岐に飛び出す。どちらに進んでも弘法清水に行けるが、ここは直進して眺めがすばらしいお花畑を経由して弘法清水に向かおう。

弘法清水には冷たくおいしい清水と2軒の山小屋（売店・食事のみの営業）があるので、休憩にちょうどよい。

ここから山頂を往復する。灌木の中の急登をいっきに登り、視界が開けてくると岩がゴロゴロした**磐梯山**の山頂にたどり着く。五合目となる山頂からはさえぎるものがない360度の大展望で、眼下には大きな猪苗代湖、遠くには安達太良、吾妻、飯豊、那須の各連峰。天候の条件が合えば、さらに尾瀬・日光方面、月山まで望むことができる。6月ごろなら、足もとには磐梯山固有種のバンダイクワガタも咲いている。

弘法清水まで戻り、弘法清水小屋の前を櫛ヶ峰方面に向かって下る。お花畑コースを左に分け、さらにガレた急坂を下ると黄金清水を経て三合目の**天狗岩**に着く。ここは切り立ったカルデラ壁の上で、間近に迫る天狗岩と眼下に銅沼が佇むすばらしい景色が見られるが、足もとが崩れやすいのでロープの中には立ち入らないこと。

天狗岩で川上コースを分け、猪苗代コースに入る。分岐から少し下って渋谷コースを分けて沼ノ平に入り、明るい森の平坦な

三合目の天狗岩から見る裏磐梯全景

猪苗代スキー場トップからの猪苗代湖の眺め

道を進んでいく。

沼ノ平は磐梯山の古い火口の湿地で、右手に兜のような磐梯山の東壁を見ながら歩くのが心地よい。6月中旬ごろから7月上旬にかけては、レンゲツツジやハクサンチドリなどの花々が華やかな色を添える。

さらに進んで赤埴（あかはに）林道入口を過ぎ、赤埴山の西側を巻いて岩がゴロゴロした道を下ると一合目の**天の庭**（あまにわ）。ここから滑りやすい道を少し下ると、猪苗代スキー場のゲレンデトップに飛び出す。

眼下にゴールとなる猪苗代スキー場のセンターハウスが見え、猪苗代湖に飛びこんでいけるような気持ちになるが、急斜面のゲレンデ下りは意外と手ごわい。工事車両も行き来することもあるので、案内板などにしたがい注意して下ること。

ゲレンデ内に敷かれた登山道と林道を辛抱強く下れば、**猪苗代登山口**に着く。

銅沼からの櫛ヶ峰（左）と天狗岩（右）。右手の斜面から噴気が立ち昇る

プランニング&アドバイス

裏磐梯高原まではバスが通っているが、裏磐梯スキー場までは公共交通機関がない。前日に裏磐梯入りし、五色沼などを散策後に宿泊、翌朝タクシーを利用して裏磐梯スキー場に向かうのもおすすめだ（徒歩の場合は裏磐梯高原バス停から約45分）。また、下山地の猪苗代スキー場にも公共交通機関がないので、タクシーを予約しておくとよい。マイカーであれば、裏磐梯スキー場に駐車して本コースの三合目天狗岩から川上コースに入り、カルデラ壁を下って裏磐梯に戻れば周回コースがとれる（天狗岩から1時間45分）。その際、カルデラ壁の下りは急で足場がとても悪いので、充分に注意したい。

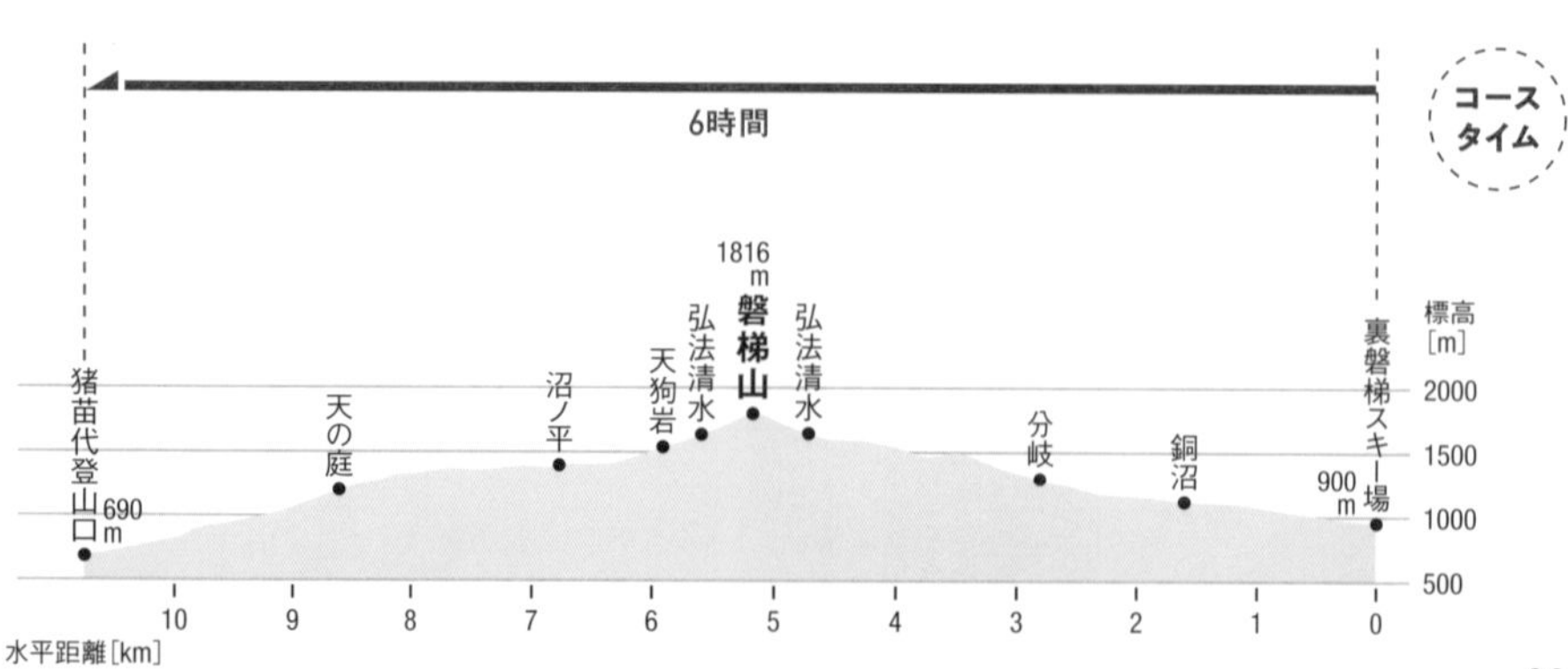

サブコース

八方台コース

八方台↓中ノ湯跡↓弘法清水↓磐梯山↓お花畑↓八方台　4時間

磐梯山ゴールドラインの最高地点である八方台から磐梯山へのコースは、最短で登ることができることから人気が高い。ツアー登山や学校登山なども含め、磐梯山への入山者の約8割がこのコースを利用するため、いつも多くの登山者でにぎわっている。

八方台には大きな駐車場があり、磐梯山登山口の反対側は猫魔ヶ岳や雄国沼への登山口にもなっているが、公共交通機関がなく、マイカーかタクシーでアクセスする。

駐車場からゴールドラインを横断し、ブナ林の中のおだやかな登山道に入る。このブナ林は1888（明治21）年の大噴火の爆風の影響を受けた二次林であるが、林のあちこちに爆風をかいくぐったブナの巨木が点在し、5月には新緑、10月には紅葉が美しい。

広くて歩きやすい登山道を進み、視界が開けると中ノ湯跡に出る。左手には旅館の廃墟、右手奥にはめざす山頂がおだやかに佇む。休憩するにはちょうどよい広さであるが、火山ガスが噴出し臭いも強いので、速やかに通過したほうがよいだろう。

傾いた木道と小さな湿原を通過し、階段を登ると**裏磐梯コース分岐**に着く。この先はメインコース（P196参照）をたどりお花畑分岐で直接**弘法清水**に向かい、弘法清水から**磐梯山**の山頂を往復する。

下山は、ミヤマキンバイやコケモモ、グンナイフウロなどが可憐に咲くお花畑を経由して**八方台**に戻ろう。

コースグレード	初級
技術度	★★☆☆☆ 2
体力度	★★☆☆☆ 2

歩きはじめはブナの二次林とブナの巨木がある道を行く

中ノ湯跡からの磐梯山（右）。周囲はガス発生地帯

写真・文／林 千明

コラム2

東北のその他のおすすめの山

本書に取り上げた山以外にも、東北には紹介したい山が数多い。ここでは、あまたある山の中から、本書の執筆者がおすすめする15山を紹介する。ガイドで取り上げた山と比べて知名度やスケール感こそ差があるかもしれないが、個性や独特の存在感をもっている山々である。

高倉森ではさまざまなブナに出会える

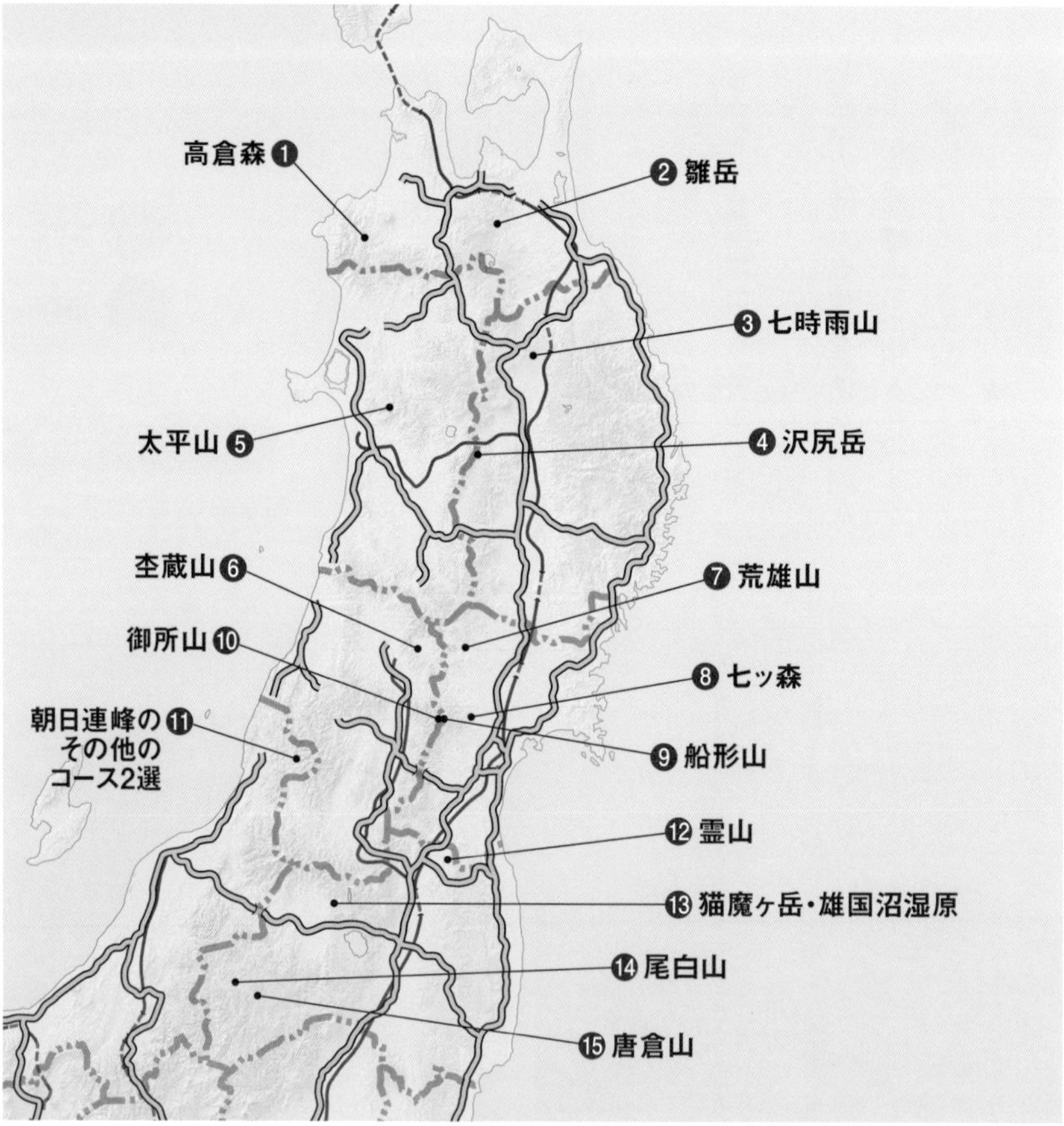

❶ 高倉森【標高829m】

東北北部／青森県

白神山地の高倉森は昔のマタギ道を整備してつくられた観察歩道で、ブナ巨木「マザーツリー」をはじめ随所でその雰囲気を感じながら白神山地を存分に味わうことができる、健脚向けのトレイルだ。

アクアグリーンビレッジANMONから路線バスに揺られ津軽峠まで移動し、登山開始。まずはマザーツリーにあいさつして、高倉森へと分け入る。前半はなだらかな登りが続き、1時間ほどで世界遺産地域に足を踏み入れる。展望のない高倉森の山頂を経て、原生的なブナに抱かれながら歩みを進める。第2ピークを過ぎるとロープを頼りにやせ尾根をいっきに下ると、崩壊地が眼下に広がる。いったん傾斜がゆるくなると世界遺産地域からはずれ、最後の急坂をアクアグリーンビレッジANMONまで下る。（渡邊禎仁）

参考＝分県登山ガイド『青森県の山』（弊社刊）

❷ 雛岳【標高1240m】

東北北部／青森県

北八甲田の東のはずれに、高田大岳とよく似たきれいな円錐形の山が寄り添う親子のようにひっそりと控える。これが雛岳だ。登山口に公共交通機関がないため縦走に組みこむのが難しく、訪れる人の少ない山だ。美しいブナ林と息もつかせぬ急登の先にある山頂からは、すばらしい絶景が広がる。

八甲田東麓の田代平にある3軒の茶屋の裏手が登山口だが、わかりにくいので登る際はそこで尋ねるとよい。（石館宙平）

参考＝分県登山ガイド『青森県の山』（弊社刊）

山頂からは赤倉岳など北八甲田の山々が一望できる

❸ 七時雨山【標高1063m】

東北北部／岩手山

七時雨山は岩手県北部にある双耳峰だ。「一日に七回雨が降る」ことが山名の由来とされるが、それは継母に虐げられた童の死を悲しむ天の神の涙だという。美しい響きの山名に秘められた「水汲み沢の伝説」という悲しい民話がある。登山口は北の田代平高原と南の寺田口。北の牧草地からの往復が一般的だが、北から南の旧鹿角街道へ縦走するのもよい。草原やブナの森、吊り尾根、山頂からの展望、旧街道など、変化に富んだ山歩きが楽しめる。（大友晃）

参考＝分県登山ガイド『岩手県の山』（弊社刊）

田代山からの田代平高原と七時雨山。左奥は岩手山

❹ 沢尻岳【標高1260m】

東北北部／岩手山

沢尻岳は西和賀町沢内の貝沢地区から登る、岩手・秋田県境の山。ブナ林の急登を経て続く稜線の道は、やがてハイマツ帯に小さく開けた山頂に着く。深い谷間から沢音が風に舞って聞こえ、目前に大荒沢岳や登山道のない羽後朝日岳、深く切れこむ大荒沢川越しに山塊の主峰・和賀岳を望む。岩手山や早池峰の眺望もよい。残雪の多い山域で、天候が安定する3月下旬〜5月上旬は雪山登山者に人気の山だ。（藤原直美）

参考＝分県登山ガイド『岩手県の山』（弊社刊）

6月上旬、沢尻岳から和賀岳(右奥)と根菅岳など望む

❺ 太平山【標高1170m（奥岳）】

東北北部／秋田県

秋田市東部に位置する太平山は、秋田市のシンボルとして市民に親しまれている山だ。古くから信仰の山として知られ、男鹿半島や奥羽山脈の山々、そして鳥海山が見渡せる山頂には三吉神社奥宮が鎮座している。旭又登山口を起点に旭又コース、宝蔵岳コースを周回するルートが、天然秋田スギとブナの美林を堪能できておすすめだ。山頂の参籠所に泊まれば、ご来光や日本海に沈む夕陽が楽しめる。（曽根田 卓）

参考＝分県登山ガイド『秋田県の山』（弊社刊）

中岳へのびる稜線。奥には日本海や男鹿半島も見える

❻ 杢蔵山【標高1026m】

東北北部／山形県

杢蔵山は神室連峰の南に位置し、新庄市街の東にどっしりとあり、市民からは日がな望める身近な観天望気の山だ。山屋登山口から戸前川沿いの道に入り、二俣から川を離れて傾斜のきつい道に入る。気持ちのよい草原台地に出ると、杢蔵山荘が迎えてくれる。尾根道に出て、ブナの樹林帯に入り金杢水の水場をやりすごす。樹林帯を抜け、草付きの稜線に出ると山頂はまもなくだ。神室の眺望を楽しもう。（斎藤政広）

参考＝分県登山ガイド『山形県の山』（弊社刊）

山頂間近の稜線から三角山（中央）と新庄市街を望む

⑦荒雄岳【標高984m】

東北南部／宮城県

豊穣のブナ林で知られる荒雄岳は、きれいな楕円形をした鬼首環状盆地の中心に座す。この山の魅力は珍しい地形にあり、国見峠、大柴山、禿岳、須金岳など外輪山が円形に取り囲み、間を江合（荒雄）川が反時計回りに4分の3周、残りを田代川が時計回りに囲む特異な地形をなす。円形地形の成因はカルデラ説や陥没説などがある。このエリアは熱湯や蒸気が噴き出す間欠泉などが見ものとなっている。（仁井田研一）

参考＝分県登山ガイド『宮城県の山』（弊社刊）

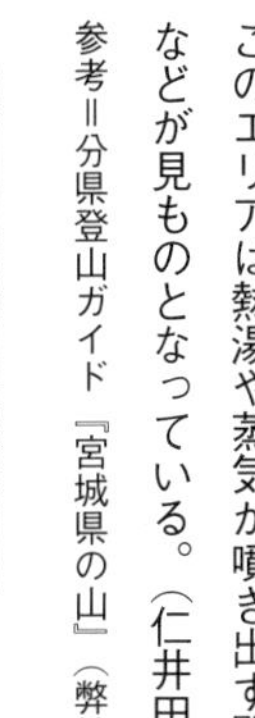

北方の須金岳から見た環状盆地と荒雄岳

⑧七ツ森【標高359m（撫倉山）】

東北南部／宮城県

七ツ森は大和町南川ダムの北から東にかけて6つの山が並び、南に独立した主峰の笹倉山（506m）がある。街に近く民家の裏山的存在でありながら、7つの山をめぐると累積標高差は約1200mにもおよぶ。山間を取り囲み交差する遊歩道を利用すれば登りたい山を選ぶことができ、地図を眺めながらさまざまなオリジナルコースを考えてみるのも楽しみのひとつ。春は花が多く、秋は紅葉も美しい。（福井美津江）

参考＝分県登山ガイド『宮城県の山』（弊社刊）

七ツ森は標高200～300m台の山々を連ねる

⑨船形山【標高1500m】

東北南部／宮城県・山形県

船形山は巨木のブナ林の山である。標高こそ1500mだが奥深い山で、周辺一帯の県立公園（船形連峰／御所山）は1000m以上の名のついた山を24座も有する。かつては白神山地の世界遺産核心部を超える2万haの巨木のブナにおおいつくされていた。その多くが林野庁により伐採されてしまったが、今も日本トップクラスのブナの山だ。宮城・山形県側から多くの登山道があるが、最もブナ林がみごとで東北の山らしさを楽しめる、宮城県側の小野田コースがおすすめ。（早川輝雄）

参考＝分県登山ガイド『宮城県の山』（弊社刊）

船形山のブナ巨木林を行く（小野田コース）

柴倉山からブナ黄葉の奥に御所山を望む

⑩ 御所山【標高1500m】

東北南部／宮城県・山形県

山形・宮城県境にあり、宮城側では船形山とよばれるが、山形側では広く「御所山」と称される。山名の由来は御所（天皇）の隠れ住んだ山の伝説による説と、5カ所の峰を遥拝する「五カ所山」が語源とする説がある。御所山は四方にいくつもの衛星峰を張りめぐらした広い山塊の盟主で、とくに山形側には黒伏山、柴倉山、最上カゴ、仙台カゴといった岩壁・岩峰が美しく広大なブナ林から突出している。（髙橋金雄）

参考＝分県登山ガイド『山形県の山』（弊社刊）

⑪ 朝日連峰のその他のコース2選

山形県・新潟県／朝日連峰

朝日連峰の魅力のひとつには、主稜線に向かって突き上げる支尾根の奥深さがある。本書では、ガイドコースとして紹介できなかった2つの道を紹介する。

まずは新潟側からの唯一の登山道・三面コース。ダムに沈んだ三面の山人衆の猟場だった山々をたどる長大な尾根が主稜線の北寒江山へのびる。岩井又沢源流域に広がる特別保護地区を眺めながら原始的な懐の深さを体感できる。北寒江山から相模山、大上戸山へのピストンだけでもおすすめ。

2つ目は、天狗角力取山から出合川経由でオツボ峰に通じるコースだ。整備されずに荒れていたが、大井沢の先人たちが切り開いた歴史あるコースが2022年秋に地元山岳会などの手により復活した。美しいオツボ峰の滝と独特のエズラ峰を眺めながら以東岳稜線へといたる。（鈴木真一郎）

南麓から霊山岩峰群を見上げる。南側からの周回、湧水の里からの縦走、中間部から登るコースなど多彩なコースがある

⑫ 霊山【標高825m】

東北南部／福島県

貞観元（859）年に修験道の霊山寺として開山された霊山は、天台宗の東北の拠点として栄えたといわれる。南北朝時代には北畠顕家が霊山城を築いて激しい戦いの舞台となり、多くの遺跡が残る。山全体は火山角礫岩、安山岩からなり、奇岩が散在して、この山の特徴をなしている。見た目に反して道はよく整備され展望にも恵まれ、姿かたちによって名づけられた岩を眺めながら、家族連れでも楽しめる。（奥田 博）

参考＝分県登山ガイド『福島県の山』（弊社刊）

⑬猫魔ヶ岳と雄国沼湿原【標高1404m】

東北南部／福島県

猫魔ヶ岳は磐梯山の西に位置し、山頂から見る磐梯山と猪苗代湖、会津盆地の眺めは爽快だ。その西麓にある雄国沼湿原はニッコウキスゲの名所で、6月下旬から7月上旬には湿原一面が真黄色のビタミンカラーに染まり、圧巻の光景。それぞれ単独でも楽しめるが、磐梯山の登山口でもある八方台からブナの原生林の中を猫魔ヶ岳に登り、雄国沼湿原に下り雄国沼を周回するコースがおすすめ。（林 千明）

参考＝分県登山ガイド『福島県の山』（弊社刊）

ニッコウキスゲ咲く雄国沼湿原と猫魔ヶ岳（左）

⑭尾白山【標高1398m】

東北南部／福島県

ヒメサユリという花がある。日本固有のユリで、ピンクの可憐な花を咲かせるが、原生する緯度が決まっている。会津から飯豊連峰までの狭い地域で、その南限が南会津の尾白山といわれている。昔は雨乞いが行なわれた神聖な山で、山頂から周囲の展望が味わえるほか、上部のブナ森がみごと。登山口は南会津町の旧伊南村側に2つあり、途中で合流する。急な登りを重ねるとブナの森になり、山頂付近まで続く。登り3時間、下り1時間40分。（高桑信一）

みごとなブナの山だが、春〜秋にかけてさまざまな花も見られる

⑮唐倉山【標高1176m】

東北南部／福島県

南会津町南郷の唐倉山は、古くからの修験の山として知られる。かつては登山道が整備されておらず、尾根までは灌木につかまりながら登った。岩尾根にはクサリもなく、三点確保と、慎重に岩をつたって山頂に向かったものだった。トビツキ岩などは一体どこに飛びつけばいいのだと、体当たりで挑み、またそれが楽しみでもあった。しかし2009年に登山道が整備され、クサリ場やロープ場が設置されて以来、一般登山者でも難なく登れるようになったのは、喜んでいいものか悩ましいところである。

南郷の青柳バス停から林道木伏椿平線を約2kmたどれば登山口だ。北側にそびえる小柄の山が唐倉山。カヤトの原から急坂を登って尾根に出れば、クサリ場の岩尾根をたどり山頂へ。眺望を楽しんだなら南側の尾根を下り、登山口に戻る。（渡辺徳仁）

参考＝分県登山ガイド『福島県の山』（弊社刊）

東北北部の山へのアクセス

公共交通機関利用

東北新幹線や秋田新幹線、JR各路線の主要駅からバスが発着し容易に登山口に立てる山があるいっぽうで、バスの廃止などで公共交通機関が利用できない山も少なくない。本書で紹介している東北北部の山では、北から岩木山、八甲田山、八幡平、秋田駒ヶ岳、早池峰山、栗駒山などは比較的アクセスに恵まれている。ただし、バスの便数自体は多いとはいえないだけに、往路と復路のどちらかをタクシー利用とすることも考慮したい。

各山の主要登山口への交通機関は以下の通り。

【バス利用】岩木山へはJR奥羽本線弘前駅から弘南バスを利用する。八甲田山へは東北新幹線新青森駅からJRバス東北を利用して各登山口へ。八幡平へは東北新幹線盛岡駅から岩手県北バスを利用。秋田駒ヶ岳へは東北新幹線田沢湖駅から羽後交通バスを利用（烏帽子岳も同様）。早池峰山へは東北新幹線新花巻駅からファミリー観光岩手のバスを利用。栗駒山へは東北新幹線一ノ関駅から岩手県交通バス、同くりこま高原駅からミヤコーバス（秋の土日・祝日のみ）を利用する。

【タクシー利用】白神岳へはJR五能線十二湖駅から、岩手山の主要登山口へは盛岡駅や秋田新幹線雫石駅、姫神山は渋民駅か好摩駅（ともにいわて銀河鉄道）、森吉山は秋田内陸縦貫鉄道阿仁前田温泉駅、和賀岳へは秋田新幹線大曲駅か角館駅、焼石岳へは東北新幹線水沢江刺駅またはJR東北本線水沢駅から、神室山へは山形新幹線新庄駅やJR奥羽本線真室川駅からそれぞれタクシーで入る（各登山口への詳細なアクセスはP212「登山口ガイド」を参照のこと）。

アクセス図 凡例

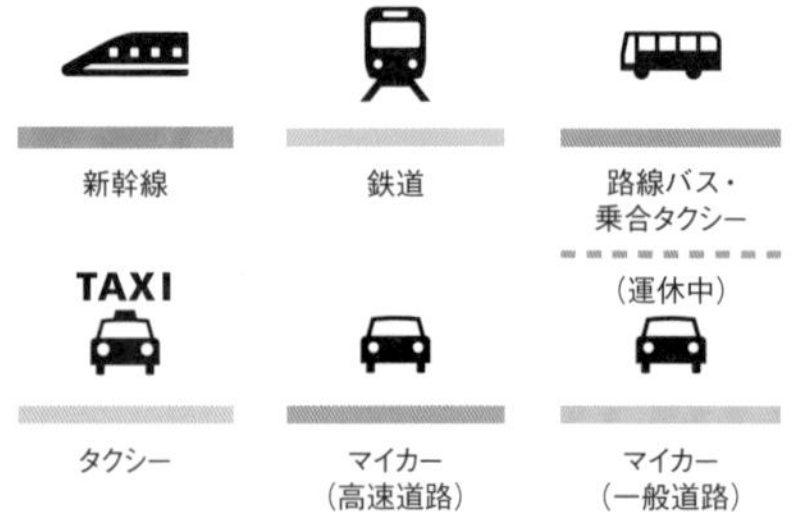

早池峰山・小田越登山口。駐車場はなく、バスもしくは河原の坊の駐車場から徒歩でアクセスする

マイカー利用

最寄り鉄道駅からのアクセス路が長いのが、東北の山の特徴だ。それだけに、時間に制約されることの少ないマイカー利用の登山者が中心となる。何より東北自動車道や秋田自動車道、東北中央自動車道（以降自動車道は「道」として省略）などの高速道路・自動車専用道路が発達し、遠方からでも容易に登山口に立てる。多くの登山口は駐車場も完備されているが、早池峰山や秋田駒ヶ岳、栗駒山では夏の高山植物や紅葉のころにマイカー規制が実施される。多雪地帯だけに、春の山岳道路の開通や秋以降の閉鎖時期にも注意したい。

東北道でアクセスする各山への利用IC（インターチェンジ）は次の通り（カッコ内は登山口名）。

岩木山（岩木山神社／嶽温泉）へは大鰐弘前IC、八甲田山（八甲田ロープウェー山麓駅／酸ヶ湯温泉ほか）へは黒石ICまたは青森道青森中央IC、八幡平（八幡平頂上など）は松尾八幡平IC、岩手山（馬返し／焼走り）へは滝沢ICと西根IC、姫神山（一本杉／こわ坂）へは滝沢IC、秋田駒ヶ岳（八合目登山口）へは盛岡IC、早池峰山（岳／河原の坊）へは花巻IC、焼石岳（中沼登山口／つぶ沼登山口など）へは水沢IC、栗駒山（須川温泉／いわかがみ平）へは一関ICと若柳金成ICが起点。

秋田道を利用する山は、白神岳（白神岳登山口）が能代南IC、森吉山（こめつが山荘／ヒバクラ登山口）が五城目八郎潟ICまたは鷹巣IC、和賀岳（薬師岳登山口）が大曲ICから。

神室山（有屋口／火打新道口）へは東北中央道新庄真室川ICまたは新庄ICからアクセスする（各登山口への詳細なアクセスはP212「登山口ガイド」を参照のこと）。

写真／曽根田卓

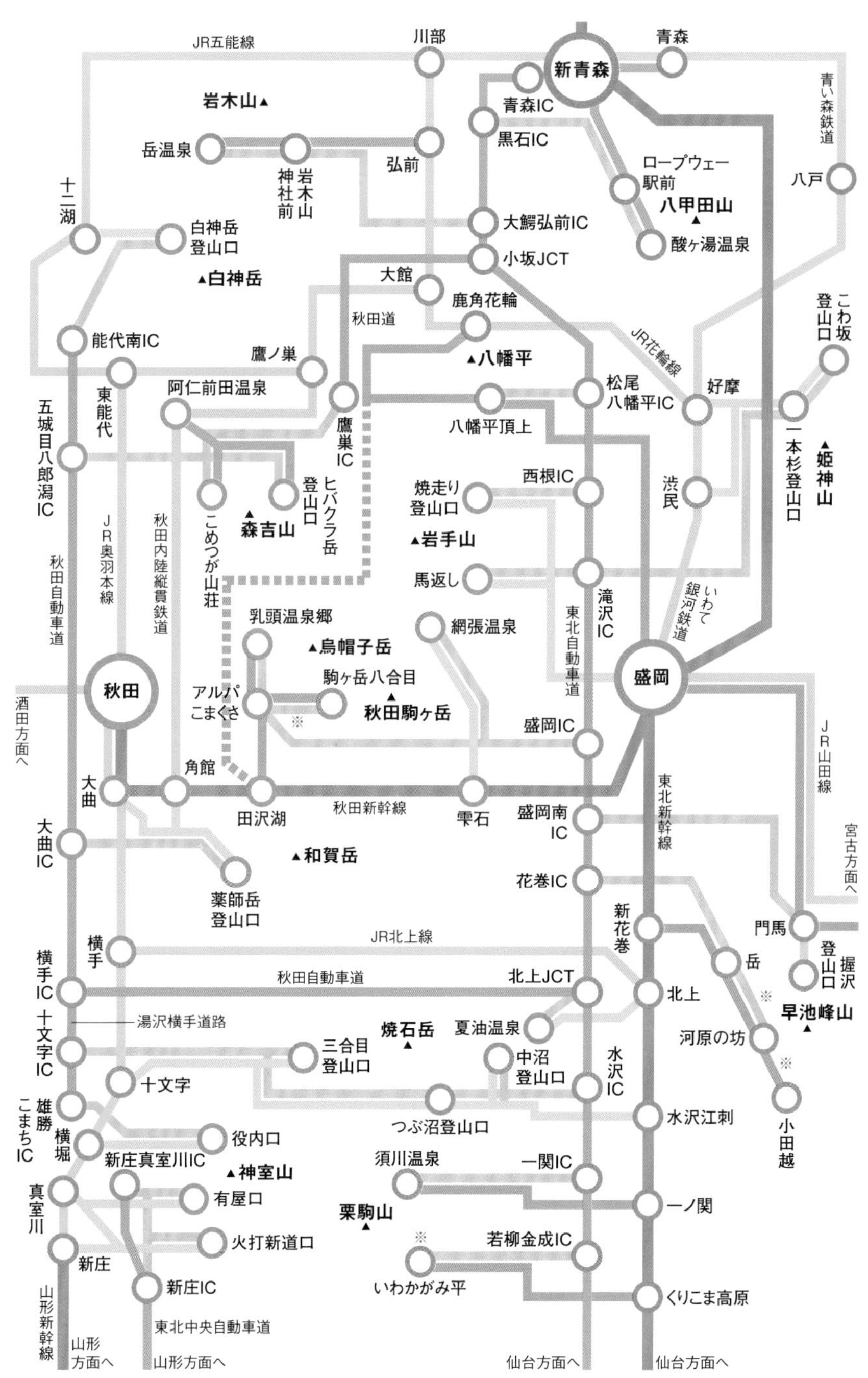

JR五能線
川部
新青森
青森
青い森鉄道
岩木山
青森IC
黒石IC
岳温泉
岩木山神社前
弘前
ロープウェー駅前
八戸
八甲田山
十二湖
大鰐弘前IC
白神岳登山口
酸ヶ湯温泉
小坂JCT
白神岳
大館
鹿角花輪
秋田道
こわ坂登山口
能代南IC
JR花輪線
八幡平
鷹ノ巣
好摩
阿仁前田温泉
松尾八幡平IC
東能代
鷹巣IC
八幡平頂上
五城目八郎潟IC
姫神山
一本杉登山口
西根IC
焼走り登山口
渋民
ヒバクラ岳登山口
こめつが山荘
森吉山
岩手山
JR奥羽本線
秋田内陸縦貫鉄道
馬返し
いわて銀河鉄道
秋田自動車道
滝沢IC
乳頭温泉郷
網張温泉
烏帽子岳
東北自動車道
盛岡
秋田
駒ヶ岳八合目
アルパこまくさ
秋田駒ヶ岳
酒田方面へ
盛岡IC
JR山田線
角館
大曲
田沢湖
秋田新幹線
雫石
東北新幹線
盛岡南IC
大曲IC
和賀岳
宮古方面へ
花巻IC
薬師岳登山口
新花巻
門馬
JR北上線
横手
岳
登山口
握沢
横手IC
秋田自動車道
北上JCT
北上
早池峰山
湯沢横手道路
十文字IC
焼石岳
夏油温泉
河原の坊
三合目登山口
中沼登山口
水沢IC
十文字
雄勝こまちIC
つぶ沼登山口
水沢江刺
小田越
横堀
役内口
新庄真室川IC
神室山
須川温泉
一関IC
真室川
有屋口
一ノ関
栗駒山
火打新道口
若柳金成IC
新庄
いわかがみ平
新庄IC
くりこま高原
※＝マイカー規制あり
山形新幹線
山形方面へ
東北中央自動車道
山形方面へ
仙台方面へ
仙台方面へ

東北南部の山へのアクセス

公共交通機関利用

南部の各山へは、東北新幹線や山形新幹線（飯豊の一部の山は上越新幹線）を利用して主要駅へ向かい、JRの在来線に乗り換える。最寄り駅からのバス便がない場合はタクシーを利用するが、台数の少ない会社も多いため、登山者の多いコースでは事前にタクシーの予約をしておきたい。

各山の主要登山口への交通機関は以下の通り。

【バス利用】 鳥海山の鉾立へはJR羽越本線象潟駅から予約制バス、月山の姥沢へは山形新幹線山形駅から山交バス・庄内交通バスと西川町営バス、月山八合目へはJR羽越本線鶴岡駅から庄内交通バスを利用。摩耶山の倉沢口へはJR鶴岡駅から庄内交通バスを利用。朝日連峰は泡滝ダムへはJR鶴岡駅から庄内交通バスと乗合タクシー（23年の運行未定）で、朝日鉱泉へはJR左沢線左沢駅から会員制タクシーを利用。蔵王連峰はJR山形駅から山交バス、東北新幹線白石蔵王駅からミヤコーバスを利用。飯豊連峰は川入へはJR磐越西線山都駅から登山バス、飯豊山荘へはJR米坂線小国駅から小国町営バスを利用。吾妻連峰は白布温泉へは山形新幹線米沢駅から山交バス、浄土平へは東北新幹線福島駅から福島交通バス（運休中）を利用。安達太良山の奥岳へはJR東北本線二本松駅から福島交通バス、磐梯山の裏磐梯高原へはJR磐越西線猪苗代駅から磐梯東都バスを利用。

【タクシー利用】 鳥海山の滝ノ小屋登山口へはJR羽越本線酒田駅、朝日連峰の旧古寺鉱泉へはJR左沢駅、飯豊連峰の奥胎内ヒュッテへはJR羽越本線中条駅から、磐梯山の猪苗代登山口へはJR猪苗代駅からそれぞれタクシーを利用する。

アクセス図 凡例

山形新幹線は西吾妻山や月山、朝日連峰、蔵王連峰など、東北南部の主要山域への重要な交通機関だ

マイカー利用

前ページの北部同様高速道路網が発達し、東北自動車道や山形自動車道、東北中央自動車道、日本海東北自動車道、磐越自動車道で各登山口へアクセスできる。人気コースであればアクセス道路や登山口の駐車場がよく整備されているが、朝日連峰の泡滝ダムや朝日鉱泉などのように、登山者が多いわりに駐車場の収容台数があまり多くないところもある。朝日・飯豊連峰や鳥海山、月山などでは、運行代行業者に下山口へのマイカーの回送を依頼すれば、マイカー利用でも縦走登山が可能となり、楽しみが倍増する。

各山の主要登山口への利用ICは以下の通り。

鳥海山の鉾立へは日本海東北道遊佐比子ICか象潟IC、滝ノ小屋登山口へは同酒田みなとICから。月山の姥沢へは山形道月山IC、月山八合目へは同鶴岡ICか庄内あさひICから。摩耶山の倉沢登山口へは山形道庄内あさひIC、越沢登山口へは日本海東北道あつみ温泉ICから。朝日連峰へは山形道でアクセスする（朝日鉱泉と旧古寺鉱泉、障子ヶ岳登山口へは月山IC、泡滝ダムへは庄内あさひICから）。蔵王連峰へは、山形県側からは東北中央道山形上山IC、宮城県側からは東北道白石ICから各登山口へ。飯豊連峰へは、川入へは磐越道会津坂下IC、飯豊山荘へは東北中央道米沢北ICまたは日本海東北道荒川胎内IC、奥胎内ヒュッテへは日本海東北道中条ICから。吾妻連峰は、白布温泉へは東北中央道米沢八幡原IC、浄土平へは東北道福島西ICから。安達太良山の奥岳へは東北道二本松IC、磐梯山の猪苗代登山口と裏磐梯高原へは磐越道猪苗代磐梯高原ICから（各登山口への詳細なアクセスはP212「登山口ガイド」を参照のこと）。

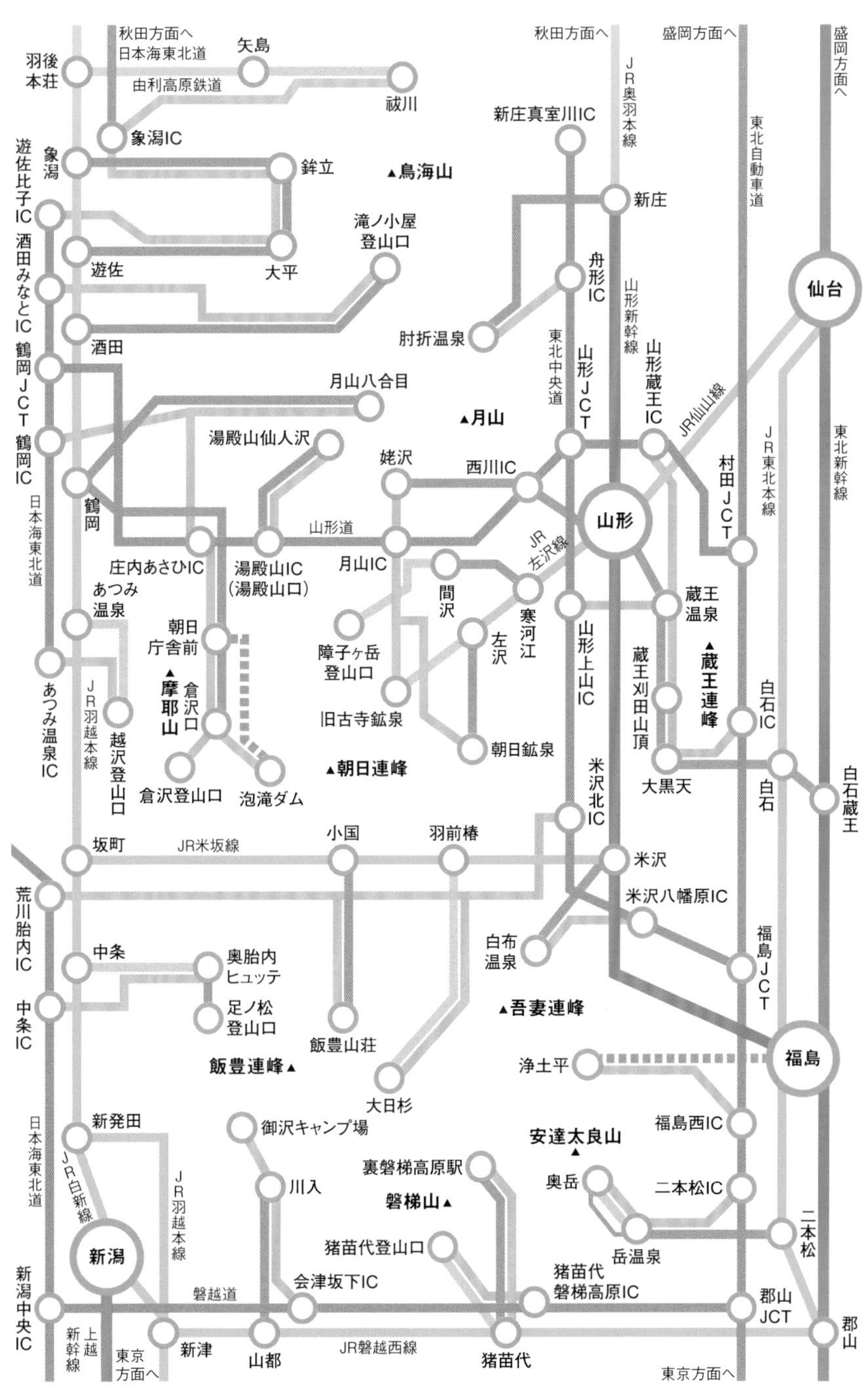
秋田方面へ
日本海東北道
羽後本荘
矢島
由利高原鉄道
祓川
象潟IC
象潟
鉾立
鳥海山
遊佐比子IC
遊佐
大平
滝ノ小屋登山口
酒田みなとIC
酒田
鶴岡JCT
鶴岡IC
鶴岡
月山八合目
月山
湯殿山仙人沢
姥沢
西川IC
山形道
庄内あさひIC
湯殿山IC（湯殿山口）
月山IC
間沢
寒河江
左沢
JR左沢線
障子ヶ岳登山口
旧古寺鉱泉
朝日鉱泉
朝日連峰
あつみ温泉
あつみ温泉IC
朝日庁舎前
摩耶山
倉沢口
倉沢登山口
泡滝ダム
越沢登山口
JR羽越本線
日本海東北道
坂町
JR米坂線
小国
羽前椿
荒川胎内IC
中条
奥胎内ヒュッテ
足ノ松登山口
中条IC
飯豊山荘
飯豊連峰
大日杉
新発田
JR白新線
JR羽越本線
新潟
新潟中央IC
上越新幹線
東京方面へ
新津
磐越道
御沢キャンプ場
川入
会津坂下IC
山都
JR磐越西線
裏磐梯高原駅
磐梯山
猪苗代登山口
猪苗代
猪苗代磐梯高原IC
秋田方面へ
JR奥羽本線
新庄真室川IC
新庄
舟形IC
肘折温泉
山形新幹線
東北中央道
山形JCT
山形蔵王IC
JR仙山線
山形
蔵王温泉
蔵王連峰
山形上山IC
蔵王刈田山頂
大黒天
米沢北IC
米沢
米沢八幡原IC
白布温泉
吾妻連峰
浄土平
福島
安達太良山
奥岳
岳温泉
盛岡方面へ
東北自動車道
村田JCT
白石IC
白石
福島JCT
福島西IC
二本松IC
郡山JCT
東京方面へ
盛岡方面へ
仙台
JR東北本線
東北新幹線
白石蔵王
二本松
郡山

東北の山の主要登山口ガイド

岩木山の主要登山口

標高約175m（岩木山神社）約460m（嶽温泉）岩木山方面

各登山口に駐車場がある。岩木山神社正面の駐車場は神社参拝者用につき、すぐ先左側の百沢駐車場を利用すること。

●岩木山方面へのバスは1日7便。シーズン中は岳温泉前バス停から岩木山八合目までシャトルバスが運行（30分・1000円）。大石赤倉コースの登山口・赤倉山神社へは弘前駅からタクシーを利用（約40分・約6500円）。マイカーの場合は東北道大鰐弘前ICから県道127・30号などでアクセスする（駐車場あり）。

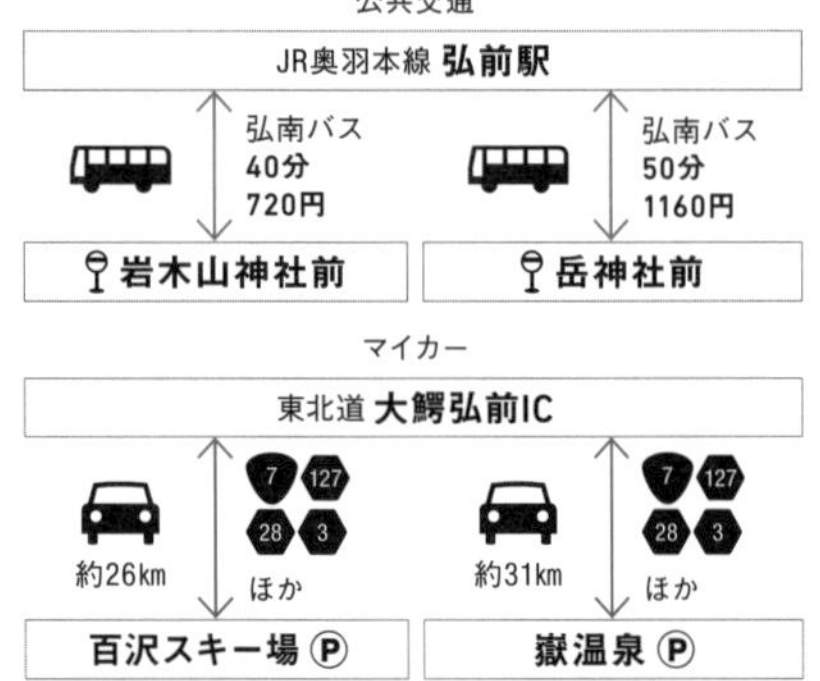

八甲田山①

標高約895m（酸ヶ湯）八甲田大岳方面

公共交通の場合は、東北新幹線新青森駅からJRバス東北に乗車し、ロープウェー駅前、酸ヶ湯温泉でそれぞれ下車する。

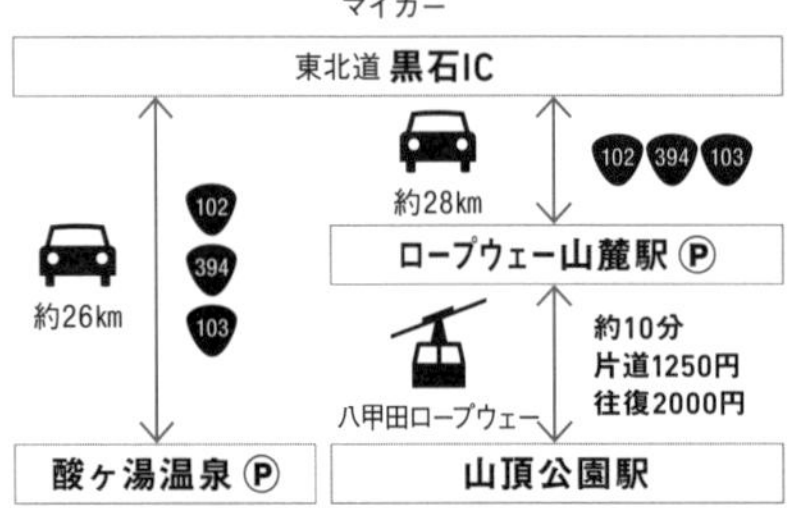

白神岳登山口

標高約190m 白神岳方面

JR五能線白神岳登山口駅が最寄り駅。タクシー利用の際は予約をしておくこと。駅から登山口まで歩けば40〜50分。登山口には約70台分の駐車場やトイレ、休憩棟がある。

※タクシーは十二湖駅からのみ利用可（要予約）

一本杉登山口

標高約515m 姫神山方面

日本三百名山・姫神山のメイン登山口。2カ所・計150台以上の駐車場とトイレ、水道、キャンプ場などがある（施設は無料・トイレと水道は5〜11月の間のみ使用可）。

※タクシーはIGRいわて銀河鉄道渋民駅からも利用可

八甲田山②

標高約870m（猿倉温泉）高田大岳・櫛ヶ峰方面

Map 2

谷地温泉は高田大岳、猿倉温泉は櫛ヶ峰への起点。公共交通の場合はともに新青森駅からJRバス東北が利用できる。駐車場は谷地温泉が約10台、猿倉温泉が約5台（ともに無料）。

八幡平（はちまんたい）の主要登山口

Map 3

標高約1540m（八幡平頂上バス停） 八幡平・裏岩手縦走路方面

公共交通機関は東北新幹線盛岡駅からの岩手県北バスがあるが、便数が少ないため、上手にプランを立てる必要がある。遠方からの場合は、周辺の温泉宿に前泊するプランを立てるとよい。

●バスは松尾鉱山資料館で乗り換えるが、1便のみ八幡平頂上へ直行する（八幡平自然散策バス・松川温泉経由）。秋田側からはJR花輪線鹿角花輪駅方面から大深温泉・蒸ノ湯経由八幡平頂上行のバス「八郎太郎号」が運行（乗車前日の17時までに十和田タクシー ℡0186-35-2166へ要予約）。

駐車場は八幡平頂上が約100台、茶臼口が約5台、蒸ノ湯入口が約20台（いずれも無料）

岩手山（いわてさん）の主要登山口

標高約610m（馬返し）、約570m（焼走り登山口）、約760m（網張温泉）、約610m（御神坂駐車場）、約870m（松川登山口） 岩手山方面

各登山口へのバス便は松川温泉以外ないので、タクシーもしくはレンタカーの利用も検討したい。登山口は駐車場が整備されている。

●盛岡駅からタクシーを利用する場合、登山口の馬返しまで約40分・約7000円、焼走りまで約50分・約9000円。雫石駅から網張温泉へは約30分・約6500円。松川温泉へは盛岡駅から岩手県北バスが運行。駐車場は馬返しが約250台、焼走り登山口が約150台、網張温泉が200台以上収容できる。

秋田駒ヶ岳（あきたこまがたけ）の主要登山口

標高約1305m（駒ヶ岳八合目）・約775m（乳頭温泉） 秋田駒ヶ岳・烏帽子岳方面

秋田駒ヶ岳登山口の駒ヶ岳八合目と烏帽子岳（乳頭山）の起点・乳頭温泉へは、田沢湖駅からバスが運行している。駒ヶ岳八合目へはマイカー規制（右記参照）があり、西麓のアルパこまくさ（立ち寄り入浴可）でバスに乗り換えることになる。

●駒ヶ岳八合目へのマイカー規制期間は6月〜10月20日の土日祝と6月21日〜8月15日の平日。この間は田沢湖駅〜駒ヶ岳八合目間のバスの運行期間でもある。乳頭温泉には休暇村乳頭温泉郷の第2駐車場（約25台）と、大釜温泉から右の林道に入ったところに数台の駐車スペースがある。アルパこまくさの駐車場は約240台収容。

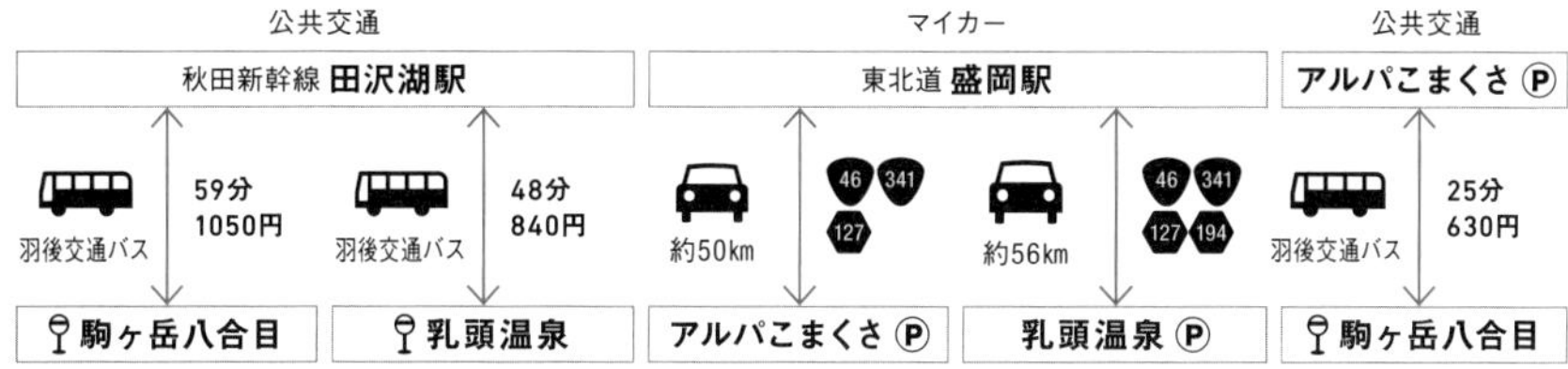

薬師岳登山口
標高約370m
和賀岳方面

登山口へのバスはなく、タクシーやレンタカーを利用する。秋田新幹線大曲駅からタクシー利用の場合は約50分・約1万3500円。登山口には約15台分の駐車場とトイレがある。

公共交通
秋田新幹線 **角館駅**
TAXI
タクシー
約45分
約8500円

マイカー
秋田道 **大曲IC**
約37km
105 50
真木林道ほか

薬師岳登山口 Ⓟ

森吉山
標高約745m（こめつが山荘）
森吉山方面

公共交通の場合、秋田内陸縦貫鉄道阿仁前田温泉駅からタクシーまたは6〜10月運行の森吉山周遊乗合タクシー（要予約）で各登山口へ（割沢森登山口への乗合タクシーはない）。

※割沢森登山口へは五城目八郎潟ICから約78km

早池峰山の主要登山口

標高約1250m（小田越）／約510m（岳）　早池峰山・薬師岳・鶏頭山方面

メイン登山口の小田越へは西麓の岳からマイカー規制（右記参照）が行なわれるため、期間中は岳の無料駐車場（100台以上・トイレあり）に車を停めてシャトルバスに乗り換えることになる。

●マイカー規制期間は6月第2日曜〜8月第1日曜の間の土日祝（時間は5〜13時）。新花巻駅からの直行バス（要予約）の運行期間は6〜9月の14日間で、期間外はタクシーを利用する。小田越には駐車場がないので、マイカー規制期間外は河原の坊（約50台・無料）に駐車し、徒歩で移動する。

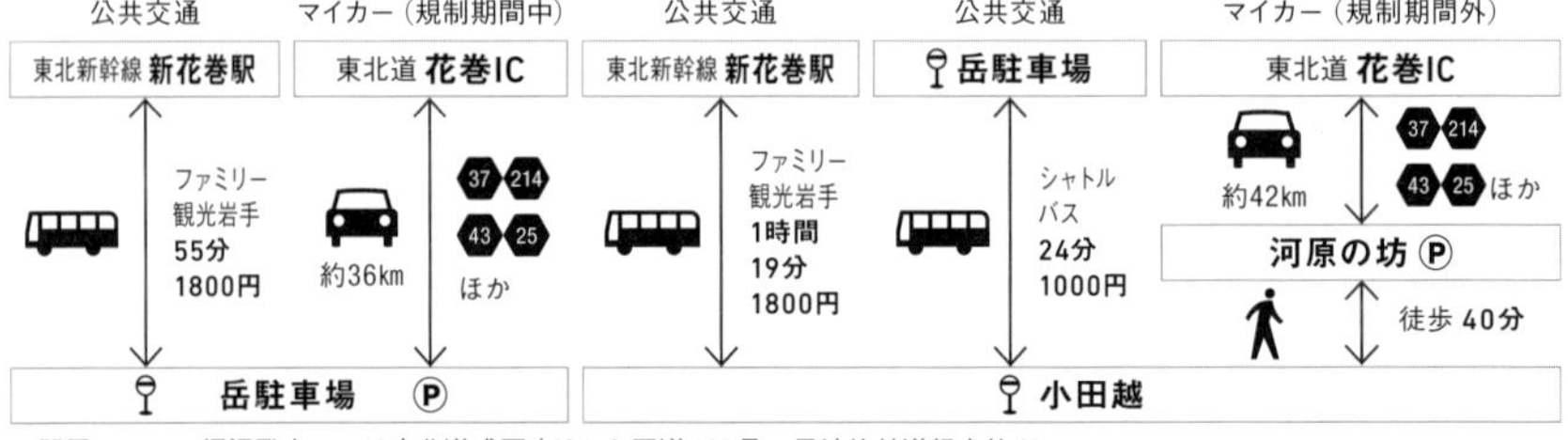

※門馬コースの握沢登山口へは東北道盛岡南ICから国道106号・早池峰林道経由約40km

焼石岳の主要登山口

標高約720m（中沼登山口）／約445m（つぶ沼登山口）／約565m（夏油温泉）
約930m（三合目登山口）　焼石岳方面

岩手側県の中沼とつぶ沼、夏油温泉、秋田県側の三合目登山口へは、いずれもマイカーもしくはタクシーでのアクセスとなる。

●各登山口へのタクシーの所要時間と料金は次のとおり。中沼登山口＝東北新幹線水沢江刺駅から約1時間10分・約1万1000円、つぶ沼登山口＝同駅から約1時間・約1万円、三合目登山口＝同駅から約1時間45分・約1万8000円、夏油温泉＝東北新幹線北上駅から約1時間・約9000円。

※中沼登山口とつぶ沼キャンプ場は約40台、三合目登山口は約20台、夏油温泉は約30台駐車可

栗駒山(くりこまやま)の主要登山口

標高約1115m（いわかがみ平）／約1120m（須川温泉）
約620m（湯浜温泉） 栗駒山方面

宮城県側のメイン登山口・いわかがみ平と岩手県側のメイン登山口・須川温泉へはバスが運行している（前者は秋のみの運行）。

●いわかがみ平行バス「紅葉号」の運行期間は9月中旬〜10月上旬の土日祝で1日1便。期間外はくりこま高原駅からタクシーを利用する（約1時間10分・約1万3000円）。須川温泉行の岩手県交通バスは1日2便。湯浜温泉へタクシー利用の場合はくりこま高原駅から約1時間・約1万2000円。

＊いわかがみ平は9月下旬〜10月中旬の間マイカー規制があり、3.5km手前のいこいの村栗駒跡でシャトルバスに乗り換える

神室山(かむろさん)の主要登山口

標高約400m（有屋登山口）／約345m（火打新道登山口）
約415m（役内登山口） 神室山・火打岳方面

有屋口、火打新道口、役内口ともに手前の集落までバスや乗合タクシーがあるが便数が少なく、タクシーやマイカーでアクセスする。

●タクシーの場合、有屋口はJR奥羽本線真室川駅から約30分・約5700円、火打新道口は山形新幹線新庄駅から約30分・約6000円、役内口はJR奥羽本線横堀駅から約30分・約5000円。駐車場は有屋口が2カ所計25台、火打新道口が約5台、役内口が約20台。いずれも無料でトイレなし。

月山(がっさん)

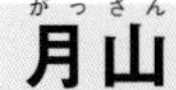

標高約1155m（姥沢）／約1380m（月山八合目）
約925m（仙人沢駐車場） 月山方面

各登山口ともバスが利用でき、アクセスは便利。ただし月山八合目行バスは7月1日〜9月下旬の運行。日帰り登山者が多いが、姥沢の宿泊施設や6km手前の志津温泉に前泊すれば余裕がもてる（宿によっては志津から姥沢までの送迎もしてもらえる）。

●サブコースの仙人沢駐車場へは、マイカーは月山ICから約14km、バスは山形駅から山交・庄交の高速バスで湯殿山口へ行き、予約制送迎バス（15分・無料）に乗り換える。肘折温泉へは、マイカーは東北中央道舟形ICから約27kmで肘折登山口へ、バスは新庄駅から大蔵村営バス（55分・600円）を利用。

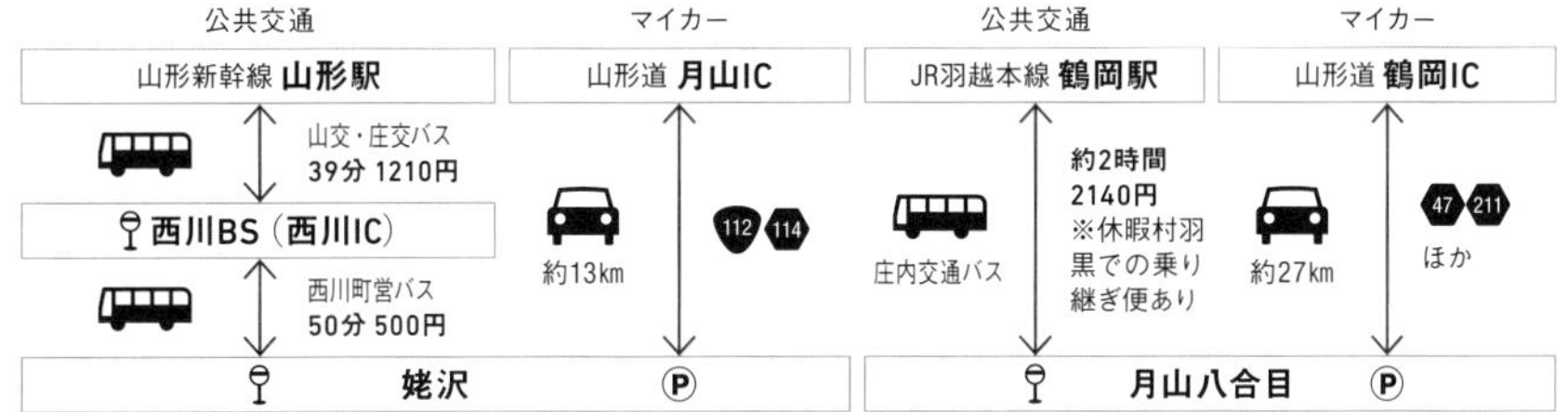

鳥海山(ちょうかいさん)の主要登山口

標高約1160m（鉾立）／約1205m（滝ノ小屋登山口）
約1175m（祓川登山口）　鳥海山・笙ヶ岳方面

鳥海山には数多くの登山道があるが、人気の高い象潟口（鉾立）や湯ノ台口（滝ノ小屋登山口）へはJR羽越本線の特急が停車する象潟駅や酒田駅、遊佐駅から乗合バスや乗合タクシーが運行され、タクシー利用に比べて費用が抑えられる。もちろん各登山口には駐車場が整備され、トイレもある。

※鳥海ブルーライナーの運行期間は6月～10月第2週の土日祝

●鉾立へは象潟駅からの鳥海ブルーライナーのほか、遊佐駅から酒田合同タクシーと酒田第一タクシーが乗合タクシーを運行（50分・3200～3300円、要予約）。酒田駅～滝ノ小屋登山口間にも両社の乗合タクシーがある（1時間・4500～4700円、要予約）。また酒田第一タクシーは、鉾立～滝ノ小屋登山口（逆区間も可）間の運転代行も行なっている（約18000円、要予約）

●サブコースの大平（吹浦口）へは鳥海ブルーライナー（40分・3000円）のほか、上記の乗合タクシー（40分・3200～3300円）も経由する。マイカーの場合は日本海東北道遊佐比子ICから約26km。一ノ滝駐車場へは、タクシーは遊佐駅から乗車する（約20分・約4500円）。マイカーは遊佐比子ICから約18km。大清水（百宅口）へは、タクシーは矢島駅から乗車する（約50分・約1万1500円）。マイカーは東北中央道雄勝こまちICから約50km。

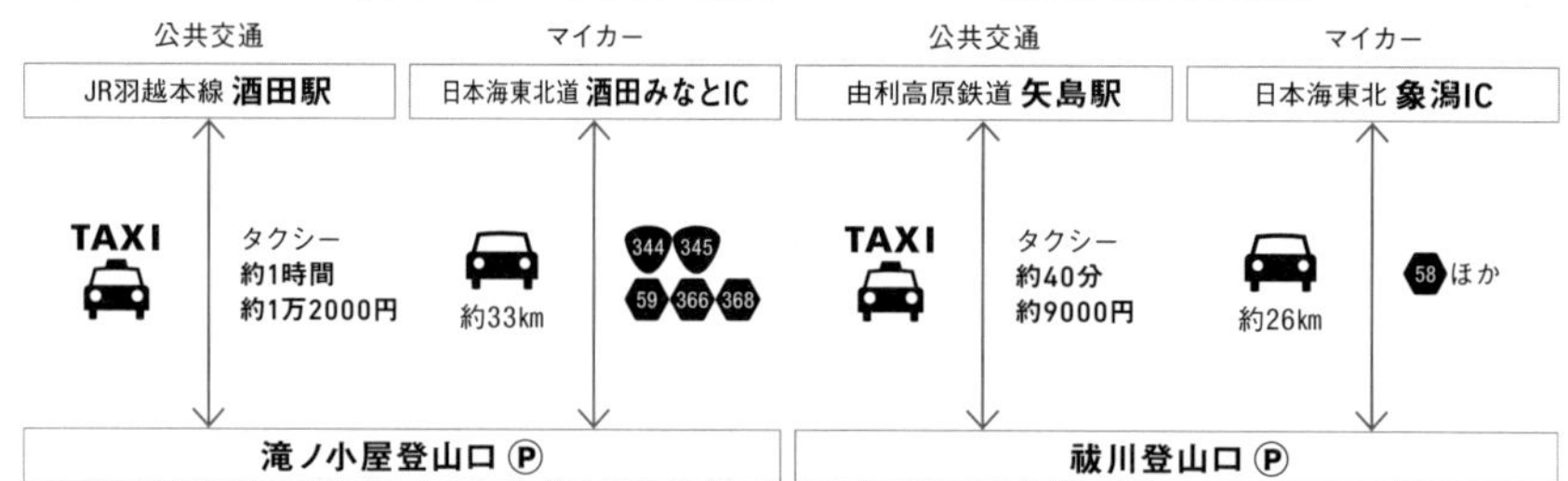

摩耶山(まやさん)

標高約180m（倉沢口バス停）／約280m（越沢登山口）　摩耶山方面

入山時、下山時ともにアクセスにはバスが利用できるが、便数が少ないので、タクシー利用が現実的。その場合は登山口まで直接入れば時間が短縮できる。

●朝日地域市営バスは平日と土曜運行（土曜は23年4月以降未定）。日曜はタクシーで倉沢登山口へ（約50分・約1万1500円）。越沢バス停から鶴岡駅行の庄内交通バス（1時間7分・1310円）があるが13時40分発が最終。駐車場は倉沢登山口が約10台、越沢登山口は約20台。ともにトイレはない。

※庄内交通バスと朝日地域市営バスとの乗り継ぎ割引（100円）あり

朝日(あさひ)連峰

標高約520m（泡滝ダム）／約555m（朝日鉱泉）／約660m（旧古寺鉱泉）
約560m（障子ヶ岳登山口）　以東岳・大朝日岳・障子ヶ岳・祝瓶山方面

以東岳への泡滝ダム、大朝日岳への朝日鉱泉、障子ヶ岳への大井沢へはバスが利用できるが、便数は少ない。下山後のバスの時刻を考慮したプランニングを立てる必要がある。人数が多ければ、タクシーを利用してもよいだろう。基本的にはマイカー登山のエリアだけに、駐車場はどの登山口にも完備されている。

●サブコースの日暮沢小屋へ西川町間沢からタクシー約50分・約1万1000円、マイカーは月山ICから約18km。祝瓶山荘へ山形鉄道フラワー長井線長井駅からタクシー約1時間・約9000円、マイカーは東北中央道南陽高畠ICから約40km。五味沢へ小国町営バス35〜55分・200円。マイカーは東北中央道米沢北ICから大石橋へ約69km。

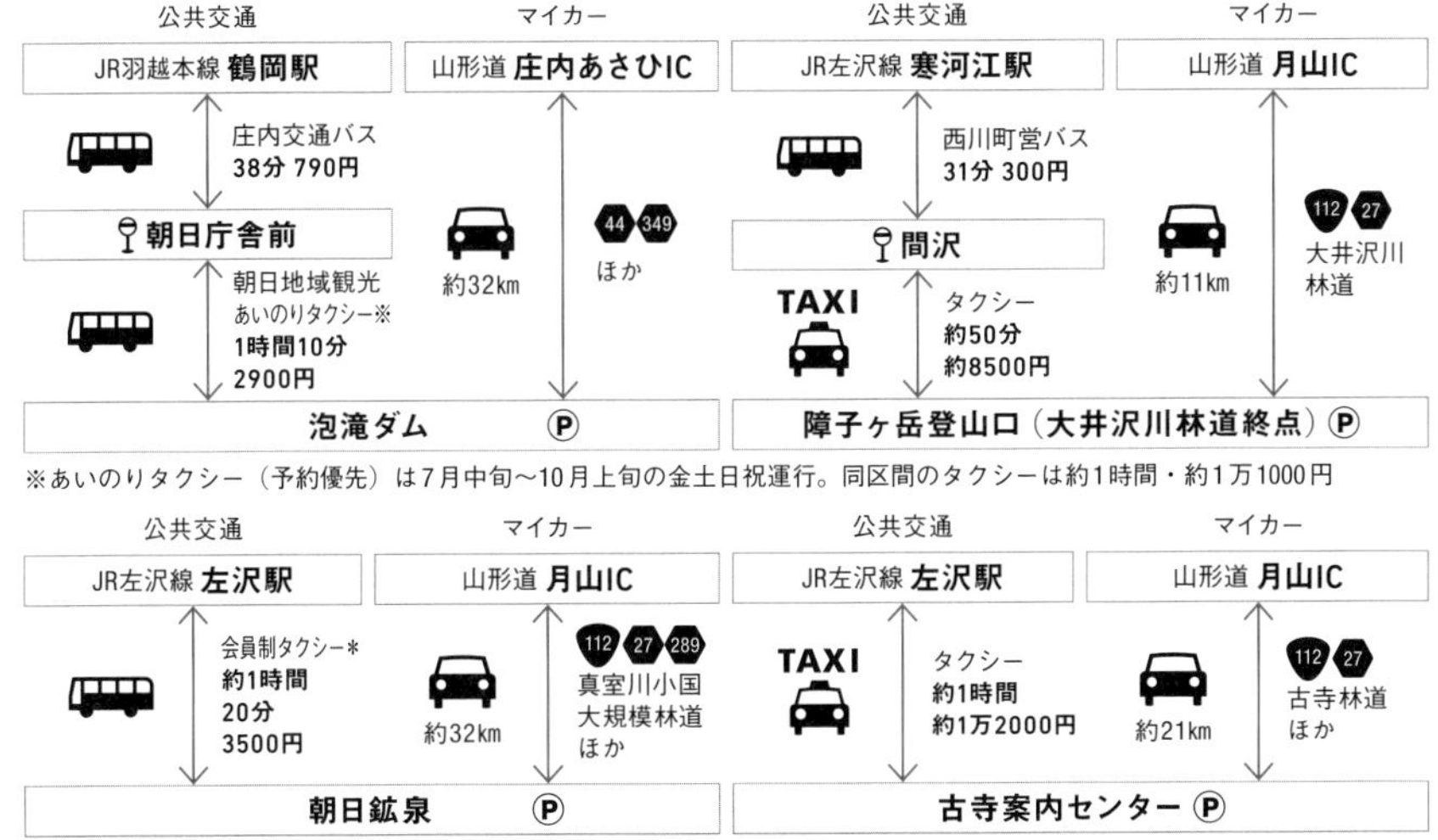

※あいのりタクシー（予約優先）は7月中旬〜10月上旬の金土日祝運行。同区間のタクシーは約1時間・約1万1000円

※会員制タクシー（9月以降は要予約）は7月下旬〜10月上旬の特定日運行。同区間のタクシーは約1時間・約1万1000円

蔵王(ざおう)連峰①

標高約850m（蔵王山麓駅）／約905m（笹谷峠）　熊野岳・雁戸山方面

熊野岳や雁戸山といった中央蔵王、北蔵王エリアの登山口。とくに中央蔵王はバスの本数が多いうえロープウェイもあり、無理なく蔵王連峰の主峰・熊野岳の山頂に立つことができる。

●蔵王ロープウェイの運行時間は8時30分〜17時（山頂線は8時45分〜16時45分）。山形駅から笹谷峠へタクシー利用の場合は約35分・約6500円。駐車場は蔵王山麓駅前に100台以上、笹谷峠に約40台分。

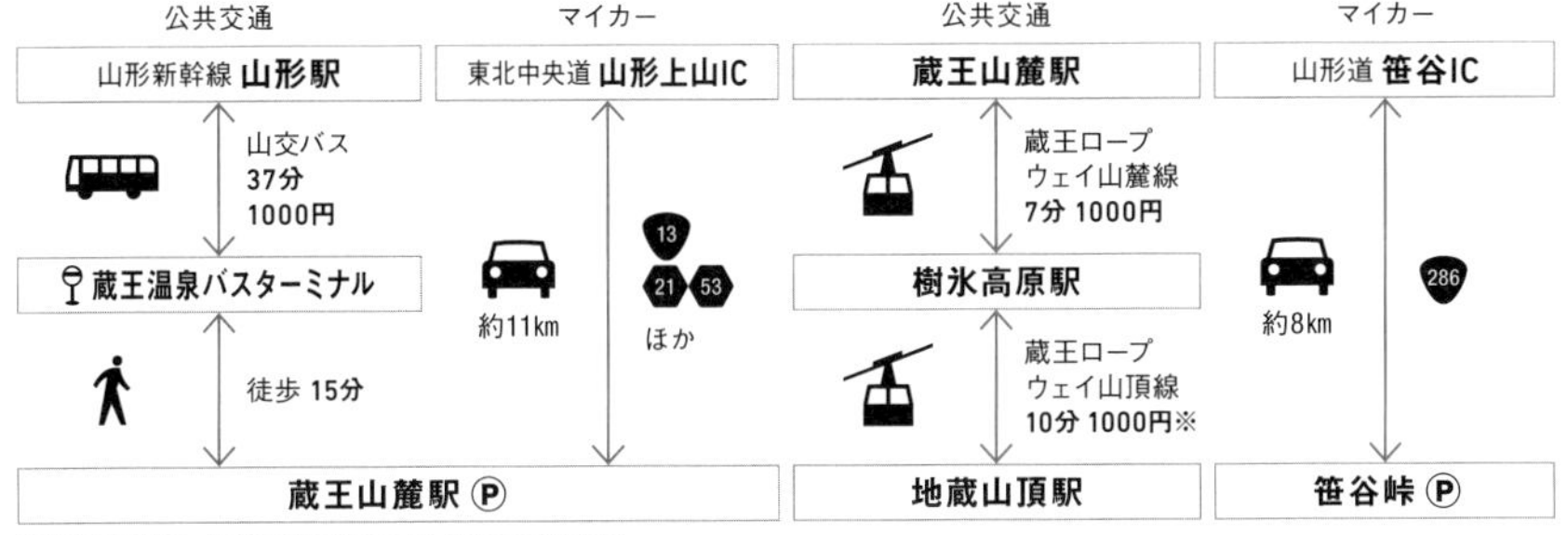

※蔵王山麓駅〜地蔵山頂駅間の通し料金は1800円

蔵王連峰②

標高約1455m（大黒天バス停）
熊野岳・屏風岳・不忘山方面

中央蔵王への南の起点となる大黒天バス停や南蔵王の屏風山登山口となる刈田峠へはバス便があるが、1日1便と極端に少ないので、タクシー利用も考慮したい。南蔵王の不忘山登山口となるみやぎ蔵王白石スキー場へはタクシーでアクセスする。

●大黒天へは東北新幹線白石蔵王駅からミヤコーバス1時間29分・1780円、刈田峠へは同バス1時間34分・1870円。バスは1日1便で、土日祝のみ運行。大黒天発のバスは13時過ぎなので、間に合わない場合は遠刈田温泉からタクシーをよぶ。白石スキー場へは白石蔵王駅からタクシー約30分・約7000円。

＊刈田峠へは東北中央道山形上山ICからもアクセス可（約27km）

飯豊連峰

標高約470m（川入バス停）／約610m（大日杉）／約405m（飯豊山荘）
約465m（足ノ松登山口）　飯豊本山・大日岳・北股岳・杁差岳方面

福島県側の川入や山形県側の飯豊山荘といった代表的な登山口にはバスが運行されているが、運行期間や曜日が限定されており、タクシー利用も考慮する必要がある。マイカー利用の場合、飯豊山荘へは新潟県側の日本海東北道荒川胎内ICから国道113号経由で入る方法もある（P217の朝日連峰・大石橋も同様）。

●川入への登山バスは7月中旬～9月中旬の金～月曜運行で1日2便。足ノ松登山口への乗合タクシーは6月上旬～9月下旬の土日祝運行で1日3便（足ノ松登山口発の最終は15時30分）。飯豊山荘への小国町営バスは7～8月運行。駐車場は御沢キャンプ場が約70台、大日杉が約50台、飯豊山荘が約50台、奥胎内ヒュッテが約30台（いずれも無料）。

※御沢キャンプ場～御沢登山口間は徒歩15分。
山都駅からタクシー利用の場合は御沢キャンプ場（約40分・約9000円）まで入るとよい

※小国駅～飯豊山荘間のタクシーは約40分・約9500円

吾妻(あづま)連峰の主要登山口

標高約1575m（浄土平）／約830m（白布温泉）　東吾妻山・西吾妻山方面

東吾妻山や吾妻連峰縦走の拠点・浄土平、西吾妻山の山形県側の拠点・白布温泉ともにバス便が利用できるが、浄土平へのバスは22年現在運休のため、タクシーを利用することになる。

●浄土平への福島交通バス(約1時間30分）は長期運休中で、23年以降の運行は未定。米沢駅～白布温泉間のバスは1日5～8便。マイカーで白布温泉にアクセスする際は、白布温泉には駐車場がないので、1km先の天元台ロープウェイ湯元駅の無料駐車場を利用する。浄土平の駐車場も無料。

安達太良山(あだたらやま)

標高約950m（奥岳）／約770m（塩沢温泉）／約1180m（野地温泉）
約1125m（沼尻登山口）　安達太良山・箕輪山方面

登山拠点の奥岳は1000台以上の駐車場や入浴施設の奥岳の湯などがある。二本松駅からのバスは平日の1便で、休日は岳温泉からタクシーを利用するか、シーズン中の土日祝に運行される臨時バスを利用する。

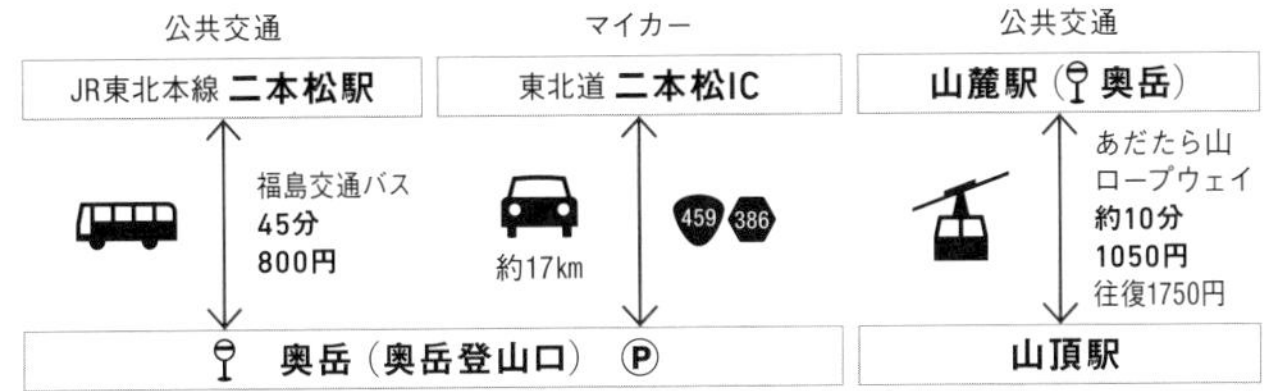

※ロープウェイの営業期間は4～11月で、始発は8時30分

●岳温泉～奥岳間のタクシーは約10分・約2500円。臨時バス（5月と10月～11月上旬運行）は二本松駅発が1日1便、岳温泉発（20分・300円）は1日2便。復路は奥岳～岳温泉間のみ運行。サブコースの塩沢登山口へは二本松駅から福島交通バスが運行。野地温泉へは福島駅から、沼尻登山口へはJR磐越西線苗代駅からタクシーでアクセスする（いずれも駐車場あり）。

磐梯山(ばんだいさん)

標高約900m（裏磐梯スキー場）／約690m（猪苗代登山口）
約1195m（八方台）　磐梯山方面

裏磐梯コースの裏磐梯スキー場へは猪苗代駅からバスを利用する。マイカー利用の場合は車を裏磐梯スキー場に置き、猪苗代登山口への縦走後にタクシー（約30分・約8000円）で戻ってもよい。

●タクシーで直接裏磐梯スキー場へ向かってもよい（約30分・約8000円）。サブコースの八方台へはJR磐越西線磐梯町駅からタクシー約25分・約6000円。マイカーの場合は磐越道磐梯河東ICから県道7・64号経由約16km。

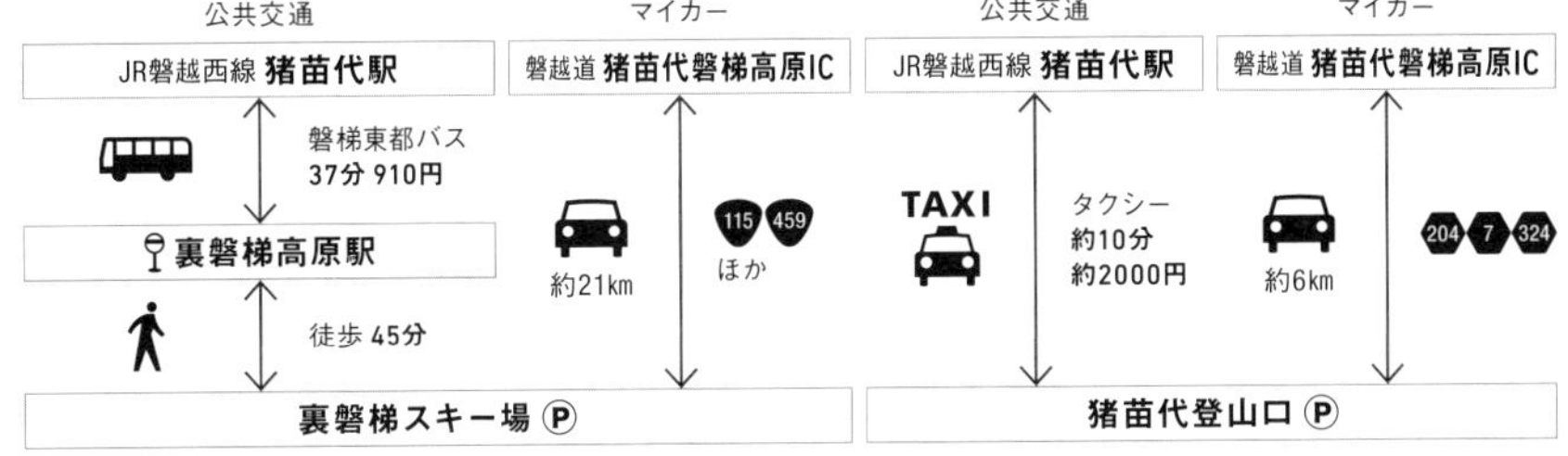

主な山小屋・宿泊施設一覧

＊山小屋や旅館・ホテルの宿泊は基本的に予約が必要です。各施設の料金や初期時の提供の有無などはホームページをご覧ください。＊掲載の営業期間や入浴料金などの情報は、本書の発行日時点のもので、発行後に変更になることがあります。

凡例＝①収容人数 ②営業期間 ③水場の有無 ④日帰り入浴の可否（カッコ内は料金） ⑤ホームページの有無 ⑥備考
△＝シーズン中管理人在駐（素泊まり） ▲＝避難小屋（通年利用可・無人。宿泊は緊急時のみ） 電話番号末尾の＊は問合せ先が県庁・市町村役場など

東北北部の山

■岩木山 …… Map 1左

焼止りヒュッテ▲	℡0172-83-3000*	①10人 ③あり（30分・錫杖清水） ⑥トイレあり
鳳鳴ヒュッテ▲	℡0172-83-3000*	①4人 ③あり（30分・錫杖清水）
岩木山頂避難小屋▲	℡0172-83-3000*	①10人 ③なし ⑥トイレあり
アソベの森 いわき荘	℡0172-83-2215	①121人 ②通年 ④可（550円） ⑤あり
嶽温泉郷（7軒）	℡0172-83-3000*	①415人 ②通年 ④可（300～550円） ⑤あり
百沢温泉郷（8軒）	℡0172-83-3000*	①330人 ②通年 ④可（300～550円） ⑤あり
湯段温泉郷（2軒）	℡0172-83-3000*	①28人 ②通年 ④可（350円） ⑤あり

■白神岳 …… Map 1右

白神岳大周満天避難小屋▲	℡0173-74-2111*	①30人 ③なし ⑥トイレあり

■八甲田山 …… Map 2

仙人岱避難小屋▲	℡017-734-9387*	①20人 ③あり（2分・八甲田清水） ⑥トイレあり
大岳避難小屋▲	℡017-734-9387*	①20人 ③なし ⑥トイレあり
八甲田山荘	℡017-728-1512	①40人 ②通年 ⑤あり ⑥登山ガイド常駐
酸ヶ湯温泉旅館	℡017-738-6400	①150人 ②通年 ④可（1000円） ⑤あり
HOTEL Jogakura	℡017-738-0658	①100人 ②通年 ④可（1000円） ⑤あり
八甲田ホテル	℡017-728-2000	①145人 ②通年 ⑤あり
元湯猿倉温泉	℡080-5227-1296	①25人 ②4/下～10/末 ④可（500円、土日祝のみ） ⑤あり
谷地温泉	℡0176-74-1181	①90人 ②通年 ④可（800円） ⑤あり

■八幡平 …… Map 3

茶臼山荘▲	℡0195-74-2111*	①12人 ③なし ⑥トイレあり
陵雲荘▲	℡0195-74-2111*	①30人 ③なし ⑥トイレあり
藤七温泉彩雲荘	℡090-1495-0950	①60人 ②4/末～10/下 ④可（650円） ⑤あり
秘湯の宿ふけの湯	℡0186-31-2131	①55人 ②4/下～11/上 ④可（700円） ⑤あり
大深温泉	℡0186-31-2551	①60人 ②6/上～10/中 ④可（500円） ⑥湯治小屋のみ営業
八幡平後生掛温泉	℡0186-31-2221	①200人 ②通年 ④可（800～1800円） ⑤あり
松川温泉松楓荘	℡0195-78-2245	①40人 ②通年 ④可（600円） ⑤あり
松川温泉松川荘	℡0195-78-2255	①120人 ②通年 ④可（600円） ⑤あり
松川温泉峡雲荘	℡0195-78-2256	①70人 ②通年 ④可（600円） ⑤あり

■岩手山 …… Map 4

岩手山八合目避難小屋△	℡090-1933-2445	①100人 ②6/下～10/中 ③あり（1分） ⑤あり（岩手県山岳・スポーツクライミング協会） ⑥期間外無人 トイレあり
不動平避難小屋▲	℡019-629-5372*	①15人 ③なし ⑥トイレあり
岩手山焼走り国際交流村	℡0195-76-2013	①148人 ②通年 ④可（600円） ⑤あり ⑥キャンプ場あり
平笠不動避難小屋▲	℡0195-74-2111*	①15人 ③なし ⑥トイレあり
三ツ石山荘▲	℡0195-74-2111*	①22人 ③あり（2分・盛夏は涸れる） ⑥トイレあり
大深山荘▲	℡0195-74-2111*	①16人 ③あり（5分） ⑥トイレあり
休暇村岩手網張温泉	℡019-693-2211	①218人 ②通年 ④可（600～800円） ⑤あり ⑥キャンプ場あり

■秋田駒ヶ岳 …… Map 6

駒ヶ岳八合目小屋▲	℡0187-43-2111*	①15人 ③あり（1分） ⑥コインロッカーあり（200円）

阿弥陀池避難小屋▲ ℡0187-43-2111* ①10人 ③あり 1分(涸れることあり) ⑥トイレあり
国見温泉石塚旅館 ℡090-3362-9139 ①60人 ②5/中〜11/上 ③あり ④可(600円) ⑤あり
国見温泉森山荘 ℡090-1930-2992 ①30人 ②5/上〜11/中 ③あり ④可(600円) ⑤あり ⑥キャンプ場あり
田代平山荘▲ ℡0187-43-2111* ①15人 ③あり(15分・給水時注意) ⑥トイレあり
大釜温泉 ℡0187-46-2438 ①50人 ②通年 ④可(600円) ⑤あり
蟹場温泉 ℡0187-46-2021 ①60人 ②通年 ④可(600円) ⑤あり
妙乃湯 ℡0187-46-2740 ①45人 ②通年 ④可(800円・火曜休) ⑤あり
黒湯温泉 ℡0187-46-2214 ①40人 ②4/中〜11/上 ④可(600円) ⑤あり
孫六温泉 ℡0187-46-2224 ①20人 ②4〜12月 ④可(600円) ⑤あり
休暇村乳頭温泉郷 ℡0187-46-2244 ①112人 ②通年 ④可(600円) ⑤あり ⑥キャンプ場あり
鶴の湯温泉 ℡0187-46-2139 ①100人 ②通年 ④可(600円) ⑤あり
鶴の湯別館山の宿 ℡0187-46-2100 ①36人 ②通年 ⑤あり
滝ノ上温泉(2軒) ℡019-692-5138* ②5/上〜11/下 ④可(700円) ⑤あり ⑥素泊まりのみ

■森吉山 ………… Map 7

こめつが山荘▲ ℡0186-62-5370* ②6〜10月 ③あり ⑥宿泊不可(休憩のみ) トイレあり
森吉避難小屋▲ ℡0186-62-5370* ①40人 ③なし ⑥トイレあり
阿仁避難小屋▲ ℡0186-62-5370* ①20人 ③なし ⑥トイレあり
北秋田市森吉地区の民宿(10軒) ℡0186-75-3939 ①— ②通年 ⑤あり(北秋田市観光物産協会)
奥の湯 森吉山荘 ℡0186-62-5370* ⑥2022年4月から休業中
妖精の森コテージラウル ℡0186-76-2107 ①44人 ②4〜11月 ③あり ⑤あり
松橋旅館(比立内) ℡0186-84-2007 ①10人 ②通年 ③なし ⑤なし

■和賀岳 ………… Map 10左

川口温泉奥羽山荘 ℡0187-88-1717 ①78人 ②通年 ④可(500円) ⑤あり
湯本温泉(4軒) ℡0197-81-1135* ①約230人 ②通年 ④宿により可 ⑤あり

■早池峰山 ………… Map 8

早池峰山頂避難小屋▲ ℡0198-41-3124* ①50人 ③なし ⑤あり ⑥トイレは携帯トイレ専用
小田越山荘▲ ℡0198-62-2111* ①40人 ③なし ⑥トイレは携帯トイレ専用
鶏頭山避難小屋▲ ℡0198-41-3124* ①20人 ③なし ⑤あり ⑥トイレあり
うすゆき山荘▲ ℡0198-41-3124* ①30人 ③あり(0分・沢水) ⑤あり ⑥トイレあり
早池峰ロッヂ峰南荘 ℡0198-48-5214 ①45人 ②5/1〜10/下(宿泊がない場合、水・木曜休) ⑤あり
大和坊(岳) ℡0198-48-5504 ①30人 ②通年 ③なし ⑤なし

■焼石岳 ………… Map 9

銀明水避難小屋▲ ℡0197-46-2111* ①40人 ③あり ⑤あり(焼石観光開発連絡協議会) ⑥トイレあり
金明水避難小屋▲ ℡0197-46-2111* ①40人 ③あり ⑤あり(焼石観光開発連絡協議会) ⑥トイレあり
焼石クアパークひめかゆ ℡0197-49-2006 ①70人 ②通年 ④可(700円) ⑤あり ⑥コテージあり
夏油温泉観光ホテル ℡0120-9797-26 ①68人 ②5/上〜11/上(第2・4木曜休) ④可(600円〜) ⑤あり
元湯夏油 ℡090-5834-5151 ①400人 ②5/上〜11/上(火曜休) ④可(700円) ⑤あり

■栗駒山 ………… Map 10右

いわかがみ平避難小屋▲ ℡0228-22-1151* ①10人 ③あり(飲用不可)
ハイザルーム栗駒 ℡0228-43-4100 ①140人 ②通年 ④可(850円) ⑤あり ⑥コテージあり
新湯温泉くりこま荘 ℡0228-46-2036 ①30人 ②通年(不定休) ④可(500円) ⑤あり
須川高原温泉 ℡0191-23-9337 ①440人 ②5/上〜10/末 ④可(700円) ⑤あり
須川温泉栗駒山荘 ℡0182-47-5111 ①82人 ②4/下〜11/上 ④可(800円) ⑤あり
湯浜温泉三浦旅館 ℡090-8925-0204 ①20人 ②4/下〜11/中 ④可(500円) ⑤あり
花山温泉温湯山荘 ℡0228-56-2040 ①40人 ②通年 ④可(550円) ⑤あり
温湯温泉佐藤旅館 ℡0228-56-2251 ①29人 ②通年(火曜休) ④可(500円) ⑤あり

■神室山 …… Map 11

神室山避難小屋▲	℡0233-29-5848*	①25人 ③あり（往復15分） ⑤あり ⑥トイレ、毛布あり
秋の宮温泉郷（5軒）	℡0183-55-8180*	②通年 ④宿により可 ⑤あり

東北南部の山

■鳥海山 …… Map 12

鉾立山荘	℡090-3124-2288	①40人 ②4/下〜10/末 ③あり ④可（200円・シャワー） ⑥期間外開放
大平山荘	℡090-2607-2326	①58人 ②4/下〜10/末 ④可（500円） ⑤あり ⑥期間外閉鎖
御浜小屋	℡0234-77-2301	①20人 ②7/上〜8/下 ③なし ⑤あり ⑥期間外閉鎖
大物忌神社（御室小屋）	℡0234-77-2301	①100人 ②7/上〜8/下 ③なし ⑤あり ⑥期間外閉鎖
祓川ヒュッテ△	℡0184-55-4953*	①63人 ②4/下〜10/末 ③あり ⑤あり ⑥期間外開放
七ツ釜避難小屋▲	℡0184-55-4953*	①15人 ③なし
滝ノ小屋	℡0234-72-5886*	①40人 ②6/下〜10/中 ③あり ⑤あり ⑥期間外開放
鶴間池小屋▲	℡090-1066-7475	①10人 ③あり ⑤なし
万助小屋（酒田市山小舎）▲	℡0234-43-6658*	①30人 ③あり ⑤あり ⑥毛布あり
湯の台温泉鳥海山荘	℡0234-61-1727	①56人 ②通年 ④可（520円） ⑤あり
鳥海荘（矢島口）	℡0184-58-2065	①99人 ②通年 ④可（350円） ⑤あり
大清水避難小屋▲	℡0184-57-2205*	①30人 ③あり ⑤なし
唐獅子平避難小屋▲	℡0184-57-2205*	①15人 ③なし ⑤なし

■月山 …… Map 14

月山頂上小屋	℡090-8781-7731	①70人 ②6/下〜9/中 ③あり ⑤あり
佛生池小屋	℡090-8783-9555	①30人 ②6/末〜9/下 ③なし ⑤あり
御田原参籠所	℡090-2367-9037	①35人 ②7/1〜10/上 ③なし ⑤あり ⑥22年は宿泊不可
念仏ヶ原避難小屋▲	℡0233-75-2105*	①30人 ②6〜9月 ③あり（1分） ⑥トイレ、寝具あり
姥沢地区の山荘（3軒）	℡0237-74-4119*	①200人 ②4/上〜10/中 ④宿により可 ⑤あり
志津の旅館（10軒）	℡0237-74-4119*	①400人 ②通年 ④宿により可 ⑤あり
肘折温泉（20軒）	℡0233-76-2211*	①950人 ②通年 ④宿により可 ⑤あり ⑥日帰り入浴施設あり
湯殿山参籠所	℡0235-54-6219	①100人 ②6/1〜11/3 ④可（500円） ⑤あり ⑥期間外閉鎖

■摩耶山 …… Map 13右

摩耶山避難小屋▲	℡0235-43-3547*	①5人 ③なし（うがい清水は飲用不適）
あつみ温泉（8軒）	℡0235-43-3547*	①約1600人 ②通年 ④可（500〜1000円） ⑤あり

■朝日連峰 …… Map 15 16

旅館朝日屋（大鳥）	℡0235-55-2233	①30人 ②通年 ⑥宿泊者は泡滝ダムへの送迎あり
朝日鉱泉ナチュラリストの家	℡090-7664-5880	①30人 ②5/上〜11/上 ③あり ④可（600円） ⑤あり
古寺案内センター	℡090-4638-7260	①25人 ②5〜11月 ③あり ④可（500円・シャワー） ⑤あり
大鳥小屋（タキタロウ山荘）△	℡0235-55-2233	①100人 ②通年 ③あり ⑤あり ⑥テント場あり
以東岳小屋△	℡0235-55-2233	①20人 ②通年 ③あり（往復20分） ⑤あり（鶴岡市役所）
狐穴小屋△	℡090-6250-7324	①54人 ②通年 ③あり（0分） ⑤あり（月山朝日観光協会）
竜門小屋△	℡090-6250-7324	①50人 ②通年 ③あり（0分） ⑤あり（ 〃 ）
日暮沢小屋▲	℡090-6250-7324	①50人 ②通年 ③あり（0分） ⑤あり（ 〃 ）
天狗小屋△	℡090-6250-7324	①40人 ②通年 ③あり（1分） ⑤あり（ 〃 ）
大朝日小屋△	℡0237-62-2139*	①100人 ②通年 ③あり（20分） ⑤あり（大江山岳会）
鳥原小屋△	℡0237-67-2111*	①50人 ②通年 ③あり（1分） ⑤あり（朝日鉱泉）
角楢小屋▲	℡0238-67-2303	①20人 ③あり（2分） ⑤なし ⑥テント場あり
長井山岳会 祝瓶山荘▲	℡0238-88-2577	①30人 ②6/上〜11/中 ③⑤あり ⑥要連絡 期間外開放

凡例＝①収容人数 ②営業期間 ③水場の有無 ④日帰り入浴の可否（カッコ内は料金） ⑤ホームページの有無 ⑥備考
△＝シーズン中管理人在駐（素泊まり） ▲＝避難小屋（通年利用可・無人。宿泊は緊急時のみ） 電話番号末尾の＊は問合せ先が県庁・市町村役場など

大井沢地区の旅館・民宿(8軒)　℡0237-74-4119*　①150人 ②通年 ⑤あり ⑥日帰り入浴施設あり
五味沢地区の宿泊施設(4軒)　℡0238-62-2416*　①— ②通年 ④可(300円、りふれ) ⑤あり

■蔵王連峰 …… Map 17 18

八方平避難小屋▲　℡022-211-2821*　①30人 ③なし ⑤なし ⑥トイレあり
熊野岳避難小屋▲　℡022-211-2821*　①10人 ③なし ⑤なし
熊野岳避難小屋(蔵王山神社内)▲　℡023-629-2967　①20人 ③なし ⑤なし
県営蔵王レストハウス内避難小屋▲　℡022-211-2821*　①8人 ③あり(売店営業時のみ) ⑤なし
刈田岳避難小屋▲　℡022-211-2821*　①10人 ③なし ⑤なし
刈田峠避難小屋▲　℡0224-33-2215*　①15人 ③なし ⑤なし ⑥トイレあり

■飯豊連峰 …… Map 19 20

杁差岳避難小屋▲　℡0254-64-1441*　①50人 ③あり(5分・雪渓の融水) ⑥テント場、トイレあり
奥胎内ヒュッテ　℡0254-48-0161　①31人 ②6/上〜11/中 ④可(600円)
⑤あり ⑥キャンプ場あり 期間外閉鎖
頼母木小屋△　℡0254-43-6111*　①20人 ②通年 ③あり ⑤あり ⑥テント場あり
門内小屋△　℡0254-43-6111*　①20人 ②通年 ③あり(5分) ⑤あり ⑥テント場あり
梅花皮小屋△　℡090-5846-1858　①50人 ②通年 ③あり(1分) ⑤あり ⑥テント場あり
飯豊山荘　℡090-5234-5002　①69人 ②6/1〜11/4 ③あり ④可(500円) ⑤あり
天狗平ロッジ　℡090-5846-1858　①60人 ②6〜10月 ③⑤あり ⑥素泊まり テント場あり
飯豊梅花皮荘　℡0238-64-2111　①55人 ②通年 ③あり ④可(500円) ⑤あり
湯の平山荘△　℡0254-28-9960*　①30人 ②通年 ④可(200円) ⑤なし ⑥テント場あり
御西小屋△　℡090-5846-1858　①30人 ②通年 ③あり(5分) ⑤あり ⑥テント場あり
飯豊本山小屋△　℡0241-38-3831*　①50人 ②通年 ③あり(10分) ⑤あり ⑥テント場あり
飯豊切合小屋　℡090-9746-0392　①80人 ②7/上〜10月第2日曜(9・10月は要問合せ)
③あり(営業期間中のみ) ⑤あり ⑥テント場あり 期間外開放
三国小屋△　℡0241-38-3831*　①50人 ②通年 ③なし ⑤あり(西会津町役場)
大日杉登山小屋△　℡0238-87-0523*　①50人 ②通年 ③あり ④可(200円・シャワー) ⑤あり
川入民宿高見台　℡0241-39-2130　①20人 ②4/下〜11/下 ⑤なし ⑥宿泊者は登山口への送迎あり
弥平四郎大阪屋　℡0241-49-2933　⑥23年現在休業
祓川山荘▲　℡0241-45-2213*　①30人 ③あり ⑤なし ⑥トイレあり
湯ノ島小屋▲　℡0254-92-3330*　①30人 ③あり(2分) ⑤なし ⑥トイレあり

■安達太良山 …… Map 23左

県営くろがね小屋　℡090-8780-0302　①60人 ②通年 ③あり ④可(500円)
⑤あり ⑥23年4月以降建替え予定あり
鉄山避難小屋▲　℡024-521-7251*　①15人 ③なし ⑤あり
塩沢温泉青木荘　℡0243-24-2244　①43人 ②通年 ④可(600円) ⑤あり
野地温泉ホテル　℡0242-64-3031　①140人 ②通年 ④可(800円・22年現在平日のみ) ⑤あり
中ノ沢・沼尻温泉の宿泊施設(16軒)　℡0242-64-3449*　②通年 ④宿により可 ⑤あり

■吾妻連峰 …… Map 21 22

吾妻小舎　℡0241-23-8757　①30人 ②5/下〜10/下 ⑤あり ⑥食事つきは3日前までに予約
酸ヶ平避難小屋▲　℡024-521-7251*　①30人 ③なし ⑤あり ⑥トイレあり
家形山避難小屋▲　℡024-521-7251*　①10人 ③あり(1分) ⑤あり
弥兵衛平小屋(明月荘)▲　℡0238-22-5111*　①70人 ③あり(10分) ⑤なし ⑥トイレあり
西吾妻小屋▲　℡0238-22-5111*　①40人 ③あり(20分) ⑤なし ⑥トイレあり
アルプ天元台　℡0238-55-2236　①88人 ②通年 ③あり ④可(400円) ⑤あり ⑥キャンプ場あり

■磐梯山 …… Map 23右

押立温泉さぎの湯　℡0242-65-2515　①50人 ②通年 ④可(500円・要連絡) ⑤あり
休暇村裏磐梯　℡0241-32-2421　①176人 ②通年 ④可(1300円) ⑤あり ⑥キャンプ場あり

行政区界・地形図（東北北部）

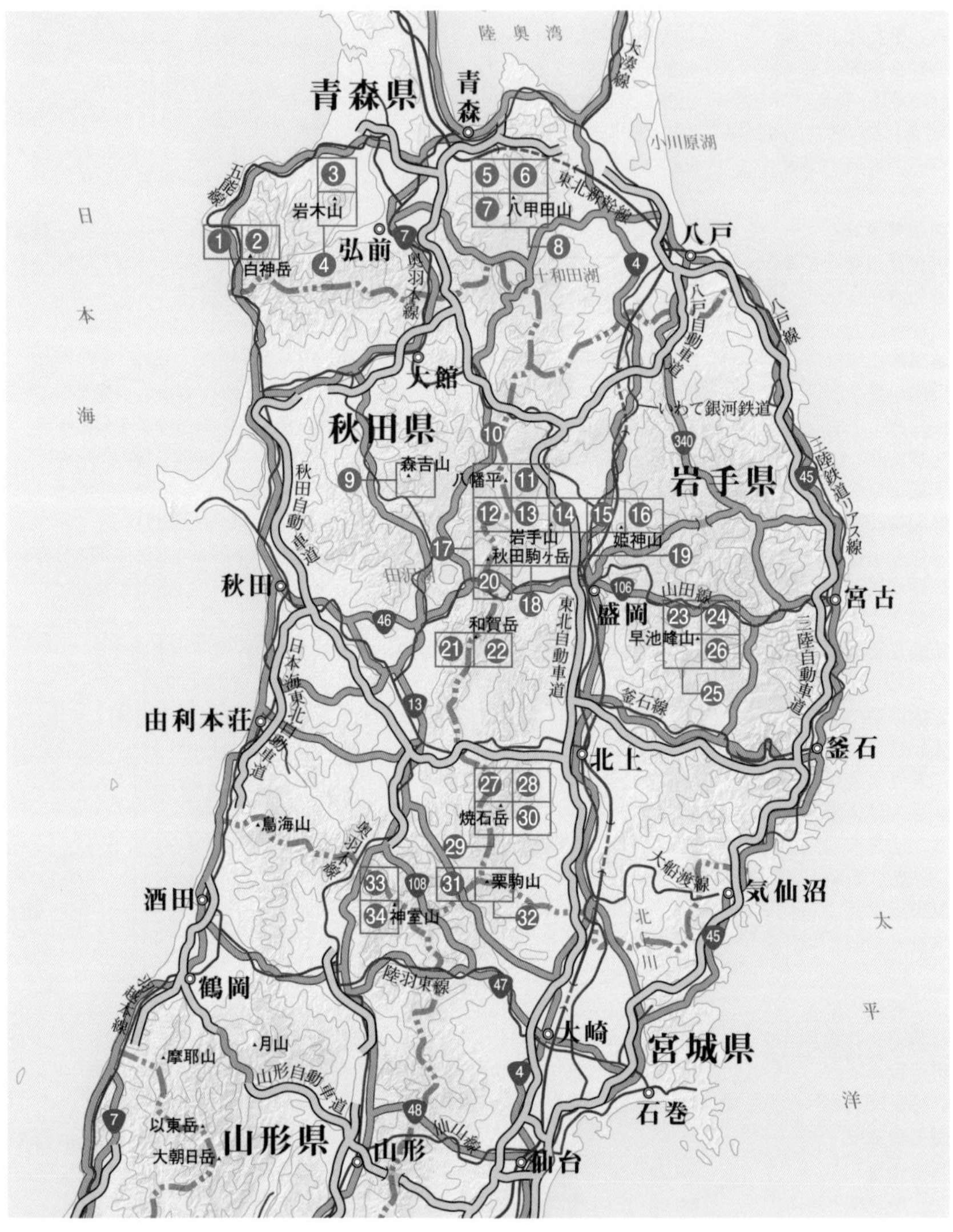

1:25,000地形図（メッシュコード）＝❶十面沢（614002）　❷岩木山（604072）
❸十二湖（603967）　❹白神岳（604060）❺雲谷（614006）　❻田代平（614007）　❼酸ヶ湯（604076）
❽八甲田山（604077）　❾森吉山（594074）❿八幡平（594076）　⓫茶臼岳（594077）　⓬曲崎山（594066）
⓭松川温泉（594067）　⓮大更（594160）　⓯渋民（594161）　⓰陸中南山形（594162）　⓱秋田駒ヶ岳（594056）
⓲篠崎（594057）　⓳姥屋敷（594150）　⓴国見温泉（594046）　㉑大神成（594025）　㉒北川舟（594026）
㉓松草（594133）　㉔陸中川内（594134）　㉕早池峰山（594123）　㉖高桧山（594124）　㉗三界山（584066）
㉘夏油温泉（584067）　㉙焼石岳（584056）　㉚胆沢ダム（584057）　㉛桂沢（584035）　㉜栗駒山（584036）
㉝羽後川井（584033）　㉞神室山（584023）

行政区界・地形図（東北南部）

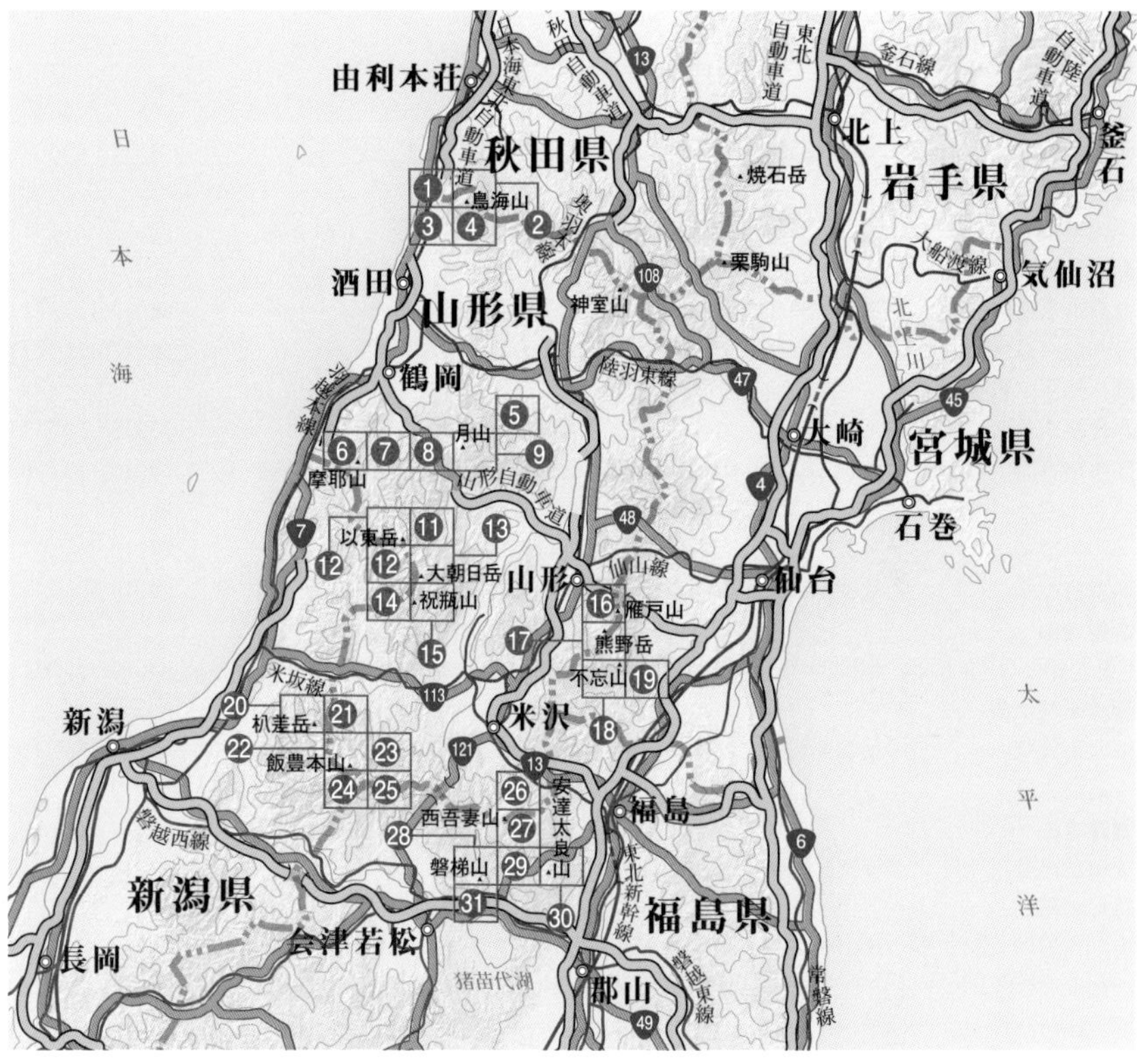

1:25,000地形図（メッシュコード）＝❶小砂川（583957）　❷鳥海山（584050）　❸吹浦（583947）　❹湯ノ台（584040）
❺肘折（574071）　❻木野俣（573965）　❼上田沢（573966）　❽湯殿山（573967）　❾月山（574060）　❿大鳥池（573946）
⓫大井沢（573947）　⓬相模山（573936）　⓭朝日岳（573937）　⓮徳網（573926）　⓯羽前葉山（573927）
⓰笹谷峠（574023）　⓱蔵王山（574013）　⓲不忘山（574003）　⓳白石（574004）　⓴えぶり差岳（563974）
㉑長者原（563975）　㉒飯豊山（563965）　㉓岩倉（563966）　㉔大日岳（563955）　㉕川入（563956）　㉖天元台（564051）
㉗吾妻山（564041）　㉘磐梯山（564030）　㉙中ノ沢（564031）　㉚安達太良山（564032）　㉛猪苗代（564020）

登山計画書の提出

東北の山の登山にあたっては、事前に登山計画書（登山届・登山者カード）を作成、提出することが基本。登山計画書を作成することで、歩くコースの特徴やグレードを知り、充分な準備を整えて未然に遭難事故を防ぐ。また、万が一、登山者にアクシデントが生じたとき、迅速な捜索・救助活動にもつながる。

主要登山口には、用紙とともに登山届ポスト（提出箱）が設けられ、その場で記入・提出することもできるが、準備段階で作成することが望ましい。登山者名と連絡先、緊急連絡先、登山日程とコースなどが一般的な記入要件だ。

提出は登山口の提出箱や各県警への郵送・ファックス（岩手、秋田、山形、宮城、福島、新潟の各県警ホームページからも提出可）のほか、日本山岳ガイド協会運営のオンライン登山届システム「コンパス」のようなインターネットからもできる。

問合せ先一覧

市町村役場

【東北北部】

■岩木山

弘前市役所　〒036-8551　青森県弘前市大字上白銀町1-1　TEL0172-35-1128

■白神岳

深浦町役場　〒038-2324　青森県西津軽郡深浦町深浦字苗代沢84-2　TEL0173-74-2111

■八甲田山

青森市役所　〒030-8555　青森県青森市中央1-22-5　TEL017-734-1111

十和田市役所　〒034-8615　青森県十和田市西十二番町6-1　TEL0176-51-6771

■八幡平／岩手山

八幡平市役所　〒028-7397　岩手県八幡平市野駄21-170　TEL0195-74-2111

鹿角市役所　〒018-5292　秋田県鹿角市花輪字荒田4-1　TEL0186-30-0203

仙北市役所　〒014-1298　秋田県仙北市田沢湖生保内字宮ノ後30　TEL0187-43-1111

雫石町役場　〒020-0595　岩手県岩手郡雫石町千刈田5-1　TEL019-692-2111

滝沢市役所　〒020-0692　岩手県滝沢市中鵜飼55　TEL019-684-2111

■姫神山

盛岡市役所玉山総合事務所　〒028-4195　岩手県盛岡市渋民字泉田360　TEL019-651-4111

■秋田駒ヶ岳

仙北市役所　〒014-1298　秋田県仙北市田沢湖生保内字宮ノ後30　TEL0187-43-1111

雫石町役場　〒020-0595　岩手県岩手郡雫石町千刈田5-1　TEL019-692-2111

■森吉山

北秋田市役所　〒018-3392　秋田県北秋田市花園町19-1　TEL0186-72-5243

■和賀岳

大仙市役所太田支所　〒019-1692　秋田県大仙市太田町太田字新田田尻3-4　TEL0187-88-1111

西和賀町役場沢内庁舎　〒029-5692　岩手県和賀郡西和賀町沢内字太田2地割81-1　TEL0197-85-2111

仙北市役所　〒014-1298　秋田県仙北市田沢湖生保内字宮ノ後30　TEL0187-43-1111

■早池峰山

花巻市役所大迫総合支所　〒028-3203　岩手県花巻市大迫町大迫第2地割51-4　TEL0198-48-2111

遠野市役所　〒028-0592　岩手県遠野市中央通り9-1　TEL0198-62-2111

宮古市役所川井総合事務所　〒028-2302　岩手県宮古市川井第2地割186-1　TEL0193-76-2111

■焼石岳

奥州市役所胆沢総合支所　〒023-0492　岩手県奥州市胆沢南都田字加賀谷地270　TEL0197-34-0313

西和賀町役場湯田庁舎　〒029-5512　岩手県和賀郡西和賀町川尻40地割40-71　TEL0197-82-2111

北上市役所　〒024-8501　岩手県北上市芳町 1-1　TEL0197-64-2111

東成瀬村役場　〒019-0801　秋田県雄勝郡東成瀬村田子内字仙人下30-1　TEL0182-47-3401

■栗駒山

栗原市役所　〒987-2293　宮城県栗原市築館薬師1-7-1　TEL0228-22-1122

一関市役所　〒021-8501　岩手県一関市竹山町7-2　TEL0191-21-2111

東成瀬村役場　〒019-0801　秋田県雄勝郡東成瀬村田子内字仙人下30-1　TEL0182-47-3401

■神室山

新庄市役所　〒996-8501　山形県新庄市沖の町10-37　TEL0233-22-2111

金山町役場　〒999-5402　山形県最上郡金山町大字金山324-1　TEL0233-52-2111

湯沢市役所　〒012-8501　秋田県湯沢市佐竹町1-1　TEL0183-73-2111

【東北南部】

■鳥海山

にかほ市役所象潟庁舎	〒018-0192	秋田県にかほ市象潟町字浜ノ田1	℡0184-43-3200
由利本荘市役所矢島総合支所	〒015-0402	秋田県由利本荘市矢島町21-2	℡0184-55-4953
由利本荘市役所鳥海総合支所	〒015-0592	秋田県由利本荘市鳥海町伏見字赤渋28-1	℡0184-57-2205
酒田市役所	〒998-8540	山形県酒田市本町2-2-45	℡0234-26-5700
遊佐町役場	〒999-8301	山形県飽海郡遊佐町遊佐字舞鶴202	℡0234-72-3311

■月山

庄内町役場立川総合支所	〒999-6601	山形県東田川郡庄内町狩川字大釜22	℡0234-56-2213
鶴岡市役所羽黒庁舎	〒997-0192	山形県鶴岡市羽黒町荒川前田元89	℡0235-62-2111
西川町役場	〒990-0792	山形県西村山郡西川町大字海味510	℡0237-74-2111
大蔵村役場	〒996-0212	山形県最上郡大蔵村大字清水2528	℡0233-75-2111

■摩耶山

鶴岡市役所朝日庁舎	〒997-0492	山形県鶴岡市下名川字落合1	℡0235-53-2111
鶴岡市役所温海庁舎	〒999-7205	山形県鶴岡市温海戊577-1	℡0235-43-4617

■朝日連峰

鶴岡市役所朝日庁舎	〒997-0492	山形県鶴岡市下名川字落合1	℡0235-53-2111
西川町役場	〒990-0792	山形県西村山郡西川町大字海味510	℡0237-74-2111
大江町役場	〒990-1101	山形県西村山郡大江町大字左沢882-1	℡0237-62-2111
朝日町役場	〒990-1442	山形県西村山郡朝日町大字宮宿1115	℡0237-67-2111
小国町役場	〒990-1363	山形県西置賜郡小国町大字小国小坂町2-70	℡0238-62-2111
長井市役所	〒993-8601	山形県長井市栄町1-1	℡0238-82-8017
村上市役所朝日支所	〒958-0292	新潟県村上市岩沢5611	℡0254-72-6883

■蔵王連峰

山形市役所	〒990-8540	山形県山形市旅篭町2-3-25	℡023-641-1212
上山市役所	〒999-3192	山形県上山市河崎1-1-10	℡023-672-1111
蔵王町役場	〒989-0892	宮城県刈田郡蔵王町大字円田字西浦北10	℡0224-33-2211
川崎町役場	〒989-1592	宮城県柴田郡川崎町大字前川字裏丁175-1	℡0224-84-2111
白石市役所	〒989-0292	宮城県白石市大手町1-1	℡0224-25-2111
七ヶ宿町役場	〒989-0592	宮城県刈田郡七ヶ宿町字関126	℡0224-37-2111

■飯豊連峰

胎内市役所	〒959-2693	新潟県胎内市新和町2-10	℡0254-43-6111
関川村役場	〒959-3292	新潟県岩船郡関川村大字下関912	℡0254-64-1441
小国町役場	〒999-1363	山形県西置賜郡小国町大字小国小坂町2-70	℡0238-62-2111
飯豊町役場	〒999-0696	山形県西置賜郡飯豊町大字椿2888	℡0238-72-2111
喜多方市役所山都総合支所	〒969-4135	福島県喜多方市山都町字広中新田1167	℡0241-38-3831
西会津町役場	〒969-4495	福島県耶麻郡西会津町野沢字下小屋上乙3308	℡0241-45-2211
阿賀町役場鹿瀬支所	〒959-4392	新潟県東蒲原郡阿賀町鹿瀬8931-1	℡0254-92-3330
新発田市役所	〒957-8686	新潟県新発田市中央町3-3-3	℡0254-22-3030

■安達太良山／吾妻連峰／磐梯山

米沢市役所	〒992-8501	山形県米沢市金池5-2-25	℡0238-22-5111
二本松市役所	〒964-8601	福島県二本松市金色403-1	℡0243-23-1111
福島市役所	〒960-8601	福島県福島市五老内町3-1	℡024-535-1111
猪苗代町役場	〒969-3123	福島県耶麻郡猪苗代町字城南100	℡0242-62-2111
北塩原村役場	〒966-0485	福島県耶麻郡北塩原村大字北山字姥ヶ作3151	℡0241-23-3111
磐梯町役場	〒969-3392	福島県耶麻郡磐梯町大字磐梯字中ノ橋1855	℡0242-74-1221

県庁・県警察本部

青森県庁	〒030-8570	青森県青森市長島1-1-1	℡017-722-1111
岩手県庁	〒020-8570	岩手県盛岡市内丸10-1	℡019-651-3111
秋田県庁	〒010-8570	秋田県秋田市山王4-1-1	℡018-860-1111
山形県庁	〒990-8570	山形県山形市松波2-8-1	℡023-630-2211
宮城県庁	〒980-8570	宮城県仙台市青葉区本町3-8-1	℡022-211-2111
福島県庁	〒960-8670	福島県福島市杉妻町2-16	℡024-521-1111
新潟県庁	〒950-8570	新潟県新潟市中央区新光町4-1	℡025-285-5511
青森県警察本部地域課	〒030-0801	青森県青森市新町2-3-1	℡017-723-4211
岩手県警察本部地域課	〒020-8540	岩手県盛岡市内丸8-10	℡019-653-0110
秋田県警察本部地域課	〒010-0951	秋田県秋田市山王4-1-5	℡018-863-1111
山形県警察本部地域課	〒990-8577	山形県山形市松波2-8-1	℡023-626-0110
宮城県警察本部地域課	〒980-8410	宮城県仙台市青葉区本町3-8-1	℡022-221-7171
福島県警察本部総合運用指令課	〒960-8686	福島県福島市杉妻町5-75	℡024-522-2151
新潟県警察本部地域課	〒950-8553	新潟県新潟市中央区新光町4-1	℡025-285-0110

交通機関（バス・ロープウェイ・タクシー）

【東北北部】

■岩木山

弘南バス弘前営業所……℡0172-87-2762
岩木山リフト……℡0172-83-2314
北星交通（タクシー・弘前駅）…℡0172-33-3333

■白神岳

岩崎タクシー（十二湖駅）……℡0173-77-2131

■八甲田山

JRバス東北青森支店……℡017-723-1621
八甲田ロープウェー……℡017-738-0343
三八五観光タクシー（新青森駅）…℡017-743-0385
国際タクシー（〃）……℡017-781-1733
珍田タクシー（〃）……℡017-734-8111

■八幡平／岩手山

岩手県北バス……℡019-641-1212
十和田タクシー（バス・八郎太郎号）…℡0186-35-2166
羽後交通バス田沢湖営業所……℡0187-43-1511
岩手ハイヤー（盛岡駅）……℡019-647-1670
富士タクシー（〃）……℡019-623-9111
雫石タクシー（雫石駅）……℡019-692-3131
平舘タクシー（平舘駅・安比高原駅）…℡0195-74-2525
CK交通タクシー（鹿角花輪駅）…℡0186-23-3030
田沢観光タクシー（田沢湖駅）…℡0187-43-1331
滝沢交通（滝沢駅）……℡019-694-3277
西根観光タクシー（大更駅）……℡0195-76-3131

■姫神山

好摩タクシー（好摩駅）……℡019-682-0135
渋民タクシー（渋民駅）……℡019-683-2311

■秋田駒ヶ岳

羽後交通バス田沢湖営業所……℡0187-43-1511
田沢観光タクシー（田沢湖駅）…℡0187-43-1331
雫石タクシー（雫石駅）……℡019-692-3131

■森吉山

森吉山周遊タクシー［乗合］……℡0186-72-3212
米内沢タクシー（阿仁前田温泉駅）…℡0186-75-2336
阿仁ゴンドラ……℡0186-82-3311

■和賀岳

角館観光タクシー（角館駅）……℡0187-54-1144
大仙観光タクシー（大仙市太田町）…℡0187-88-1212
大曲タクシー（大曲駅）……℡0187-62-0050

■早池峰山

ファミリー観光岩手
（環境保全バス・シャトルバス）……℡0196-71-7555
岩手県交通バス花巻営業所……℡0198-23-1020
岩手県北バス……℡019-641-1212
電鉄タクシー（新花巻駅・花巻駅）…℡0198-23-4141
岩手観光タクシー（〃）……℡0198-23-4136
大迫観光タクシー（花巻市大迫）…℡0198-48-2234

■焼石岳

北都交通（タクシー・水沢江刺駅）…℡0197-24-3111
水沢タクシー（水沢江刺駅）……℡0197-25-8181
大安タクシー（北上駅）……℡0120-363-331
秋南タクシー（十文字駅）……℡0182-42-0047

※P229へ続く

※P228からの続き

■栗駒山
ミヤコーバス築館営業所（紅葉号）…℡0228-22-2250
岩手県交通バス一関営業所………℡0191-23-4250
志波姫タクシー（くりこま高原駅）…℡0228-25-3141
栗駒タクシー（栗原市岩ヶ崎）…℡0228-45-2231
なのはな観光タクシー（一ノ関駅）…℡0191-23-1115

■神室山
新庄タクシー（真室川駅）…………℡0233-62-2431
新庄タクシー（新庄駅）……………℡0233-22-3955
仙秋タクシー（横堀駅）……………℡0183-52-2055

【東北南部】

■鳥海山
象潟合同タクシー
（象潟駅・鳥海山ブルーライナーも）…℡0184-43-2030
鳥海観光タクシー（矢島駅）………℡0184-56-2020
酒田第一タクシー（酒田駅・遊佐駅・鳥海山乗合タクシーも）
……………………………………℡0234-22-9444
酒田合同タクシー
（〃・鳥海登山エクスプレスも）…℡0234-22-4433

■月山
山交バス案内センター………………℡023-632-7272
庄内交通本社（バス）………………℡0235-22-2600
西川町営バス…………………………℡0237-74-4118
湯殿山予約制送迎バス………………℡0235-22-2608
湯殿山神社本宮参拝バス……………℡0235-54-6730
大蔵村営バス…………………………℡0233-75-2111
月山リフト……………………………℡0237-75-2025
月山観光タクシー（西川町間沢）…℡0237-74-2310
庄交ハイヤー（鶴岡駅）……………℡0235-22-0055
羽黒タクシー（鶴岡市羽黒町）…℡0235-62-4600
新庄タクシー（新庄駅）……………℡0233-22-3955

■摩耶山
庄内交通本社（バス）………………℡0235-22-2600
朝日地域市営バス……………………℡0235-53-2112
庄交ハイヤー（鶴岡駅）……………℡0235-22-0055
大和交通（タクシー・〃）…………℡0235-22-7733
庄内タクシー（あつみ温泉駅）……℡0235-43-3822
温海温泉観光自動車（タクシー・〃）…℡0235-43-2330

■朝日連峰
庄内交通本社（バス）………………℡0235-22-2600
朝日地域市営バス……………………℡0235-53-2112
朝日地域観光あいのりタクシー……℡0235-53-3411
山交バス案内センター………………℡023-632-7272
朝日鉱泉会員制タクシー
（朝日鉱泉ナチュラリストの家）……℡090-7664-5880
西川町営バス…………………………℡0237-74-4118
小国町営バス…………………………℡0238-62-2260
庄交ハイヤー（鶴岡駅）……………℡0235-22-0055
落合ハイヤー（鶴岡市朝日）………℡0235-53-2121
大江タクシー（左沢駅）……………℡0237-62-2248
朝日タクシー（朝日町宮宿）………℡0237-67-2424
月山観光タクシー（西川町間沢）…℡0237-74-2310
長井交通（タクシー・長井駅）……℡0238-88-2171
小国タクシー（小国駅）……………℡0238-62-3223

■蔵王連峰
山交バス案内センター………………℡023-632-7272
蔵王ロープウェイ……………………℡023-694-9518
ミヤコーバス白石営業所……………℡0224-25-3204
山交ハイヤー（山形駅）……………℡023-681-1515
〃　（蔵王温泉）……………℡023-694-9611
川崎タクシー（川崎町）……………℡0224-84-2161
蔵王観光タクシー（遠刈田温泉）……℡0224-34-2111
白石タクシー（白石駅・白石蔵王駅）…℡0224-26-2154

■飯豊連峰
飯豊山登山アクセスバス……………℡0241-38-3831
小国町営バス…………………………℡0238-62-2260
奥胎内・登山用乗合タクシー………℡0254-43-6111
山都タクシー（山都駅）……………℡0241-38-2025
めざみ交通（タクシー・羽前椿駅）…℡0238-72-2137
小国タクシー（小国駅）……………℡0238-62-3223
中条タクシー（中条駅）……………℡0254-44-8888

■安達太良山
福島交通二本松営業所（バス）……℡0243-23-0123
あだたら山ロープウェイ……………℡0243-24-2141
磐梯東都バス猪苗代磐梯営業所……℡0242-72-0511
昭和タクシー（二本松駅）…………℡0243-22-1155
猪苗代タクシー（猪苗代駅）………℡0242-62-3636
磐梯観光タクシー（〃）……………℡0242-62-3335

■吾妻連峰
福島交通本社（バス）………………℡024-533-2132
山交バス米沢営業所…………………℡0238-22-3392
天元台ロープウェイ…………………℡0238-55-2236
大和自動車（タクシー・福島駅）…℡024-534-6181
福島貸切辰巳屋自動車（〃）………℡024-523-3241
今村タクシー（米沢駅）……………℡0238-22-2360
ツバメタクシー（〃）………………℡0238-22-1301
米沢タクシー（〃）…………………℡0238-22-1225

■磐梯山
磐梯東都バス猪苗代磐梯営業所……℡0242-72-0511
猪苗代タクシー（猪苗代駅）………℡0242-62-3636
磐梯観光タクシー（〃）……………℡0242-62-3335
会津交通（タクシー・磐梯町駅）…℡0242-73-2299

主な山名・地名さくいん

【東北北部の山】

【東北南部の山】

ヤマケイ アルペンガイド
東北の山

2023年1月5日　初版第1刷発行

編者／山と溪谷社
発行人／川崎深雪
発行所／株式会社 山と溪谷社
〒101-0051
東京都千代田区神田神保町1丁目105番地
https://www.yamakei.co.jp/

■乱丁・落丁、及び内容に関するお問合せ先
山と溪谷社自動応答サービス
TEL 03-6744-1900
受付時間／11:00〜16:00（土日、祝日を除く）
メールもご利用ください。
【乱丁・落丁】service@yamakei.co.jp
【内容】info@yamakei.co.jp
■書店・取次様からのご注文先
山と溪谷社受注センター
TEL 048-458-3455　FAX 048-421-0513
■書店・取次様からのご注文以外の
お問合せ先
eigyo@yamakei.co.jp

印刷・製本／大日本印刷株式会社

装丁・ブックデザイン／吉田直人
編集／吉田祐介
編集協力／森田秀巳・後藤厚子
写真協力／吉田祐介
DTP・地図製作／千秋社

ISBN 978-4-635-01287-4

＊本書に掲載した地図の作成にあたりましては、国土地理院発行の数値地図（国土基本情報）を使用しました。

＊本書に掲載したコース断面図の作成とGPSデータの編集にあたりましては、DAN杉本さん作成のフリーウェア「カシミール3D」を利用しました。お礼申し上げます。

著者

奥田 博（おくだ ひろし）　1947年宮城生まれ。福島在住のカメラマン・登山ガイド。「東北の山に登る」担当。

渡邊禎仁（わたなべていじ）　青森生まれ・在住。登山ガイド「白神山地ガイド会」代表。「岩木山」ほか担当。

石館宙平（いしだてちゅうへい）　1994年から一年を通じ八甲田山を中心に活動する登山ガイド。「八甲田山」担当。

藤原直美（ふじわらなおみ）　1949年岩手生まれ。山岳雑誌などの執筆も多い。「八幡平・岩手山・秋田駒」担当。

大友 晃（おおとも あきら）　1961年岩手生まれ。岩手県滝沢市で登山ガイド「山の風」主催。「姫神山」担当。

高桑信一（たかくわしんいち）　1949年秋田生まれ。茨城県在住のフリーライター兼カメラマン。「森吉山」担当。

曽根田 卓（そねだ たかし）　1958年宮城生まれ。山岳写真クラブ仙台所属の山岳ライター。「和賀岳」ほか担当。

早川輝雄（はやかわてるお）　1945年宮城生まれ。山岳カメラマン。栗駒山麓の古民家に住む。「栗駒山」担当。

斎藤政広（さいとうまさひろ）　1948年横浜市生まれ。山形県酒田市在住の写真家・自然ガイド。「鳥海山」担当。

福井美津江（ふくいみつえ）　宮城生まれ。山岳誌に東北の山のガイド記事を執筆、写真を提供。「月山」担当。

高橋金雄（たかはしかねお）　1951年山形生まれ。農業の傍ら撮影や執筆などを実践。「朝日連峰」ほか担当。

鈴木真一郎（すずきしんいちろう）　1974年神奈川生まれ。朝日連峰の山小屋の管理人を務める。「朝日連峰」ほか担当。

渡辺徳仁（わたなべのりひと）　1948年福島生まれ。東北山岳写真家集団・福島所属。「吾妻連峰」ほか担当。

仁井田研一（にいだけんいち）　郡山市生まれ・在住。山岳カメラマン兼山岳ガイド。カバー写真、「飯豊」担当。

林 千明（はやし ちあき）　会津若松出身。福島県近県を中心に活動する登山ガイド。「磐梯山」ほか担当。

「アルペンガイド登山地図帳」
の取り外し方

本を左右に大きく開く

＊「アルペンガイド登山地図帳」は背の部分が接着剤で本に留められています。無理に引きはがさず、本を大きく開くようにすると簡単に取り外せます。
＊接着剤がはがれる際に見返しの一部が破れることがあります。あらかじめご了承ください。

問合せ先一覧

県庁・県警察本部

青森県庁……℡017-722-1111
岩手県庁……℡019-651-3111
秋田県庁……℡018-860-1111
山形県庁……℡023-630-2211
宮城県庁……℡022-211-2111
福島県庁……℡024-521-1111
新潟県庁……℡025-285-5511
青森県警察本部地域課……℡017-723-4211
岩手県警察本部地域課……℡019-653-0110
秋田県警察本部地域課……℡018-863-1111
山形県警察本部地域課……℡023-626-0110
宮城県警察本部地域課……℡022-221-7171
福島県警察本部総合運用指令課……℡024-522-2151
新潟県警察本部地域課……℡025-285-0110

市町村役場

■東北北部の山

弘前市役所……℡0172-35-1128
深浦町役場……℡0173-74-2111
青森市役所……℡017-734-1111
十和田市役所……℡0176-51-6771
八幡平市役所……℡0195-74-2111
鹿角市役所……℡0186-30-0203
仙北市役所……℡0187-43-1111
雫石町役場……℡019-692-2111
滝沢市役所……℡019-684-2111
盛岡市役所玉山総合事務所……℡019-651-4111
北秋田市役所……℡0186-72-5243
大仙市役所太田支所……℡0187-88-1111
西和賀町役場沢内庁舎……℡0197-85-2111
花巻市役所大迫総合支所……℡0198-48-2111
遠野市役所……℡0198-62-2111
宮古市役所川井総合事務所……℡0193-76-2111
奥州市役所胆沢総合支所……℡0197-34-0313
西和賀町役場湯田庁舎……℡0197-82-2111
北上市役所……℡0197-64-2111
東成瀬村役場……℡0182-47-3401
栗原市役所……℡0228-22-1122
一関市役所……℡0191-21-2111
新庄市役所……℡0233-22-2111
金山町役場……℡0233-52-2111
湯沢市役所……℡0183-73-2111

■東北南部の山

にかほ市役所象潟庁舎……℡0184-43-3200
由利本荘市役所矢島総合支所……℡0184-55-4953
由利本荘市役所鳥海総合支所……℡0184-57-2205
酒田市役所……℡0234-26-5700
遊佐町役場……℡0234-72-3311
庄内町役場立川総合支所……℡0234-56-2213
鶴岡市役所羽黒庁舎……℡0235-62-2111
西川町役場……℡0237-74-2111
大蔵村役場……℡0233-75-2111
鶴岡市役所朝日庁舎……℡0235-53-2111
鶴岡市役所温海庁舎……℡0235-43-4617
大江町役場……℡0237-62-2111
朝日町役場……℡0237-67-2111
小国町役場……℡0238-62-2111
長井市役所……℡0238-82-8017
村上市役所朝日支所……℡0254-72-6883
山形市役所……℡023-641-1212
上山市役所……℡023-672-1111
蔵王町役場……℡0224-33-2211
川崎町役場……℡0224-84-2111
白石市役所……℡0224-25-2111
七ヶ宿町役場……℡0224-37-2111
胎内市役所……℡0254-43-6111
関川村役場……℡0254-64-1441
飯豊町役場……℡0238-72-2111
喜多方市役所山都総合支所……℡0241-38-3831
西会津町役場……℡0241-45-2211
阿賀町役場鹿瀬支所……℡0254-92-3330
新発田市役所……℡0254-22-3030
米沢市役所……℡0238-22-5111
二本松市役所……℡0243-23-1111
福島市役所……℡024-535-1111
猪苗代町役場……℡0242-62-2111
北塩原村役場……℡0241-23-3111
磐梯町役場……℡0242-74-1221

磐梯山

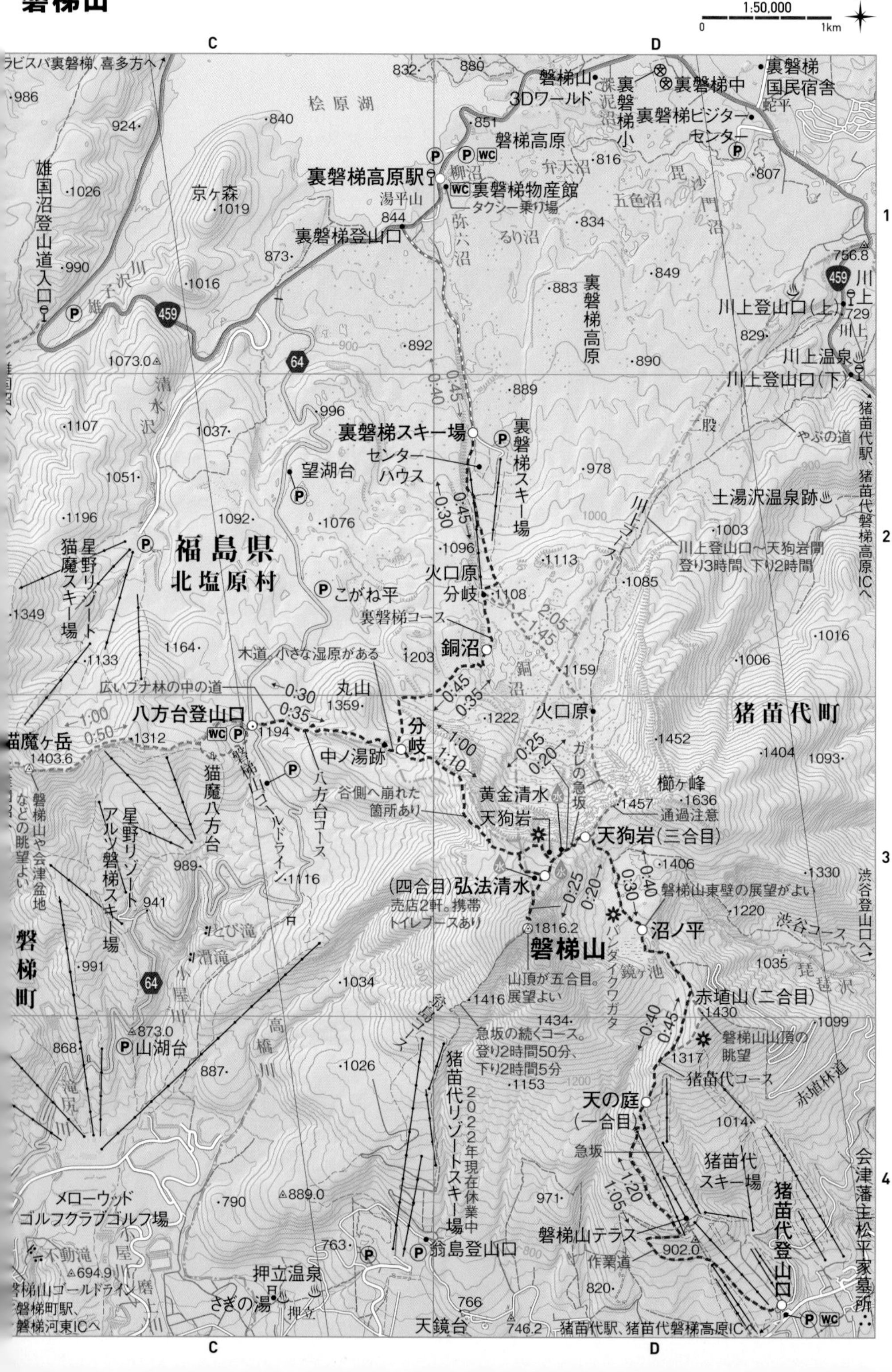

1:50,000
0
1km
N
C
D
1
2
3
4
ラビスパ裏磐梯、喜多方へ
桧原湖
雄国沼登山道入口
京ヶ森
1019
1026
986
924
840
832
880
851
990
873
1016
1073.0
459
64
雄子沢川
清水沢
磐梯山3Dワールド
裏磐梯小
深泥沼
裏磐梯中
裏磐梯国民宿舎
蛇平
裏磐梯ビジターセンター
磐梯高原
裏磐梯高原駅
柳沼
裏磐梯物産館
タクシー乗り場
湯平山
弁天沼
816
807
毘沙門沼
五色沼
弥六沼
るり沼
834
844
裏磐梯登山口
849
883
裏磐梯高原
756.8
川上
川上登山口(上)
729
829
892
900
890
川上温泉
川上登山口(下)
0:45
0:40
889
996
1037
1107
裏磐梯スキー場
センターハウス
裏磐梯スキー場
望湖台
1051
978
猪苗代駅、猪苗代磐梯高原ICへ
やぶの道
二股
土湯沢温泉跡
1196
1092
1076
0:45
0:30
1096
1000
1113
川上コース
1003
川上登山口～天狗岩間
登り3時間、下り2時間
星野リゾート猫魔スキー場
福島県
北塩原村
火口原分岐
1108
1085
こがね平
1349
1133
裏磐梯コース
2:05
1:45
1016
1164
木道、小さな湿原がある
1203
銅沼
1159
1006
広いブナ林の中の道
0:30
丸山
1359
0:45
0:35
1:00
0:50
八方台登山口
0:35
1194
1222
火口原
猪苗代町
猫魔ヶ岳
1312
分岐
1:00
1:10
0:25
0:20
1452
1404
1093
1403.6
中ノ湯跡
ガレの急坂
磐梯山や会津盆地などの眺望よい
猫魔八方台
八方台コース
谷側へ崩れた箇所あり
黄金清水
櫛ケ峰
1636
1457
通過注意
星野リゾートアルツ磐梯スキー場
磐梯山ゴールドライン
天狗岩
天狗岩(三合目)
989
1116
1406
0:30
0:40
1330
渋谷登山口へ
(四合目)弘法清水
売店2軒。携帯トイレブースあり
0:25
0:20
磐梯山東壁の展望がよい
941
1220
とび滝
1816.2
沼ノ平
渋谷コース
磐梯町
滑滝
磐梯山
バンダイクワガタ
鏡ヶ池
1035
琵琶沢
991
小屋川
1034
山頂が五合目。展望よい
赤埴山(二合目)
1300
翁島コース
1416
0:40
0:45
1430
1099
高橋川
1434
急坂の続くコース。登り2時間50分、下り2時間5分
磐梯山山頂の眺望
868
873.0
山湖台
1317
887
1026
猪苗代コース
1153
赤埴林道
猪苗代リゾートスキー場 2022年現在休業中
滝尻川
天の庭(一合目)
1014
急坂
猪苗代スキー場
会津藩主松平家墓所
猪苗代登山口
メローウッドゴルフクラブゴルフ場
790
889.0
971
1:20
1:05
磐梯山テラス
902.0
800
763
翁島登山口
不動滝
小屋川
694.9
押立温泉
作業道
磐梯山ゴールドライン
磐梯町駅、磐梯河東ICへ
さぎの湯
押立
磨上川
820
766
天鏡台
746.2
猪苗代駅、猪苗代磐梯高原ICへ

東北の山

Alpine Guide

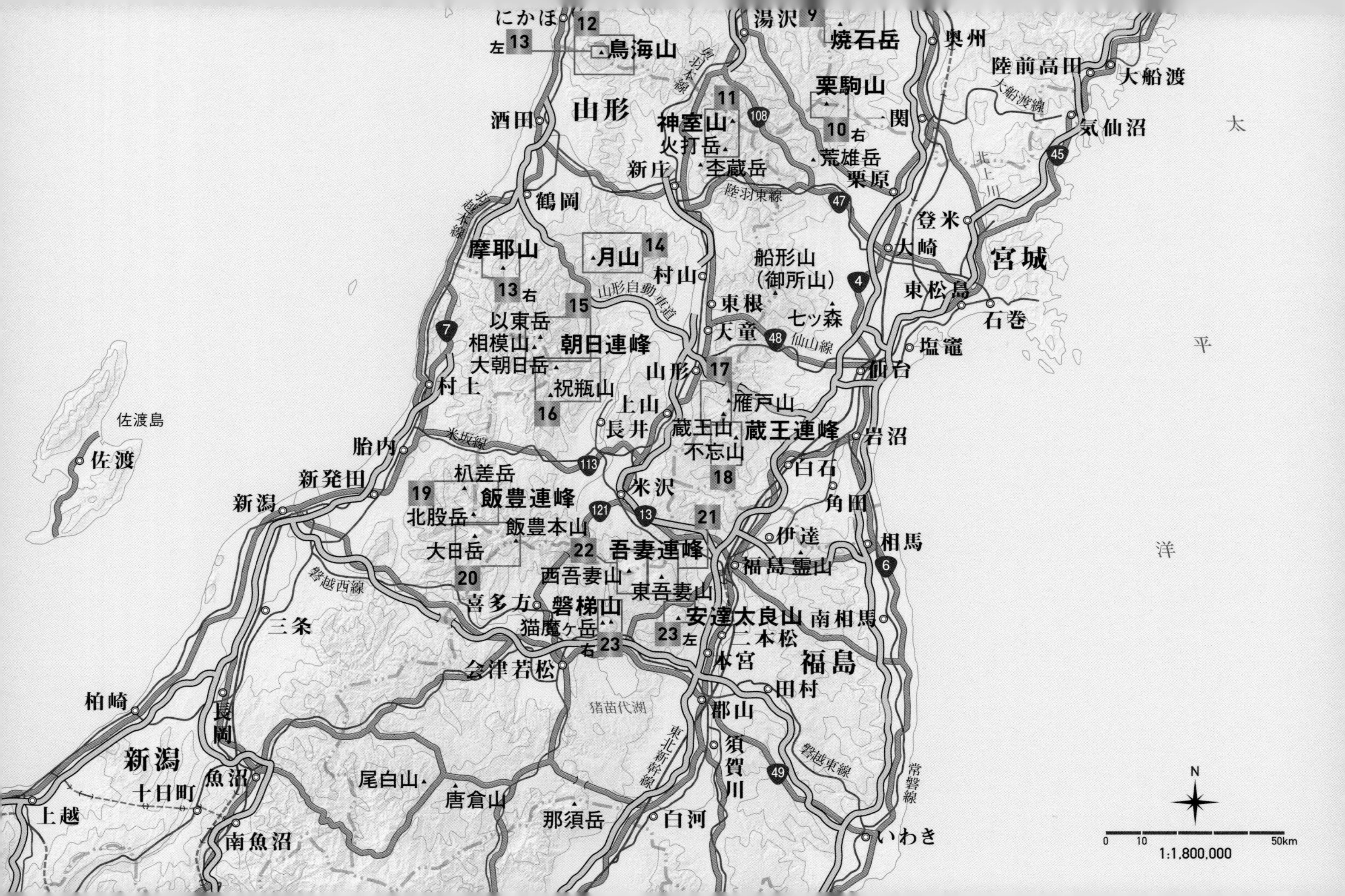

にかほ
12
左 13
鳥海山
湯沢
9
焼石岳
奥州
陸前高田
大船渡
山形
酒田
11
神室山
火打岳
栗駒山
10 右
一関
大船渡線
気仙沼
太
奥羽本線
新庄
杢蔵岳
荒雄岳
栗原
鶴岡
陸羽東線
羽越本線
登米
北上川
摩耶山
月山
14
村山
船形山
(御所山)
大崎
宮城
13 右
15
山形自動車道
東根
七ッ森
東松島
石巻
以東岳
相模山
朝日連峰
大童
仙山線
塩竈
平
大朝日岳
山形
17
仙台
村上
祝瓶山
雁戸山
佐渡島
16
上山
長井
蔵王山
蔵王連峰
岩沼
佐渡
胎内
米坂線
不忘山
白石
新発田
杁差岳
18
19
飯豊連峰
米沢
角田
新潟
北股岳
飯豊本山
21
伊達
相馬
大日岳
22
吾妻連峰
洋
磐越西線
西吾妻山
福島
霊山
20
東吾妻山
喜多方
磐梯山
安達太良山
南相馬
三条
猫魔ヶ岳
23 左
二本松
右 23
本宮
福島
会津若松
田村
柏崎
猪苗代湖
長岡
郡山
新潟
須賀川
磐越東線
常磐線
尾白山
魚沼
十日町
唐倉山
東北新幹線
上越
那須岳
白河
南魚沼
いわき
N
0
10
50km
1:1,800,000

東北の山全図

津軽海峡
大間崎
尻屋崎
むつ
大湊線
龍飛崎
陸奥湾
日本海
青森
青森
つがる
五所川原
小川原湖
東北新幹線
2
大岳
雛岳
櫛ヶ峰
八甲田山
三沢
五能線
岩木山
1 左
1 右
弘前
十和田
八戸
白神岳
高倉森
奥羽本線
十和田湖
7
4
八戸自動車道
八戸線
二戸
北秋田
能代
大館
久慈
鹿角
いわて銀河鉄道
秋田
7
3
七時雨山
340
三陸鉄道リアス線
森吉山
八幡平
八幡平
岩手
45
潟上
男鹿
5 左
岩手山
姫神山
秋田自動車道
太平山
烏帽子岳
4
5 右
秋田駒ヶ岳
秋田
田沢湖
6
盛岡
山田線
106
宮古
仙北
東北自動車道
46
沢尻岳
和賀岳
早池峰山
8
日本海東北自動車道
10 左
薬師岳
三陸自動車道
大仙
花巻
13

Contents

コースマップ目次

コースさくいん

東北北部の山

東北南部の山

主な地図記号

※そのほかの地図記号は、国土地理院発行2万5000分ノ1地形図に準拠しています

記号	説明	記号	説明	記号	説明	記号	説明
	一般登山コース		特定地区界		営業山小屋		湖・池等
	参考コース（登攀ルート等）		植生界		避難小屋・無人山小屋		河川・せき（堰）
←1:30	コースタイム（時間：分）	△2899.4	三角点		キャンプ指定地		河川・滝
	コースタイムを区切る地点	1159.4	電子基準点		水場（主に湧水）		広葉樹林
	4車線以上	⊡720.9	水準点		主な高山植物群落		針葉樹林
	2車線道路	·1651	標高点		バス停		ハイマツ地
	1車線道路		等高線（主曲線）標高10mごと		駐車場		笹　地
	軽車道		等高線（計曲線）主曲線5本目ごと		温泉		荒　地
	徒歩道		等高線（補助曲線）		噴火口・噴気孔		竹　林
	庭園路	1500	等高線標高		採鉱地		畑・牧草地
	高速・有料道路	◎	市役所		発電所		果樹園
299	国道・番号	○	町村役場		電波塔		田
192	都道府県道・番号	⊗	警察署		史跡・名勝・天然記念物		
	鉄道・駅		消防署		岩がけ		
	JR線・駅	X	交　番		岩		
	索道（リフト等）		病　院		土がけ		
	送電線		神　社		雨　裂		
	都道府県界	卍	寺　院		砂れき地		
	市町村界		記念碑		おう地（窪地）		

標高

高

低

コースマップ

国土地理院発行の2万5000分ノ1地形図に相当する数値地図（国土基本情報）をもとに調製したコースマップです。

赤破線で示したコースのうち、地形図に記載のない部分、あるいは変動が生じている部分については、GPSで測位した情報を利用しています。ただし10〜20m程度の誤差が生じている場合があります。

また、登山コースは自然災害などにより、今後も変動する可能性があります。登山にあたっては本書のコースマップと最新の地形図（電子国土Web・地理院地図、電子地形図25000など）の併用を推奨します。

コースマップには、コンパス（方位磁石）を活用する際に手助けとなる磁北線を記入しています。本書のコースマップは、上を北（真北）にして製作していますが、コンパスの指す北（磁北）は、真北に対して西へ8〜9度前後（東北）ズレが生じています。真北と磁北のズレのことを磁針偏差（西偏）といい、登山でコンパスを活用する際は、磁針偏差に留意する必要があります。

磁針偏差は、国土地理院・地磁気測量の2015.0年値（2015年1月1日0時[UT]における磁場の値）を参照しています。

東北の山の登山にあたっては、コースマップとともにコンパスを携行し、方角や進路の確認に役立ててください。

岩木山

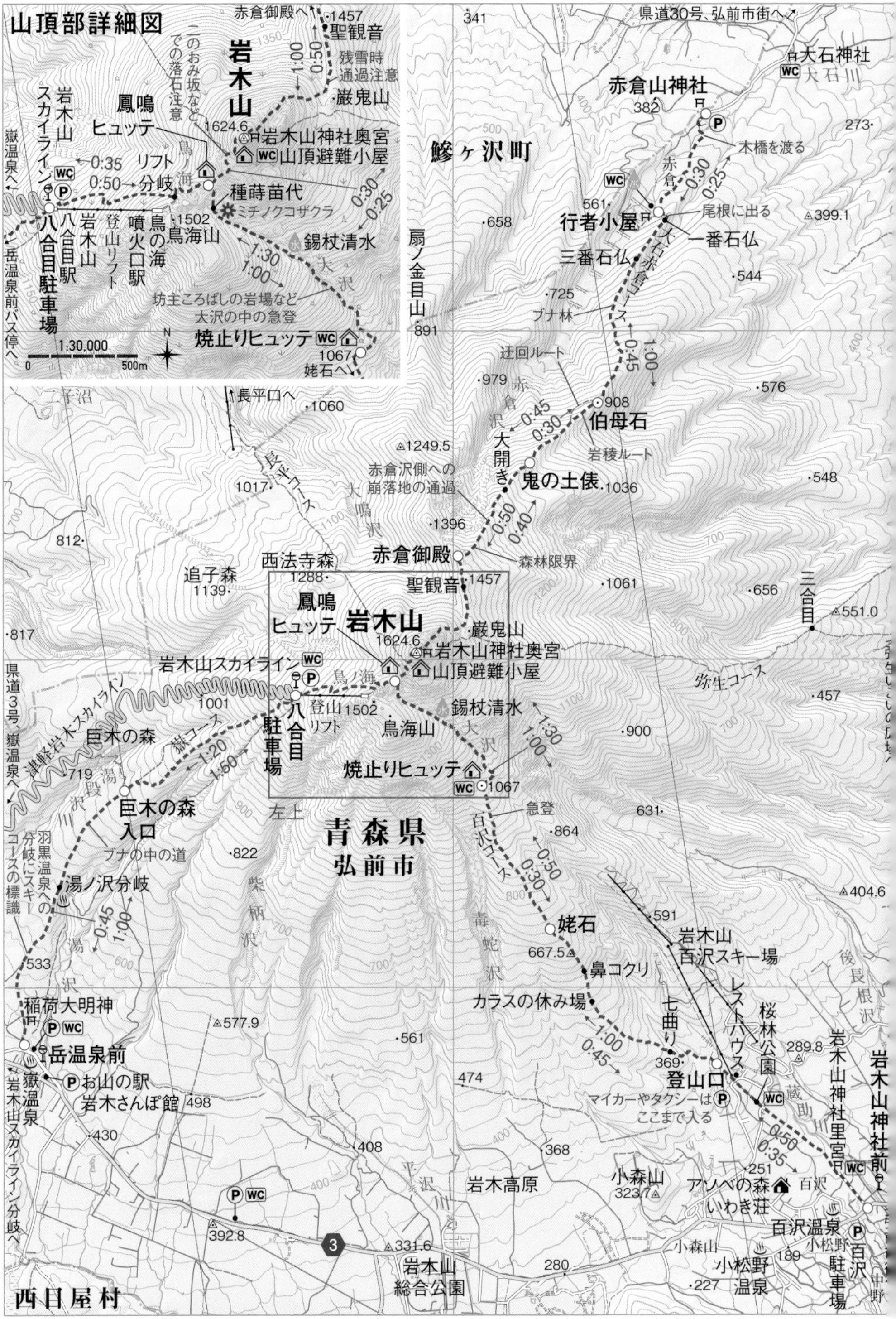

1:50,000
0
1km
N
A
B
1
2
3
4
山頂部詳細図
赤倉御殿へ
1457
聖観音
岩木山
二のおみ坂などでの落石注意
残雪時通過注意
巌鬼山
鳳鳴ヒュッテ
岩木山神社奥宮
山頂避難小屋
岩木山スカイライン
嶽温泉へ
0:35 リフト
0:50 分岐
種蒔苗代
ミチノクコザクラ
八合目駐車場
八合目駅
岩木山登山リフト
噴火口
鳥の海
1502
鳥海山
錫杖清水
岳温泉前バス停へ
坊主ころばしの岩場など
太沢の中の急登
焼止りヒュッテ
1067
姥石へ
1:30,000
0
500m
県道30号、弘前市街へ
大石神社
大石川
赤倉山神社
382
木橋を渡る
鰺ヶ沢町
行者小屋
尾根に出る
一番石仏
三番石仏
大石赤倉コース
扇ノ金目山
891
ブナ林
迂回ルート
伯母石
908
岩稜ルート
大開き
鬼の土俵
1036
赤倉沢側への崩落地の通過
赤倉御殿
森林限界
長平口へ
1060
長平コース
1249.5
1017
大鳴沢
1396
812
追子森
1139
西法寺森
1288
聖観音
1457
鳳鳴ヒュッテ
岩木山
1624.6
巌鬼山
岩木山神社奥宮
山頂避難小屋
岩木山スカイライン
鳥ノ海
八合目駐車場
登山リフト
1502
鳥海山
錫杖清水
大沢
焼止りヒュッテ
1067
1061
656
三合目
551.0
弥生コース
457
900
県道3号、嶽温泉へ
津軽岩木スカイライン
1001
巨木の森
嶽コース
719
湯段沢
巨木の森入口
左上
青森県
弘前市
急登
百沢コース
631
864
羽黒温泉への分岐にスキーコースの標識
ブナの中の道
822
湯ノ沢分岐
柴柄沢
毒蛇沢
姥石
667.5
鼻コクリ
カラスの休み場
591
岩木山百沢スキー場
404.6
533
湯ノ沢
稲荷大明神
岳温泉前
577.9
561
七曲り
369
登山口
マイカーやタクシーはここまで入る
レストハウス
桜林公園
289.8
蔵助川
後長根沢
岩木山神社里宮
岩木山神社前
嶽温泉
岩木山スカイライン分岐へ
お山の駅
岩木さんぽ館
498
474
430
408
368
平沢
岩木高原
小森山
323.7
251
アソベの森
いわき荘
百沢
百沢温泉
小松野
百沢駐車場
392.8
3
331.6
岩木山総合公園
280
小森山
小松野温泉
189
227
西目屋村
中野
541
273
399.1
544
576
548
658
725
979
817
341
561

白神岳

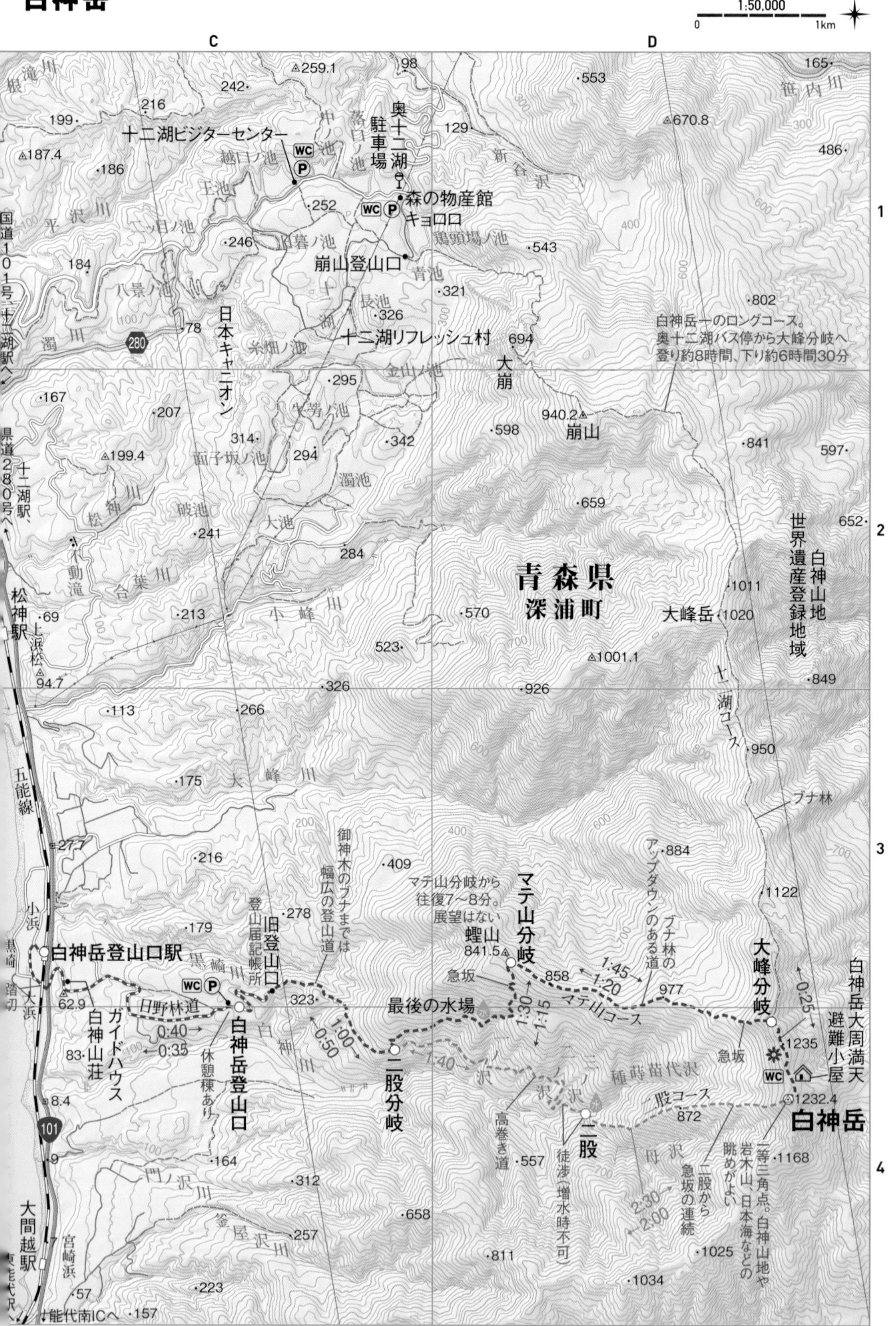
1:50,000
0
1km
N
十二湖ビジターセンター
奥十二湖駐車場
森の物産館キョロロ
崩山登山口
十二湖リフレッシュ村
日本キャニオン
大崩
崩山
青森県
深浦町
大峰岳
世界遺産登録地域
白神山地
白神岳一のロングコース。
奥十二湖バス停から大峰分岐へ
登り約8時間、下り約6時間30分
十二湖コース
ブナ林
マテ山分岐から
往復7~8分。
展望はない
蟶山
マテ山分岐
アップダウンのある道
ブナ林の
マテ山コース
大峰分岐
白神岳大周満天避難小屋
白神岳
二股コース
二股
二股分岐
最後の水場
急坂
高巻き道
徒渉(増水時不可)
二股から急坂の連続
一等三角点。白神山地や岩木山、日本海などの眺めがよい
御神木のブナまでは幅広の登山道
登山届記帳所
旧登山口
白神岳登山口駅
白神岳登山口
休憩棟あり
日野林道
ガイドハウス
白神山荘
国道101号十二湖駅へ
県道280号十二湖駅、不動滝へ
松神駅
五能線
大間越駅
能代南ICへ
1:45
1:20
1:30
1:15
1:00
0:50
1:40
0:40
0:35
0:25
2:30
2:00

2 八甲田山

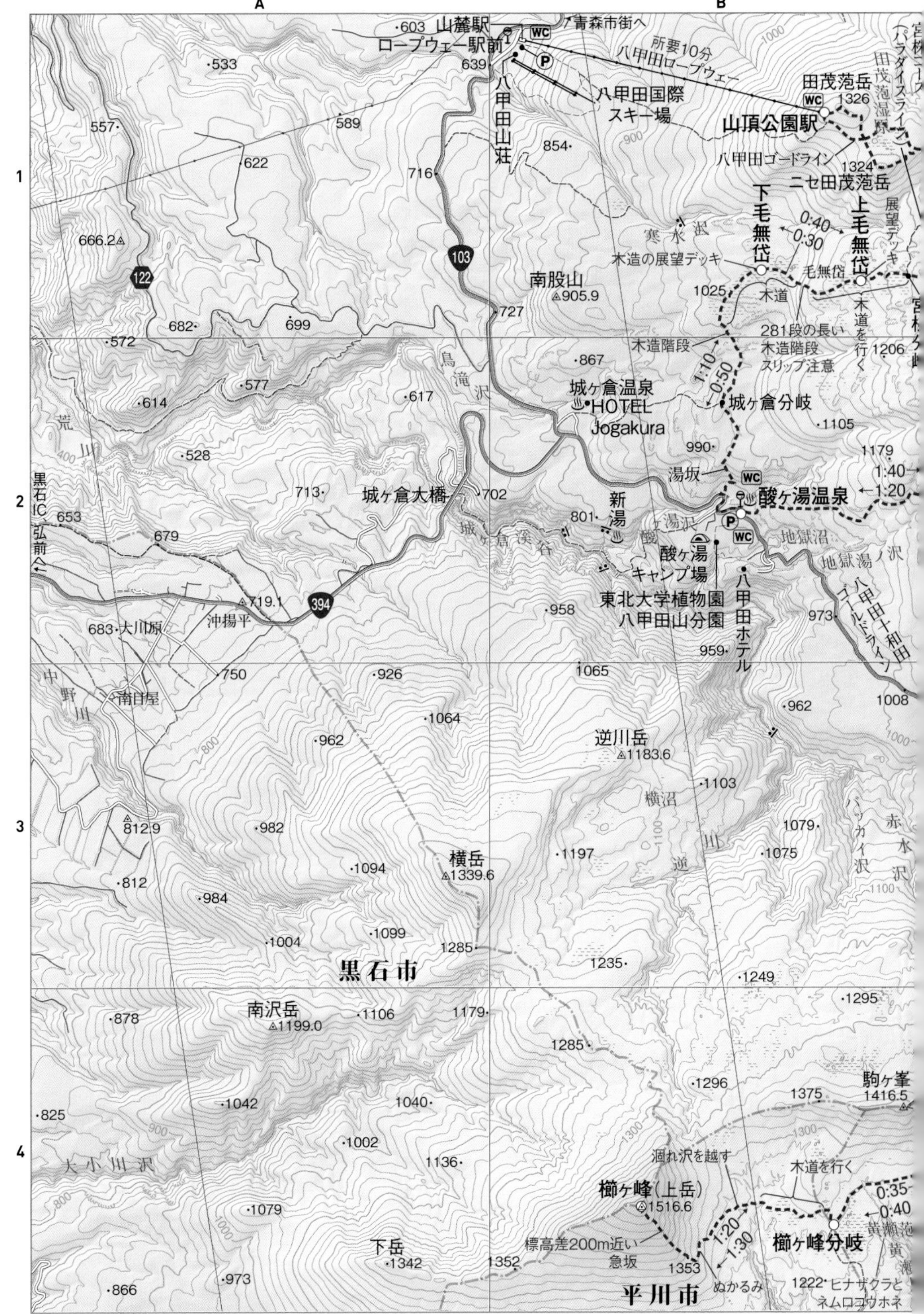

A
B
1
2
3
4
山麓駅
ロープウェー駅前
青森市街へ
所要10分
八甲田ロープウェー
八甲田国際
スキー場
八甲田山荘
田茂萢岳
1326
山頂公園駅
田茂萢湿原
宮様コース（パラダイスライン）
八甲田ゴードライン
1324
ニセ田茂萢岳
下毛無岱
上毛無岱
展望デッキ
0:40
0:30
寒水沢
木造の展望デッキ
毛無岱
木道
1025
宮様ケ岬
木道を行く
281段の長い
木造階段
スリップ注意
木造階段
1206
1:10
0:50
城ヶ倉分岐
城ヶ倉温泉
HOTEL
Jogakura
1105
1179
990
1:40
1:20
湯坂
酸ヶ湯温泉
南股山
905.9
727
867
鳥滝沢
617
新湯
801
酸ヶ湯沢
地獄沼
地獄湯ノ沢
酸ヶ湯
キャンプ場
東北大学植物園
八甲田山分園
八甲田ホテル
八甲田十和田ゴールドライン
973
959
958
1065
1008
城ヶ倉大橋
702
城ヶ倉渓谷
713
603
639
533
557
589
622
854
716
103
666.2
122
682
699
572
577
614
荒川
528
400
黒石IC
弘前へ
653
679
719.1
394
沖揚平
683
大川原
中野川
南目屋
750
926
1064
962
800
逆川岳
1183.6
1103
横沼
962
1000
1079
1075
パッカイ沢
赤水沢
1100
812.9
982
1197
逆川
812
1094
横岳
1339.6
984
1099
1004
1285
黒石市
1235
1249
1295
878
南沢岳
1199.0
1106
1179
1285
1296
駒ヶ峯
1416.5
1375
825
1042
1040
900
1300
1002
大小川沢
1136
涸れ沢を越す
木道を行く
0:35
0:40
櫛ヶ峰（上岳）
1516.6
1079
1:20
1:30
櫛ヶ峰分岐
黄瀬沼
黄瀬
標高差200m近い
急坂
1353
下岳
1342
1352
ぬかるみ
973
866
平川市
1222
ヒナザクラと
ネムロコウホネ

1:50,000
0
1km
N
C
D
青森県
青森市
八甲田山
十和田市
赤倉岳
井戸岳
大岳避難小屋
遅くまで雪深が残る
大岳
小岳
小岳分岐
田代平分岐
高田大岳
西峰
東峰
東峰には祠がある
仙人岱
八甲田清水
仙人岱避難小屋
硫黄岳
火山性有毒ガスに注意。迅速な行動を
石倉岳
八甲田大岳と高田大岳の展望台
ハイマツ帯の急坂
ハイマツ帯の急坂。木の根や転石に注意
堀状に深くえぐられた急坂
ハイマツとアオモリトドマツの境界
ぬかるみややぶの荒れた道
赤倉岳の山名標柱
みちのく深沢温泉へ
国道103号へ
田代平
田代牧場
レストハウス箒場
田代平
高原茶屋
又兵衛の茶屋
登り口がわかりづらい
田代橋
田代平キャンプ場
南駒込山
グダリ沼
国道394号へ
雛岳分岐
急坂
雛岳
駒込川
小川
七戸へ
深いぬかるみ
谷地温泉
谷地温泉入口
猿倉温泉
約5台
猿倉神社
睡蓮沼
傘松峠
猿倉沢
涸沢
新道は深いササにおおわれ、山慣れた熟達者がようやく歩ける難コース。不用意に入りこまないこと
新道（山道）コース
旧道コース
矢櫃谷地
矢櫃沢
矢櫃橋
矢櫃岳
鋭角に折れる
鋭角に折れる
猿倉岳
赤倉岳
赤沼
赤沼沢
深めの荒れた沢を越す
黄瀬沼分岐
地獄峠
植生が広葉樹から針葉樹に変わっていく
一ノ沢（乗鞍）分岐
松次郎清水
乗鞍岳
やぶ
仙人橋
蔦川
蔦トンネル
蔦温泉、十和田湖へ
蔦沼
鏡沼
月沼
湯尻沢
急坂
ガレ場の急坂

A
B
1
2
3
4
田沢湖駅、鹿角花輪駅、鹿角八幡平ICへ
後生掛(大沼)キャンプ場
大沼温泉
地熱発電所
八幡平ビジターセンター
温泉センターゆらら
秋田八幡平スキー場
山毛森
1206
蒸ノ湯入口
後生掛温泉
1078.2
蒸ノ湯温泉
蒸ノ湯温泉
ワタスゲ
大谷地
蓮ノ森
1144.6
長沼
長沼
1:15
0:50
ブシ谷地
標高差150mの急坂。足もと注意
長沼コース
鹿角市
0:35
1201
大深温泉
登山口
田沢湖駅〜八幡平頂上間の羽後交通バスは2022年現在運行休止中
蒸ノ湯(大深)コース
アオモリトドマツ林内の石の多い道。木道は老朽化が進む
八幡平アスピーテライン
1:00
0:50
田代沼
1427
1493
田代沼分岐
23
草ノ湯(十字)分岐
1530
0:20
0:30
0:40
0:30
0:40
0:30
藤助森
1604
1568
1564
1464
杣角山
1495.3
2:00
1:30
草ノ湯コース
徒渉(増水時注意)
コース上部は道がやぶにおおわれている
倉形沢
中ノ沢
蓮ノ森
1273
宿はない
草ノ湯
1302
八幡平三大展望地のひとつ。樹海に包まれた八幡平の展望が広がる
八幡平
1613.3
八幡沼
ガマ沼
1605
源太分れ
源太森
1595
木道
0:20
0:15
1578
1591
見返峠
八幡平頂上
左下
0:15
0:20
駐車スペース
畚岳登山口
藤七温泉
藤七温泉
蓬莱境
1344
蓬莱沼
彩雲荘
八幡平樹海ライン
318
1466
0:25
0:30
畚岳
1577.8
畚岳分岐
八幡平三大展望地。360度の大展望
0:10
0:50
1452
1313
1410
アオモリトドマツ
諸桧岳
1516
ササとハイマツの広いピーク
1:10
裏岩手縦走路
1424
1438
石沼
前諸桧
1481
やせ尾根
1303
嶮岨森へ
1254
1134
障子倉沢
秋田県
仙北市
新山沢
湯田又沢
蟹沼
伝左衛門沢
上ノ沢
滝ノ沢
大湯沼
澄川
赤川
1342
1274
1226
1079
1145.3
1300
1056
1191
977
1142
1100
1037
1134
988
990
978
955
968
1017
1002
990
1001
837
801
782
草ノ湯分岐へ
木製の展望台あり
ワタスゲ、ミツガシワ、ニッコウキスゲ、コバイケイソウなど
源太分れ
源太森
1595
0:10
八幡平
1613.3
0:40
0:30
田代沼分岐へ
ガマ沼分岐
八幡沼展望台
陵雲荘
八幡沼
0:20
0:10
メガネ沼
ガマ沼
鏡沼
0:40
0:20
沼の周囲は木道がのびる
1578
1605
0:25
0:15
見返峠
八幡平アスピーテライン
大深温泉へ
八幡平頂上
レストハウス
畚岳登山口へ
黒谷地温泉へ
茶臼口バス停へ
岩手県
八幡平市
秋田県
仙北市
1:25,000
0
500m
N
八幡平詳細図

1:50,000
0
1km
N
C
D
兄川、国道282号へ
安比高原、国道282号へ
裳部沢林道
登山口
ガレ場の斜面
（滑落注意）
このあたり数回沢を渡る
（増水時徒渉困難）
コース整備なし。
立ち入り制限ロープあり
元安比温泉
分岐点
赤川分岐
赤川登山口
（赤川林道終点）
徒渉
（増水時困難）
赤川林道
岩手県
八幡平市
アスナ沢・西森山コース
西森山
安比高原スキー場
前森山へ
急坂
（スリップ注意）
安比湿原
安比岳
安比岳コース
コースどりに注意
安比温泉
宿はない
（元安比温泉）
茶臼岳コース
コース中のところどころで展望あり
茶臼岳・前森山コース
屋棟岳
ニッコウキスゲ
ワタスゲ
黒谷地湿原
恵比寿森分岐
恵比須森
大黒森
石がゴロゴロで
足もと注意
熊の泉
黒谷地
茶臼山荘
茶臼岳
丸森
滑り沢
仏ノ沢
恵比須沢
緑ガ丘（五）
五色沼
御在所沼
熊沼
八幡平アスピーテライン
茶臼口
八幡平三大展望地のひとつ。
岩手山などのすばらしい眺め
石ガタ沼
夜沼
源太岩
松尾鉱山跡
鳥沼
緑ガ丘（二）
大揚沢
藤七硫黄鉱山跡
大揚沼モリアオガエル
およびその繁殖地
大揚沼
白沢
夜沼川
黒沢
三米坑
大長根
松尾八幡平IC、盛岡駅へ
松尾鉱山資料館バス停、
落峯
北ノ又川
赤川
上倉沢
若旗滝
大ノ助沢
松川温泉へ
緒ヶ瀬滝
1
2
3
4

A
3
B
諸桧岳へ
展望よし
八幡平頂上バス停へ
1:10
1379
1448.1
嶮岨森
崖に注意
1:00
0:45
1418
1268
北ノ又沢
秋田県
仙北市
東ノ又沢
大深山荘
お花畑
0:30
0:25
0:45
お花畑
分岐
1384
大深岳
1541.3
0:15
1545
源太ヶ岳
八瀬森分岐
天狗岩
1252
1420
1384
大白森へ
0:50
1:00
1335
1305
0:15
0:20
1146
初夏まで残雪あり
岩手山など
裏岩手連峰の
山々を見渡す
1153
小畚山
1467
好展望の休憩ポイント
ハイマツなど
灌木帯の稜線
展望よい稜線歩き
1447.9
1312
明通沢
1076
三ツ沼
1391
1:00
全方位の展望
岩手山、秋田駒ヶ岳などの
山並みがすばらしい。
紅葉もきれいだ
1211
三ツ石山
1466
0:20
0:30
ニッコウキスゲ
アオモリトドマツ
栗木ヶ原
1172
1034
1162.1
1168
1281
0:30
0:25
大松倉山
1407.5
三ツ石湿原
ミズバショウ
サワギキョウ
ミツガシワ
イワイチョウ
三ツ石山荘
登山口
0:35
0:25
1161
1018
分岐
1151
北白沢
1145
大松倉沢
1318
1:00
1:30
0:40
0:50
0:05
奥産道
網張ゲート
小松倉山
1241
1020
舗装された道路を歩く
1:30
1:10
882
三ツ石山登山口
葛根田地熱
発電所
滝ノ上温泉
烏越ノ滝
烏帽子岳登山口
682
1:10
0:50
889
白沼、烏帽子岳へ
840
南白沢
平ヶ倉山
1065.9
平ヶ倉沼分岐
1:30
2:10
1071
千沼ヶ原へ
931
平ヶ倉登山口
545
0:30
0:50
0:30
0:50
583
葛根田渓谷
熱交換所
登山口
赤粒沢
黒滝沢
平ヶ倉沼
メグリ沢
964.4
212
194
515
530
194
646
446
葛根田川
雫石町
雫石駅、盛岡ICへ
1113
赤川
助沢
1083
318
1147
1161
1200
1100
八幡平樹海ライン
倉沢
上沢
788
旗沢
若
994
1000
798
715
緒ヶ瀬滝
深沢
755
952
下倉スキー場
733
下倉山
1166.4
1179
1164
中倉山
1372.7
1214
源美沼
上倉山
1350
1112
丸森
1151
1111
833
湯坂
湯坂沼
ゲンタリ沢
芭蕉沼
684
松川
749
松川自然休養林
五葉沼
影沼
青沼
上倉沼
丸森川
1:10
1:30
松川登山口
御護沼
891
812
832
松川温泉
松川温泉
松川地熱発電所
松川キャンプ場
932
湯ノ森
1049.3
858
1031
赤川
0:40
1:00
1050
1076
1136
澄川
松川コース
2:10
1:40
0:40
1:00
1163
1167
1281
1517.1
姥倉山
1207
1200
1300
犬倉分岐
1:00
網張コース
1343
犬倉山
1408
0:10
犬倉駅
網張元湯
1316.7
鎌倉森
1:40
1:00
兎平駅
夏場など期日限定で
登山リフトとして
運転される。詳細は
休暇村網張温泉へ
網張温泉スキー場
冬期閉鎖ゲート
916.8
851
797
休暇村岩手
網張温泉
網張温泉
キャンプ場
網張温泉
734
712.3
芳沢牧野
女倉沢
湯ノ沢
663
網張ビジターセンター
葛根田の大岩屋
（玄武洞）
有根沢
559.0
554
212
1
2
3
4
6

1:60,000
0
1km
N
C
D
岩手県
八幡平市
滝沢市
岩手山
薬師岳
2038.0
お鉢巡り
妙高岳
岩手山神社奥宮
七滝登山口
上坊登山口
焼走り登山口
馬返し
609.2
御神坂駐車場
大地獄
切通し
分岐
鬼ヶ城
鬼ヶ城コース
お花畑コース
不動平
不動平避難小屋
八合目避難小屋
平笠不動避難小屋
平笠不動
茶臼岳
ツルハシ
第2噴出口跡
第1噴出口跡
焼走りコース
焼走りの湯
焼走り熔岩流
岩手山焼走り国際交流村
上坊神社
上坊コース
駐車スペース
悪路
分岐に「上坊コース」道標あり
上坊牧野
八幡平温泉郷
八幡平ハイツ
県民の森
森乃湯
森の大橋
松尾寄木
八幡平マウンテンホテル
八幡平リゾートパノラマスキー場
岩手山パノラマライン
古上坊跡
松尾八幡平IC、大更駅へ
大更駅、国道282号へ
西根IC、大更駅へ
滝沢IC、盛岡駅へ
雫石駅、盛岡ICへ
七滝への分岐
七滝コース
ぬかるみ
絶景の眺望だが、山頂部は地熱が高く、東側が切れ落ちている。危険域には立ち入らないこと
赤倉岳
屏風尾根
黒倉山
御苗代湖
御釜湖
火山ガスに注意
ナナカマド
ダケカンバ
紅葉はみごと
裸化した稜線は火山活動により地熱高い。コース以外立入禁止
コマクサ群落
岩場
笠締
御神坂コース
急登
草鞋脱場
切接
御神坂コース入口
相の沢キャンプ場
たきざわ自然情報センター
新道
旧道
七合目・鉾立
お成り清水
御蔵石
五合目
三合目
二合五勺
二合目
一合目
豆腐岩
大なめり
柳沢（馬返し）コース
〇.五合目。分岐点中心にブナの木が立つ
古道の改め所
登山口
鬼又清水
馬返しキャンプ場
馬返し駐車場
駐車場より上部への車の乗り入れは禁止
陸上自衛隊岩手山演習場
鞍掛山
896.7
岩手高原スノーパーク
洞ヶ沢
イタザ沢
小水無沢
妻ノ神沢
白川沢
御神坂沢
有根沢
正徳沢
左保沢
大地獄谷
二又沢
金沢
ノ又橋

5　岩手山詳細図

1:25,000
0　500m

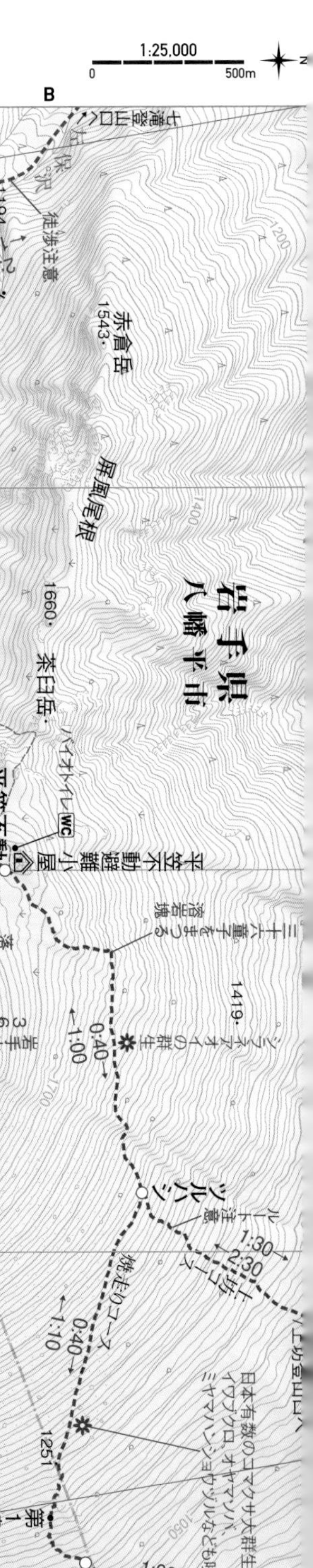

姫神山

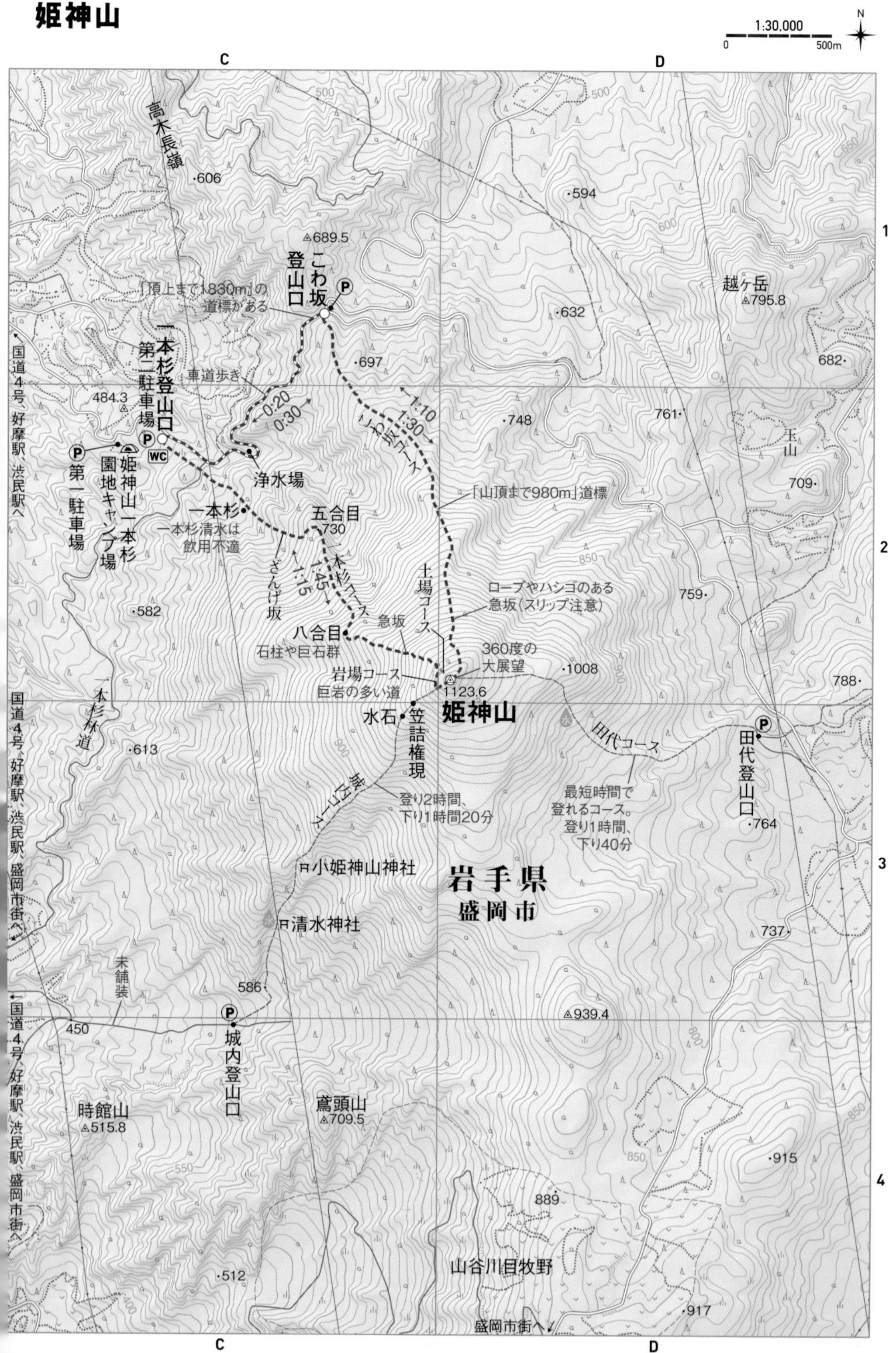

1:30,000
0
500m
N
C
D
高木長嶺
606
594
689.5
こわ坂登山口
「頂上まで1830m」の道標がある
632
越ヶ岳
795.8
682
一本杉登山口
第二駐車場
697
車道歩き
0:20
0:30
1:10
1:30
こわ坂コース
484.3
748
761
玉山
第一駐車場
姫神山一本杉園地キャンプ場
WC
浄水場
709
「山頂まで980m」道標
一本杉
一本杉清水は飲用不適
五合目
730
1:45
1:15
一本杉コース
さんげ坂
850
土場コース
ロープやハシゴのある急坂(スリップ注意)
759
582
急坂
八合目
石柱や巨石群
360度の大展望
1008
岩場コース
巨岩の多い道
1123.6
788
一本杉林道
水石
笠詰権現
姫神山
田代コース
田代登山口
613
城内コース
登り2時間、下り1時間20分
最短時間で登れるコース。登り1時間、下り40分
764
小姫神山神社
岩手県
盛岡市
清水神社
737
未舗装
586
450
939.4
城内登山口
時館山
515.8
鳶頭山
709.5
550
915
850
889
山谷川目牧野
512
917
盛岡市街へ
国道4号、好摩駅、渋民駅へ
国道4号、好摩駅、渋民駅、盛岡市街へ
1
2
3
4

6 秋田駒ヶ岳・烏帽子岳（乳頭山）

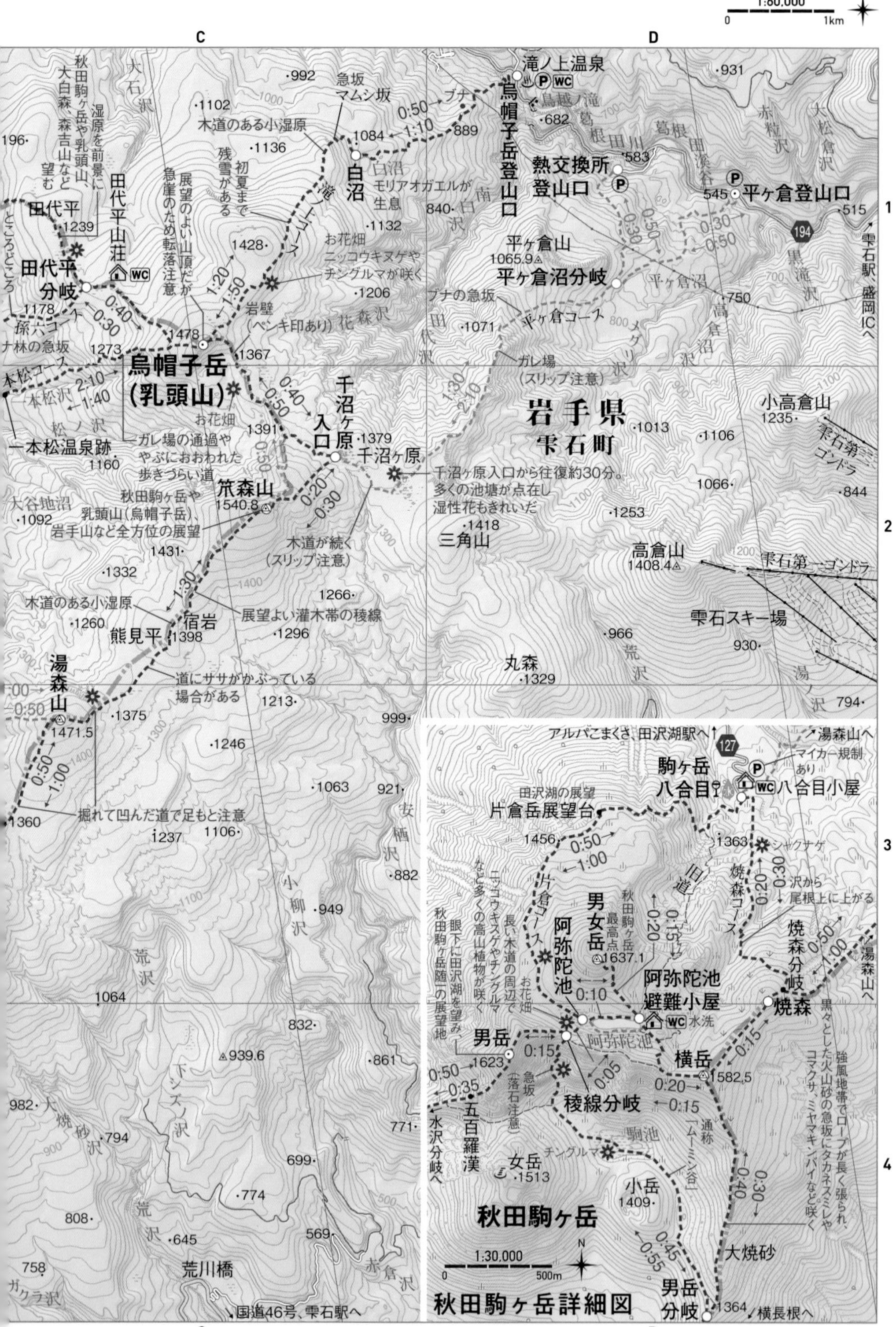

1:60,000
0
1km
N
C
D
滝ノ上温泉
烏帽子岳登山口
熱交換所登山口
平ヶ倉登山口
平ヶ倉山
1065.9
平ヶ倉沼分岐
平ヶ倉コース
平ヶ倉沼
雫石駅、盛岡ICへ
194
白沼
モリアオガエルが生息
急坂マムシ坂
木道のある小湿原
残雪が初夏まである
展望のよい山頂だが急崖のため転落注意
お花畑ニッコウキスゲやチングルマが咲く
滝ノ上コース
田代平山荘
田代平
田代平分岐
秋田駒ヶ岳や大白森、森吉山など望む
湿原を前景に乳頭山、
孫六コース
ブナ林の急坂
ブナの急坂
岩壁(ペンキ印あり)
烏帽子岳(乳頭山)
1478
一本松コース
一本松沢
一本松温泉跡
お花畑
ガレ場の通過ややぶにおおわれた歩きづらい道
千沼ヶ原入口
千沼ヶ原
千沼ヶ原入口から往復約30分。多くの池塘が点在し湿性花もきれいだ
笊森山
1540.8
秋田駒ヶ岳や乳頭山(烏帽子岳)、岩手山など全方位の展望
木道が続く(スリップ注意)
ガレ場(スリップ注意)
岩手県
雫石町
三角山
小高倉山
高倉山
1408.4
雫石第一ゴンドラ
雫石第三ゴンドラ
雫石スキー場
丸森
木道のある小湿原
宿岩
熊見平
1398
展望よい灌木帯の稜線
湯森山
1471.5
道にササがかぶっている場合がある
掘れて凹んだ道で足もと注意
国道46号、雫石駅へ
荒川橋
秋田駒ヶ岳詳細図
1:30,000
0
500m
アルパこまくさ、田沢湖駅へ
127
湯森山へ
マイカー規制あり
駒ヶ岳八合目
八合目小屋
田沢湖の展望
片倉岳展望台
片倉コース
旧道
焼森コース
シャクナゲ
沢から尾根上に上がる
男女岳
秋田駒ヶ岳最高点
1637.1
阿弥陀池
阿弥陀池避難小屋
水洗
焼森分岐
焼森
横岳
1582.5
男岳
1623
稜線分岐
急坂(落石注意)
五百羅漢
水沢分岐へ
チングルマ
女岳
1513
小岳
1409
通称「ムーミン谷」
大焼砂
黒々とした火山砂の急坂にタカネスミレやコマクサ、ミヤマキンバイなど咲く
強風地帯でロープが長く張られ、
男岳分岐
1364
横長根へ
秋田駒ヶ岳
眼下に田沢湖を望み、秋田駒ヶ岳随一の展望地
長い木道の周辺でニッコウキスゲやチングルマなど多くの高山植物が咲く

7 森吉山

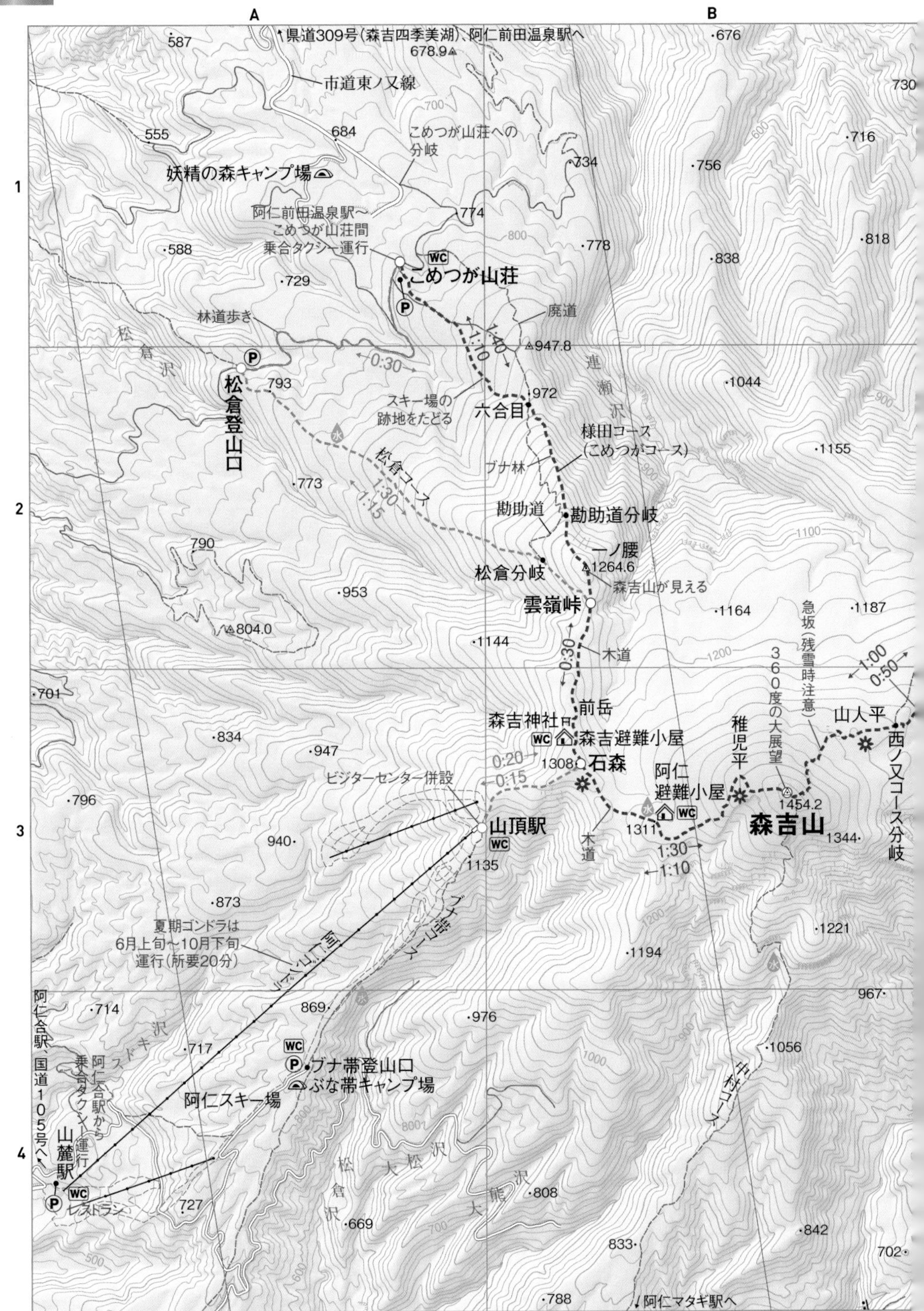

県道309号（森吉四季美湖）、阿仁前田温泉駅へ
市道東ノ又線
こめつが山荘への分岐
妖精の森キャンプ場
阿仁前田温泉駅〜こめつが山荘間乗合タクシー運行
こめつが山荘
林道歩き
廃道
松倉沢
松倉登山口
連瀬沢
スキー場の跡地をたどる
六合目
様田コース（こめつがコース）
ブナ林
松倉コース
勘助道
勘助道分岐
一ノ腰
松倉分岐
森吉山が見える
雲嶺峠
木道
急坂（残雪時注意）
360度の大展望
前岳
森吉神社
森吉避難小屋
山人平
稚児平
石森
阿仁避難小屋
西ノ又コース分岐
ビジターセンター併設
山頂駅
森吉山
夏期ゴンドラは6月上旬〜10月下旬運行（所要20分）
阿仁ゴンドラ
ブナ帯コース
阿仁合駅、国道105号へ
阿仁合駅から乗合タクシー運行
ブナ帯登山口
ぶな帯キャンプ場
阿仁スキー場
スドキ沢
山麓駅
レストラン
松倉沢
大松沢
大熊沢
中村コース
阿仁マタギ駅へ

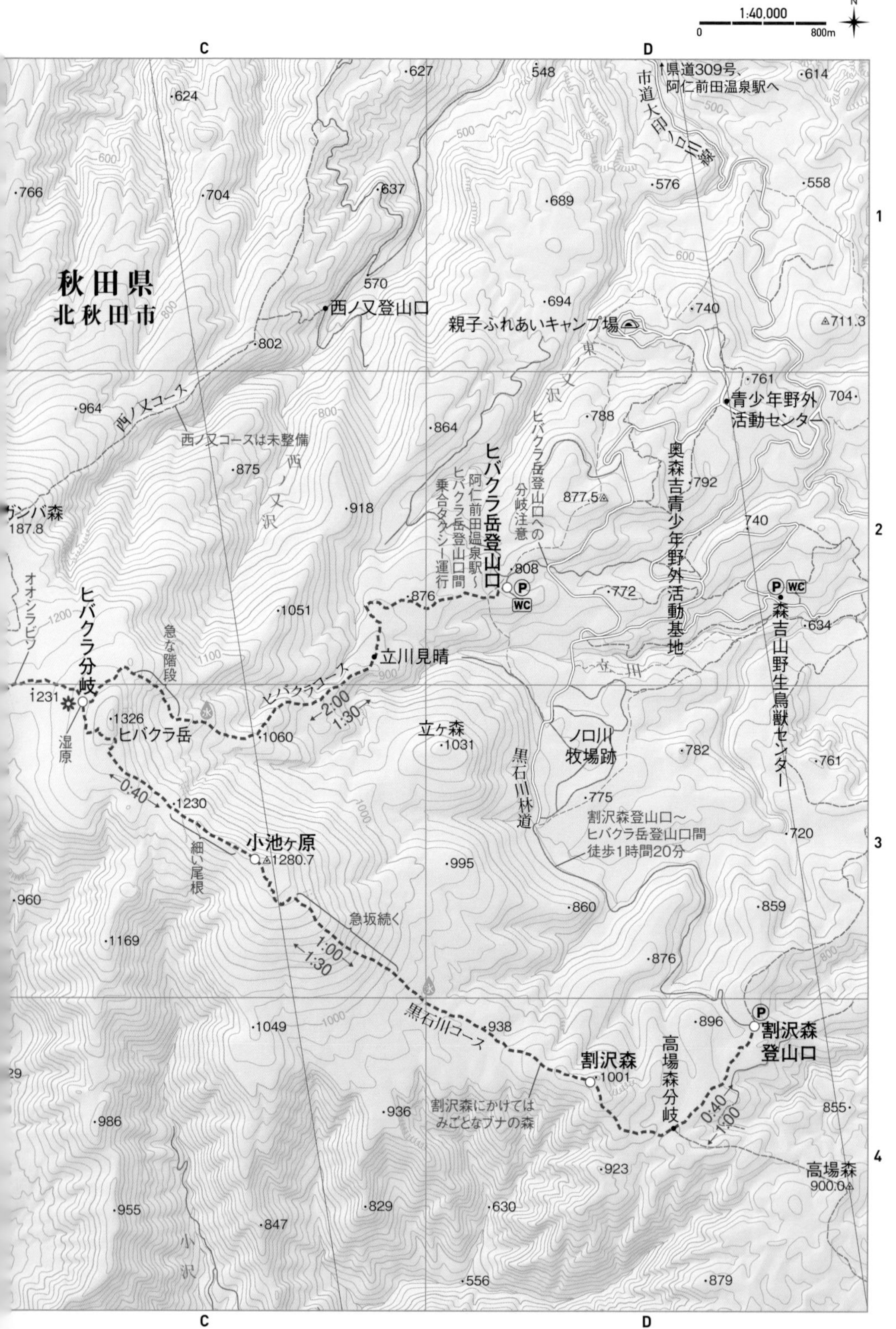
1:40,000
0
800m
N
C
D
1
2
3
4
秋田県
北秋田市
県道309号、阿仁前田温泉駅へ
市道大印ノロ川線
西ノ又登山口
親子ふれあいキャンプ場
青少年野外活動センター
西ノ又コース
西ノ又コースは未整備
西ノ又沢
東又沢
ヒバクラ岳登山口への分岐注意
奥森吉青少年野外活動基地
ヒバクラ岳登山口
阿仁前田温泉駅～ヒバクラ岳登山口間乗合タクシー運行
森吉山野生鳥獣センター
ヒバクラ分岐
オオシラビソ
急な階段
立川見晴
ヒバクラコース
2:00
1:30
立川
湿原
ヒバクラ岳
1326
立ヶ森
1031
ノロ川牧場跡
黒石川林道
0:40
細い尾根
小池ヶ原
1280.7
割沢森登山口～ヒバクラ岳登山口間徒歩1時間20分
急坂続く
1:00
1:30
黒石川コース
割沢森
1001
割沢森登山口
高場森分岐
0:40
1:00
割沢森にかけてはみごとなブナの森
高場森
900.0
小沢
ヅンバ森
187.8
711.3
877.5
627
548
614
624
766
704
637
576
558
689
570
694
740
802
761
704
964
788
864
875
792
918
740
808
876
772
1051
634
1231
1060
782
761
1230
775
720
995
960
860
859
1169
876
1049
938
896
29
986
936
855
923
955
829
630
847
556
879
500
600
800
1200
1100
900
1000

8 早池峰山

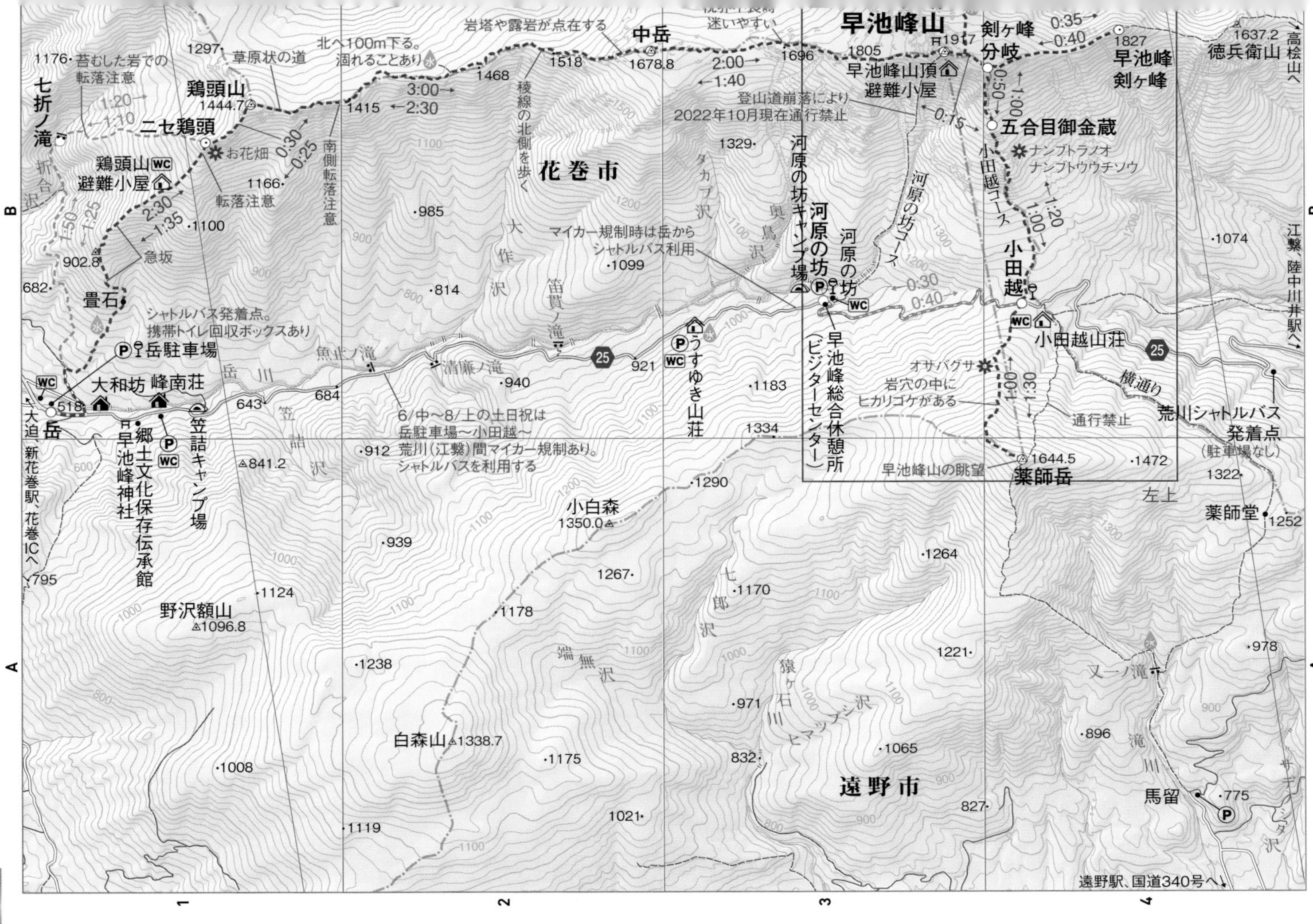

早池峰山
中岳
鶏頭山
ニセ鶏頭
七折ノ滝
鶏頭山避難小屋
畳石
岳駐車場
大和坊
峰南荘
岳
大迫
笠詰キャンプ場
早池峰神社
郷土文化保存伝承館
剣ヶ峰分岐
早池峰剣ヶ峰
徳兵衛山
早池峰山頂避難小屋
五合目御金蔵
小田越
小田越山荘
河原の坊
河原の坊キャンプ場
早池峰総合休憩所（ビジターセンター）
うすゆき山荘
薬師岳
薬師堂
小白森
白森山
野沢額山
馬留
花巻市
遠野市
荒川シャトルバス発着点（駐車場なし）
シャトルバス発着点。携帯トイレ回収ボックスあり
マイカー規制時は岳からシャトルバス利用
6/中～8/上の土日祝は岳駐車場～小田越～荒川（江繋）間マイカー規制あり。シャトルバスを利用する
登山道崩落により2022年10月現在通行禁止
新花巻駅、花巻ICへ
遠野駅、国道340号へ
江繋、陸中川井駅へ
高桧山へ

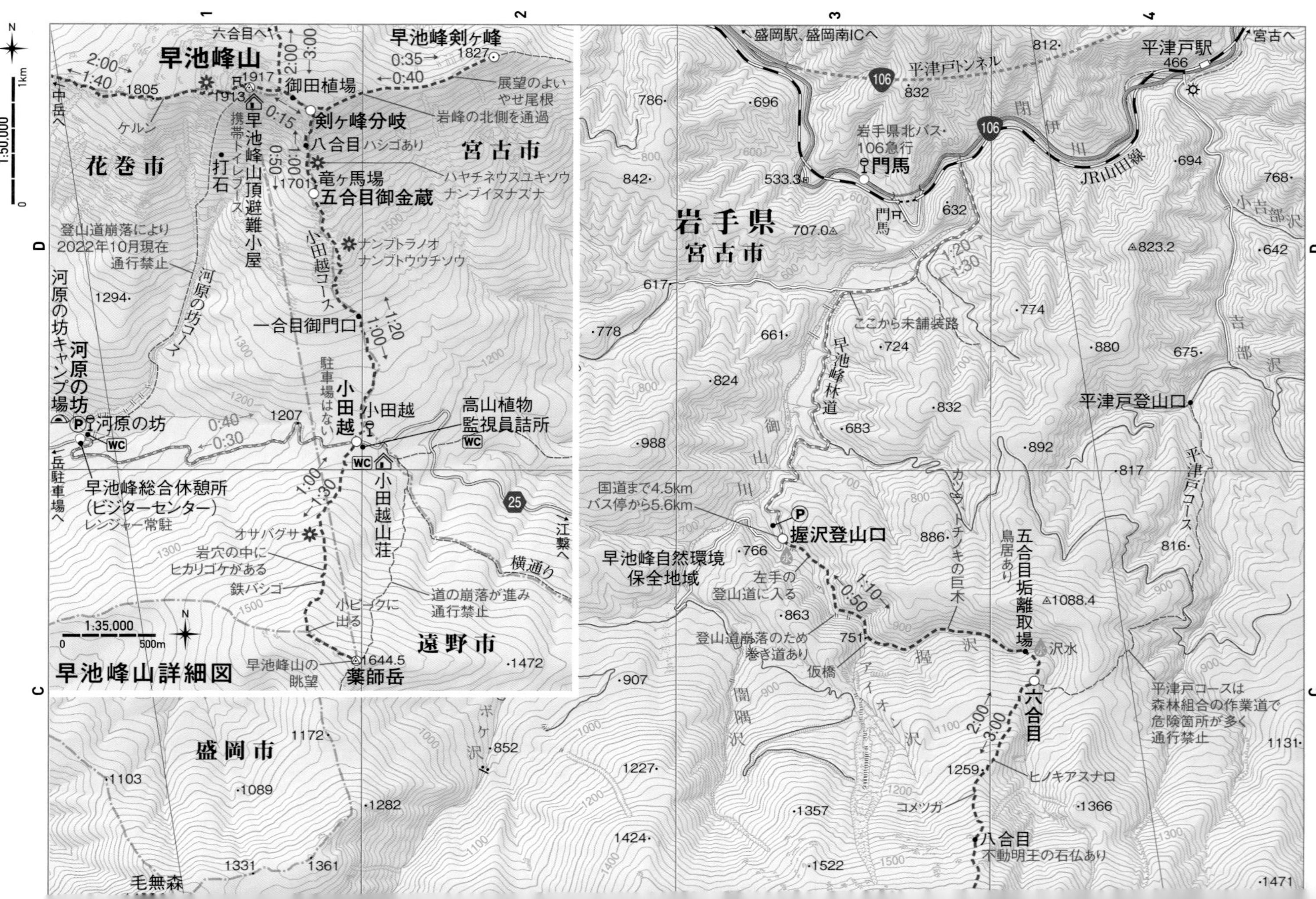

1:50,000
0
1km
N
1
2
3
4
C
D
早池峰山詳細図
1:35,000
0
500m
早池峰山
1917
1913
1805
早池峰剣ヶ峰
1827
六合目へ
中岳へ
ケルン
早池峰山頂避難小屋
携帯トイレブース
打石
御田植場
剣ヶ峰分岐
八合目 ハシゴあり
竜ヶ馬場
1701
五合目御金蔵
展望のよいやせ尾根
岩峰の北側を通過
ハヤチネウスユキソウ
ナンブイヌナズナ
ナンブトラノオ
ナンブトウウチソウ
小田越コース
一合目御門口
花巻市
宮古市
登山道崩落により2022年10月現在通行禁止
河原の坊コース
1294
河原の坊キャンプ場
河原の坊
岳駐車場へ
早池峰総合休憩所（ビジターセンター）
レンジャー常駐
1207
駐車場はない
小田越
高山植物監視員詰所
小田越山荘
25
江繋へ
横通り
オサバグサ
岩穴の中にヒカリゴケがある
鉄バシゴ
小ピークに出る
道の崩落が進み通行禁止
早池峰山の眺望
1644.5
薬師岳
遠野市
1472
盛岡市
1172
1103
1089
1282
1331
1361
毛無森
852
907
1227
1424
盛岡駅、盛岡南ICへ
平津戸トンネル
106
812
832
平津戸駅
466
宮古へ
786
696
岩手県北バス・106急行
門馬
533.3
842
JR山田線
閉伊川
694
768
小吉部沢
岩手県
宮古市
707.0
632
823.2
642
617
ここから未舗装路
774
778
661
724
880
675
824
早池峰林道
832
平津戸登山口
988
683
892
817
平津戸コース
御山川
国道まで4.5km
バス停から5.6km
握沢登山口
886
カツラとトチノキの巨木
早池峰自然環境保全地域
766
左手の登山道に入る
鳥居あり
五合目垢離取場
1088.4
816
863
登山道崩落のため巻き道あり
751
仮橋
沢水
六合目
平津戸コースは森林組合の作業道で危険箇所が多く通行禁止
1131
1259
ヒノキアスナロ
コメツガ
1357
1366
八合目
不動明王の石仏あり
1522
1471
0:15
0:50
1:00
0:35
0:40
2:00
3:00
1:40
1:20
0:30
1:30
1:10

9 焼石岳

焼石岳詳細図
南本内岳登山口へ
七合目柳瀞へ
お花畑コース
八合目
焼石沼
南本内岳
(権四郎森)
西和賀町
九合目
焼石神社
東焼石岳
1507
焼石岳
1547.3
姥石平
焼石岳屈指のお花畑
泉水沼
ガレの急坂
足場悪い
姥石平分岐
1421
銀明水避難小屋へ
六沢山へ
岩手県
奥州市
1:35,000
錦秋湖へ
南本内岳登山口
ブナ清水
三界山
1380.8
六合目与治兵衛
モッコ岳
長命水
七合目柳瀞
この間3回徒渉
秋田県
東成瀬村
すずこやの森分岐
大森山
1149.1
三合目登山口
四合目大森沢
五合目釈迦ざんげ
東側の展望よい
巻き道あり
分岐に「東成瀬登山口」看板
ジュネス栗駒パークゴルフ場
十文字駅、十文字ICへ
すずこやの森コース
大森山トンネル
胆沢橋
すずこやの森登山口
柴沢山
1240.6
岩手県
奥州市
柏峠
1018.0
笹森山
1084.9
胆沢区若柳
397

1:60,000
0
1km
N
C
D
林道出合
夏油温泉
宿泊施設2軒
北上市街へ
夏油温泉の石灰華
牛形山
△1339.4
白っ子森
1229
林道終点（二合目）
橋を渡る
ロープのある岩場
四合目
駒ヶ岳
△1129.6
駒形神社奥宮
鞍掛森山
△941.5
三角沼
北上市
御坪の庭（七合目）
六合目
八合目
金ケ崎町
経塚山
1372.2
ガレ場（落石注意）
ハクサンシャジン群生
賽の河原
焼石連峰の大展望台
金明水避難小屋
金明水
牛形山への道は廃道
牛形山分岐の道標あり
経塚山までアップダウンの多い尾根道
六沢山
天竺山
△1318.0
八郎沼
焼石岳
尿前川
お岩沢
このあたり6月下旬まで雪渓が残る
銀明水避難小屋
銀明水
リュウキンカ
ヒオウギアヤメなど
中沼登山口
中沼
中沼コース
上沼
石沼
連絡路あり
尿前林道
荒沢
タデ沼
鍋割山
△672.4
つぶ沼分岐
1063
獅子ヶ鼻岳
△1293.2
分岐付近は残雪が遅くまである（コース不明瞭）
ブナ林
石沼分岐
天竺山と経塚山が望める
つぶ沼コース
岳山
△969.9
廃道
ウバ沼
雨後はぬかるみの道
金山沢川
徒渉
大森
上倉山
△891.0
大荒沢
上倉沢
尿前渓谷橋
分岐に「焼石岳登山道」看板
谷子沢大橋
つぶ沼登山口
つぶ沼キャンプ場
谷子沢
奥州湖
尿前
石淵
胆沢ダム
胆沢トンネル
平泉前沢IC、水沢IC、水沢江刺駅へ
397
1
2
3
4

10 和賀岳

1:50,000
0
1km
N
A
B
1
2
3
4
白岩岳
1177
白岩薬師
1158.5
錫杖の森
918
仙北市
和賀岳
1439.4
360度の大展望
ニッコウキスゲ、トウゲブキ、ハクサンフウロ、ハクサンジャジン
道はしっかりしている
膝までのやぶ。
小鷲倉
1354
雪田草原
小杉山
1228.8
小杉分岐
眺望が広がる稜線
こけ平
1337
お花畑
高下コース
和賀岳自然環境保全地域
こけ平までブナ林の急坂続く
薬師平
雄大なお花畑が広がる
薬師岳
1218
和賀岳と小鷲倉を望む
薬師分岐
倉方
つづら折りの道
真昼岳への縦走路は刈り払いが不定期
和賀川徒渉点
720
雪どけ、増水時徒渉不可
急坂
高下分岐
ブナ林
赤沢分岐
高下登山口
秋田県
大仙市
岩手県
西和賀町
滝倉
避難小屋跡
ミズナラの巨木
ブナ台
大甲
1108
甲山
1012.2
甲山分岐
真昼岳へ
甘露水口
ゲート
林道歩き
薬師岳登山口
小路又キャンプ場
小路又橋
大倉岩
真木林道
角館駅 太田町小神成 大曲ICへ
県道1号、ほっと湯田駅へ
小滝山
1098.6
根菅岳
大荒沢岳へ
北峰
1322.2
高下岳
南峰
1320

栗駒山

1:55,000
0 1km

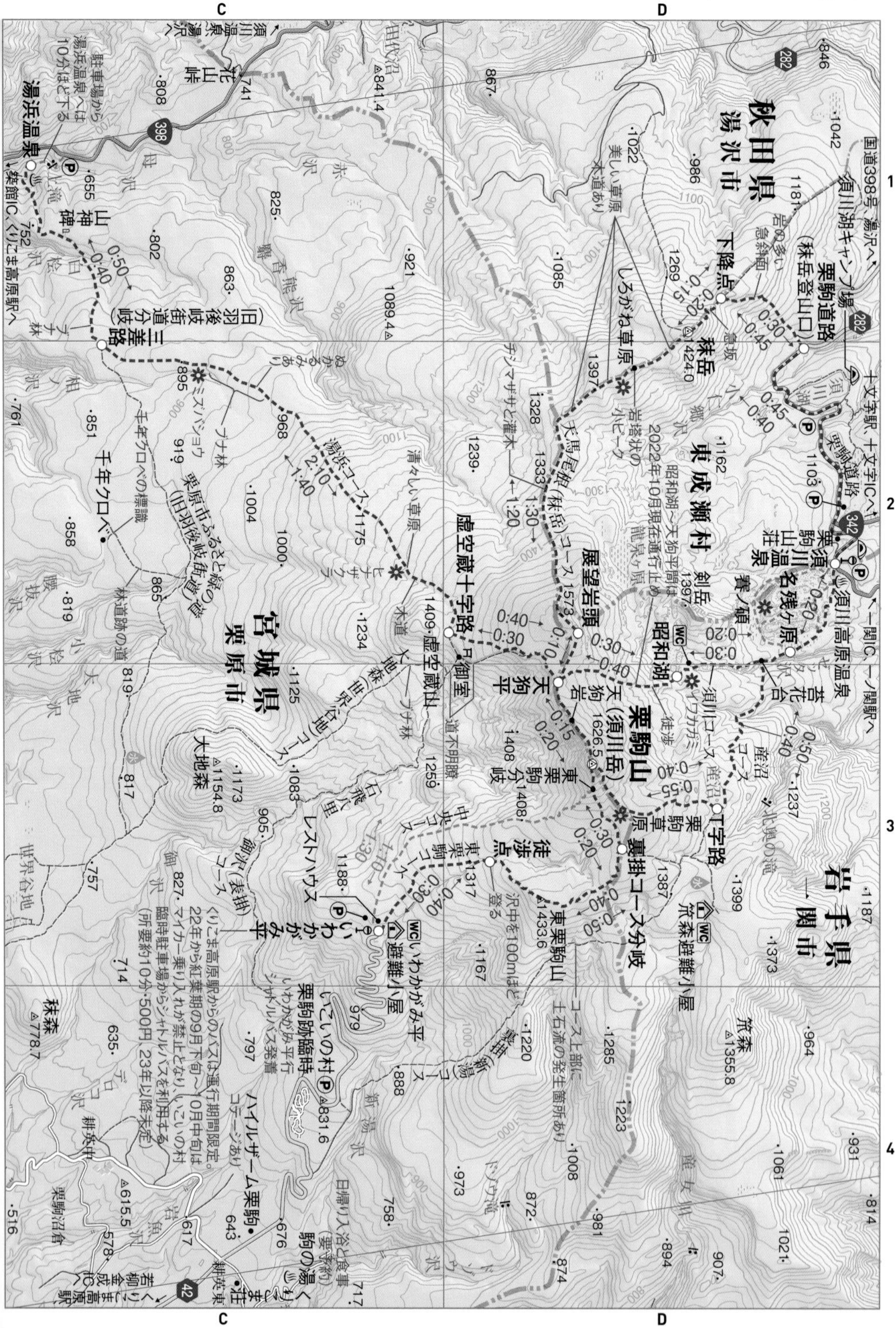

C D

1 2 3 4

- 秋田県 湯沢市
- 岩手県 一関市
- 宮城県 栗原市
- 東成瀬村
- 栗駒山 天(須川岳) 1626.5
- 天狗平
- 天狗岩
- 展望岩頭
- 虚空蔵十字路
- 虚空蔵山 1409
- 御室
- 昭和湖
- 剣岳 1397
- 須川温泉 栗駒山荘
- 名残ヶ原
- 賽ノ磧
- 苔花台
- 産沼
- 東栗駒分岐 1408
- 裏掛コース分岐
- 栗駒草原
- T字路
- 笊森避難小屋
- 笊森 1355.8
- 徒渉点
- 東栗駒山 1433.6
- いわかがみ平
- 避難小屋
- レストハウス
- 栗駒道路
- 須川湖キャンプ場(秣岳登山口)
- 下降点
- 秣岳 1424.0
- しろがね草原
- 湯浜温泉
- 山神碑
- 三差路(旧羽後岐街道分岐)
- 千年クロベ
- 大地森 1154.8
- 世界谷地
- ハイルザーム栗駒
- いこいの村栗駒跡臨時
- 駒の湯
- 秣森 778.7
- 花山峠
- 天馬尾根(秣岳)コース
- 湯浜コース
- 中央コース
- 東栗駒コース
- 須川コース
- 産沼コース
- 御沢(表掛)コース
- 新湯コース
- 地獄釜(世界谷地)コース

国道398号、湯沢へ

十文字駅、十文字ICへ

一関IC、一ノ関駅へ

築館IC、くりこま高原駅へ

駐車場から湯浜温泉へは10分ほど下る

昭和湖〜天狗平間は2022年10月現在通行止め

コース上部に土石流の発生箇所あり

沢中を100mほど登る

(くりこま高原駅からのバスは運行期間限定。22年から紅葉期の9月下旬〜10月中旬は臨時駐車場からシャトルバスを利用する(所要約10分・500円)23年以降未定)

11 神室山・火打岳

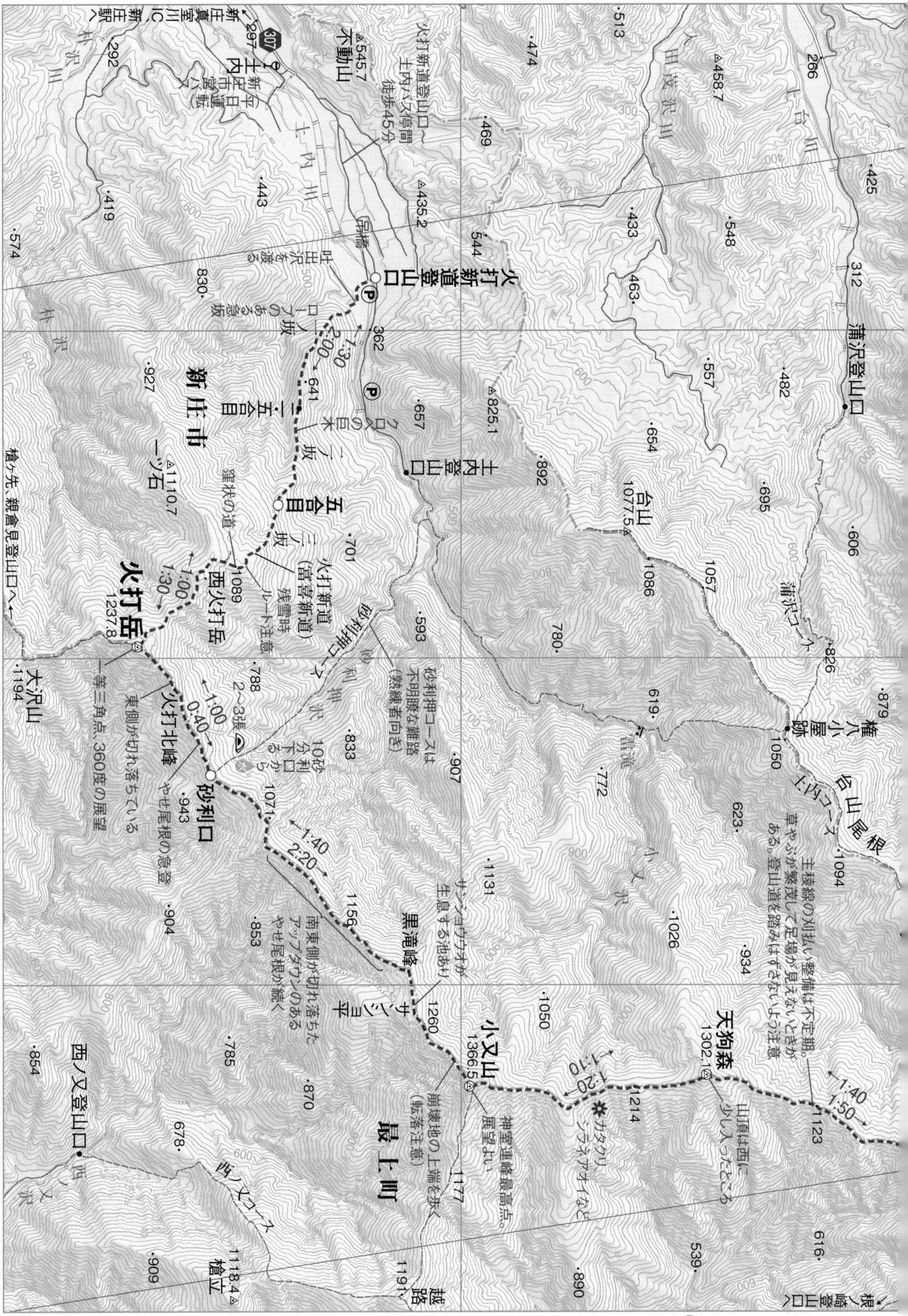

A B

1 2 3 4

新庄駅へ
真室川IC
新庄市営バス
土内
不動山 545.7
火打新道登山口
土内バス停間
徒歩45分
吊橋
吐出沢を渡る
火打新道登山口
ロープのある急坂
2:00
1:30
三五合目
新庄市
ブナの巨木
ニノ坂
土内登山口
一ツ石 1110.7
五合目
窪状の道
三ノ坂
火打新道
（宮宮新道）
残雪時
ルート注意
槍ヶ先、親倉見登山口へ
火打岳 1237.8
1:00
1:30
西火打岳
砂利押コース
砂利押コースは
不明瞭な難路
（熟練者向き）
大沢山 1194
一等三角点。360度の展望
東側が切れ落ちている
火打北峰
1:00
0:40
2～3張
10分
砂利口から
下る
砂利口
やせ尾根の急登
1:40
2:20
サンショウウオが
生息する池あり
黒滝峰
南東側が切れ落ちた
アップダウンのある
やせ尾根が続く
サンショ平
小又山 1366.5
崩壊地の上端を歩く
（転落注意）
最上町
西ノ又登山口
西ノ又コース
槍立 1118.4
越路
神室連峰最高点。
展望よい
カタクリ
シラネアオイなど
1:20
1:10
天狗森 1302.1
山頂は西に
少し入ったところ
台山 1077.5
蒲沢登山口
蒲沢コース
権八小屋跡
台山尾根
土内コース
主稜線の刈払い整備は不定期。
草やぶが繁茂して足場が見えないときが
ある。登山道を踏み外さないよう注意
1:40
1:50
根ノ崎登山口へ

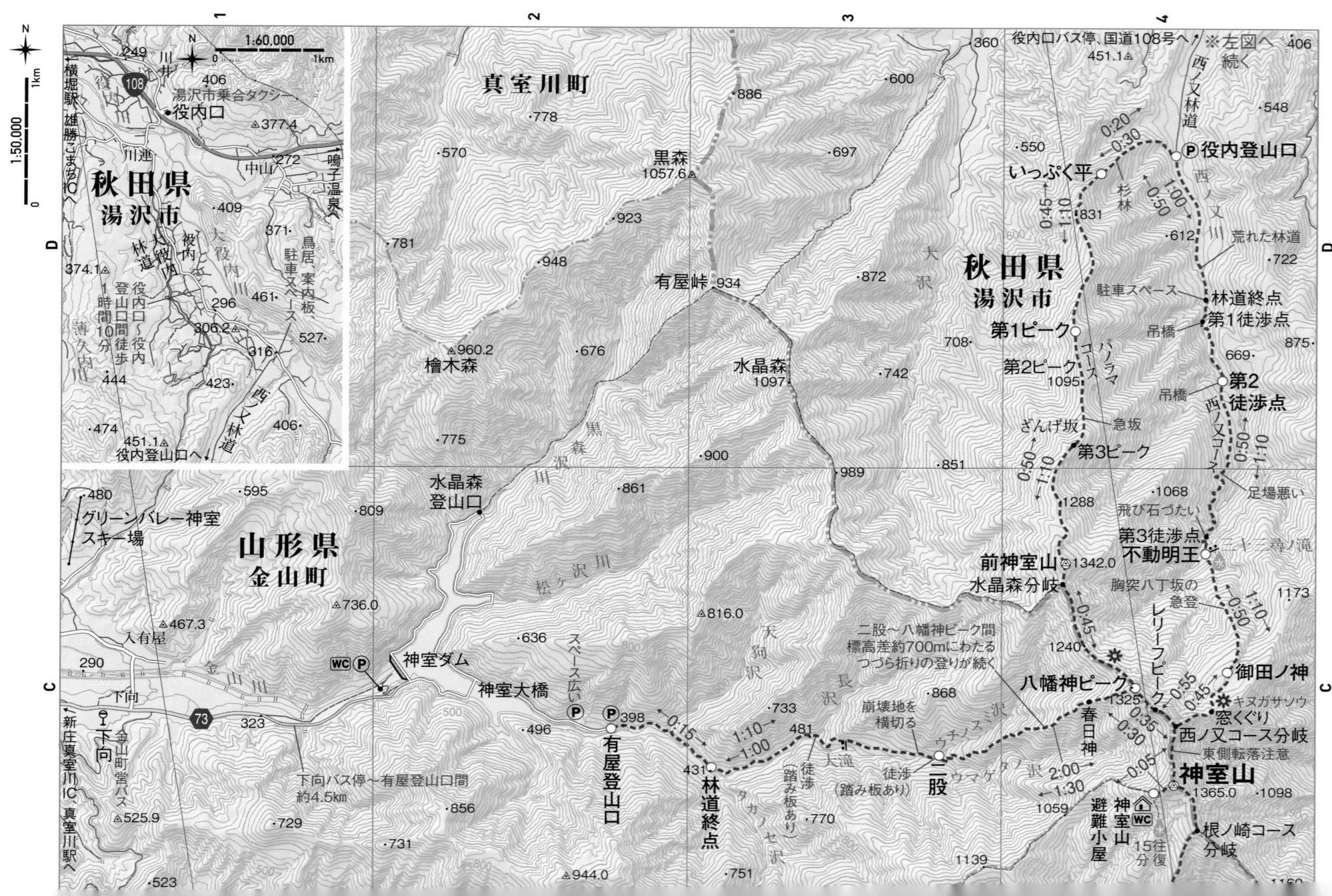

1:50,000
1:60,000
秋田県
湯沢市
役内口
湯沢市乗合タクシー
横堀駅、雄勝こまちICへ
鳴子温泉へ
鳥居、案内板、駐車スペース
役内～役内登山口間 徒歩1時間10分
役内登山口へ
真室川町
黒森
1057.6
有屋峠
934
檜木森
960.2
水晶森
1097
水晶森登山口
山形県
金山町
グリーンバレー神室スキー場
神室ダム
神室大橋
スペース広い
有屋登山口
398
林道終点
431
下向
金山町営バス
新庄、真室川IC、真室川駅へ
下向バス停～有屋登山口間 約4.5km
役内口バス停、国道108号へ
※左図へ続く
西ノ又林道
役内登山口
いっぷく平
杉林
荒れた林道
駐車スペース
林道終点
第1徒渉点
吊橋
第1ピーク
第2ピーク
1095
パノラマコース
第2徒渉点
西ノ又コース
ざんげ坂
急坂
第3ピーク
足場悪い
飛び石づたい
第3徒渉点
不動明王
二十三尋ノ滝
前神室山
1342.0
水晶森分岐
胸突八丁坂の急登
レリーフピーク
御田ノ神
キヌガサソウ
窓くぐり
西ノ又コース分岐
東側転落注意
八幡神ピーク
1325
春日神
二股～八幡神ピーク間 標高差約700mにわたるつづら折りの登りが続く
崩壊地を横切る
二股
徒渉
徒渉（踏み板あり）
大滝
神室山
1365.0
神室山避難小屋
15分往復
根ノ崎コース分岐

12 鳥海山

秋田県
にかほ市
山形県
遊佐町
鳥海山
新山
2236
七高山
2229
鉾立ビジターセンター
鉾立山荘
鉾立口
稲倉山荘
鉾立
TDK小屋
稲倉岳
1554.0
大平登山口
大平山荘
伝石坂
見晴台
吹浦口
清水大神
六合目
賽ノ河原
河原宿
愛宕坂
長坂道T字分岐
笙ヶ岳
1635.1
御浜
御浜小屋
御浜神社
扇子森
1759
鳥海湖
御田ヶ原分岐
八丁坂
七五三掛
御室小屋
文殊岳
2005
伏拝岳
2159
行者岳
大物忌神社
蛇石流分岐
T字分岐
千畳ヶ原
仙人平
ドッタリ
東竜巻
西竜巻
万助小屋
(酒田市山小舎)
月山沢徒渉点
増水時は徒渉困難
月山森
1650
ボタ池
河原宿
滝ノ小屋
滝ノ小屋登山口
八丁坂はお花畑。トウゲブキ、ハクサンシャジン、トウゲブキ
大雪渓。視界のない時は要注意
薊坂への登り口を見失いやすい
下山時は分岐がわかりにくい
康新道上部は急なガレ道が多く足場注意
大雪路
康新道
新山や月山などの眺望よい
雪渓が残る
象潟口
尾根渡り
1341.6
白糸の滝
蟻ノ戸渡
万助道
ガラ場
渡戸
十字路
万助道
狭霧橋
森の清水
玉粋ノ滝
一ノ滝口
天主森
1404.1
一ノ滝駐車場
一之瀧神社
西物見
東物見
1063
鳳来山
858.0
鳥海高原家族旅行村
鳥海高原ライン
猿穴
763.1
→象潟駅、象潟ICへ
吹浦駅、遊佐比子ICへ
遊佐駅、遊佐比子ICへ
酒田駅、酒田みなとICへ
八森
二ノ坂
岩野

1:60,000
0
1km
N
C
D
祓川キャンプ場
熊ノ森
矢島駅、国道108号へ
祓川
祓川ヒュッテ
祓川神社
タッチラ坂
湿原帯の中を行く（湿性植物豊富）
黒森
龍巻池
見返り坂
矢島口
トイレなし
七ツ釜避難小屋
七ツ釜滝
雪渓が遅くまで残る
氷ノ薬師
舎利坂
御田ヶ原
唐獅子平
避難小屋
屏風岩
百宅口
大倉
大倉滝
次郎滝
大清水避難小屋
大清水園地キャンプ場
大清水
赤滝
赤沢川
周囲はブナの原生林が広がる
手代林道
秋田県
由利本荘市
大平
県道70号、鳥海町百宅、矢島駅へ
百宅大森
奥山林道
兜山
上ノ台
白沢川
小黒瀬川
女郎沢川
早瀬川
酒田市
八重川
真室川町
二ッ山

鳥海山詳細図

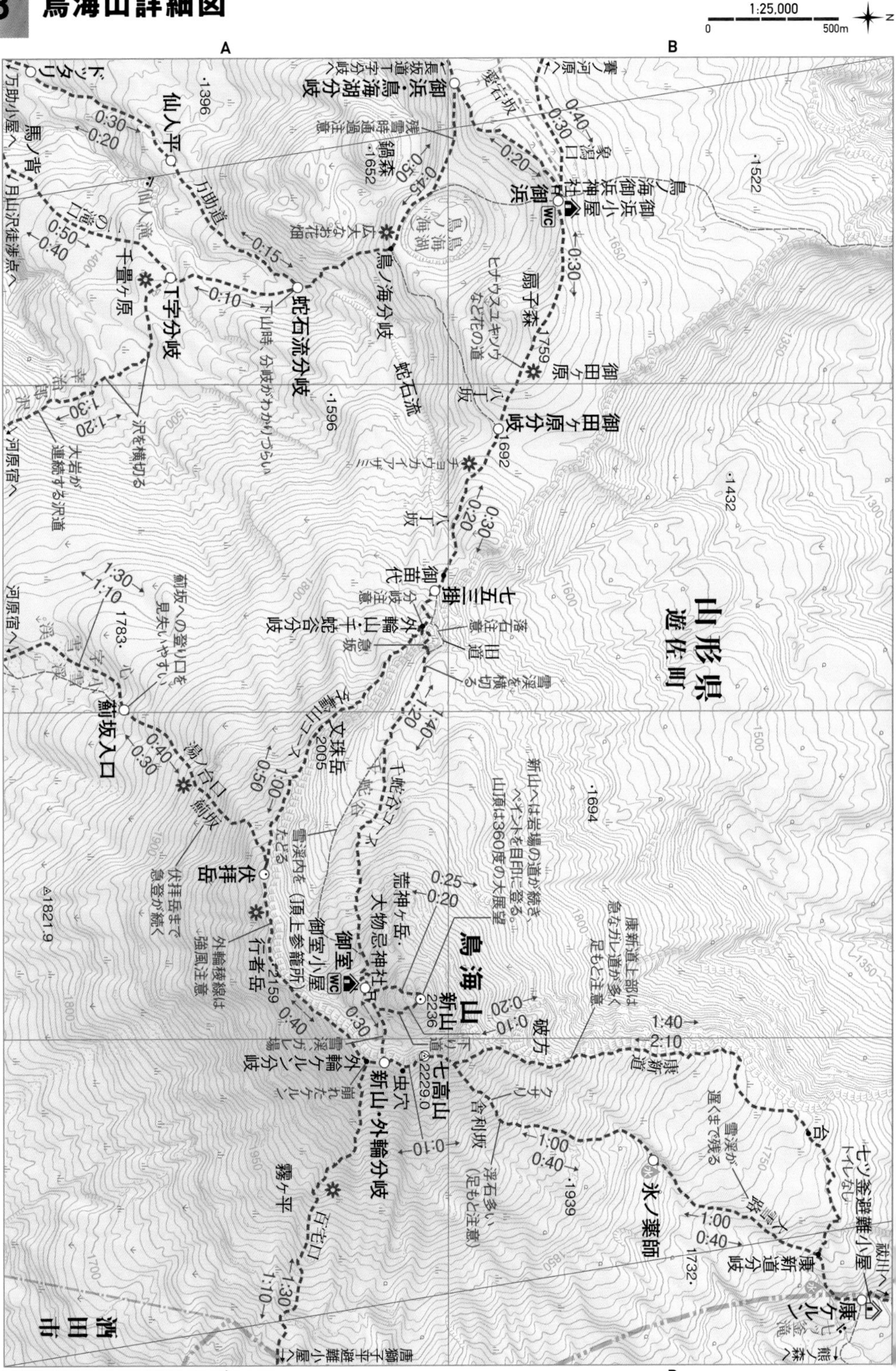
1:25,000
0
500m
N
A
B
1
2
3
4
鳥海山
新山
2236
七高山
2229.0
山形県
遊佐町
酒田市
御浜
鳥海湖
鳥ノ海御浜神社
御浜小屋
鳥ノ海分岐
御浜・鳥海湖分岐
長坂道・T字分岐へ
扇子森
1759
御田ヶ原
御田ヶ原分岐
八丁坂
七五三掛
御苗代
外輪・千蛇谷分岐
文殊岳
2005
伏拝岳
行者岳
2159
御室
御室小屋（頂上参籠所）
大物忌神社
荒神ヶ岳
千蛇谷コース
新山・外輪分岐
外輪・雪渓ガレ場分岐
虫穴
舎利坂
氷ノ薬師
康新道分岐
康ケルン
七ツ釜避難小屋
河原宿へ
湯ノ台口
薊坂入口
薊坂
仙人平
千畳ヶ原
T字分岐
蛇石流分岐
蛇石流
万助道
万助小屋へ
ドッタリ
馬ノ背
月山沢徒渉点へ
霧ヶ平
百宅口
唐獅子平避難小屋へ
象潟口
賽ノ河原へ
愛宕坂
鍋森
1652
1396
1596
1692
1522
1432
1694
1939
1732
1783
1821.9
破方
康新道
台
0:30
0:20
0:50
0:40
0:15
0:10
1:30
1:20
1:40
1:10
2:10
1:00
0:25
0:45
残雪時通過注意
下山時、分岐がわかりづらい
沢を横切る
大岩が連続する沢道
薊坂への登り口を見失いやすい
伏拝岳まで急登が続く
外輪稜線は強風注意
雪渓内をたどる
新山へは岩場の道が続き、ペンキを目印に登る。山頂は360度の大展望
康新道上部は急なガレ道が多く足もと注意
雪渓が遅くまで残る
浮石多い（足もと注意）
ヒナウスユキソウなど花の道
チョウカイアザミ
落石注意
雪渓を横切る
トイレなし

摩耶山

1:55,000
0 1km

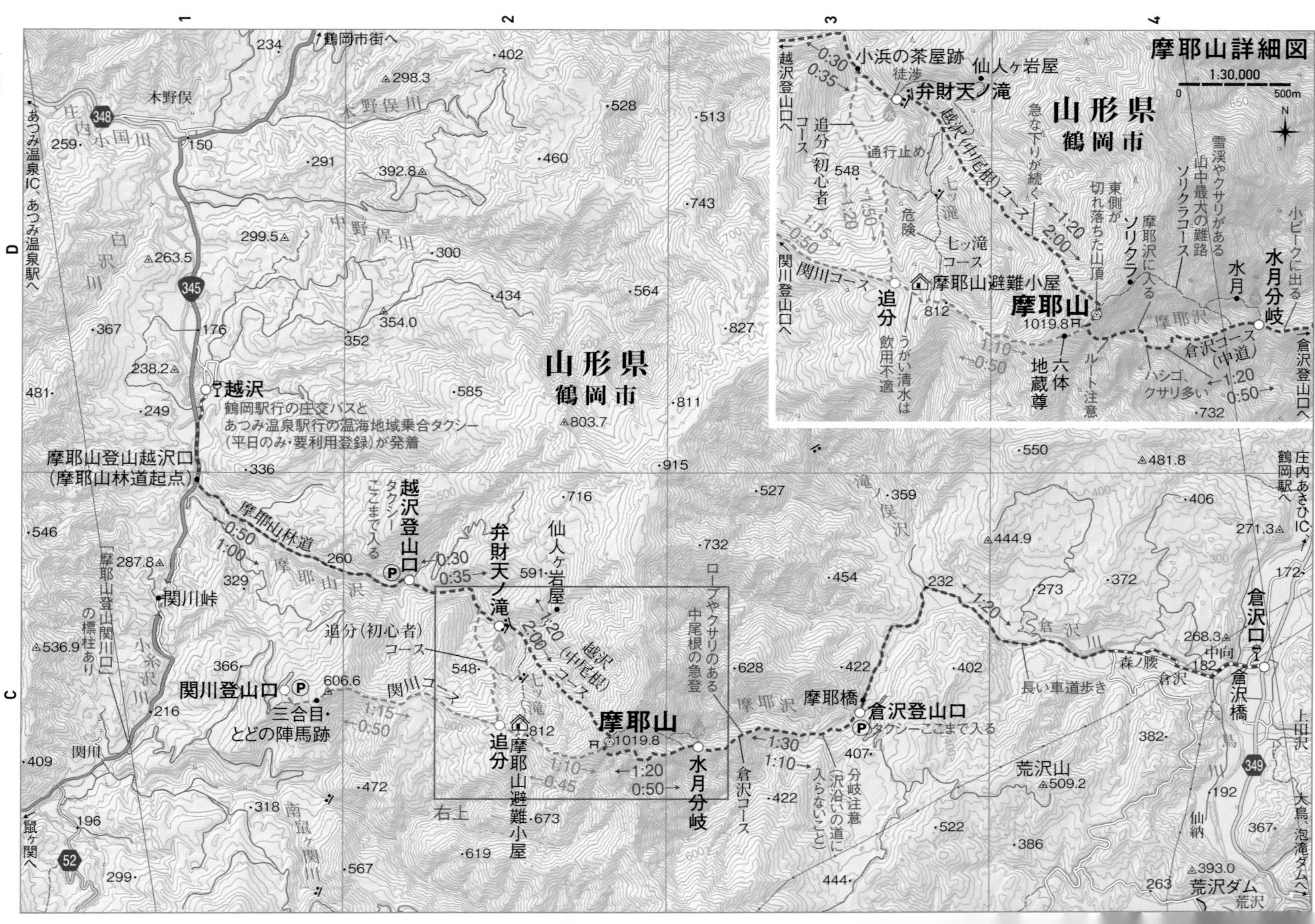

庄内あさひIC、鶴岡駅へ
月山高原ライン
剣ヶ峰
バイオトイレ
月山八合目
月山レストハウス
弥陀ヶ原
御田原参籠所
月山神社中之宮
弥陀ヶ原は池塘の点在する高層湿原
羽黒山口コース
無量坂
尾根の東側をゆるく下るお花畑、チングルマ、ウサギギク、ヒナザクラ
鶴岡市
山形県
庄内町
一ノ岳
畳石
二ノ岳
佛生池小屋
バイオトイレ
行者ヶ原
雨告山
オモワシ山
行者返し
来名戸神社
モックラ坂
木道あり
三角点と山頂プレート
大峰
月山
月見ヶ原
頂上小屋
月山神社本宮
品倉尾根
湯殿山仙人沢～湯殿山神社本宮間参拝バス運行
湯殿山神社本宮
丹生鉱泉
湯殿山参籠所
仙人沢駐車場
品倉山
鉄ハシゴ3カ所
水月光
金月光
装束場
施薬小屋跡
清身川
金姥分岐
柴灯森
牛首
鍛冶月光
鍛冶小屋跡
胎内岩
賽ノ河原
濃霧や残雪時道迷い注意
千本桜
急坂。時おり展望が開けて念仏ヶ原が見える
大雪城
岩根沢コース
姥ヶ岳
リフト上駅
月山リフト
月山スキー場
湯殿山仙人沢
大鳥居
薬師岳
湯殿山
仙人岳
湯殿山口バス停、月山IC、庄内あさひICへ
湯殿山有料道路
無料送迎バス運行（要予約）湯殿山口バス停～湯殿山仙人沢間
装束場コース
石跳川
リフト下駅
右下
清川行人小屋
大岫峠
ブス沼
六十里越街道
宿泊施設3軒
姥沢
不動滝
西川町
カワクルミ沼
大越沢橋
田代沢
皮松谷地
田代沢橋
大越沢
山形県立自然博物園
ネイチャーセンター
志津野営場
志津野営場前
本道寺口コース
四ッ谷川
地蔵森山
大越川
志津、月山IC、西川ICバス停へ
五色沼
本道寺登山口へ
扇平

1:60,000
0
1km
N
C
D
肘折いでゆ館
黄金温泉
カルデラ温泉館
肘折温泉
朝日台
三角山
545.1
大蔵村
林道のショートカット道
石抱温泉
1:20
1:10
505
肘折登山口
新庄駅IC
舟形
赤砂山
1015.2
トラバース注意
沢水
大森山
791.2
2:20
2:00
鞍部
湯殿山碑
猫又沢を徒渉する
トラバース道
ブナ林
展望が開ける
※左図へ続く
肘折温泉へ
肘折登山口
登山口から50m
赤沢川徒渉点
国立公園の表示板「登山道入口」の表記
肘折ロープ
1:00
0:50
サヌマタ沢
台倉山
751
小岳
1226.0
登山道崩落
三日月池
0:50
1:00
念仏ヶ原避難小屋
念仏ヶ原
沢水
ミズバショウ
サワギキョウ
オゼミズキク
木道
スリップ注意
鉄バシゴやクサリのある急坂
清川橋
急坂
0:50
1:00
大蔵村
1061.0
944.1
725.2
銅山川
赤沢
横沢
859.9
1184.0
千本松山
1255
濁沢
サカサ沢
1156.9
岩根沢登山口
把松稲荷
岩根沢、国道112号へ
月山詳細図
鶴岡市
月山
1979.8
1984
月山神社本宮
月山頂上小屋
バイオトイレ
佛生池小屋へ
1:00
1:10
鍛冶月光
鍛冶小屋跡
柴灯森
1729
牛首
賽ノ河原
千本桜へ
胎内岩
神饌池（神泉池）
濃霧や残雪時道迷い注意
大雪城
装束場へ
湯殿山口コース
0:40
1:00
金姥分岐
0:25
0:30
0:20
0:30
石段の急坂続く
1688
姥ヶ岳
1670.1
0:50
0:45
牛首下分岐
1523
1696
1816.8
姥ヶ岳の前後は木道
0:30
志津口コース
1:20
1:40
西川町
リフト上駅
月山リフト
0:15
1482
1638
リフト下駅へ
姥沢へ
1:35,000
0
500m
1
2
3
4

泡滝ダム
駐車場
大鳥
登山口
朝日庁舎前バス停、庄内あさひIC、鶴岡駅へ
朝日庁舎前バス停～泡滝ダム駐車場間7/下～10/上の土日祝に乗合タクシー運行（23年以降の運行未定）。運行期間外は朝日庁舎前からタクシーを利用する
スペース少ない
落石注意 頭上からの
茶畑山
山形県
鶴岡市
冷水沢吊橋
ゲンカ森
七ツ滝沢吊橋
甚六山
戸立山
七曲り
急坂
ブナ林の急坂
お花畑。タカネマツムシソウ、ヒメサユリ、オオバギボウシなど
出合川～天狗角力取山間 オツボ峰～明光山～2022年秋に登山道の再整備を行なった。ただし開通時点ではまだ不明瞭かつ歩きづらい箇所がある
増水時徒渉不可
明光山
出合川出合
バイオトイレ
シーズン中管理人在駐
大鳥小屋
（タキタロウ山荘）
三角峰
東沢出合
増水時は徒渉注意
化穴山
オツボ峰
眺めのよい小ピーク
小法師山
エズラ峰
直登コースは急坂の連続
碧玉水
東沢源頭へ5分ほど下る
以東岳小屋
以東岳
大鳥池や大朝日岳などのすばらしい眺め
中先峰
狐穴小屋
三方境
北寒江山
寒江山
南寒江山
高松峰
オバラメキ
笹原山
新潟県
村上市
雪渓、花多い
相模山
ヒナウスユキソウ、タカネマツムシソウ
大上戸山へ
竜門山へ

1:65,000
0
1km
N
C
D
月山IC、西川町間沢へ
黒渕
朝日山の家
507
土曜・休日運休
原
ゆったり館
湯殿山神社
大井沢
中村
自然と匠の伝承館
西川町
大井沢キャンプ場
大井沢支所
南俣沢出合
大井沢川林道終点
障子ヶ岳登山口
大井沢川林道
大クビト
紫ナデ
1349
ヒメコマツ、ブナ
尾根の急坂
小障子
1304
東面が切れ落ちている
障子ヶ岳
1482.0
朝日縦走路の眺望
障子池
1357
粟畑
雨量観測所
1397
天狗
角力取山
バイオトイレ
天狗小屋
シーズン中管理人在駐
1376
ヒメサユリ
バカ平
焼峰
竜ヶ池
竜ヶ岳の水場
竜ヶ岳
1293.7
下山にこの道をとれば障子ヶ岳経由より時間が短縮できる
清水原
見附
根子
土曜・休日運休
27
西川IC、左沢駅へ
ウツノシマ峰
1268
湯沢峰
1259.8
二ッ石山
中崎山
884.1
中崎橋（アメリカ橋）
西川町
地蔵峠
熊鷹山
842.3
日暮沢小屋
バイオトイレ
車両ここまで（駐車スペース3台）
ゴロビツの水場
清太岩山
1465.1
ユーフン山
1565
竜門山へ
竜門滝
水神渕
ハナヌキ峰分岐へ
マイカーやタクシーはここまで入る
古寺林道
古寺案内センター
旧古寺鉱泉
888.0
大江町
畑場峰へ
古寺

朝日連峰②（竜門山・大朝日岳・鳥原山・祝瓶山）

1:65,000
0
1km
N
C
D
1
2
3
4
ーフン山へ
水神淵
日暮沢小屋へ
ハナヌキ峰 1196
1080
旧古寺鉱泉へ
旧古寺鉱泉へ
ブナ峠へ
赤倉沢
根子川
ハナヌキ峰分岐
一服清水
2:15
1:15
1:00
1:30
大石沢
0:50
0:40
1089
853
巻き道は小朝日岳経由より15分ほど短縮できる。ただし残雪時は通らないこと
三ノ沢
大江町
1093
畑場峰
1024
977
848
1169
横松沢
1:30
1:00
三沢清水
821
1468
1202
柴倉沢
急坂
古寺川
水流細い
古寺山
1501.1
ヒメサユリ
1:30
1:00
田代清水
963
西川町
お花畑。ニッコウキスゲ、コバイケイソウ、ヒナザクラ
入リソウカ沢
夫婦滝
1282
1127.2
828
1479
1295
1077
朝日岳
草付きの急坂
迂回路分岐
1207
銅倉沢
1:30
1300
熊越
1647
ロープのある急坂
鳥原分岐
林道終点
875
1712
1:50
1:20
小朝日岳
鳥原山
1429.9
湿原
1266
895
676
中岳
1812
金玉水
1591
急坂
展望よい
2:00
1:20
1389
展望よい
鳥原小屋
シーズン中管理人在駐
1:40
1:05
白滝コース
白滝沢
白目沢
627
1769
銀玉水
大朝日小屋からは約10分
大朝日小屋
シーズン中管理人在駐
ガンガラ沢
934
900
0:20
0:15
1118
金山沢
左沢駅・月山ICへ
大朝日岳
1870.7
0:15
0:10
黒俣沢
974
1692
中ツル尾根
1103
978
ドダス沢
金山沢出合
662
1358
1:00
1:40
急坂
大展望
360度の
3:00
2:20
1369
下り2分
吊橋
ナチュラリストの家
分岐注意
1537
急坂の連続
1:20
0:50
鳥原コース
992.9
1073
長命水
二股
吊橋
846
973
520
下り2分
平岩山
1609.4
1161
朝日俣沢
800
982
1:40
朝日川
2:00
1:20
878
朝日鉱泉
1:00
1:20
1160
1122
尾根に乗る
吊橋
1433
1002
吊橋
1:50
2:20
北大玉山
469
1484
大沢峰
下り3分
朝日町
1180
クロベの巨木
986
吊橋
959
鳥原コース分岐
吊橋
登山者用
朝日鉱泉
1200
1:15
1049
1:30
2:00
1361
1:40
881
1474
1358
御影森山コース
1096
1144.3
上倉山
970
1534.2
御影森山
1056
二筋滝
大朝日岳の眺めがよい
柴倉沢
683
811
1092
前御影森山
1435
大留沢
734
1153.2
大禿森山
玉貫沢
切立沢
1028
909
1423
1119
1100
924
800
1108
愛染峠
1091
666
1004
1181
998
1077
1024
1000
1243
961
991
1166
長井市
1343.5
中沢峰
1225
洞沢
1097
焼野平
1204
1142
1111
野川
1275
911
1171
753
956
986
1235
三本橋
白鷹町
1061
1098
1245
0:50
971
1065
714
吊橋
1031
902
八形峰
1255
1289
1100
祝瓶山荘
使用時は要連絡
1239
1238.8
1151
10台
673
765
1001
1192
長井駅、国道287号、南陽高畠ICへ

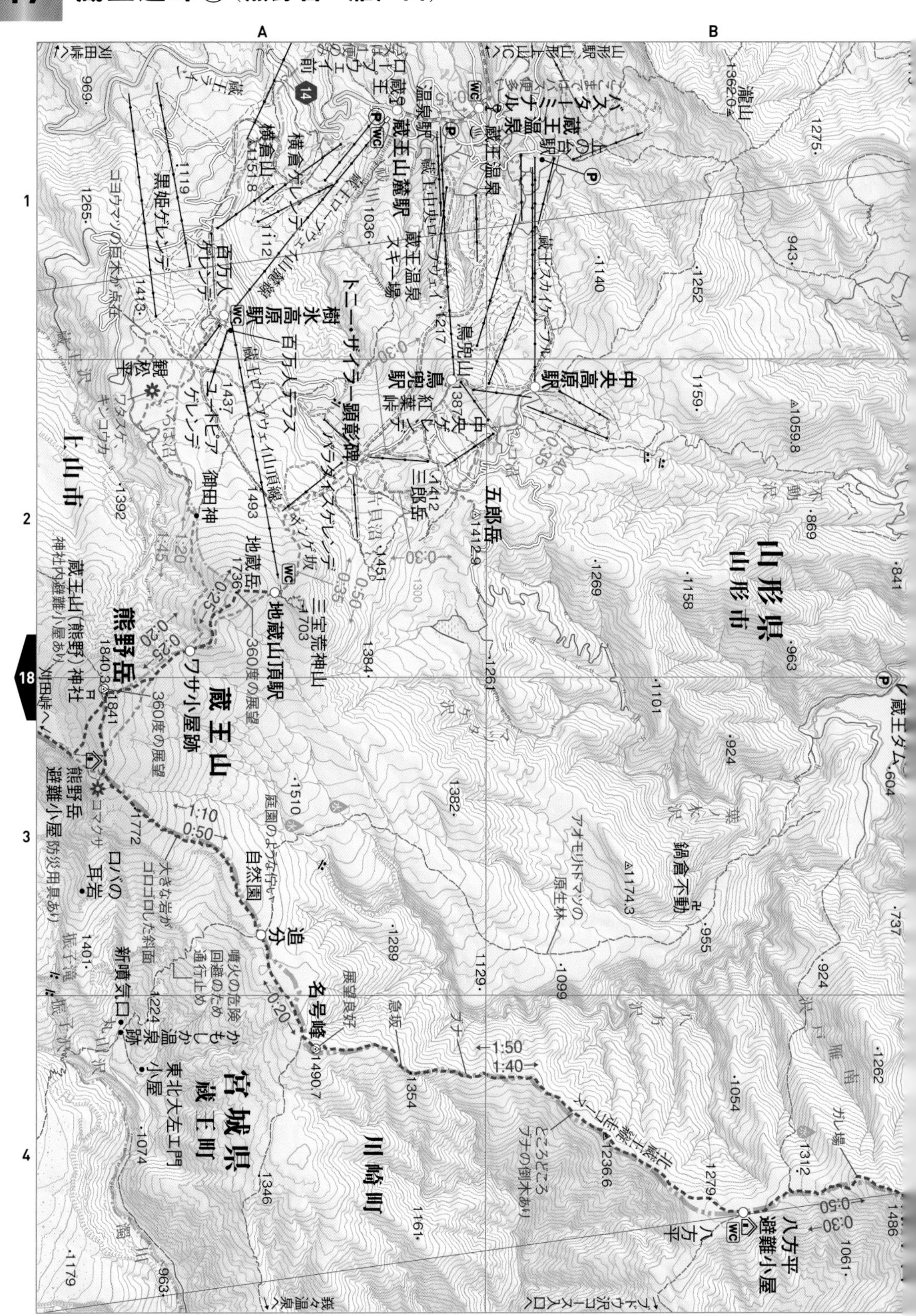

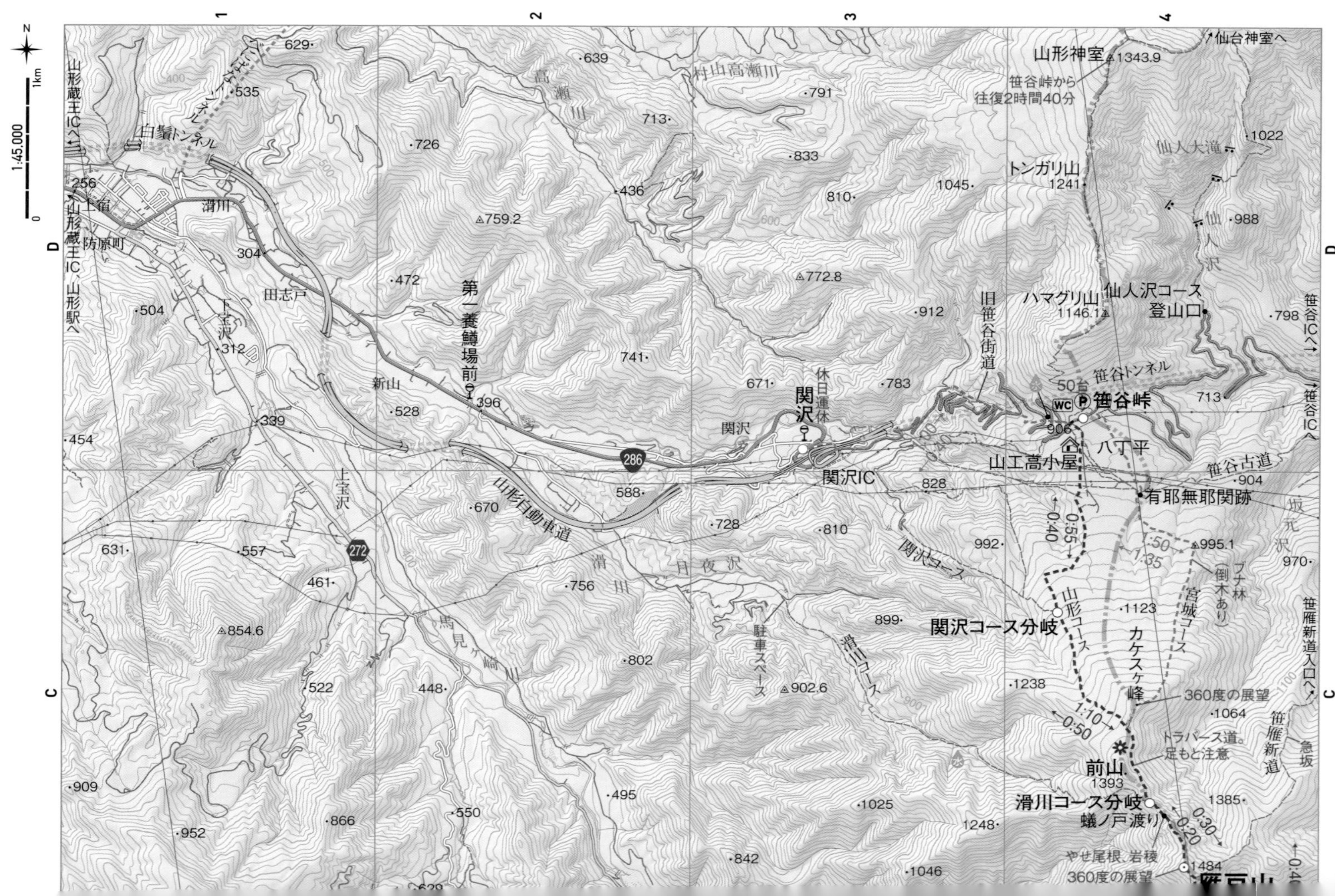

1:45,000
0
1km
N
1
2
3
4
D
C
山形蔵王ICへ
山形蔵王IC、山形駅へ
上宿
防原町
白鬚トンネル
滑川
田志戸
下宝沢
上宝沢
新山
第一養鱒場前
山形自動車道
馬見ヶ崎川
高瀬川
村山高瀬川
月夜沢
駐車スペース
滑川コース
関沢コース
関沢
休日運休
関沢IC
旧笹谷街道
山工高小屋
八丁平
笹谷峠
50台
笹谷トンネル
笹谷古道
有耶無耶関跡
山形神室
1343.9
笹谷峠から
往復2時間40分
仙台神室へ
仙人大滝
仙人沢
トンガリ山
1241
ハマグリ山
1146.1
仙人沢コース
登山口
笹谷ICへ
関沢コース分岐
山形コース
宮城コース
ブナ林
(倒木あり)
カケスケ峰
360度の展望
トラバース道。
足もと注意
前山
1393
滑川コース分岐
蟻ノ戸渡り
やせ尾根、岩稜
360度の展望
1484
笹雁新道入口へ
笹雁新道
急坂
坂元沢
286
272
0:40
0:55
1:50
1:35
1:10
0:50
0:30
0:20

18 蔵王連峰②（刈田岳・屏風岳・不忘山）

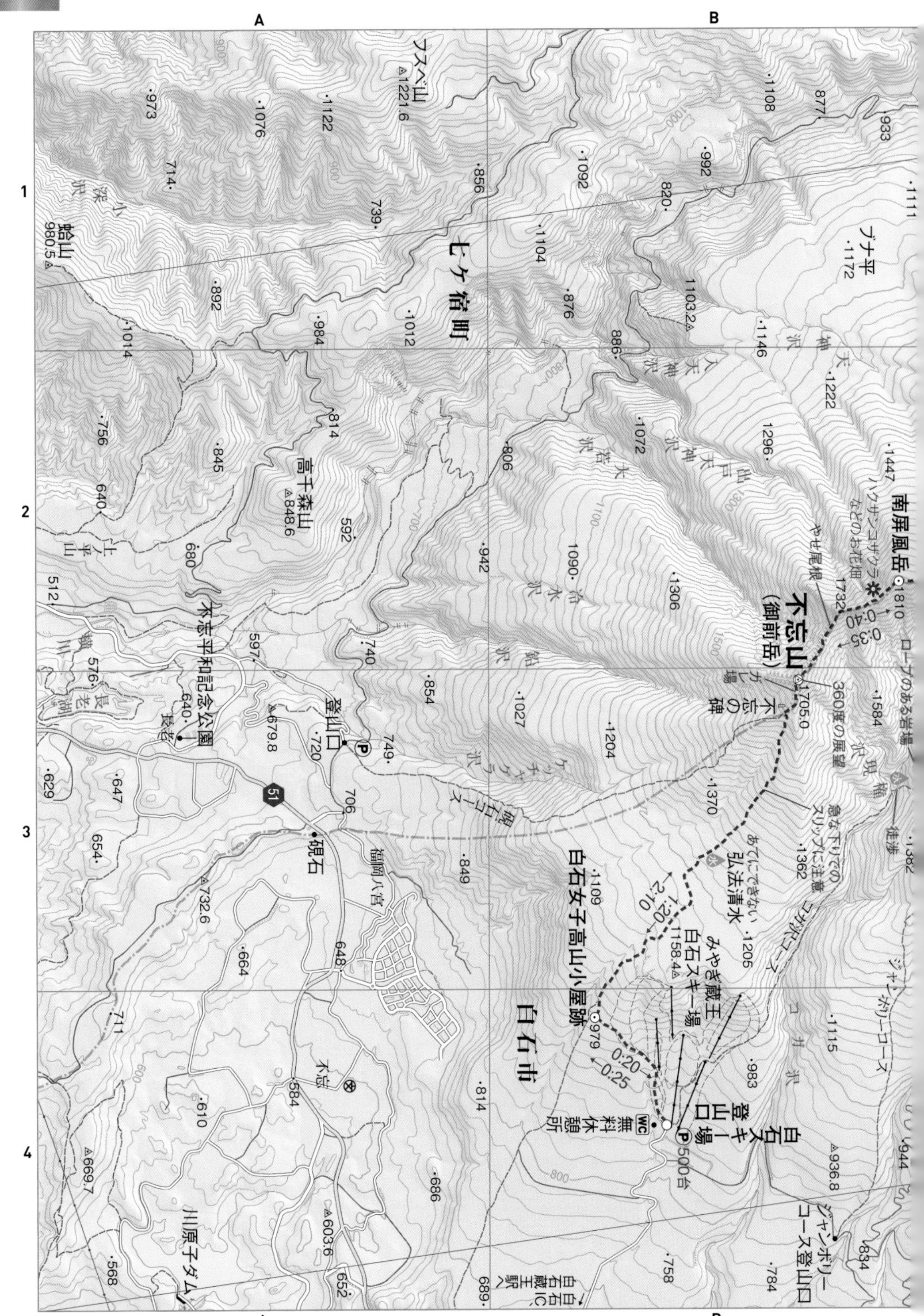

山形県
上山市
宮城県
蔵王町
1:45,000
刈田岳
1757.8
屏風岳
1816.8
杉ヶ峰
1744.7
芝草平
1652
馬ノ背
熊野岳へ
五色岳
1672
御釜
馬ノ背には数箇所に
避難路の指示板が設置され、
緊急時はそれにしたがうこと
避難施設あり
レストハウス
蔵王刈田リフト
蔵王
刈田山頂
刈田駐車場
刈田嶺神社
刈田岳
避難小屋
刈田峠
刈田峠
避難小屋
登山口
蔵王ハイライン
蔵王エコーライン
お田神避難小屋
山形駅 山形上山ICへ
剣ヶ峰
大黒天
駒草平
コマクサ
賽ノ磧
蔵王寺
澄川ゲレンデ
すみかわスノーパーク
あとみゲレンデ
聖山平
前山
1684
南蔵王縦走コース
展望よい
湿原と池溏が点在。
木道が整備されている
屏風岳の最高点
一等三角点。
主に東面の展望
ハイマツ帯の
岩稜歩き
水引平
お花畑
水引入道
大日向
馬ノ神岳
1551
後烏帽子岳
1681
蔵王山岳会
山小屋
前烏帽子岳
1432
賽の河原
1401.8
ろうづめ平
みやぎ蔵王えぼしスキー場
ゴンドラ
烏帽子岳登山口
滝見台
遠刈田温泉
白石蔵王駅へ
白石IC
不動滝
三階の滝
地蔵滝
蔵王エコーライン
振子滝
振子沢
不帰ノ滝
五色沢
三途川
澄川
股窪
股窪沢
新滝沢
井戸沢
金吹沢
峠ノ沢
澄川源頭
秋山沢
空沢
二ツ石沢
ハンナ沢
横川
濁川
急坂
300台
100台
70台
50台
30台
0:50
0:40
1:00
0:40
0:50
1:10
0:15
0:20
0:45
0:35
0:40

飯豊連峰①（朳差岳・門内岳・北股岳）

1:65,000
0
1km
N
C
D
1
2
3
4
国道113号、小国駅へ
260
箙淵橋
長者原
小滝沢
六斗沢
小玉川
樽口峠
足水川
飯豊梅花皮荘
西ノ俣沢
東俣川
川入
泡ノ湯温泉
内川
西俣ノ峰
長者原沢
岩魚沢
玉川
倉手山
952.4
中ノ俣川
横岩沢
天狗平ロッジ
素泊まり
飯豊山荘
旭又滝
旭又沢
急坂続く
のぞき
山形県
小国町
湯沢橋
温身平
梅花皮沢出合
丸森尾根
丸森峰
頼母木山
文覚沢
夫婦清水
道がえぐれた急坂
20mほど下る
五郎清水
急坂
湯沢峰
林道終点
桧山沢出合
大高地山
1217.9
地神北峰
地神山
1849.5
梶川峰
1692.2
滝見場
つぶて石
梶川尾根
梶川出合
梅花皮沢
急な下りが続く（スリップ注意）
扇ノ地神
胎内山
注意ルート
高巻き
水量少ない
長坂清水
大又沢
門内沢・石転び沢出合
バイオトイレ
門内岳
お花畑
入門内沢
休場ノ峰
ギルダ原
ギルダ池
梅花皮滝
石転び沢
クサイグラ尾根
時期によりルートが変わる。落石・滑落注意
千本峰
眺めのよい岩場のピークを越す
西側を巻く
北股岳
2024.8
中の島
黒滝
北股沢
本石転び沢
急斜面
かなりの
滝沢
ダイグラ尾根
二股
洗濯平
梅花皮岳
与四太郎ノ池
おーいんの尾根
梅花皮小屋
シーズン中管理人在駐
烏帽子岳
2017.8
残雪時は北東のクサイグラ尾根に入らないよう注意
赤岳沢
駒形沢
宝珠山
東側を巻く
大岩沢
雨量観測所
亮平ノ池
新発田市
御手洗池へ
飯豊本山へ

19
A
B
1
2
3
4
烏帽子岳へ
1:10
1:30
御手洗池
1856
東面を巻く。
残雪時スリップ注意
1820
喜多方市
ハクサンイチゲ
コバイケイソウ
チングルマ
ニッコウキスゲ
イイデリンドウ
タカネマツムシソウ
宝珠山へ
2:00
1:30
0:15
1969
飯豊本山
2105.2
駒形山
2088
本山小屋
WC
一ノ王子
御前坂
天狗ノ庭
天狗岳
草月平
2:00
1:40
1596
1558
1979
御西岳
2012.5
シーズン中管理人在駐
御西小屋
バイオトイレ
WC
2:00
1:40
御鏡雪
玄山道分岐
左下
ヒナウスユキソウ
御秘所
クサリのある岩稜
姥権現
5分下る
0:40
0:45
1550
1:20
1:05
1875
文平ノ池
1627
1738
1736
1609
1316
1215
1059
1126
821
洗濯沢
飯豊川
1271
赤谷沢
1177
1210
1257
新発田市
1431
1244
1551.0
1515
チングルマ、ヒメサユリ
飯豊連峰最高点
大日岳
2128
雪どけ水を利用
惣十郎清水
1699
1738
実川山
1636
1388
1488
1614
1772
廃道
薬師岳
西大日岳
2091.8
牛ヶ首
1890
1363
1070
上追流沢
牛首山
1636
牛ヶ首沢
965
929
1491.1
1967
新潟県
阿賀町
1285
1356
1414
1545
1575
1227
1677
一服平
1865
早川のつきあげ
1866.0
櫛ガ峰
1061
813
1208
1341
957
下追流沢
927
1384
1429
矢沢
1049
おんべ松尾根
入り鳥ノ子沢
1036
1385
1680
月心清水
684
松ノ木穴沢
994
アシ沢
1043
上ノ越
笠掛山
1396.9
1133
907
1267
鏡山
1338.9
林道終点
594
湯ノ島小屋
WC
1197
1168
963
実川
909
1021
水晶峰
1174.9
828
540
1108
896
988
563
501
壺安沢
480
789
793
749
805
437
749
742
907
710
四ツ沢
863
989.6
立石山
西会津町
525
875.5
395
599
798
859
2023年現在休業中
弥平四郎大阪屋
742
725
986
728
727
弥平四郎
526
366
747
1088
良谷沢
実川ゲート、日出谷駅へ
徳沢駅、西会津ICへ
宝珠山へ
1855
山形県
小国町
1:30,000
0
300m
2:00
1:20
360度の大展望
飯豊本山
2105.2
福島県
喜多方市
0:15
飯豊山神社
飯豊本山小屋
2102
WC
バイオトイレ
御西小屋へ
2:00
1:40
2038
駒形山
少し下る
一ノ王子
シーズン中管理人在駐
岩場の急坂
新潟県
阿賀町
1767
御前坂
2:30
2:00
飯豊本山詳細図
飯豊切合小屋へ

1:65,000
0
1km
N
C
D
羽前椿駅、米沢北ICへ
岳谷親水公園
地蔵岳
1538.9
滝切合
急坂続く
御田
小国町
喜多方市
語らいの丘
東面は
足もと注意
長之助清水
給水時注意
ザンゲ坂
クサリあり
大日杉登山小屋
シーズン中管理人在駐
尾根に出る
バイオトイレ
目洗清水
2分下る
御坪
ヒメサユリ
ダケカンバに囲まれ、箱庭の趣
山形県
飯豊町
御沢分れ
飯豊切合小屋
食事つきの宿泊可
トラバース地点は雪渓が
残っている時期は要注意
五段山
山形県側から飯豊トンネルを
利用して川入へ入ることはできる
種蒔山
管理人在駐
シーズン中
三国小屋
七森
岩場
ハシゴ
駒返し
剣ヶ峰
牛ヶ岩山
川入切合
地蔵山
地蔵山分岐
峰秀水
岩稜。クサリ場が連続
三国岳
疣岩山
猪鼻
横峰
笹平
長坂尾根
君命水
小白布沢コースは
川入の民宿宿泊者のみ
通ることができる
ゲート
谷地平
松平峠
長坂峰
上十五里
中十五里
下十五里
十森
新長坂
長滝
大滝
長坂尾根は
急坂の連続
長松山
赤崩山
御沢登山口
林道歩き
ブナ林が
広がる
代塚山
御沢キャンプ場
マイカーやタクシーは
ここまで入る
川入
民宿あり
福島県
喜多方市
弥平四郎
登山口
曽倉山
大花山
新稲荷峠
稲荷峠
藤巻
本川
津々倉森
龍ノ山
いいでのゆ、山都駅、会津坂下ICへ
1
2
3
4

吾妻連峰①（東吾妻山・一切経山・東大巓）

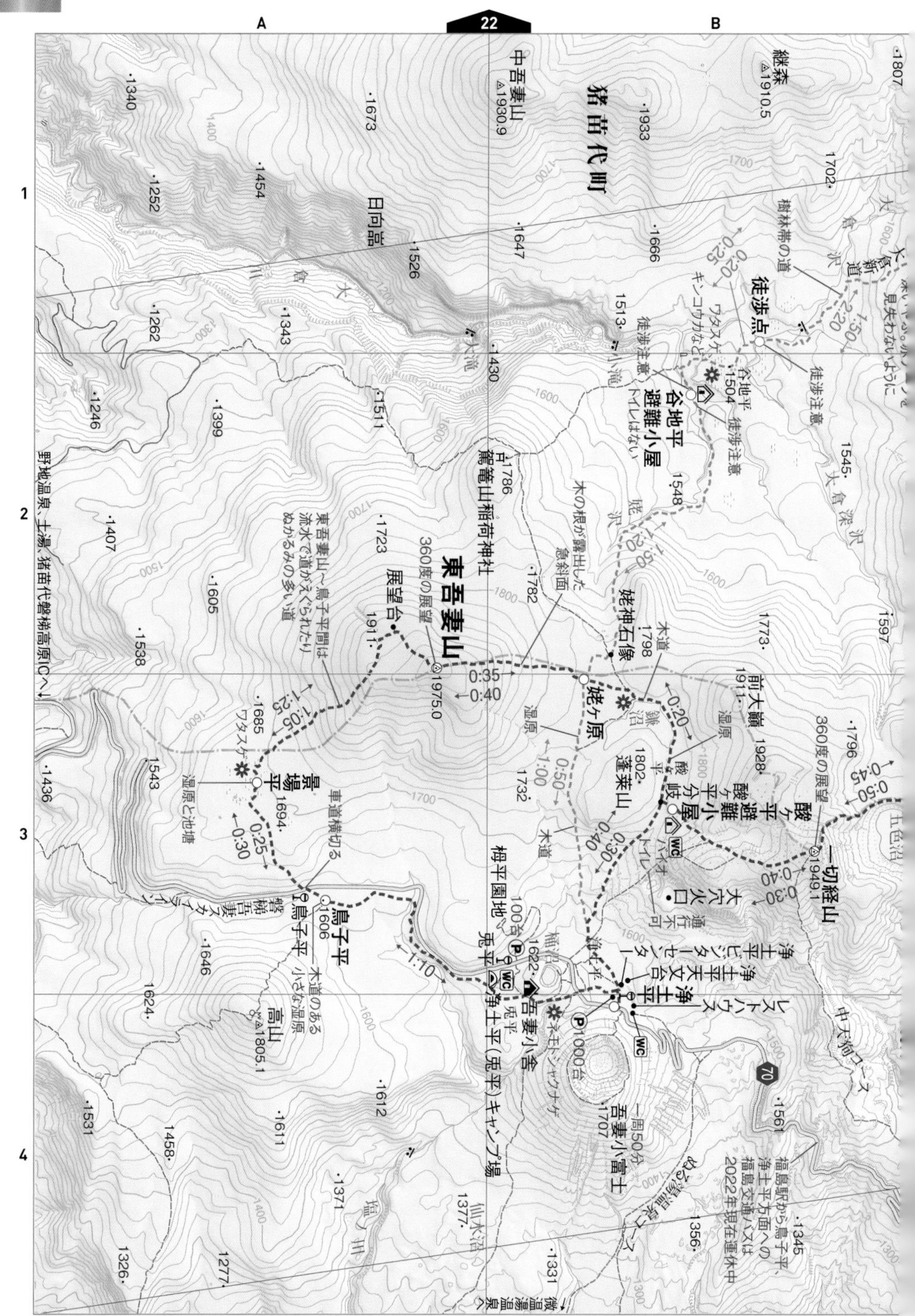

1:45,000
0
1km
N
22
山形県
米沢市
福島県
福島市
峠駅、国道13号へ
萱峠
154
五色温泉
砂盛
登山口
立岩
栂森
1628.2
滑川温泉
吊橋
大滝展望台
滑山大滝
前川
大滝沢
高倉山
1461
高倉新道
四郎右ェ門沢
湿原植物の壮大なお花畑と池塘
明星湖
弥兵衛平小屋（明月荘）
金明水
弥兵衛平
1831
木道
明月湖
小弥兵衛平小屋分岐
東大巓
1928.1
藤十郎、西吾妻山へ
展望はない
東吾妻山から西吾妻山へ縦走する場合はここで宿泊するとよい
大倉新道分岐
1641
見晴台
潜滝
久蔵森
滑川鉱山跡
姥湯分岐
薬師森
1537
登山口
1264
姥湯温泉
大日岳
1621.3
三階滝
ゴロゴロしている大石が
鏡沼
展望よい
1879
烏帽子山
1892.9
昭元山
ニセ烏帽子山
兵子新道白岩コース
木の根が出た歩きにくい道
展望のよい岩峰
樹林帯の尾根歩き
兵子
1823
家形山
家形山避難小屋
トイレはない
神楽新道
堀田新道
霧ノ平
吾妻山ヤエハクサンシャクナゲ自生地
東海大緑樹山荘
使用不可
1276
慶応吾妻山荘
湯ノ平
賽河原
高湯温泉、福島西IC、福島駅へ

西吾妻小屋
西吾妻山
2035
馬場谷地
1510
矢筈山
西大巓
1982
お花畑
0:40
0:10
0:15
早稲沢口
早稲沢へ
吾妻川
白布峠～西大巓間
登り2時間40分、
下り2時間
吾妻連峰の最高峰だが
展望には恵まれない
早稲沢コース
裏磐梯の湖沼群と
磐梯山の眺めが
すばらしい
ヤケノママ
朱滝
吾妻山神社
権現沢
ゴンドラ山頂駅～西大巓間
登り2時間、下り1時間30分
大早稲沢山
1425.0
福島県
北塩原村
小野川湧水群
デコ平
山頂駅
デコ平口
パノラマゴンドラ
所要15分
グランデコ
スキーリゾート
中ノ沢
二十日平
中津川
姥ヶ森
1302.7
小野川
不動沢
猪苗代町
築部山
1387.6
裏磐梯グランデコ東急ホテル
山麓駅
小冷水沢
不動滝
磐梯高原、
猪苗代磐梯高原ICへ
唐松川

1:45,000
0
1km
山形県
米沢市
米沢駅、米沢八幡原ICへ
白布温泉
白布温泉
入浴施設
白布森の館
白布大滝
若女平登山口
沢を渡る
湯元駅
藤右衛門沢
湯元駅前
天元台ロープウェイ
所要5分
天元台高原駅
新高湯温泉
アルプス天元台
天元台スキー場
大笠山
1212.4
大平温泉
明道沢
小東鉢
1304.6
急坂
(下りスリップ注意)
やせ尾根
小和清水
各所で木の根が
張り出していて
歩きづらい
ブナ林
若女平
大木崖
小和須知沢
若女平コース
2:10
1:40
白布温泉～白布峠間
登り2時間30分、下り2時間
西吾妻スカイバレー
東鉢山
1511.8
白布峠
1445
30台
錦平
1346
早稲沢、猪苗代磐梯高原ICへ
赤滝
黒滝
淀沢
滝沢
大樽川
大天狗
矢沢
松川
座々沢
長倉沢
座々山
1338
火焔滝
佐原沢
箕輪
1696.6
間々川
天元台～北望台間
登り1時間40分、
下り1時間20分
天元台～北望台間
リフト3本乗り継ぎ
(所要30分)
しゃくなげ
つがもり
リフト
北望台
急坂
中大巓
1963.8
かもしか展望台
分岐
360度の展望
お花畑
大凹
天狗
梵天
人形石
小凹
イロハ沼
ヤケノママ分岐
藤十郎
弥兵衛平
弥兵衛平小屋から人形石
までは木道が敷かれている
(濡れているときは滑りやすい)
弥兵衛平小屋分岐、切経山へ
涸れ沢状の道。
降雨時は川のようになる
0:25
0:35
0:20
0:25
0:10
0:50
0:45
0:40
1:00

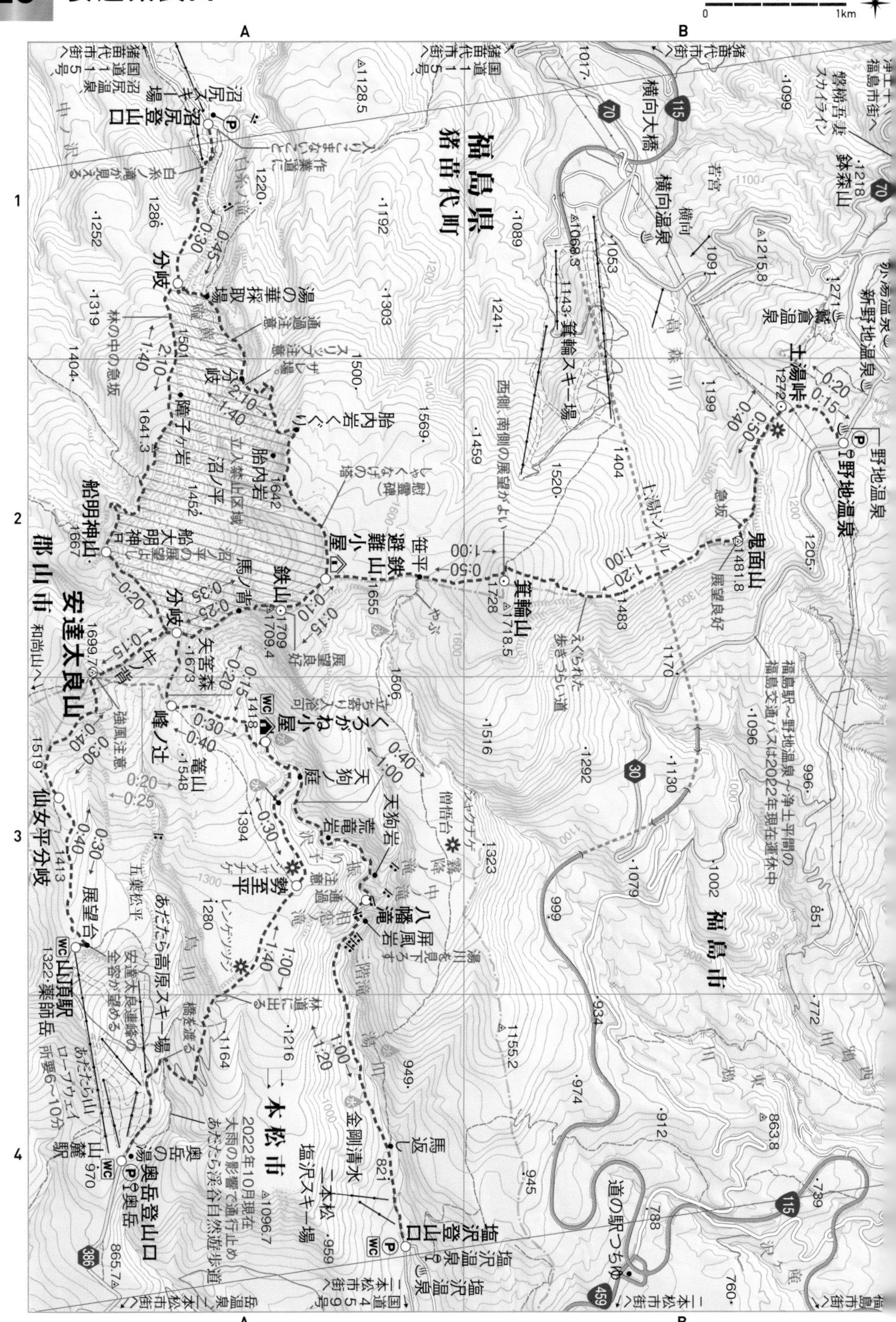
1:45,000
0
1km
A
B
福島県
猪苗代町
福島市
郡山市
二本松市
安達太良山
1699.7
鉄山
1709.4
箕輪山
1718.5
鬼面山
1481.8
船明神山
1667
胎内岩
沼ノ平
立入禁止区域
鉄山避難小屋
笹平
くろがね小屋
峰ノ辻
矢筈森
牛ノ背
馬ノ背
分岐
仙女平分岐
勢至平
天狗岩
天狗ノ庭
八幡滝
屏風岩
金剛清水
塩沢登山口
塩沢温泉
道の駅つちゆ
奥岳登山口
奥岳の湯
山頂駅
薬師岳
あだたら山ロープウェイ 所要6～10分
あだたら高原スキー場
塩沢スキー場
箕輪スキー場
沼尻登山口
沼尻スキー場
土湯峠
野地温泉
鷲倉温泉
横向温泉
横向大橋
鉢森山
新野地温泉
湯の華採取場
展望良好
展望台
強風注意
2022年10月現在 大雨の影響で通行止め あだたら渓谷自然遊歩道
福島駅～野地温泉～浄土平間の福島交通バスは2022年現在運休中